지식의 사회사 2

A SOCIAL HISTORY OF KNOWLEDGE II:
Form the Encyclopédie to Wikipedia
by Peter Burke

지식의 사회사

백과전서에서 위키백과까지

피터 버크 박광식 옮김

A SOCIAL HISTORY OF KNOWLEDGE

From the
Encyclopédie to
Wikipedia
Peter Burke

1750

2000

1)_____
2)_____
3)_____
4)_____
5)_____
6)_____
7)_____

2

민음사

30년이 넘게 연구를 지원해 준 것에 감사하는 마음을 담아

이 책을 이매뉴얼 학료에 바친다.

차례

그림과 사진 차례

감사의 말

이번에는 기관들에 가장 큰 빚을 졌는데, 먼저 케임브리지 대학 이매뉴얼 학료로서, 내가 연구의 대부분을 하는 곳이며, 또 런던의 버크벡 대학은 내가 2010년 가을 인문학 연구소에 방문 연구원으로 가 있을 때 이 책의 내용 일부를 출판에 앞서 발표할 수 있게 해 줬다. 또 이 방대한 주제를 놓고 브뤼셀, 흐로닝언, 몬트리올, 뉴욕, 셰필드, 서식스, 트론헤임에서 강연을 할 수 있게 나를 초청해 준 분들께도, 또 2002년 케임브리지에서 열린 예술·사회과학·인문학 연구소CRASSH '빅토리아 여왕 시대 영국의 지식 조직화' 워크숍을 준비한 분들께도 감사를 전한다.

여러 개인에게도 고맙다는 인사를 전해야 하는데, 아사 브리그스와 내 아내 마리아 루시아 두 사람이 19세기와 20세기를 다루는 연구를 나와 같이해 줘서 근대 초기 기간을 수월하게 마무리 지을 수 있었다. 마리아 루시아와 내 오랜 친구 크리스 스트레이는 출력된 원고를 읽고 귀중한 조언들을 해 줬다. 빌상을 노와주고 격려를 해 주며 참고 문헌들을 찾아 주고 한 일 때문에 필립포 데 비보, 악셀 쾨르너, 제니 플랫, 한누 살미에게도 인사를 해야 마땅하다.

서문

"지식의 역사 연구라고 할 만한 것이 없다."고 경영 이론가이자 미래학자 피터 드러커는 1993년 선언했는데, 그러면서 예측하기를 "다음 몇십 년 안에"[1] 지식의 역사가 중요한 연구 분야가 되리라고 했다. 이번에는 드러커가 한발 정도 늦었으니, 지식의 역사에 관한 관심은 이미 일고 있었기 때문이다. 몇몇 역사가가 내놓은 『지식이 권력이다』(1989년)나 『지식의 여러 분야』(1992년), 『식민주의와 식민주의 지식의 형태들』(1996년) 같은 책들을 보면 된다.[2]

『지식의 사회사 1: 구텐베르크에서 디드로까지』(2000년)를 쓰면서, 나는 그래도 여전히 내가 남보다 먼저 시작했고, 그것은 '지식사회학' 분야의 선구자인 헝가리 출신 카를 만하임에게 오랫동안 관심을 가졌던 데서 나온 것이었다고 생각했다.[3] 하지만 나는 일찍이 드러커의 예언을 이끌어 냈던 '지식사회'를 둘러싼 당시의 논쟁들에서 의식적으로든 무의식적으로든 자극을 받은 여러 학자 중 하나였다는 것이 지금 돌아보면 분명하다. ⌐359쪽 1998년에는, 이 주제를 다룬 두 저술가가 '지식 폭발'을 이미 언급했다.[4] 2000년 이후로는, 이 경향은 한층 더 강해진 상태이며, 출판물들뿐만 아니라 연구 사업들에서도 드러났는데, 전적으로는 아니어도 특히 독일어 사용권에서 두드러졌다.

이 책은 낱권으로, 아니면 『지식의 사회사 1: 구텐베르크에서 디드로까지』의 속편으로 읽을 수도 있다.(머지않아 '지식의 사회사: 구텐베르크에서 구글까지'라는 제목 아래 이 두 권의 개정판을 내게 되기를 바란다.) 이 책의 시작은 개인적인 호기심이었는데, 곧 이 질문에 대답을 해 보려던 것으로서, "어떤 경로들을 지나서 우리는 현 상태의 집단적 지식에 이르렀는가?" 은퇴하면서 '학기'에서, 또 '강의'에서 벗어나게 되자 이 호기심을 충족하기가 전보다 쉬워졌다.

『지식의 사회사 1: 구텐베르크에서 디드로까지』를 이어받아, 여기서는 『백과전서』(1751~1766년)에서 '위키백과'(2001년) 사이에 학식의 세계에서 일어난 변화들에 대한 개관을 제시한다. 여기서 주요 주제는 과정들로서, 대표적으로는 수량화, 세속화, 직업화, 전문화, 민주화, 지구화, 기술화를 꼽을 수 있다.

하지만 상쇄적 흐름들도 잊어서는 안 될 일이다. 사실 이 연구에 단 하나의 논제가 있다면, 그것은 바로 상반되는 흐름들이 공존하며 상호작용하는 과정이, 곧 반대 경향들이 평형상태를 이루다가 때때로 흔들리며 비평형상태로 넘어가고 하는 과정이 중요하다는 것이다.→290, 345, 410쪽 지식의 일국화─國化는 지식의 국제화와 공존하고, 세속화는 반反세속화와, 직업화는 비직업화와, 표준화는 맞춤형 제품들과, 전문화는 학제적 기획들과, 민주화는 그것을 거스르거나 제한하려는 움직임들과 또 공존한다. 심지어는 지식의 축적도 소실 때문에 어느 정도는 상쇄된다.→제5장 기술화 정도만 심각한 반대에 부딪히지 않고 앞으로 나아가는 것 같다.

지식의 여러 면면을 다루는 역사 연구들은 다른 많은 것의 역사들처럼 일반적으로 국가의 틀 안에서 쓰이는데, 이 틀 때문에 독자들은 자주 자기 나라 시민들의 업적들을 부풀려서 받아들이게 된다. 극지 탐험의 사례를 보면, 이런 상황에서는 영국인들은 로버트 스콧과 어니스트 섀클턴을 생각하고, 미국인들은 로버트 피어리를, 러시아인들은 오토 시미트를, 노르웨이인들은 프리드쇼프 난센과 로알 아문센을, 스웨덴인들은 알프레드 나토르스트를, 핀란드인들은 아돌프 노르덴스키월드를, 덴마크인들과 그린란드인들은 크누드 라스무센을 생각한다.[5] 이런 국가 중심 편향들을 보정해 보려고, 이 연구에서는 명백하게 비교적인 접근 방법을 채용한다.

이 책은 서구에 초점을 맞추고 있으며, 그러면서 '5대 강국'에만 (영국, 프랑스, 독일, 러시아, 미국에만) 한정되지 않으려고, 곧 나머지 유럽 지역과 라틴아메리카 역시 최소한 이따금씩이라도 이야기 속으로 끌어들이려고 한다. 예를 들어, 네덜란드 같은 작은 나라에서도 스스로와 관련된 지식들의 역사를 놓고 상당한 수의 연구가 나왔다. 이를테면 식민지들에 관한 지식이나 네덜란드 과학사, 네덜란드 박물관사 등등이 있다.[6]

여기서 개관하는 이 큰 주제의 면면 하나씩을 따로 다룬 뛰어난 연구가 많이 출판됐으며, 특히 과학사의 경우가 그러하다. 이 연구들 거의 대부분은 한 단일 학문 분과의 역사에 한정돼 있다. 하지만 여기서는 비교적 접근 방법을 채택해 앞에서 언급한 국가 중심 편향들과 함께 학문 분과 중심 편향들에서도 벗어나 보려 한다. 이어지는 부분에서 시도하는 것은 개괄적 종합으로서, 곧 추출해 내는 작업, 아니면 더 정확하게는 한 과학사가가 "동료 역사가들의 연구들을 가져다 재배열하고 때로 수정하는 것"이라고 부른 작업이다.[7] 구멍들을 메우는 것도 이 작업의 또 다른 측면인데, 어떤 주제들은 다른 주제들보다 지금껏 학문적 주목을 훨씬 적게 받았기 때문이다. 다른 장소들에서, 또는 다른 분야들에서 일어나는 사태들을 연결하는 것 역시 또 다른 측면이다.

　목적은 한 분야만 연구하는 사람들에게는 보이지 않을 때가 많은 큰 그림을, 곧 전문화 자체에 대한 전반적 묘사까지 들어 있는 큰 그림을 제시하는 것이다. 1750년경에서 2000년에 이르는 기간을 보여줄 이 큰 그림은 내 학문 인생을 거의 다 들여 연구한 근대 초기, 곧 1450년경부터 1750년까지와 대비돼서 그 핵심적 특징이 정의될 것이다. 하지만 근대 초기와 후기 사이의 연속성들도 잊지 않을 것인데, 대표적으로는 지금은 '정보 과잉'이라고 알려진 문제에 대한 당대의 인식을 꼽을 수 있다.[8] 바라기는 서로 말을 자주 하지 않는 두 부류의 역사가들, 그러니까 근대 초기를 연구하는 역사가들과 근대 후기를 연구하는 역사가들 사이의 대화를 자극할 수 있으면 좋겠다.[9]

　이 책의 제목은 두 질문을 제기하는데, 이 때문에 예비적 논의가 필요해진다. 사회사는 무엇인가? 지식은 무엇인가?

왜 사회사인가?

　먼저 분명히 '사회'라는 말은 문제가 있는 표현이다. 여기서는 이 말을 이제부터 이어지는 내용과 1750년에서 2000년까지의 일반적 지성사를 구별하려고 주로 채용한다.

　지성사 연구들에서 만나게 되는 개별 사상가들을 제쳐 놓지는 않을 것이어서(사실 이 사상가들은 분명히 중요하며, 또 거의 800명에 이르는 사상가를 앞으로 언급하게 될 것이어서) 일부 독자에게는 너무 많게 느껴질 수 있겠으나, 일반적 흐름들이라는 얼굴 없는 추상물에 대한 일종의 균형추라고 하겠다. 그래도 여전히, 이 연구에서 주인공들은 사회학자들이 '지식 보유 집단들'이라 부르는 것으로서, 전적으로 그렇지는 않지만 특히 소규모의 대면 집단들이고, 또 '지식 생성 기관들'이라 부르는 것들인데, 이 기관들은 주교에서 교수까지, 또 총리에서 최고 경영자까지, 이런 서로 다른 사회적 역할들을 낳는 규칙들을 따르는 동시에, 공동의 목표를 추구하느라 정기적으로 만나는 사람들의 집단들이라고 이해할 수 있다.[10]

폴란드 출신 사회학자 플로리안 즈나니에츠키가 '지식인의 사회적 역할'에 관해 썼다면, 이 연구는 지식을 가진 사람들의 많은 사회적 역할, 말하자면 대학이나 기록 보관소, 도서관, 박물관, 두뇌 집단, 학회, 과학 학술지 같은 지식 조직들이 만들어 낸 역할들에 관심을 가질 것이다. 지식이 제도화되는 과정들 역시 다루게 될 것이다.[11]

사상들도 이 연구에서는 빠뜨리지 않겠지만, (기관들은 사상들이 없이는 이해할 수 없거니와) 사상들의 내부 역사보다는 외부 역사에, 곧 지적 문제들보다는 지적 환경들에 더 관심을 둘 것이다. 예를 들면, 여기서 강조하게 될 것은 알베르트 아인슈타인이 한때 그 구성원이었던 프린스턴 대학 고등 연구소이지 아인슈타인의 상대성이론은 아니며, 또 에드워드 파머 톰프슨의 워릭 대학 비판이지 잉글랜드 노동계급 형성에 관한 톰프슨의 연구는 아니다.

여기서 또 강조하게 될 것은 협력자들로 이루어졌든 경쟁자들로 이루어졌든 소규모 대면 집단들인데, 한 개인에게 공이 돌아가는 작업을 사실 이런 집단들이 할 때가 많기 때문이다. 예를 들어, 영웅적 탐험가라는 신화가 있기는 하지만, 그 이전은 아닐지언정 19세기 후반이 되면, "탐험의 주역들은 개인들이 아닌 집단들이었다."[12] 다시 이 기간을 지나는 중에 실험실 연구 역시 점점 더 집단들이 수행하게 된다.

간단히 말해, 이어지는 내용은 앞서 나온 사회사들, 예를 들어 고고학의, 인류학의, 지도학의, 의학의 사회사들과 같은 식의 사회사다.[13] 다른 식으로는, 이 책을 지식의 역사 사회학이라고 표현할 수도 있을 것이다. 사회학자들이 그러는 것처럼, 이 책도 학자들이 세상과 멀리 떨어져 있다고 보는 전통적 관점과 달리 지식이 실험실이며 천문대, 도서관, 또 다른 상아탑들 안에 자리를 잡고 있다는 사실을 강조한다. 학자들이 방해받지 않고 연구하려면 '자기들만의 공간'이 필요한 것은 분명하지만, 이런 분리는 상대적일 따름이다. 학자들은 자기네 연구실로 정치를 포함해 세상을 같이 가져가고, 또 학자들의 연구 결과는 제4장에서 묘사하는 것처럼 세속적 목적에 사용될 때가 많다.

이 책에는 이런 이유로 '지식의 정치사'라는 제목이 붙을 수도 있었는데, 그렇게 되지 않은 것은 이 책이 다루려는 바가 더 광범위하기 때문으로, 그리하여 '사회'라는 용어가 협의의 사회사뿐만 아니라 경제사와 정치사까지 아우르는 어떤 우산의 구실을 하게 된 것이다. 또 다른 가능성은 이 책을 '지식의 역사 생태학'이라고 부르는 것이었는데, 이 책의 관심이 자원을 둘러싼 경쟁에 가 있고, 분화에도, 또 특정 기관이나 학문 분과, 박학가 같은 종류의 학자에게 유리한 환경이나 영역에도 가 있기 때문이다.[14] →267쪽 이하

이 책에 붙일 수 있었을 세 번째 제목은 '지식의 문화사'였다. '지식 문화들'이라는(또는 '인식 문화들', 독일어로는 Wissenskulturen이라는) 표현이 점점 더 많이 쓰이기도 하지만, 또 분명히 유용하기도 하기 때문인데, 곧 지식이 복수로 존재한다는 발상에 힘을 실어 주는 것이다.[15] 이어지는 부분들에서는 관찰하고, 지도를 만들고, 필기를 하는 따위의 행위들을 자주 다루게 될 텐데, 이 행위들은 사회적인 만큼이

나 문화적이라고도 표현할 수 있다. 그래도 여전히, 여기서는 기관들을 강조하다 보니 '사회'라는 용어를 쓰는 것이 맞는 것 같고, 이 용어는 또 이제 거의 한 세기를 이어온 지식사회학이라는 전통을 같이 아우르는 추가적인 이점도 갖고 있다.

지식의 복수성

두 번째 질문 "지식은 무엇인가?"는 '예수를 조롱하던 빌라도'가 프랜시스 베이컨에 따르면 "대답을 기다리지도 않을 것"이었으면서 물었던 질문인 "진리는 무엇인가?"와 불편할 정도로 흡사하게 들린다. 대답의 첫 단계는 폴란드 인류학자 브로니스와프 말리노프스키가 "정보라는 손대지 않은 재료"라 부른 것과 지식을 구별하는 것일 것이다.[16] "우리는 정보에 빠져 죽을 지경"이지만, "지식은 결핍돼 있다."는 말을 우리는 듣는다. 우리는 '정보 거인'이 될 수 있지만, 그러면서 '지식 난쟁이'가 될 수 있다.[17]

또 다른 인류학자 클로드 레비스트로스에게서 유명한 은유를 빌려다가, 정보를 날것으로, 반면 지식은 익힌 것으로 생각하는 것도 유용할 수 있다. 말할 것도 없이, 정보는 오로지 상대적으로만 날것인데, '자료'들은 결코 객관적으로 '주어지지' 않고, 전제와 편견이 가득한 인간 정신으로 인지하는 것이기 때문이다. 하지만 지식은 가공된다는 의미에서 '익힌 것'이다. 이 가공 과정들은 제2장에서 사세히 다루거니와, 검증, 비판, 측정, 비교, 체계화를 포함한다.

지식들 또는 지식 전통들은 복수라고 생각해야만 하는데, 철학자 미셸 푸코가 1970년대에 이미 이렇게 하기는 했으나, 지금도 여전히 단수로 여길 때가 많다고 하겠으니, 곧 한 부분일 뿐인 익숙한 지식을 지식 전체라고 잘못 생각하는 것이다. 드러커를 다시 인용하자면, "우리는 이제 지식에서 지식들로 옮겨 왔다."[18] 런던 택시 기사들이 '지식'을 이야기하면, 그것은 이 도시의 지리를 뜻하는데, 그렇다고 이들이 (옥스퍼드 대학 베일리얼 학료 학감) 벤저민 조윗이 품고 있었다고 악의적으로 표현됐던 "내가 모르는 것은 지식이 아니다."는 식의 자만을 공유하는 유일한 사람들은 결코 아니다.[19] 지식들은 명시적 지식과 암묵적 (또는 드러나지 않는) 지식, 순수 지식과 응용 지식, 국소적 지식과 보편적 지식으로 나뉠 수 있다. 비록 기술사技術史들은 여전히 드물게만 쓰이지만, '어떻게를 아는 것'은 '어떤 것을 아는 것'과 나란히 놓일 자격을 분명히 갖고 있다.[20] 이와 비슷하게, 예속적 또는 종속적 지식들savoirs assujettis 또한 지배적 지식들에 대비해 아래가 아닌 동등한 지위를 가질 만하다.[21] "무엇이 지식인가?"라는 질문에는 정치적 측면이 있다. 무엇이 지식인지를 결정할 권위는 누가 갖고 있는가?

이 책에서는 주로 학문적 지식에 관심을 가지며, 그러면서 서구의 지식을 또 주로 다룬다. 따라서 더 정확한 제목은 '서구 학문적 지식의 사회사'가 될 것이다. 문제는 조금 주제스럽다는 것 말고도 이런 식의 제목은 이런 종류의 지식을 따로 떼어 내서 다룰 것이라는 잘못된 인상을 준다는 것이다.

사실 서로 다른 지식들 사이의 상호작용이야말로 이 연구의 핵심적 주제다. 이런 이유로 예를 들자면 탐정들과 첩보원들을, 아니면 정부들과 회사들을 되풀이해서 언급하고, 화학이나 경제학, 지질학 같은 새로운 학문 분과들과 약제사나 상인, 광부들의 실제적 지식 사이에 존재하는 연결 고리들을 또 다루게 될 것이다. 이를테면 애덤 스미스는 글래스고 정치 경제 클럽의 회원이었으며, 저 유명한 『국부론』

(1776년)은 스미스가 이 클럽 상인 회원들과 나눈 대화들에서 도움을 받았다. 실제로 영국에서는 경제학의 발전이 "대체로 대학이나 다른 공인된 형태의 도움 없이" 일어났다는 주장도 있다.[22]

다시 학문 활동과 첩보 활동 사이의 경계는 전적으로까지는 아니더라도 특히 전시에는 많이 넘나들었다. 미국을 보면, 제2차 세계대전 당시의 전략 사무국은 교수를 많이 차출해다 일을 시켰다. →199쪽 영국에서는, 에스파냐 연구 쪽에서 특출한 공헌을 해서 잘 알려져 있는 피터 러셀이 1930년대에 첩보 기관에서 일했으며, 미술사가 앤서니 블런트는 영국 정보청 보안부[MI5]와 그 소련 쪽 상대 기관인 내무인민위원회[NKVD] 두 기관에서 다 활동했다.

이제 지리와 관련된 내용을 보면, 이 책은 유럽과 아메리카 대륙에 초점을 맞추기는 하지만, 세계 다른 지역들에 관해서도 논의하는데, 이를테면 19세기 이집트나 중국, 일본이다. 이런 논의가 필요한 것은 이 기간에 서구의 지식이 서구 바깥으로 전파됐기 때문이다. 다만 '전파'라는 말은 이동하되 바뀌지는 않는다는 것을 함축한다는 점에서 아주 적절한 표현은 아니라고 하겠다. 적극적 수용이라는 관점에서 생각하는 것이 더 사실과 가까울 텐데, 곧 서구 바깥의 개인들이나 집단들이 서구의 지식을 얻어서 자기네 목적에 맞게 변경했다고 봐야 할 것이다. 두 번째로, 서구 밖 세계에 관해서 논의를 해야 하는 것은 반대 방향의 흐름도 있었기 때문이며, 이 흐름이 가졌던 중요성은 (서구에서는) 상대적으로 근자에 와서야 인정을 받았다. 예를 들어, 탐험가들은 이 기간에도 근대 초기에처럼 토착민 안내인들이나 토착민들의 지도에 의존했다. 식물학자나 언어학자를 비롯한 다른 학자들도 최종 '발견들'은 자기네가 한 것처럼 내놓았을지언정 실상은 마찬가지였다.[23]

이 주제는 대단히 광범위해서 채 수만 개의 단어로 된 책 한 권에 담기가 어렵다는 것은 너무나도 분명하거니와, 나로서는 내가 이 주제를 다룬다고 하면서 기왕의 정보 과잉을 더 심화했다고 독자들이 생각하지 않기를 바랄 따름이다. 한 광범위한 주제에 관한 간략한 개관으로서, 이 책은 상대적으로 돌연한 발견들을 주로 다루며, 그러느라 해석상의 주요한 변화들로 서서히 이어지는 느리고 꾸준한 지식의 축적은 붙잡지 못했다. 이 책이 개인적 관점에서 쓰였다는 것도 마찬가지로 분명하다. 지식에 관한 나 자신의 지식은 최소한 불균등하다고 할 것이며, 또 자연과학들을 그에 걸맞게 다루고 싶은 생각과 미술사에서 인류학까지 내가 더 잘 아는 분야들에서 나온 사례 연구들 쪽으로 끌려가는 마음 사이에서 갈등할 때가 많았다. 이 책의 접근 방식이 한층 더 개인적이 되는 것은 내가 지난 반세기에 걸쳐 지식 체제들에서 일어난 변화들을 직접 겪고 또 거기에 관여도 했기 때문인데, 이 기간은 이 책에서 다루는 기간의 20퍼센트에 해당하고, 거기다 이 변화들을 한 학문 분과의(곧 역사학의), 또 세 자리의, 곧 옥스퍼드 대학, 서식스 대학, 케임브리지 대학의 관점에서 바라보기 때문에 또 그렇다.

다른 말로 하면, 이어지는 내용은 길이는 길지언정 일종의 시론試論으로 간주해야 한다고 하겠으니, 그 접근 방법은 인상주의적이고 그 결론은 잠정적이어서, 그 광범위한 주제의 면면을 온전히 다뤘다는 주장 같은 것은 하지 못하고 그저 개관을 제시하려 할 뿐이다. 어떤 의미에서 이 책은 일련의 시론들이다. 첫 네 장은 지식들을 수집하고 분석해서 전파하고 채용하는 과정들에 초점을 맞추며, 보통은 불변적이라고 전제하는 행위들의 역사성을 강조한다. 제5장과 제6장은 지식이 계속해서 발전한다는, 또는 '학문의 진보'라는 저 일반적 가정에 맞서려는 시도라고 할 텐데, 말하자면 축적이 갖는 문제적 측면을 살펴보는 것이다. 제7장과 제8장은 지식의 역사를 지리학적·경제학적·정치학적·사회학적 관점에서 검토하며, 마지막 장에서는 이 책의 핵심적 관심사가 시간 속에서 일어나는 변화들이라는 것을 한층더 분명하게 보여 줄 것이다.

전문화는 지식사에만큼이나 지식사 서술에도 영향을 미쳤다. 예를 들어, 과학사는 많은 대학에서 독립된 학과다. 다시 국제 지성사 학회라는 것이 (1993년에) 설립됐으며,《지성사 학회지》(2001년)도 같이 나오고 있다. 지식사에 관한 2차 문헌들 자체도 거의 대부분 국가별로, 아니면 학문 분과별로 조직돼 있다. 이와는 달리, 이 시론의 목적은, 또 사실 명분은 (그것이 국가의 경계든, 사회 또는 학문 분과들의 경계든) 경계들을 넘는 것이고, 이러면서 "그저 연결하라."는 E. M. 포스터의 충고를 마음에 품고 아비 바르부르크가 지적 '국경 경찰'이라 부른 것을 피하려는 것이며, 그리하여 바라기는 지식들의 다성적多聲的 역사, 곧 다양한 시각에서 본 역사를 내놓는 것이다.

비록 이 책이 지식에 대한 정책은 말할 것도 없고 특정한 태도를 추천하는 데도 관심이 없지만, 독자들은 저자가 다원주의자라는 것을, 말하자면 의견과 마찬가지로 복수의 지식들이 바람직하다고 믿는다는 의미에서 다원주의자라는 것을 염두에 두어야 할 텐데, 이해는 지적 대화에서, 심지어는 충돌에서 생겨나기 때문이다.

지식의 수집에서
이용까지

1

지식을 수집하다

지식사회사라면 서로 다른 집단들이 지식을 얻어서 가공하고 전파해서 채용하는 방식들에 당연히 관심을 가져야 하는데, 이 일련의 과정을 정보 분야에서는(즉 첩보 활동에서는) 네 주요 단계로 나누기도 하는데, 곧 수집collection, 분석analysis, 전파dissemination, 행동action이다.[1](또는 줄여서 CADA라고 한다.) 당연히 이 단계들을 완전히 분리하는 것은 불가능하다.[2] 수집 또는 관찰은 빈 머리로 하는 것이 아니다. 클리퍼드 기어츠가 말한 대로, "문화 연구에서는, 분석이 바로 그 연구 대상 속으로 침투"하는 것으로, 이 점은 거의 모든 것이 "문화적으로 구축된다."고 이야기하는 학자들이 강조까지는 아니더라도 되풀이하는 바다.[3] 전파에는 분석이 수반될 때가 많다.[4] 이 단계들은 탈시간적으로 보일 수 있으나, 각 단계는 공간뿐만 아니라 시간 안에 자리 잡고 있다.

　　이 네 단계를 이 책의 제1부에서 순서대로 다루는데, 그러면서 더 잘게 구분들을 하게 될 것이다. 제1장에서는 첫 단계, 곧 지식의 수집 또는 채집 과정에 초점을 맞춘다.

지식을 수집하는 방법들

지식을 '수집한다'거나 '채집한다'거나 하는 구체적 은유들은 분명히 지나치게 단순화한 그림을 그려 내는데, 지식을 바닷가에서 조개들처럼 줍거나, 관목이나 나무에서 열매처럼 따거나, 포충망으로 나비처럼 잡거나 할 수 있는 것처럼 제시하기 때문이다. '사냥한다'거나 '노획한다'거나 하는 (오늘날 경영학 연구 쪽에서 즐겨 쓰는) 은유를 놓고도 비슷한 이야기를 할 수 있다.[5] 여기서는 이런 표현들을 사들이거나 약탈하거나, 특히 현지 정보 제공자들에게 질문을 하고 이야기를 듣는 행위들은 말할 것도 없고, 탐험이나 관찰, 측량, 실험 같은 일련의 과정들까지도 가리키는 약칭 정도로 사용한다.

학문적 언어에서는 이런 과정들을 '연구'를 한다고 표현한다. 1750년 이전에는 이따금씩 채용되다가, 이 용어는 18세기 중반 이후로는 여러 유럽 언어에서 책 제목에 (recherches, ricerche, Forschung 따위로) 점점 흔하게 등장하면서, 꽤 다양한 학문 분야에서 이루어지는 탐구를 가리켰으니, 대표적으로 해부학, 천문학, 정치경제학, 인구학, 지리학, 물리학, 화학, 고생물학, 의학, 역사학, 동양학이 있었다. 유명한 몇 가지 예를 소개하자면, 이런 것들이 있다.

1768년: 더파우, 『아메리카인들에 관한 철학적 연구』

1788년~: 학술지, 《아시아 연구》

1794년: 라마르크, 『주요한 생리적 사실들에 관한 연구』

1799년: 데이비, 『화학적이며 철학적인 연구』

1812년: 퀴비에, 『화석 유골에 관한 연구』

1838년: 쿠르노, 『재부론의 수학적 원리에 관한 연구』

지식의 사회사 2

앞에 소개한 예들은 기록 보관소나 박물관, 실험실에서 수행된 연구들과 관계가 있지만, 다른 예들은 우리가 지금은 '현장 연구'라고 부르는 것을 수반했는데, 탐험의 경우가 두드러지는 사례였다. 영국 해군 부장관이었던 존 배로는 탐험들을 조직하는 자리에 있어서, 『북극지방에서 이루어진 발견 및 연구 원정들』(1846년)이라는 제목으로 일부 탐험의 기록을 출판했다. 탐험가들은 기억할 만한 지식 수집 사례들을 제공했고, 다시 이 사례들은 지식이 생산되는 과정을 들여다보게 했다.[6]

두 번째 대발견의 시대

우리가 다루는 기간의 첫 한 세기, 곧 1750년에서 1850년 사이에 채집 또는 수집된 새로운 지식의 양은 현기증이 날 정도인데, 특히 유럽인들이 세계 다른 지역들의 동물군이며 식물군, 지리, 역사에 관해 모은 지식의 경우가 그렇다. 이렇게 보면 일부 역사가가 이 기간을 놓고 '두 번째 대발견의 시대'를 이야기하는 것도 당연하다고 하겠다.[7]

첫 번째 발견의 시대는 바스쿠 다 가마와 크리스토퍼 콜럼버스로부터 시작해 죽 이어졌는데, 해안 지역들에 대한 광범위한 탐험이 그 특징이었다. 두 번째 시대에는 해안 지역 탐험이 남양南洋을 비롯한 다른 지역들로 확장됐지만, 또 아프리카, 북남아메리카, 오스트레일리아, 시베리아, 중앙아시아를 포함한 다른 곳들의 내륙에 대해서도 상낭한 기세로 탐험이 이루어지면서, 조지프 콘래드가 말해 유명해진, 지도상의 저 '빈 곳들'을 채워 나갔다. 이런 탐험가들 가운데 하나인 알렉산더 폰 훔볼트(그림 1)는 그 이름이 이 책에서도 여러 번 다시

그림 1

베를린에 있는 알렉산더 폰 훔볼트의 동상. 라인홀트 베가스 제작(1883년).

사진: © Adam Carr, 2006

지식의 사회사 2

등장하거니와 '독일의 콜럼버스'라 부르기도 한다.

탐험가를 탐험가 중 하나였던 존 헤밍이 정의한 것을 보면, "그 자신의 사회에 알려진 세계 너머로 뚫고 들어가서, 거기 놓인 것들을 발견하고, 돌아와서 자기 사회 사람들에게 그것을 그려 보여 주는 어떤 사람"이었다.[8] 헤밍의 정의는 돌아오지 못한 그 많은 탐험가와 함께 몇몇 여성 탐험가 ㅡ389쪽도 제외하지만, 지식을 갖고 돌아오는 것을 헤밍이 강조하는 대목은 이 책의 목적과 일치한다고 하겠다.

탐험가들의 역경과 성공, 비극 이야기는 영웅 서사에 잘 들어맞으며, 또 사람들은 계속해서 이 이야기들을 한다. 가장 유명한 탐험가들을 꼽아 보면, 제임스 쿡과 루이-앙투안 드 부갱빌은 남양이었고, 멍고 파크와 데이비드 리빙스턴은 아프리카, 메리웨더 루이스와 윌리엄 클라크는 미국 서부, 알렉산더 폰 훔볼트는 남아메리카, 로버트 버크와 윌리엄 윌스는 오스트레일리아, 알렉산더 폰 미덴도르프는 시베리아, 니콜라이 프르제발스키는 중앙아시아였다. 오늘날에는, 이 탐험가들이 보탠 지식들에 점점 더 중요한 의미를 부여하고 있다.[9]

예를 들어, 훔볼트는 친구였던 식물학자 에메 봉플랑과 함께 에스파냐령 아메리카를 탐험하며 (1799년에서 1804년까지) 5년을 보냈는데, 산들을(대표적으로 침보라소 화산을) 올랐고, 강들을(곧 오리노코강과 아마존강을) 따라 여행했다. 이 탐험을 통해 지리학이며 식물학, 동물학,(예를 들면, 전기뱀장어 연구) 기상학을 비롯한 다른 많은 학문 분과에(더 정확하게는, 제6장에서 설명하는 대로 나중에 학문 분과들이 될 것들에) 새로운 지식들이 추가됐다.[10]

하지만 이만큼은 명성을 얻지 못했던 더 많은 이 시대 탐험가가 또 있었다. 영국인들과 나란히 프랑스인들과 독일인들도 아프리카 내륙을 탐사했던 것으로, 예를 들면 르네 카이예는 파리 지리학회의 현상 공모에 응해 1828년에 팀북투까지 갔고, 피에르 사보르냥 드 브라자는 브라자빌이 그 이름을 딴 탐험가이며, 앙리 뒤베리에는 열아홉 나이에 사하라 사막을 탐험했고, 뒤베리에의 친구였던 독일 지리학자 하인리히 바르트는 또 다른 사하라 사막 탐험가였으며, 독일 식물학자 게오르크 슈바인푸르트는 중앙아메리카의 아잔데족을 발견했다.[11]

남양으로 가 보면, 쿡이나 부갱빌 같은 유명한 인물들과 함께 장 프랑수아 드 라페루즈, 니콜라 보댕, 매슈 플린더스까지, 모두 발견 항해를 이끌었던 경우들이다. 보댕을 예로 들면, 1800년부터 세계 일주 항해를 시작해서 여러 가지 일을 했으며, 그중에서도 특히 오스트레일리아 해안 지도를 제작했는데, 이를 주요한 학술 단체였던 프랑스 학사원이 지원했고, 여러 명의 학자가 또 같이 승선해 도움을 줬으니, 천문학자들과 식물학자들, 광물학자들, 동물학자들에다 우리는 민족지학자라 부르는 역할을 겸했던 의사도 한 명 있었다.

러시아 사람들과 북아메리카 사람들도 이 광대한 두 대륙의 내륙 탐험에 똑같이 나서는데, 러시아 사람들은 동쪽으로, 아메리카 사람들은 서쪽으로 움직였다. 1803년에서 1806년 사이에, 루이스와 클라크는 '발견대'를 이끌도록 제퍼슨 대통령에게 선임돼 피츠버그에서 태평양 해안까지 갔다가 돌아왔고, 이러면서 북아메리카의 3분의 2를 탐험했다. 루이스는 계획 단계에 있을 때 이 탐험을 두고 "문명인의 발이 한 번도 밟아 본 적이 없는, 그 너비가 최소한 2000마일이 되는 한 나라를 통과하려 한다."고 묘사했다. 클라크는 측량과 지도 제작을 했고, 루이스는 박물지 기록을 맡았다.

이 두 탐험가는 서구 과학에는 알려지지 않았던 동물들을 발견했는데, 프레리도그나 평원 뿔도마뱀, 동부 숲쥐 따위가 있었고, 식물이며 동물, 광물 표본들도 보내왔다. 루이스와 클라크는 또 마주치는 인디언 부족들의 이름이며 언어, 거주 지역, 연장, 관습 따위를 파악하라는 지시도 받았다. 두 사람은 수족과 쇼쇼족, 네즈퍼스족에 관해 기술했고, 인디언 언어들의 일부 어휘를 기록해서 돌아왔다.[12]

이 둘의 공적에 대한 기술들에서는 탐험 경로를 정하는 데 도움을 준 사카자웨아 →335쪽 같은 원주민 정보 제공자들이나 '여러 지도에 기록돼 이들의 탐험에 정보를 주고 지표를 제공한 아메리카 원주민들의 지리 지식'이 한 역할을 언제나 제대로 평가했던 것은 아니다.[13] 그래도 여전히, 루이스와 클라크의 공적은 다른 많은 탐험가와 마찬가지로 상당하다고 하겠으며, 둘의 공적이 있어서 학자들은 현지인들 차원에서는 제시할 수 없었던 큰 그림을(이 경우에는 미국 서부 전체를) 볼 수 있게 됐다.

러시아에서는, 지리학회와 과학원, 러시아 민족학 박물관을 비롯한 다른 기관들이 원정들을 조직해 대륙의 변경 지역들을 지도화하고 탐험하게 했는데, 대표적인 것이 시베리아와 북극지방이었다. 독일 학자 페터 지몬 팔라스를 예카테리나 여제가 시베리아로 파견해 그 자연 자원들을 조사(1768~1774년)하게 했고, 러시아 식물학자 미하일 아담스가 여기서 연구를 수행(1806년)했으며, 노르웨이 출신 크리스톱헤르 한스텐이 시베리아로 가서 지구 자기를 연구(1828~1830년)했고, 훔볼트 역시 시베리아를 찾은 적(1829년)이 있다.

하지만 최초의 주요 시베리아 과학 원정은 동물학자 미덴도르프의 것(1842~1845년)이었으니, 러시아 정부가 자금을 대고 러시아 과학원이 지원했으며, 북극 환경 안에 존재하는 유기적 생명체를 연구하는 것이 목적이었다. 사실 미덴도르프는 이보다 훨씬 더 많은 것을 이뤄 내는데, '19세기 러시아 과학 원정에서 가장 두드러진 원정'을 이끌면서, 미국 서부에서 루이스와 클라크가 그랬던 만큼이나 광범위한 분야에 그물을 던졌던 것이다. 미텐도르프와 그의 소규모 원정대는 이 지역의 지도를 제작했고, 기후를 연구했으며, 토양 온도를 측정했고, 동식물군 표본뿐만 아니라 오스탸크족과 야쿠트족, 퉁구스족을 비롯한 원주민들의 연장이며 노래, 이야기, 어휘까지 수집했다.[14] 러시아가 투르키스탄으로까지 팽창하면서 중앙아시아 지역에 대한 지리학, 고고학, 민족학 원정들이 이어졌는데, 프르제발스키(1872년)나 사무일 두딘(1900~1902년) 같은 사람들이 지휘했다.[15] 중앙아시아는 스웨덴 지리학자 스벤 헤딘이 1894년에서 1908년 사이에 여러 차례 원정을 한 끝에 마침내 그 지도화를 마무리 지었다.

과학 원정들

육지에서, 또 바다에서, 새로 추가된 주요한 지식들은, 특히 지리 지식은 학자라고 주장하지 않던 개인들, 곧 탐험가들 자신이 보탰으며, 이러면서 자기네가 탐험하고 있던 지역의 일부 원주민한테서 (보통은 인정받지 못할 때가 많았던) 도움을 받았다.

하지만 첫 번째 발견의 시대와 두 번째 발견의 시대 사이에는 중요한 차이가 있었다. 첫 번째 시대의 배들은 군인이나 상인, 선교사, 관리들을 실어 날랐다. 두 번째 시대, 곧 전문화가 심화되던 시대 →265쪽 이하의 배들은 천문학자와 박물학자를 비롯한 다른 학자들도 실어 날랐다. 우리가 '과학' 원정이라 부를 만한 것의 수가 늘어나고 있었으니, 이 원정들은 부분적으로, 아니 심지어는 주로 전략적·정치적·경제적 중요성을 가진 해양 항로들에 관한 지식만이 아니라 자연계 일반에 관한, 또 (더 드물기는 했지만) 다른 문화에 관한 지식까지 수집할 목적으로 조직된 것들이었다.

과학 원정이 18세기 말에 시작됐다는 견해들도 더러 있었다.[16] 이 견해는 근대 초기의 유사 사례들, 이를테면 에스파냐 펠리페 2세의 어의였던 프란시스코 에르난데스가 멕시코와 필리핀에 (1571년에서 1578년까지) 7년짜리 임무를 부여받고 파견돼 약용 식물들을 연구했던 경우를 지나쳐 버린다. 그래도 여전히, 조직화되고 되풀이되는 현상으로서 (다른 말로 하면, 일종의 제도로서) 과학 원정 또는 지식 수집 원정이 출현하는 것은 18세기 후반으로 잡는 편이 확실히 정확하다고 하겠다.

탐험 항해들의 경우, 일부 선박의 이름을 보면 적어도 자기표현의 측면에서는 과학적 관심이 큰 비중을 차지했다는 것을 읽을 수 있다. 쿡은 발견Discovery을 타고 항해했으며, 알레산드로 말라스피나도 발견Descubierta이었고, 라페루즈는 관측의Astrolabe, 보댕은 박물학자Naturaliste와 지리학자Géographe, 플린더스는 탐사자Investigator였고, 프랑스인들이 태평양(1792년)과 북극지방(1835년)을 탐험할 때는 연구Recherche였다.

지식 수집이 선장들에게 내리는 임무 지시에 포함돼 있었고, 또 일단의 학자들을 같이 승선하게 하는 경우도 있었다. 예를 들어, 천문학자 한 명이 쿡 선장의 첫 항해에 동행했는데, 이에 앞서 왕립학회에서 쿡 선장에게 1769년에 예정돼 있던 금성의 태양면 통과를 관측해 달라고 의뢰했던 것이다. 쿡 선장의 배에는 식물학자들이던 조지프 뱅크스와 그의 스웨덴인 동료 다니엘 솔란데르도 타고 있었다.(지금은 시드니의 일부인 '보터니(식물학)' 만에 쿡 선장이 이 이름을 붙인 것도 이 때문이었다.) 이와 비슷하게, 라페루즈도 어떤 지식을 수집할지에 관해 왕실 지리학자와 과학원으로부터 상세히 지시를 받았다. 라페루즈는 학자 열 명을 같이 데려가는데, 천문학자와 지질학자, 식물학자, 동물학자가 포함돼 있었다. 이들과는 별도로 화가들도 있었으니, 방

문하는 지역들의 지형이며 동물군, 식물군, 원주민들을 기록하도록 의뢰를 받은 사람들이었다.[17]

펠리페 2세와 에르난데스의 전통을 좇아, 에스파냐는 18세기에 예순 차례가 넘는 원정에 나서는데, 주로 신세계로 가는 식물학 원정이었으며, 그 사이에 프랑스는 이보다도 많은 원정을 내보냈다. 프랑스의 원정들을 보면 대표적인 것으로 오리노코강 원정(1754~1761년)이 있고, 프랑스-에스파냐 공동 페루 원정(1777~1788년), 지금의 콜롬비아인 누에보 그라나다 원정(1783~1808년), 지금의 멕시코인 누에보 에스파냐 원정(1787~1803년)이 있었다.[18] 달리 표현해 보면, 훔볼트의 에스파냐령 아메리카 원정이 더 많은 국제적 관심을 모았고 더 넓은 분야들에 걸쳐 발견들을 하기는 했으되, 첫 원정이었던 것도, 심지어 가장 오래 이어진 원정이었던 것도 결코 아니었다.

세 번째 대발견의 시대?

1760년대에서 1860년대까지, 또는 쿡에서 리빙스턴까지 이어지는 한 세기에 집중하게 되면 북극과 남극을 무대로 탐험가들과 황량한 환경 사이에 벌어진 가장 서사시적인 싸움 이야기 몇 편을 빼놓게 된다.(물론 콘스턴틴 핍스 선장은 이미 1773년에 북극점 원정에 나서기는 했다.) 여기서도 역시 지식 탐색은 이야기의 중요한 한 부분이다. 1895년에 제6회 국제 지리학 대회는 "앞으로 수행해야 할 지리적 탐험에서 가장 큰 조각"은 남극 지역에 있으며, 이 탐험은 "과학의 거의 모든 분야에 새로운 지식들을 추가"하게 될 것이라고 선언했다.[19] 저 유명한 화학자 드미트리 멘델레예프는 '지식의 승리'를 위해 남극점과 북극

그림 2
챌린저호(1858년).

점 '정복'을 지원하도록 러시아 총리를 재촉했다.[20] 프리드쇼프 난센은 동물학자이면서 해양학자였다. 알프레드 나토르스트는 지질학자이면서 고식물학자였다. 1918년에서 1925년까지 이어진 로알 아문센의 북극 탐험 때는 얼음 위에 지구 물리 관측소를 세우기도 했다.

북극점과 남극점에 마침내 도착하게 되면서, 세계에는 정복할, 아니 최소한 탐험할 곳은 이제 남아 있지 않은 것 같았고, 그리하여 1904년에 영국 지리학자 핼퍼드 매킨더는 스스로는 '콜럼버스적' 시대라 부른 것의 종언과 '닫힌 공간'의 도래를 서운함을 쉬어 공포하기에 이른다.

하지만 또 다른 영역이 열리고 있었으니, 바다 밑 세계였다. 심해 탐험은 영국 챌린저호(그림 2)의 원정(1872년)으로 시작되는데, 이 배는 대양저의 지질도를 작성했고, 다른 수심대들의 해수 온도를 측정했으며, 이전까지는 알려지지 않았던 해양생물 약 4700종을 발견했다. 1930년대 이후로, 심해 탐험은 과학자들이 큰 관측용 창이 달린 특별히 설계된 잠수정을 타고 수행하게 된다. 곧 (쇠줄에 매달아 배에서 내려보내는) 구형 잠수구球形潛水球와 (자체 추진하는) 심해잠수정이 있었다.[21]

육지와 바다 다음에 우주탐사의 시대, 곧 '세 번째 대발견의 시대'가 왔다.[22] 러시아인들이 국가의 위신과 함께 "기초과학 지식을 증진"할 목적으로 스푸트니크 인공위성을 발사(1957년)했고, 거기에 거의 바로 뒤이어 미국국립항공우주국NASA(1958년)이 설립됐다. 미국의 우주왕복선 챌린저호(1983~1986년 운항)에 이런 이름을 붙인 것은 저 19세기 탐사선에 경의를 표하기 위한 것이었다.

극지 탐험의 사례에서처럼, (사고를 당해 목숨을 잃은 우주 비행사들의 비극은 말할 것도 없거니와) 유리 가가린이나 닐 암스트롱의 공적이 갖는 서사시적 성격 때문에 유인 또는 무인 우주선들이 저 많은 비행을 통해 획득한 지식들은 빛을 잃고 말았다고 할 수 있는데, 이를테면 달에서 지질학 표본을 수집하고, 우주에 띄워 놓은 장비들을 이용해 해양학을 연구하고, 금성, 화성, 목성, 토성, 천왕성, 해왕성에서 지구로 자료를 전송하고, 최근에는 우주탐사선 피닉스호가 화성에서 토양을 수집해 분석(2008년)하고 한 일을 꼽을 수 있다.[23]

과거 문화들을 찾아서

몇몇 지식 탐사 원정은 자연에는 과거나 현재의 문화에보다 관심을 덜 가졌다. 초기 사례를 들자면 1761년부터 1767년까지 이어진 카르스텐 니부어의 (오늘날의 이집트와 시리아에 해당하는) 아라비아 원정이 있었다. 이 원정은 독일 성서학자 요한 다피트 미하엘리스가 제안한 것으로, 구약성서에 기술된 민족들을 직접 그들의 환경 안에서 연구해 해명하자는 목적이었으며, 덴마크 왕이 자금을 지원했고, 원정대에는 독일 측량학자 니부어와 스웨덴 식물학자 페테르 포르스콜 외에 문헌학자 한 명과 화가 한 명이 포함돼 있었다. 원정 참가자 대다수의 운명은 아프리카나 남극지방에서 많은 탐험가가 겪었던 것만큼이나 비극적이었으며, 다만 니부어 자신은 살아남아 유명한 아라비아 기록물을 출판하는데, 거기에는 현지 풍습과 언어에 관한, 또 페르세폴리스 유적에 남아 있던 조상彫像들에 관한 새로운 정보가 담겨 있었다.[24] 언어학자 라스무스 라스크는 1인 원정에 나서 스웨덴, 핀란드, 러시아, 페르시아, 인도를 찾아다니며 필사본들을 수집(1816~1823년)했으며, 이 원정 역시 덴마크 왕이 자금을 댔다.

한 세대 뒤에는, 1789년 프랑스의 이집트 침공 때 나폴레옹 군대에 150명이 넘는 학자가 따라가면서 니부어의 원정을 보잘것없는 규모로 만들어 버렸다.[25] 이 본보기를 따라, 프랑스 학사원은 프랑스군의 그리스 독립 전쟁 개입 때 모레아 과학 원정대(1828~1833년)를 선임해 같이 가게 했다. 다시 공식적으로는 알제리 '과학 탐험'이라 알려졌던 것이 1841년에서 1843년까지 프랑스 정부가 주도해서 이루어졌다. 1862년 막시밀리안 황제를 지원하기 위해 멕시코에 개입하는 프랑스 군대에도 일단의 학자들이 따라갔다.[26] 제국들을 구축해서 유지하는 데 지식을 이용하는 대목은 제4장에서 더 다룰 것이다.

저 이집트, 그리스, 알제리, 멕시코 원정들을 따라간 학자들 가운데 일부는 고고학자들이었다. 과거 문명의 유물들에 대한 주목할 만한 발견 사례들은 이미 18세기에도 많았는데, 대표적으로 헤르쿨라네움(1738년)이나 폼페이(1748년) 같은 고대 로마 도시들과 멕시코에 있던 마야족 도시 팔렌케(1773년) 유적들이 있었다.

하지만 가장 유명한 고고학 원정과 발굴 가운데 상당수는 19세기 중반과 후반의 것들이다. 고대 아시리아의 도시 니느베는 잉글랜드 외교관 오스틴 헨리 레이어드가 (1845년 이후) 발굴했고, 트로이는 (아나톨리아 히사르크 근처에서) 독일인 하인리히 슐리만이 (1870년 이후) 발굴했다. 수메르 문명은 이라크 텔로에서 프랑스 고고학자 에르네스트 드 사르제크가 (1877년 이후) 발견했다. 이집트에서는 여러 고대 유적을 잉글랜드인 플린더스 피트리가 (1880년 이후) 발굴했다. 바빌론은 독일인 로베르트 콜데바이가 발굴했으며, 크레타섬 크노소스의 궁전 단지는 아서 에번스가 발굴했다.(두 발굴 모두 1899년부터 진행됐다.)

극적인 발견들은 그래도 20세기 초에나 이루어질 것이었다. 히타이트 문명이 아나톨리아 보가즈쾨이의 여러 발굴지에서 1906년부터 모습을 드러내기 시작했다. 중국 서부에 있던 탕구트 제국의 도시 카라 호토는 1907년부터 1909년까지 러시아인 표트르 코즐로프가 발굴했다. 잉카 제국의 도시 마추픽추는 1911년 미국 역사가 하이럼 빙엄이 (한 현지 농민의 도움을 받아) 발견했고, 팔렌케의 마야 유적들에 대한 체계적인 발굴은 1934년에 시작됐다.

인류학 원정들 역시 이 시대에 이루어졌다. 가장 많이 알려진 것들을 꼽자면 제섭 북태평양 원정(1897~1902년)이 있으며, 여기에는 프란츠 보애스가 참여했고, 또 케임브리지 인류학 원정(1898년)이 있는데, 토러스 해협을 탐사했으며 사실은 학제적 기획이었고, 프랑스의 다카르-지부티 원정(1931~1933년)에는 뛰어난 인류학자 마르셀 그리올도 포함되어 있었다. 연구 대상이 더 가까이 있는 전승학자들처럼, 인류학자들의 호기심은 자기네가 전통적 또는 '원시적' 문화들의, 그러니까 현대 세계에서 소멸하게 돼 있는 문화들의 마지막 날들을 목격하고 있다는 생각 때문에 더 강렬해졌다. 아돌프 바스티안이 1880년에 선언했거니와, "할 수 있는 것은 지금 해야만 한다. 그러지 않으면 민족학의 가능성은 영원히 소실된다."[27] 브로니스와프 말리노프스키에 따르면 민족학의 비극은 "연구할 준비가 갖추어지는" 바로 그 순간에 "그 연구 재료가 손도 쓸 수 없이 빨리 사라져 버린다."는 것이다.[28]

시간의 발견

고고학자들은 '시간의 발견', 특히 '심원 시간deep time'의 발견이라 묘사된 것에 일조한 여러 집단 가운데 그저 한 집단이었다.[29] 이 집단들은 '시간 탐험가'들이라 부를 수 있을 텐데, 이 때문에 이 장에서 공간 탐험가들과 나란히 다루기는 하지만, 시간의 심층을 하나씩 하나씩 발견하는 것은 단순한 관찰보다는 공들인 분석의 결과라 하겠다.

1750년에 상당수 교육받은 유럽인은 세계의 나이가 6000년이라는 전통적 견해를 여전히 받아들이고 있었다. 이때 이후로 이 6000년 된 세계라는 생각은 고고학자나 고생물학자, 지질학자, 천문학자들로부터 거듭거듭 도전을 받았다. 19세기 중반에 영어에서는 '선사시대prehistory'라는 말을 고고학자들을 비롯한 나른 사람들이 사용하기 시작하면서 쓰기가 발명되기 이전 단계 인간의 과거를 가리키게 된다.(프랑스어에서는 préhistoire가 조금 늦게 1876년에 등장했고, 하지만 antehistorique는 1830년대까지 거슬러 올라간다.)

'선사시대'라 알려진 기간은 서서히 확대되어 갔다. 석기시대는 오래된 것과 더 나중 것, 곧 구석기시대와 신석기시대로 나뉘었다. 그러다가 중석기시대라 알려진 중간 단계가 도입됐고, 구석기시대 역시 전기, 중기, 후기 단계로 세분해서 이제는 전에 잡았던 것보다 훨씬 더 길었던 것으로 이해하게 된 어떤 기간에 걸쳐 일어난 변화들을 구별하게 된다.

지난 150여 년이 흐르는 동안, 고고학자들과 고생물학자들 덕분에, 인간이 도구 사용 포유류가 된 연대는 점점 더 멀리까지로 거슬러 올라가게 됐다. 1942년 루이즈 리키와 메리 리키가 케냐 올로르게사일리에서 인간 거주 유적지를 발견하는데, 거기에는 돌도끼들과 동물들의 유골이 있었으며, 두 사람은 그 연대를 70만 년에서 90만 년 전으로 잡았다. 두 사람은 탄자니아 올두바이 협곡에서도 작업을 했는데, 도구 제작이 대략 250만 년 전에 시작됐다는 것을 거기서 밝혀냈다. 이 발견조차 '루시'의 발견 앞에서는 뒤로 밀려났는데, 에티오피아에서 발견된 이 300만 년 전 인류의 유골이 도구 제작보다 두 다리로 걷는 것이 먼저였다는 것을 보여 줬기 때문이다.

300만 년에 이르는 인간의 시간조차도 동물의 시간과 비교하면 짧아 보이는데, 고생물학자들이 19세기 시작 이후 밝혀낸 것들에 따른 것이다. 저 『연구』(1812년)에서 프랑스 고생물학자 조르주 퀴비에는 화석 순서는 유기체들의 순서를 보여 주며, 그리하여 파충류가 포유류보다 앞에 온다고 주장했다. 퀴비에는 매머드와 마스토돈을 발견했으며, 1809년에는 익룡을 알아보고 이름을 붙였는데, 유골 자체는 반세기 전에 발견된 것이었다. 퀴비에 이후로는, 화석들의 연대를 훨씬 더 오래전으로 잡게 된다. 이제는 공룡들의 연대를 6600만 년에서 2억 4500만 년 전 사이의 기간으로 추정한다. 가장 이른 화석들은 이제 대략 35억 년 전의 것으로 본다. 이제 지구에서는 생명이 대략 38억 년 전에 시작됐다고 여긴다.

다시 고생물학은 지질학 앞에서 왜소해졌다. 『자연의 시대들』(1779년)에서 뷔퐁 백작은 지구의 역사를 여섯 시대로 나누는데, 합치면 대략 7만 5000년이 되며, 지금으로서는 대단한 수치가 아니지만, 당시로서는 많은 사람에게 충격을 주기에 충분했다. 나중에 퇴적 과정을 연구하면서, 뷔퐁은 지구의 나이를 300만 년으로 늘려 잡았지만, 이 결과를 발표하지는 않았다. 뷔퐁과 마찬가지로 열 손실 계산에 기초해 추정치들을 뽑아내서, 1862년 영국 물리학자 윌리엄 톰슨(켈빈 경)은 지구의 나이가 2000만 년에서 4억 년 사이일 것이라는 견해를 내놓았다. 하지만 이 수치도 더 젊은 세대 과학자들에게는 충분하지 않았는데, 이를테면 물리학자 로버트 스트럿은 한 암석의 연대를 20억 년 전으로 잡았고, 또 지질학자 아서 홈스 같은 경우는 모잠비크에서 나온 몇몇 암석은 15억 년이 되었을 것이라고 주장했다. 지구 나이를 다루는 한 위원회가 조직되는데, 거기서 홈스는 15억 년에서 30억 년 사이를 지지하는 입장을 제시했다. 요즘의 추정치는 대략 45억 년이다.[30]

지질학을 마침내 천문학이 훌쩍 넘어서는데, 여기서는 단순히 수백만이 아니라 수십억 년이 된 우주를 제시하기 때문이다. 1920년대에 미국 천문학자 에드윈 허블이 우주가 '빅뱅big bang'으로 시작됐다는 가설을 내놓았다. 이 인상적인 이름을 붙여 준 것은 이 가설을 비판하던 영국 천문학자 프레드 호일이었다. 빅뱅은 언제 일어났을까? 추정치들은 저마다 다르지만, 높게 잡는 경우들은 100억 년 전이라고 본다.

측량

조사 또는 측량이라는 뜻의 survey는 높은 곳에서 무언가를 바라보는 것을 가리킨다. 육지 측량은 다른 지점들 사이의 거리를 확정하려고 재어 본다는 의미에서는 최소한 고대 이집트까지는 거슬러 올라가며, 측량에 사용하는 도구들 중 몇몇은 중세에 아랍인들이 발명했으나, 측량은 우리가 다루는 기간에 더 정확해지고 있었고, 또 지구상의 더 많은 곳으로도 확대됐다고 하겠다. 탐험가들은 이런 엄격한 의미에서 측량사들이었을 때가 많았다. 예를 들어, 쿡 선장이 태평양 항해를 해 달라는 의뢰를 받을 수 있었던 것은 그가 일찍이 영국해군에서 측량사로서 보여 준 능력 때문이었다.

해안 측량은 유럽과 미국이 팽창하던 시대에 항해 보조 수단으로서 특히 중요했다. 에스파냐와 영국 두 나라 공히 태평양 북서해안에 관심을 갖고 있어서 (누트카만 소유권을 놓고는 거의 무력 충돌을 하는 지경까지 갔으며) 1790년대에 이 지역을 측량하려고 두 나라 모두 원정대들을 내보냈다. 미국 해안 측량(1808년)은 정부가 연구 활동을 지원한 초기 사례로 꼽힌다. 제국 정부들은 통치 지역들을 측량하는 데 특히 신경을 썼다. 예를 들면 인도는 제임스 레널 소령이 지휘하는 측량단이 1764년 이후 계속 측량했으며, 레널 자신은 얼마 지나지 않아 측량대장에 임명됐다.

다른 많은 종류의 조사(또는 프랑스인들이 부르는 대로는 enquête, 곧 영어의 'enquiry') 역시 우리가 다루는 기간에 수행되는데, 지질 조사, 민족학 조사, 고고학 조사, 식물 조사 따위가 있었다. 초기 사례들을 들어 보면, 캐나다 지역 지질학 조사(1842년)가 있었고, 러시아 지리학회가 실시한 민족학 조사(1848년)가 있었으며, 19세기 중반에 미국 서부를 대상으로 한 태평양 철도 조사도 있었다. 영국 육지 측량부의 조사가 1791년 시작됐고, 인도 지역 고고학 조사는 1861년, 미국 오대호 지역 조사는 1882년이었다.

사회조사들을 놓고 보면 (용어 자체는 1927년으로밖에 올라가지 않으며) 가장 많이 알려진 것은 분명히 인구조사다. 인구조사는 오랜 역사를 갖고 있으되 (예수의 부모는 인구조사에 응하려고 베들레헴에 갔던 것으로서, 그 연대는 지금은 서력기원 6년인 것으로 추정하며) 정부들이 정기적으로, 곧 5년이나 10년마다 인구조사를 하는 것이 관행으로 자리잡는 것은 우리가 다루는 시대 중에였다. 스웨덴이 (1749년에) 앞장을 섰고, 에스파냐(1768년), 미국(1790년), 프랑스와 영국(두 나라 모두 1801년)이 그 뒤를 따랐다.[31]

인구조사에서 자극을 받았든 아니든, 더 전문화된 사회조사들이 곧 이어졌다. 예를 들어, 프랑스에서는 국가 경제 상태에 관한 조사들이 1806년에 시작됐고, 노동조건 조사들은 1830년에 시작됐으며, 또 대중 시大衆詩에 관한 공식적인 조사가 1852년에 실시됐다.[32] 영국에서는, 가장 유명한 조사 중 하나는 공중 보건에 관한 것으로, 그 결과는 에드윈 채드윅의 『노동 인구의 위생 상태에 관한 보고서』(1842년)로 발표됐으며, 다시 얼마 뒤에는 프리드리히 엥겔스의 『1844년 잉글랜드 노동계급의 상태』에 관한 보고서가 나왔다. 노르웨이에서는, 어민과 삼림 거주민에 관한 선구적인 조사들을 사회학자 에일레르트 순드트가 19세기 중반에 실시했다.[33]

독일에서는, 공장들과 농업 노동자들에 대한 조사들이 1870년대와 1890년대에 시작되는데, 나라가 통일되고 얼마 뒤였다. 하지만 사회조사가 가장 활발한 나라는 분명히 미국이다. 미국에서 있었던 사회조사들을 꼽아 보면 『필라델피아 흑인』(1899년)은 W. E. B. 듀보이스가 이 도시 흑인들의 사회적·경제적 상황을 연구한 것이고, 듀보이스는 나중에 미국 유색인 지위 향상 협회의 대표가 됐으며, 또 피츠버그 조사(1909~1914년), 스프링필드 조사(1918~1920년)가 있었고, 가장 많이 알려진 것은 앨프리드 킨제이의 『인간 남성의 성적 행위』(1948년)와 『인간 여성의 성적 행위』(1953년)에 관한 보고서다.

늘어나는 수집품들

앞에서 언급한 원정 상당수에서 그 참여자들은 거의 문자 그대로의 의미에서 지식을 채집했다고 말할 수 있다. 18세기 후반 이후부터 원정 지휘자들에게 현지 인공유물들과 과학 표본들을 가지고 돌아오라고 지시를 내리는 것이 드물지 않은 일이었다. 도서관들과 박물관들은, 특히 유럽이나 미국에 있는 경우들은, 수가 계속 늘어나는 '수집품'들로 채워지게 되는데, 화석에서부터 동물과 사람의 해골, 두개골, 조개껍데기, 곤충, 무기, 도구, 회화, 가면, 토템 기둥, 부처상이나 시바상에 이르렀고, 또 (바빌론 유적에서 가져온) 이슈타르의 문처럼 건축물의 일부였던 것들도 있었으며, 가끔씩은 건물 전체를 가져왔을 때도 있었다. 예술품들을 여기에 포함해야만 하는 것은 '감정가'들에게는 지식의 대상이었기 때문이기도 하고, 상대적으로 최근까지도 서구에서는 동양 전통에서 나온 예술품들을 미적인 이유에서보다는 이 예술품들을 만들어 낸 '이국' 문화들에 관해 가르쳐 주는 것이 있다고 믿어서 수집했기 때문이기도 하다.

뱅크스와 솔란데르가 있어서, 식물 1000여 종과 함께 광물, 동물, 조류, 어류 표본 수백 개를 쿡 선장의 첫 항해에서 가져올 수 있었다.

살아 있는 식물 표본들은 큐 왕립 식물원 같은 식물원들로 보냈고, 건조 표본들은 박물관이나 식물표본관에 보관했다. 박물학자 에티엔 조프루아 생틸레르처럼 나폴레옹의 이집트 원정에 같이 갔던 학자들에게서, 파리 자연사박물관의 경우, 생틸레르가 여기 교수였거니와, 수천 점의 표본을 받았는데, 마르세유에서 파리로 운반할 때 마흔 개에서 쉰 개의 상자를 채웠을 정도의 양이었다.[34]

미국의 남양 탐험 원정(1838~1842년)은 앞선 원정들을 무색하게 만들었는데, 16만 점이 넘는 표본을 가져왔던 것으로, 먼저 리우에서 표본 5만 점을 보내는데, 원정 초기의 일이었고, "그 뒤 3년에 걸쳐, 나무나 주석으로 만든 상자들로 시작해, 위스키를 담던 배럴 통이나 케그 통, 돛천으로 만든 자루나 바구니가 수백 개 단위로 도착했다."[35] 박물학자 앨프리드 러셀 월리스는 보르네오에서 식물군과 동물군을 연구하며 8년을 보내면서 12만 5000점이 넘는 표본을 보내는데, 아마 과학자 개인이 한 것으로는 가장 긴 탐험이었을 것이다.

엄청난 양의 표본이 영국 군함 챌린저호 위에서 이루어진 영국의 심해 탐사 과정(1872~1876년)에서도 나왔다. 이 탐사 항해를 하는 중에 버뮤다, 핼리팩스, 희망봉, 시드니, 홍콩, 일본에서 표본들을 보냈다. 이 탐사의 수석 과학자가 과학 보고서 서론에 써 놓은 것을 보면,

쉬어니스에서 배의 선적물을 마침내 모두 내린 뒤, 배의 화물칸들을 점검하고 알게 된 것은 먼저 상자가 563개 있었는데, 거기에는 에탄올을 붓고 표본을 담아 놓은 큰 유리 단지 2270개에다, 마개로 마아 놓은 더 작은 유리병 1749개, 유리관 1860개, 주석 상자 176개가 있었는데, 이것 모두에 에탄올에 담근 표본들이 있었고, 건조 표본들이 들어 있던 주석 상자 180개에, 또 표본들을 염수에 담가 보관하던 큰 나무 술통 스물두 개까지 있었다.[36]

이 수집물들은 마지막에는 자연사박물관으로 갔다.

수집한 표본들 가운데는 아직 살아 있는 동물종들의 유골만이 아니라 오래전에 멸종한 종들의 화석 유골들도 있었는데, 대표적인 종이 저 유명한 공룡들로서, 19세기 초에 발견들을 하게 된다. 멸종한 동물들의 화석은 세계 여러 지역에서 발견됐으며(그러니까 글립토돈은 남아메리카였고, 이구아노돈은 벨기에, 알로사우루스는 북아메리카, 로이토사우루스는 오스트레일리아 등등이었고) 이 동물들의 유골은 고생물학자들이 주의를 기울여 다시 짜 맞췄다.

표본이라는 개념은 인간의 인공유물들로까지 확대됐다. 1896년에 나온 영국의 한 통신 판매 책자는 이른바 민족학 표본들이라는 항목으로 묶은 것들을 판매품으로 내놓았다. 인간의 유골과 두개골을, 특히 비서구인들의 것을 표본으로 취급해서 허락 없이 무덤에서 파내기도 했다. 베를린의 자연과학박물관은 아직도 6000개가 넘는 두개골을 보관하고 있는데, 19세기 후반 '두개학'의 전성기 중에 수집한 것들이다.[37] →111, 253쪽 하지만 가장 두드러지는 '표본'은 분명히 늪지나 얼음 속에 묻혀 보존돼 있던 온전한 인간 시체들로서, 대표적인 것을 꼽자면, 톨룬트 인간이 있는데, 1950년 덴마크에서 발견된 기원전 4세기경의 시체이고, 또 냉동 인간이 있는데, 기원전 3300년경의 시체로서 1991년 알프스에서 발견됐으며, 고고학자들에게 당시의 복식, 연장, 심지어 음식에 관한 정보까지 제공했다.[38]

살아 있는 인간들까지도 때로 표본으로 취급했고, 그리하여 인종적 특징들을 예증한다는 목적으로 사진을 찍었는가 하면, 유럽이나 미국으로 데려가 이국 문화들을 전시하는 자리에서, 가끔씩은 촌락들까지 같이 재현해서 보여 주기도 했다.[39] 16세기에는, 투피남바족 몇 명을 브라질에서 프랑스로 데려갔는데, 지식을 얻기보다는 진기품이나 기념품으로 전시하려는 목적이었다.(다만 몽테스키외가 기회를 얻어 통역자를 통해 이 사람들에게 질문을 하기는 했다.) 한편 1893년에는 보애스가 일단의 콰키우틀족을 캐나다 북서부에서 시카고로 데려갔는데, "콰키우틀족의 관습이나 생활 방식과 관련해 무엇이든 이 사람들한테서 궁금해하는 것을 보여 주겠다."는 것이었다.[40]

고고학 수집품들과 민족학 수집품들은 어지러울 정도의 속도로 특히 19세기에 늘어났다. 유럽 주요 박물관들과 미술관들의 이집트 전시실과 아시리아 전시실은 나폴레옹의 1798년 이집트 침공을 시작으로 중동에서 가져온 수집품의 양을 지금도 증언한다. 예를 들어, 영국 박물관에 있는 거대한 아시리아 조상들은 레이어드가 니느베에서 보낸 것들로, 1852년에 도착했다. 몇몇 유명한 보물은, 그러니까 (1876년 미케네에서 슐리만이 발견한) 아가멤논의 데스마스크나 (1912년에 발견된) 파라오의 왕비 네페르티티의 흉상 같은 것들은 무엇보다도 그 미적 성질들 때문에 기억되지만, 분명히 새로운 지식들도 가져다주었다.

자연계에서 가져온 표본들과 인간의 인공유물들 사이에는 분명하게 대비되는 점이 있다. '채집'은 조개껍데기를 모으고 꽃을 따고 하는 것을 가리키기에는 그렇게 부적절한 용어는 아니다. 반면 어떤 인공유물들은 수천 년 동안 땅속에 잠들어 있던 것을 파냈다는 의미에서는 채집했다고 할 수 있다 해도, 다른 유물들은 누군가의 소유물이어서, 교환이나 약탈을 하고서야 손에 넣을 수 있었기 때문이다. 쿡 선장의 경험에 따르면 누트카만의 거주자들은 가면이며 창, 심지어 카누까지도 기꺼이 팔려고 했지만, 다른 부족들은 교역을 너 써렸다.[41] 약탈을 놓고 보면, 나폴레옹이 자기가 침공했던 이탈리아나 에스파냐를 비롯한 다른 나라의 도시들에서 빼앗은 미술품들로 루브르를 풍요롭게 한 일은 악명 높기는 하되, 예외적 사례는 결코 아니었다. 제2차 세계대전 중에는, 이 선례를 독일인들과 러시아인들, 미국인들이 따라 했다.

몰수라는 과정은 '합병'으로서든, '과학적 정복'으로서든 기록 보관소며 도서관, 박물관으로 확대됐다. 예를 들어, 교황청의 문서들을 나폴레옹이 전리품의 일부로서 파리로 가져갔다.[42] 1794년 프랑스의 오스트리아령 네덜란드 침공에 이어, 짐마차 다섯 대 분량의 필사본들과 식물, 화석, 광물들이 파리로 실려 갔다. 프랑스가 네덜란드를 침공했을 때는 네덜란드 왕립 도서관의 책들을 파리로 가져갔고, 헤이그에서는 코끼리 화석들을 저 자연사박물관으로 실어 보냈다. 프랑스인들은 베로나를 점령하면서 화석 600점을 역시 자연사박물관으로 보냈다. 식물학자와 광물학자가 한 명씩 프랑스 군대를 따라가 무엇을 가져갈지 조언을 해 줬다. 이 이전이든 이후든 군대가 화석들을 이렇게 중요하게 취급했던 시대를 떠올리기는 쉽지 않다.[43] 같은 국가들 안에서도 약탈로 볼 수 있는 재분배들이 일어났는데, 예를 들면 수도원 도서관들을 몰수했던 경우들이다. 비슷한 경우로, 1789년 이후, 파리에 있던 식물원들의 '식물 자산 박탈'이라고 표현되는 일이 일어나 자연사박물관이 혜택을 봤다.[44]

고대 세계가 발견되면서 약탈이라는 과정의 가장 악명 높은 사례 몇몇을 보게 된다. 나폴레옹의 군대는 이집트에서 오벨리스크들이며 미라들을 가져왔고, 영국인들이 먼저 노획하지 않았다면 저 유명한 로제타석 역시 차지했을 것이다. 토머스 엘긴 경은 (당시에는 그리스를 포함하고 있던) 오스만 제국 주재 영국 대사로서 공식적인 허가를 얻어, 아테네 파르테논 신전 근처 지상과 지하에서 발견된 고전 시대 조각들을 가져갔다.(또 신전 자체에서는 떼어 갈 수 없게 돼 있었지만, 실제로는 거기서도 떼어갔다.) 이 '엘긴 대리석 조각군'은 지금도 여전히 이 이름으로 알려져 있거니와, 1816년 영국 정부가 사들여 영국 박물관에 전시했으며, 그리스 정부가 계속 반환 노력을 기울이고 있지만, 지금도 영국 박물관에 있다.

'약탈'이라는 말은 당시에도 드물지 않게 유물들의 수집을 가리키는 데 썼는데, 가장 유명한 것이 조지 바이런 경으로서, 서사시 『차일드 해럴드의 편력』(1812~1818년)에서 엘긴 대리석 조각군을 "피 흘리는 나라에서 가져온 마지막 비열한 약탈물"이라고 표현했던 것이다. 이 말은 심지어 수집가들도 썼는데, 보통은 자기네 경쟁자들을 말할 때였지만, 수집가 중 하나였던 오스만 제국 주재 프랑스 대사는 자기 대리인에게 아테네와 그 일대에서 약탈을 할 어떤 기회도 놓치지 말라고 지시하기도 했다.[45]

다른 문화들의 많은 인공유물을 서구의 박물관들은 미심쩍은 수단을 동원해 손에 넣었는데, 특히 19세기 중에 그러했다. 예를 들어, 콜럼버스 이전 예술을 보여 주는 몇몇 중요한 멕시코 유물이 나폴레옹 3세의 멕시코 침공 이후에 프랑스를 비롯한 다른 곳들의 박물관까지 오게 된다. 나폴레옹 3세의 군대에는 고고학자만이 아니라 유물 거래상도 한 명 따라갔다. 다시 서아프리카 베냉의 저 유명한 청동 조각상들(그림 3)은 1897년 이 도시를 태워 버린 '징벌 원정' 이후 영국의 박물관들에 도착하기 시작했다. 당시 《일러스트레이티드 런던 뉴스》는 이 조각상들을 '베냉 전리품'이라 불렀으며, 그중 일부가 같은 해에 영국 박물관에 전시됐다.[46] 이와 비슷하게, 8개국 연합군이 이른바 의화단 봉기를 진압하려고 1900년 중국을 침공해 북경을 약탈했고, 조상들이며 도자기, 옥 조각을 많이 가져가는데, 그 최종 도착지는 서구의 박물관들이었다. 거기서 얼마 지나지 않아, 영국의 티베트 원정(1903~1904년)에서는 꽤 많은 사원에 대한 약탈이 이어져

그림 3

영국군이 1897년 베냉 원정 당시 왕궁 경내에서 노획한
청동 조각상들과 상아들.

서구의 소장품을 불려 놓았다.[47] 독일의 인류학자 바스티안이 흡족해
하며 말했듯이 "군사작전들은 과학 연구 분야들을 위한 열매를 가져
올 수 있으며, 그리하여 이 용도로 활용할 수도 있다."[48]

다른 나라들이 수행한 비슷한 고고학 원정들도 비슷한 결과들을
챙겨 갔다. 예를 들어, 1만 6000킬로그램에 이르는 필사본이며 조상,

(벽에서 잘라 낸) 벽화들이 중국령 투르키스탄의 투루판에서 베를린으로 실려 갔는데, 1902년에서 1914년 사이에 있었던 독일의 네 차례 원정에 따른 것이었다.[49] 19세기 후반에는, 특히 독일의 민족학 박물관들이 눈에 띄게 빠른 속도로 소장품들을 늘려 가고 있었으니, 한편으로는 다른 박물관들과 경쟁도 하고, 다른 한편으로는 전통 유물들을 그것들을 만들어 낸 문화들이 완전히 사라지기 전에 건져 놓기도 하겠다는 생각이 깔려 있었던 것이다. 1886년이 되면 베를린 인류학 박물관의 아프리카관과 오세아니아관은 이미 약 1만 5000점을 소장하고 있었으며, 1899년이 되면 그 수는 네 배로 늘어나 있었다. 대략 1만 6000점의 유물을 직업적인 수집가 한 사람이 북아메리카와 시베리아, 인도네시아를 원정하며 베를린 민족학 박물관을 대신해 수집했는데, 하지만 이만한 양조차도 빙엄이 마추픽추에서 가져간 유골에서 도기에 이르는 6만여 점 앞에서는 많다고 할 수 없었다.

다른 종류의 유물들처럼, 많은 문헌이 이 시기에 발견됐고, 도서관들과 박물관들의 수중에 들어갔다. 필사본들의 수집은 서구에서는 오래된 전통인데, 특히 르네상스 시대 인문주의자들과 맞물려 있었으되 그 이후로 쭉 계속됐기 때문이다. 고대 그리스나 로마 저술가들의 필사본들은 여전히 열심히 구하고 있었다. 나폴레옹 군대는 오스트리아령 네덜란드에서 대략 1500부의 필사본을, 또 이탈리아에서, 주로 볼로냐와 바티칸에서 또 다른 1500부를 실어 왔다.[50] 국사 편찬에 필요한 필사본 사료들의 소재를 파악해 목록으로 만들려는 노력들도 있었다. 예를 들어, 영국에서 1869년에 사료 필사본 위원회를 설립한 것이 이 때문이었다.

이 시기에 새로웠던 것은 다른 문화 전통들에 대한 관심이 커지면서 아랍어며 산스크리트어, 중국어, 일본어를 비롯한 다른 비유럽 언어들로 된 책들과 필사본들을 구하는 데 갈수록 더 신경을 썼던 현상이다. 이 시기에 발견된 가장 유명한 문헌들을 꼽아 보자면, 로제타석이 1799년에 이집트에서, 또 바빌로니아 함무라비 왕의 법전이 1901년 이란에서 발견됐다. 아시리아의 경우에는, 설형문자를 새긴 점토판 50만여 개가 발굴되는데, 전문가들을 수 세기 동안 바쁘게 만들기에 충분한 양이었다.[51]

양피지나 종이, 파피루스에 쓴 필사본들이 박물관과 도서관, 기록 보관소들로 계속해서 흘러들어 왔다. 1886년이 되면 베를린 대학 도서관에는 산스크리트어로 쓴 대략 2000부의 필사본이 있었으며, 대부분 최근에 입수한 것들이었다.[52] 저 러시아 고고학자 코즐로프는 1908년의 카로 호토 발굴에서 2000점의 문헌을 가지고 돌아왔다. 영국 박물관은 약 2000점의 티베트 서적과 필사본들을 받았는데, 1903년 영국군 원정의 수석 군의관이 박물관을 위해 수집한 것들이었다.[53] 1907년에는 고고학자 아우렐 스타인이 저 유명한 금강경을 포함해 약 4만 부의 두루마리를 발견해 가져왔는데, 둔황 석굴, 그러니까 중국 서쪽 변경의 불교 석굴사원 단지에 있던 것들이었다. 스타인은 이 두루마리들의 대가로 고작 220파운드를 치렀으며, 두루마리들은 또다시 영국 박물관으로 갔다.

규모가 커지고 있는 저 '지식 경영' 분야에서는 지식을 '노획한다'는 은유가 때로 사용된다. 하지만 가끔씩은 이 말을 문자적 의미 그대로 사용해야 할 때가 있다. 러시아군이 1794년 바르샤바를 침공하고 나서, 대략 40만 권의 책을 새로 설립된 상트페테르부르크의 제국 도서관으로 가져갔다. 다시 제2차 세계대전 중에는, 러시아 군대가 베를린의 제국 도서관을 포함해 독일 도서관들에서 책들을 상당량 가져갔는데, 그중 일부가 모스크바에 남아 있다. 군사작전 과정에서 노획된 유명한 비밀문서들이 있는데, 스몰렌스크 시의 공산당 기록들로서, 1941년 독일인들이 가져갔다가 다시 1945년 미국인들이 손에 넣었으며, 그 뒤 연방 기록물 센터로 넘어가서는, 한 소련 연구가가 『소비에트 지배하의 스몰렌스크』(1958년)라는 연구에 사용하면서, 저자의 말로는 "소련의 지역 및 지방 통치 과정을 내부에서 볼 수 있는 유례없는 기회"였던 것을 저자에게 허락하게 된다.

점점 더 많은 필사본이 우리가 다루는 시대에 기록 보관소들에 쌓여 갔다. 기록 보관소들의 역사는 멀리까지 거슬러 올라가지만, 이 시대에 중요한 혁신들이 일어났다. 하나는 이제 문서 보관용으로 지은 건물들에 문서들을 보관하는 관행이었다. 다른 하나는 기록 보관인이라는 자리의 직업화였다. 세 번째 혁신은 (오로지 서서히 자리를 잡아 갔는데) 문서들을 학자들이, 그리고 훨씬 더 나중에는, 일반 대중이 볼 수 있게 한 것이었다. 예를 들어, 1780년대에, 후안 바우티스타 무뇨스는 1차 자료의 중요성을 너무나 잘 알고 있던 역사가로서 인도 평의회를 설득해 학문적 용도로 쓸 기록 보관소를 만들게 했다.[54] 1794년에, 프랑스 국민공회는 법령을 통해 정부 기록 보관소들을 일거에 개방하는데, 1800년 이후로는 국립 보존 기록관으로 알려지게 되는 곳들이다. 다른 곳에서는, 정부 기록 보관소들을 설치하고 개방하는 것이 최소한 부분적으로는 나폴레옹 정복 전쟁이 낳은 의도하지 않은 결과였는데, 신성 로마 제국에서 베네치아 공화국까지 전통 체제들에 종지부를 찍으면서, 결과적으로 그 문서들이 쓰이지 않게 만들었던 것이다.

일단 기록 보관소들이 설치되고 나자, 문서들이 밀려들었다. 이탈리아 국가 기록 보관소는 1861년 이탈리아가 통일된 이후에 (하지만 앞선 체제들에서 수집된 문서들을 갖고) 설치됐으며, 1905년이 되면 벌써

373만 6892건의 문서를 보관하고 있었다.[55] 오늘날, 큐 지구에 있는 영국 국가 기록 보관소는 문서들에 대한 해설 1100만 건을 목록에서 볼 수 있다는 사실을 광고한다.

큰 공공 도서관들은 계속 더 커져 갔는데, 더 작은 사립 도서관들을 집어삼킨 결과일 때가 많았다. 기관들에 속한 도서관들조차도 이런 식으로 삼킬 수 있었다. 예를 들면, 1773년에 예수회가 해산됐을 때, 세계 여러 곳에 있던 예수회 학료들의 도서관들이 다른 기관에 많이 양도됐는데, 이를테면 프라이부르크 대학이나 올뮈츠(올로모우츠) 대학 따위를 들 수 있다. 다시 1802~1803년 사이에 독일 수도원들이 해산됐을 때도, 그 책들이나 필사본들을 세속 도서관들로 많이 보냈는데, 뮌헨에 있던 바이에른 주립 도서관 같은 곳들이었다. 사서들이 '입수물'이라 말하는 것이 양도물인 경우가 많았던 것이다.

이렇게 본다면 주요 도서관들이 보유 도서를 빠르게 늘려 가고 있었던 것이 놀랄 일은 아니다. 장서 20만 권으로, 괴팅겐 대학 도서관은 1800년 무렵의 유럽에서는 최고 도서관 가운데 하나로 꼽혔다. 영국 박물관은 1837년에 23만 5000권의 책을 갖고 있었으나 1856년이면 그 수가 두 배 넘게 늘어나 54만 권이 돼 있었다. 1914년이면 저 바이에른 주립 도서관에는 책이 거의 70만 권 있었고, 옥스퍼드의 보들리 도서관은 100만 권에 이르렀다. 오늘날, 하버드의 와이드너 도서관에는 거의 500만 권의 책이 있고, 파리의 프랑스 국립도서관에는 1300만 권, 영국 도서관에는 1400만 권의 책이 있으며, 미국 의회 도서관은 책 3000만 권에다 1억 점이라는 상상하기도 힘든 수집품들을 소장하고 있으며, 거기에는 필사본들과 함께 시각물들이(사진, 그림, 판화 등등이) 포함돼 있다.[56]

현장 연구

박물관이나 대학 바깥 세계는 물건들을 가져오는 창고로뿐만 아니라 거기서 연구도 하고 관찰도 하는 현장으로도 여겨졌다.[57] 야외 현장 연구는 18세기 후반이면 확실히 자리 잡은 학문 활동이 되는데, 이러면서 '현장'(땅바닥)과 서재(사실私室) 사이의 충돌도, 또 유동적 학자와 정주적 학자들 사이, 곧 주변부의 연구자들과 중심부의 연구자들 사이 경쟁도 낳았다.

현장 연구자들은 '안락의자' 학자들을 향해 경멸감을 자주 드러냈는데, 스스로를 자연적이든 문화적이든 실체와 더 가까이 있다고 생각했기 때문이다. 반면 자연사 영역에서는, 퀴비에는 (그 자신이 고고학 현장 연구를 수행했으면서도) 서재에 있는 학자들이 전체를 볼 수 있어서, 실체의 한 면만을 보는 유동적 박물학자들보다 우위에 있다고 단언했다.[58]

인류학자들은 때로 현장 연구를 1910년 잉글랜드의 앨프리드 해던이 '제한된 지역들에 대한 집중적인 연구'라고 정의한 한에서는 자기네들의 독점물이라 생각하는데, 나는 사례연구로서 이 인류학이라는 학문 분과에 초점을 맞출 것이다.[59] 사실 해던은 일찍이 나폴리의 저 동물학 연구소에서 시간을 보낸 적이 있으며, '현장 연구'라는 말도 박물학에서 빌려 왔고, 또 케임브리지 대학의 토레스 해협 원정에 참여하면서는 현지 관습뿐만 아니라 동물군과 산호초도 조사할 생각도 갖고 있었다. 현장 연구는, 아니면 서로 닮은 현장 연구들은 여러 '현장 학문'의 연구자들에게 공통적이라 할 텐데, 이런 연구자들은 야외용 쌍안경과 포충망으로 연구하는 박물학자에서, 삽으로 과거를 파내는 고고학자나, 망치를 들고 다니는 지질학자, 생태학자, 동물행동학자, 지리학자, 사회학자, 심지어 (그 '현장field'이 물인) 수계 지리학자나 (연구 대상이 가까이 있는 다른 학자들과 구별되게 회귀선 지대나 우주까지 가는) 천문학자에 이른다.

학계 바깥에서는, 현장과 서재 사이의 비슷한 대립을 언론계에서 찾을 수 있는데, 취재 기자나 외국 주재 특파원이 한쪽에 있고 편집자가 다른 한쪽에 있는 경우며, 또 첩보 활동이 있는데, 여기서는 한쪽에 '현장 요원'들이, 다른 쪽에는 런던 화이트홀이나 버지니아주 랭글리에 있는 그 본부들이 있다.(랭글리는 미국중앙정보국CIA 국장실이 있는 곳이다.) 영화 「바디 오브 라이즈」(2008년)에는 한 현장 요원(리어나도 디캐프리오)과 사무실에서 일하는 그 상사(러셀 크로) 사이의 충돌이 극화돼 있다.

'말리노프스키 신화'라고 부를 만한 이야기가 오랫동안 돌아다녔는데, 거기서 주장한 대로라면 말리노프스키가 트로브리안드 제도에서 한 연구(1914~1918년)에서 인류학을 다른 학문들과 구별되게 만든 접근 방법(그림 4)이 시작됐다.[60] 말리노프스키는 『서태평양의 항해자들』(1922년)에 붙인 서문에서 이 접근 방법을 제시하는 일종의 선언을 내놓는데, 여기서 말리노프스키는 "효과적인 현장 연구의 비결"은 베란다에서 내려와 "다른 백인들 없이 바로 원주민들 사이에서 사는" 것으로서, 이러한 목적은 관찰하고 질문하고 그 문화의 관례에 관한 "구체적 자료"를 수집해서, "여행가들과 선교사들 등등의 오래되고 조악한 정보"들을 고치는 것이라 밝혔다. 이 접근 방법은 그 시대 가장 유명한 인류학자이면서 서재형 연구자였던 제임스 프레이저 경의 방식과 대비돼 정의됐던 것이다.

인류학자들이 연구하는 많은 기원 신화처럼, 이 신화 역시 상징적 중요성이 있으나, 축자적으로 받아들여서는 안 된다. 변화는 사실 갑작스럽기보다 점진적이었다. 말리노프스키는 항상 "원주민들 사이

지식의 사회사 2

그림 4

트로브리안드 제도에서 현장 연구를 하는 브로니스와프 말리노프스키.

에" 천막을 치지는 않았다. 거꾸로 일찍이 어떤 선교사들은 한 특정 지역에서 몇 년을 살면서, 그곳 말을 배우고 주민들을 세심히 관찰했으니, 나중 시대의 인류학자들과 같았다. 몇몇 선교사는 강단 인류학자가 되기도 했는데, 대표적인 것이 프랑스의 모리스 린하르트로서, 누벨칼레도니의 카나크족 사이에서 연구했던 경우다.[61]

최근의 역사 연구들을 보면 앞 시대 여행들과 나중 시대 '현장 연구'를 딱 잘라 구별하기가 어렵다는 것을 알게 된다.[62] 예를 들어, 에드워드 윌리엄 레인(그림 5)은 1820년대에 이집트에 살면서, 자신이 "이 나라의 말을 하고 내 무슬림 이웃들의 풍습에 맞춰" 지냈다면서, 대표적인 것이 "포크와 나이프를 쓰지 않"았던 것이라고 했다.[63] 다시 프랭크 쿠싱은 (1879년 이후) 주니족 사이에서 살았는데, 그러면서 비밀 결사인 활 사제회에 입회했고, 쿠싱은 주장하거니와, 그리하여 주니

그림 5

터번을 두른 에드워드 윌리엄 레인의 석고상(1829년).

사진: © Stephencdickson, 2014

족을 "안에서" 연구했다. 보애스는 1883년에, 또 1886년에는 밴쿠버 섬에서 상대적으로 짧은 기간을 에스키모들과 보내면서 현지 문화들을 주의 깊게 연구했다.

심지어 현장의 인류학자들과 안락의자 학자들을 명시적으로 구별한 것도 말리노프스키의 이전으로 올라가서, 해던의 『인류학사』(1910년)였다. 윌리엄 홀스 리버스가 1911년 카네기 재단에 제출한 보고서는 "현지 공동체 속에서 1년 또는 그 이상"으로 기간을 정한 "집중적인 연구"를 권고했다.[64] 사실 말리노프스키 자신의 기술도 과거에 관한 한 편의 이야기라고 말리노프스키식으로 분석하고, 그리하여 이 이야기가 지금 존재하는 제도들의 '창시 전승'으로 기능하며 인류학과 다른 학문 분과들의 경계를 유지해 주는 것이라고 볼 필요가 절실하다고 하겠다.[65]

현장 학문들 일반으로 돌아가 보면, 확실히 지금껏 현장과 서재를 너무 분명하게 갈라서 마주 세워 놓았다. 예를 들어, 이런 구도에서는 중간 지대들, 이를테면 박물관이나 식물원, 동물원을, 또 실험을 위한 통제된 환경인 실험실을 빠뜨리게 된다. 실험들은 우리가 다루는 시대에 시작되지는 않았으니, 저 17세기 과학혁명에서 실험들이 결정적인 역할을 했던 것으로, 특히 갈릴레오 갈릴레이에서 아이작 뉴턴까지 물리학 쪽에서 이루어진 실험들이 그러했다. 그래도 여전히 더 많은 실험이 우리가 다루는 시대에, 또 훨씬 더 다양한 지식 영역에서 수행된 것은 맞다.

실험들은 가설을 검증하거나,→127쪽 아니면 연구 결과를 공개적으로 보여 주려고→154쪽 수행할 때가 많지만, 이와 함께 특별한 종류의 관찰을 가능하게 해 주고, 그리하여 지식의 채집에 일조하기도 한다. 예를 들어, '모방 실험'이라 표현하는 것의 경우 실험실에서 자연

현상의 재현을 시도하는데, 1895년에 이른바 구름 상자에서 구름을 형성했던 사례를 꼽을 수 있다.[66]

현장과 서재 사이의 대립이 지식이라는 무대 위의 많은 배우에게는 중요했으되, 대화나 상호작용을 고려하려면 차이라는 개념이 요구된다. 두 부류 학자들 사이의 경쟁과 나란히 우리는 상보성, 곧 노동 분업을 보게 되기 때문이다.

예를 들면, 똑같은 학자가 학문 인생 초반에는 현장 연구를 하다가, 나이가 더 들어서는 '서재 연구'를 할 수 있다. 뱅크스는 젊어서는 돌아다녔지만, 나중에는 그가 표현한 대로는 안락의자에 '묶여' 있었다.[67] 젊은 칼 린나이우스는 1730년대에 라플란드에서 현장 연구를 수행했으나, 나중에는 물러나 자기 식물원에서, 그러니까 일종의 옥외 서재에서 보내며, 제자들에게 자기 대신 (말 그대로 중국에서 페루까지) 돌아다니는 일을 맡기고, 현지에 있는 서신 교환 상대들에게 정보나 표본들을 보내도록 부탁했다. 다시 훔볼트는 30대 초에 그 유명한 남아메리카 원정을 다녀오고는 자기 서재로 들어갔는데, 처음에는 파리에 있었고, 나중에는 베를린이었다. 미국 사회학자 윌리엄 푸트 화이트는 보스턴의 한 빈민가에서 현장 연구를 수행하고 『길모퉁이 사회』(1943년)라는 책을 썼지만, 소아마비에 걸리면서 거리를 떠나 서재로 들어갔다.

설문지들을 통해 서재에 있는 학자들은 현장에 있는 조사원들에게 영향을 줄 수 있었는데, 저 스웨덴 식물학자 린나이우스나 빅토리아 여왕 시대의 인류학자 에드워드 타일러가 작성해 여행자들에게 준 설문지들이 이런 경우였다.[68] 거꾸로 현장에서 한 발견들 때문에 설문지들이 개선되기도 했는데, 곧 더 자의식적인 '질문 기술'을 낳았던 것이다.[69] 다시 공식적인 현장 연구와 비공식적인 관찰이나 대화를 놓고 절대적이기보다 상대적인 구별을 할 수 있고, 또 분명히 그러해야 한다. '현장 연구'는 더 엄격하고 더 체계적이며 더 많은 시간을 현지인들과 보내는 것을 의미할 따름이다.

장기적으로 보면 현장과 서재 사이의 무게 눈금이 바뀌는 것을 감지할 수 있는데, 그러니까 18세기 중반에서 20세기 중반 사이에 현장이 점점 중요해졌던 것이다. 다만 더 근자에는 이 흐름이 최소한 몇몇 영역에서는 역전된 것처럼 보이기는 한다. 통신상의 변화들은 저 오래된 대립을 약화했다. 쿡 선장은 본국과 연락 없이 몇 년을 보냈던 반면, 암스트롱은 달 위를 걸으면서도 휴스턴의 우주 비행 관제소와 계속 교신을 했다. 앞에서 언급한 영화 「바디 오브 라이즈」는 어떻게 현대 기술이 위성들을 이용해 수천 마일 밖에 있는 사람들이 지상 활동을 실시간으로, 또 근거리에서처럼 감시하고, 그리하여 개입할 수 있게 해 주고, 결과적으로 현지 요원들에게서 최소한 일부라도 주도권을 빼앗아 가게 하는지를 아주 분명하게 보여 줬다.

관찰

서재에 대한 현장의 우위를 주장하는 주요 논거들 가운데 하나는 현장이 관찰하기에 더 가까운 입각점을 제공한다는 것이었다. "촌락을 가로질러 아침 산책을 하면서" 말리노프스키가 자신이 트로브리안드 제도에 머물던 무렵에 관해 쓴 대로라면, "몸단장을 하고, 조리를 하고, 밥을 먹고 하는 가정생활의 구체적인 면면을 구석구석까지 볼 수 있었으며, 또 그날 할 일들을 정하고 나서, 자기가 맡은 일을 하러 나가고, 남자들끼리 여자들끼리 모여서 무엇을 만드느라 바쁘게 움직이고 하는 것도 볼 수 있었던 것이다."[70]

'관찰'이라는 말은 ('보는 것'을 가리키는 그저 다른 단어로서) 문제될 것이 없는 것 같고, 이 활동은 여행을 하는 경우를 생각하든, 사람을 치료하거나 별을 쳐다보는 것을 생각하든 탈시간적인 것으로 보일 수 있다. 하지만 이어지는 내용에서는 관찰의 역사성에 주의를 돌릴 텐데, 여기에는 관찰을 도와주는 장치들이 점점 더 빠르게 출현하던 것뿐만 아니라, 이 활동이 제기하는 문제들에 대한 인식이 커져 가던 과정도 포함된다.[71]

18세기 중반 이후부터는, 관찰을 기술로 여겼든 아니면 학문으로 여겼든, 정확하고 체계적이며 규율 잡힌 관찰에 대한 관심이 커지는 것을 감지할 수 있다. 1740년에는, 출판업자 요한 하인리히 체틀러가 제작을 주도한 저 유명한 독일어 백과사전에 관찰에 관한 항목이 포함됐다. 1770년에는, 하를럼에 있는 학술 단체가(그러니까 네덜란드 학술원이) 관찰술에 관한 최고의 논문을 놓고 상을 내걸기도 했다. 18세기에는 프랑스를 비롯한 다른 곳들에서 임상 관찰을 점점 강조하는 흐름이 있었던 것 같다.[72]

1799년에는, 인간 관찰자 협회가 파리에서 설립되는데, 그 회원들은 퀴비에를 비롯해 (농아 관찰 분야의 선구자였던) 아베 시카르 신부나 철학자 조제프 마리 드 제랑도도 포함하게 된다. 1800년에, 제랑도는 오스트레일리아 원정에 나서는 보댕 선장과 그 동행자들을 도울 목적으로 '야만인 관찰'에 관한 저작을(곧 『야만인들을 관찰하면서 따라야 할 다양한 접근 방법에 관한 일반적 의견』을) 쓰기도 했다. 앞 시대 여행자 대다수를 그 피상성 때문에 비판하면서, 제랑도는 낯선 땅에 한 번 짧게 다녀오는 것보다는 더 길게 머물고, 그러면서 거주민들의 언어를 (무엇보다도 이 '야만인들'이 추상적 개념들을 갖고 있느냐 하는 이 철학자가 특히 관심이 있었던 문제를 규명하기 위해) 배울 필요가 있다고 (훗날의 인류학자들처럼) 강조했다.[73]

19세기 초에, 천문학자 윌리엄 허셜은 관찰을 놓고 배우고 또 연습해야 하는 기술이라고 표현했다. 그 자신 작곡가이자 연주자였던 허셜은 망원경을 통해 보는 것을 악기를 연주하는 것에 비유했다.[74] 박학가 훔볼트는 스스로도 결코 평범한 관찰자가 아니었거니와, 자신이 '관찰적 이해der beobachtende Verstand'라 부른 것에 관해 썼다.

19세기 후반에는, 하찮게 보이는 세세한 것들의 중요성을 강조하는 흐름을 미술 비평이나 정신분석, 수사같이 서로 멀리 떨어진 지적 분야들에 걸쳐 볼 수 있었다. 이탈리아 감정가 조반니 모렐리가 화가를 식별하는 데 썼던 방법은 화가들이 귀 같은 세부를 묘사하는 방식에 집중하는 것이었다. 지그문트 프로이트는『일상생활의 정신병리학』(1901년)에서 말실수 같은 작은 사건들을 심리 상태의 지표로 보고 검토했다. 코난 도일의 셜록 홈스는 1887년에 인쇄물에 처음 등장했거니와, 홈스는 친구 왓슨에게 "소매가 얼마나 중요한지, 엄지손톱에 얼마나 많은 단서가 담겨 있는지, 구두끈에 얼마나 중요한 문제들이 매달려 있는지 자네가 깨닫게 할 방법이 없군."이라며 한탄했다.[75]

눈에 띄는 또 다른 사례를 고문자학에서 가져올 수 있는데, 우리가 다루는 시대에는 이 분야를 독일학자 루트비히 트라우베가 쥐고 있었다. 고대 역사가 암미아누스 마르켈리누스의 한 중세 초 필사본을 필경사가 잘못 쓴 부분까지 포함해 면밀히 검토하고 나서, 트라우베는 1903년에 "이 필사본은 아마 풀다에서 잉글랜드ㅏ 아일랜드 출신 필경사가 적은 모본을 베낀 것이며, 다시 이 필경사는 대문자로 쓴 사본을 봤다."는 것을 밝혀냈다.[76] 이 사례들은 모두 진단의 변종들이라고 말할 수 있을 것이며, 또 도일과 프로이트, 모렐리가 모두 의학

훈련을 받았던 것이나 트라우베가 유명한 외과 의사의 아들이었던 것은 결코 우연이 아니라고 하겠다. 자연 관찰자들과 문화 관찰자들 사이의 구별이 차용을 배제하는 것은 아니다.

이런 유사점들이 있기는 하지만, 관찰의 다양한 형태는 강조할 필요가 있다. 문화 관찰자들은 일반적으로 '육안'에 의존하지만, 문화를 관찰해야 할 필요가 있다는 것과 정확히 관찰하기가 어렵다는 것 둘 다를 점차 강조하게 됐다. 이 주제에 관한 안내서들이 19세기 초반에 출판되는데, 대표적인 것을 보면,『어떻게 관찰할 것인가』(1838년)는 잉글랜드의 개혁가 해리엇 마티노가 썼고,『무엇을 관찰할 것인가』(1841년)는 지리학자 줄리언 잭슨 대령이 썼다. 19세기 중반에 출판된 일련의 가족 연구들에서, 프랑스 사회학자 프레데리크 르 플레는 "사실들을 직접 관찰"할 필요를 특별히 언급했고, 같은 세기 후반에 그의 독일 동료 페르디난트 퇴니스는 스스로는 '정부가 자금을 지원하는 사회지학 관측소'들이라 부른 것의 설립을 주장했다.[77] 대량 관찰Mass-Observation이라는 조직이 1937년에 영국에서 세워져 일단의 조사자들을 뽑아 일상생활을 기록했던 것도 이 전통의 지속성을 일깨워 준다고 하겠다.[78]

사회 관찰자들이 더 정확하고 더 체계적이 되려고 하면서, 문제들이 갈수록 분명해졌다. '입각점' 또는 '관점'이라는, 더 최근의 논의에서 등장한 표현을 쓰면 '시선gaze'이라는(le regard, der Blick 등등이라는) 오래된 문제가 있었다. 다른 이해관계, 지식, 선입견을 가진 다른 개인들은, 또 다른 종류의 인간 집단들은 모두 다르게 관찰한다. 비교 정치학 저작에서, 독일 역사가 아우구스트 폰 슐뢰처는 '통계적 시선'에 관해 썼다.[79] 더 가까이로 와서는, 학자들은 (미셸 푸코가 말한) 의학적 시선, 남성적 또는 여성적 시선, 관광객의 시선, 식민주의적 시선, 과학적 시선, 감정가의 시선, (한 번에 전략적 가능성을 포착해 내는, 쿠되이으 coup d'oeil라고 알려진) 군사적 시선 등등을 구별했다.[80]

사회학의 경우에는, 관찰에 수반되는 문제들을 둘러싼 토론이 특히 격렬했다. 19세기 말에 잉글랜드 사회학자 비어트리스 웹은 관찰은 "피관찰자들이 자신들이 관찰되고 있다는 것을 알게 되면 그 효과가 떨어진다."고 지적했다.[81] 인류학자들이 현장 연구로 돌아서서, 자기들의 존재가 당연하게 받아들여질 때까지 오래 머물게 됐던 것도 이 문제에 대한 대응이었다. 말리노프스키는 설명하거니와, "원주민들이 매일 계속 나를 보게 되면서, 더는 내 존재가 원주민들에게 흥밋거리 또는 경계 대상이 되거나 이 사람들을 자의식적이 되게 하거나 하지 않았고, 그리하여 내가 연구하려고 했던 부족 생활에서 내가 교란 요소가 되던, 곧 바로 내가 가까이 있는 것이 부족 생활을 바꾸고 있던 상황도 끝이 났다."[82] 그러는 사이 사회학자들은 '참여 관찰'을 하게 되는데, 이 이름으로 부르게 되는 것은 20세기 중반이었다.[83] 웹 자신은 1880년대에 이스트런던 지역의 유대인 의류업을 연구했는데, 이 과정에서 웹은 노동자가 돼서 일을 했고, 유대인으로 통했다.[84]

이와 비슷하게, 독일의 신학생 파울 괴레는 1891년 켐니츠의 한 공장에서 3개월 동안 일하면서 그곳의 사회적 상황을 연구했다. 괴레의 목적은 "직접 내 귀로 듣고 직접 내 눈으로 보는 것"이었으니, 그러느라 "거친 머리와 수염으로, 어디를 보더라도 진짜 숙련 직공처럼 보이게" 해서 괴레의 표현대로는 "신분을 감추고"는, 저녁이나 주일이면 동료들과 같이 시간을 보내며 정치나 종교와 관련된 생각들을 물었던 것이다.[85]

관찰자가 자기가 관찰하는 활동에 참여하는 사례들은 인류학이나 사회학에만 국한되어 있지는 않았다. 말하자면 동양학자들을 떠올릴 수 있는데, 레인은 아랍인 복식을 했고, 네덜란드 학자 크리스티안 스나우크 휘르흐론여는 무슬림 순례자로 꾸미고 1884년에 메카를 방문했다. 첩자들 역시, 위장은 말할 것도 없거니와, 참여 관찰을 했다.

지난 한 세기 동안, 기술적 관찰 보조 장치들이 많이 늘어났다. 항공기들이 제1차 세계대전 중에 군사 정찰에 사용되었으며, 전직 조종사였던 그리올은 여기서 발상을 얻어 1930년대에 인류학 연구에 항공기를 동원했다.[86] 하지만 사람들을 관찰하는 것을 돕는 기술적 보조 장치들 가운데 가장 인상적인 예들을 보여 주는 것은 특히 최근 수십 년 동안에는 첩보, 더 포괄적으로는 감시 분야였다. 첩보기들을 미국과 소련은 냉전 기간에 사용했으며, 그러다가 1960년에 미국의 U-2기가 소련 영공에서 격추되면서 국제적 분쟁으로 이어지기도 했다. 이 첩보기들에 이어 무인 항공기UAV들이 등장했다. 첩보 은어로는 휴민트HUMINT(인적 첩보human intelligence)가 테킨트TECHINT(기술 첩보technical intelligence)로 점점 대체되고 있는 것이다.

땅으로 내려와 보면, 영상 감시 장치, 곧 폐쇄회로 텔레비전CCTV이 1960년대와 1970년대에 발달하는데, 철도역들과 정치적 시위 현장들에서 시작해 상점들과 쇼핑몰들로 퍼져 갔다. 통신위성들이 1950년대와 1960년대에 발달하면서 첩보 기관들은 물론 지리학자들도 공중 관찰을 하기가 쉬워졌다. (2005년에 시작된) 구글 어스Google Earth는 지리 정보 체계GIS라 알려진 것에서 가장 두드러지는 부분일 따름이다. 미시적 수준에서는, '스파이웨어'라는 것이 있는데, 이 용어는 1995년으로 거슬러 올라가며, "사용자의 개인 정보를 사용자의 인지나 동의 없이 제3자에게 전송하는 소프트웨어"로 정의돼 있다. 이 소프트웨어는 개인용 컴퓨터에 설치돼서, 정치적 또는 경제적 목적에 이용될 수 있는 컴퓨터 소유자에 관한 정보를 중계한다.

자연으로 다시 돌아오면, 정확하고 체계적인 관찰은 먼 길을 거슬러 올라가, 이를테면 고대 그리스의 히포크라테스 의술이나 이슬람 세계의 천문 관측소 전통에 이르게 된다. '육안'에 대한 보조 장치들로는, 망원경과 현미경 둘 다 17세기에 흔히 사용하기 시작한다.

그래도 여전히, 자연 관찰은 변해 가는데, 점점 더 성능이 좋은 장비들이 발명됐던 것이다. 망원경들이 계속 커졌으니, 허셜의 저 유명한 반사망원경은 1789년에 완성되고서는 반세기 동안 세계에서 가장 큰 망원경이었다가, 잇따라 등장하는 더 성능 좋은 장비들에 따라잡히고 마는데, 이를테면 캘리포니아 윌슨산 천문대에 설치된 60인치 망원경(1908년)이 있는데, 다시 당시에는 세계 최대였던 경우고, 다시 윌슨산 천문대에 설치되는 100인치 망원경(1917년, 그림 6)이 있었으며, 역시 캘리포니아의 팔로마산 천문대에 설치되는 200인치 망원경(1949년)이 있었다. 망원경들은 다른 측면에서도 더 발달해서, 이를테면 적외선 방사를 관찰할 수 있게 됐고, 그러는 사이 반사경들도 다양해져서, 볼록과 오목, 구면과 타원 반사경에다 금속과 파이렉스, 고체와 유체 반사경까지 나왔다.

오늘날에는, 어떤 망원경들은 우주에 설치돼 있는데, (1990년에 설치된) 허블 우주 망원경이나 (2009년에 설치된) 허셜 우주 망원경 같은 것들이 있다. 우주정거장은 우주 비행사들이 별들과 태양, 심지어 지구도 관찰할 수 있게 해 주는데, 그리하여 한 우주 비행사는 지구에 사람이 살지 않는 곳이 놀랍도록 넓다는 것을 깨닫고 이렇게 말했으니, "우리는 우리 세계를 별로 차지하지 않았다."[87] 무인 우주선들은 과학자들이 지구에서 관찰할 수 있도록 자료들을 전송하는데, 피닉스호가 보내온 화성의 먼지 회오리나 눈 같은 것들이 있다.

그림 6

윌슨산 천문대의 후커 망원경(1917년).

사진: © Ken Spencer, 2005

지식의 사회사 2

의학은 빠르게 늘어나는 일군의 접근 방법들과 기계들이 인간의 관찰을 거들어 준 또 다른 영역이었으며, 주로 지난 한 세기가, 특히 그 중에서도 지난 수십 년이 그러했다. 엑스선이 1895년에 발견됐으며, 그 뒤로 의사들이 엑스선 영상을 실시간으로 볼 수 있게 해 주는 안경 들이 나왔다. 조영제를 써서 의사들은 내부 장기들을 더 쉽게 관찰할 수 있게 됐다. 방사성 핵종 검사는 1950년대에 시작되었고, (음파를 영 상으로 바꾸어 주는 기술인) 초음파 검사는 1960년대였으며, 컴퓨터 단 층촬영은 신체 단면들의 영상을 보여 주는 기술로서 1970년대였다.

듣고 질문하고

정보 채집에서 귀가 눈만큼이나 유용하다는 것은 충분히 분명하 다. 듣기의 두 주요 유형을(곧 엿듣기와 심문을) 폐쇄된 범주들로서가 아니라 가능한 여러 방식의 어떤 연속선상에 있는 양극단으로서 구 별해야 할 것이다.

엿듣기는 말하기만큼이나 오래됐을 것이지만, 감지할 만한 변화 들이 우리가 다루는 시대에 일어났다. 참여 관찰은 듣기를 포함하고 있었다. 1930년대에 대량 관찰을 위해 일하던 조사자들은 일상적인 대화들을 엿들어 보라고 지시를 받았고, 다른 한편에서는 서로 다른 나라의 첩보 기관들이 개발한 도청 장치들이 많이 알려지게 된다. 이 런 도청 장치들은 1912년까지, 그러니까 '딕토그래프'의 발명까지 거 슬러 올라가는데, 쉽게 숨길 수 있었던 이 송화기는 첩보원들이나 비 밀경찰들만이 아니라 이혼 소송 과정에서도 사용됐다. 다시 사회언어 학자의 작업 대부분은 일상적인 대화들을 듣는 것이어서, 그러면서 언제, 어디에서, 어떤 상황에서 화자들이 한 언어 또는 언어의 한 변체에서 다른 언어 또는 변체로 전환하는지에 주목한다.

엿듣기와 심문의 중간 정도가 되는 예를 보려면 말리노프스키의 현장 연구라는 개념으로 돌아갈 수 있는데, 여기에는 현지인들이 "전승들을 들려주게 하고" 이 사람들의 관습을 토론하고 하는 등등이 포함됐기 때문이다. 또 이런 토론들은 질문으로 넘어가는 경우가 많았다. 19세기 초 이후로 이어지는 기간, 그러니까 중산층의 '서민 발견' 시대에는, 상당한 수의 수집가가 유럽 촌락들을 쑤시고 다니며 통속적인 농촌 전통들을 찾았는데, 이 전통들은 영어를 비롯한 다른 몇몇 언어에서는 '민족 전통folklore'이라고 알려지게 된다.[88](도시적 전통들을 놓고는 이보다 관심이 덜했다.) 지역 방언 사전들이 편찬되는 것이 이 시기였다.

이 시기 수집가들 가운데는 음악학자들도 있었는데, 그중 벨러 버르토크는 작곡가로서 국제적으로 더 잘 알려져 있다. 20세기 시작 무렵에, 버르토크와 친구 졸탄 코다이는 헝가리 농촌을 두루 다니며 현지 민속음악을 찾기 시작했다. 상대적으로 늦었지만, 예외적으로 철저하게 구전 전승들을 수집했던 기획의 예로서 아일랜드 민족 전승 위원회를 들 수 있는데, 1935년에 설립됐으며, 전업과 시간제 수집자가 수백 명이었고, 학생들과 교사들을 포함해 정보 제공자가 4만 명에 이르렀던 경우다.[89]

심문 또한 오랜 역사를 가지고 있으며, 중세와 근대 초기 종교재판관들의 예만으로도 이를 상기하기에 충분할 것이다. 19세기에, 영국의 왕립 위원회들, 이를테면 아동 고용 위원회(1842년)는 증인들을 불러다 증언을 듣기만 한 것이 아니라 법정에서 그러는 것처럼 증인들을 반대 심문까지 했다. 그리올은 영미 전통에 서 있는 민족지학자의 방식보다는 심리 중인 치안판사의 방식에 더 가까운 심문식 접근 방법을 썼다고 할 수 있는데, 말하자면 정보 제공자들이 중요한 지식을 숨기고 있다고 전제하고 정보 제공자들이 자기네가 알고 있는 것을 털어놓을 수밖에 없도록 이들한테서 모순점을 잡아내려고 했던 것이다.[90] 그리올의 영국인 동료 에드워드 에번스프리처드는 한 잔데족 주술사에게 맞수 주술사가 더 많이 알고 있더라고 말해서 정보를 얻어 낸 적이 있다고 밝히기도 했다. 사회언어학자들 역시 심문을 하며, 뉴욕 지역 백화점 직원들의 언어에 관한 한 유명한 연구에서 예를 찾을 수 있는데, 조사자들이 일부러 'fourth floor'라는 대답이 나올 질문들을 해서 판매원들이 단어 끝이나 자음 바로 앞에 오는 r을 발음하는지를 알아보려 했던 것이다.[91]

면담interview은 언론인이나 사회학자, 의사, 심리학자들이 하는 것으로서 (대체로) 더 부드러운 형태의 심문으로 볼 수 있으며, 우리가 다루는 시대에 서서히 더 체계적이 되는데, 특히 피면담자의 선정과 관련해서 이 경향이 두드러졌다. 언론인들은 정보를 끌어내는 이 방법을 이미 18세기에 채용했으니, 예를 들면 열기구 조종사 루나르도가 1784년에《모닝 포스트》와 인터뷰를 했다. 언론인 헨리 메이휴는 19세기 중반에《모닝 크로니클》을 위해 런던 빈민들의 노동조건과 생활환경을 취재하는데, 메이휴의 생생한 기사는 런던을 무대로 한 일종의 '현장 연구'에 바탕을 둔 것이었으니, 말하자면 길거리의 보통 사람들과 이야기를 했으며, 자기 질문에 이 사람들이 대답한 것을 직접 화법으로 전달했던 것이다.[92] 에밀 졸라는 언론인이었다가 소설가가 된 경우로서, 자기 소설에 쓸 소재들을 보통 사람들을 면담해서 얻었다. 곧 농민이나 광부, 매춘부, 상점 판매원 따위였다. 졸라가 적어 놓은 것들 가운데 일부는 출판이 되기도 했다.[93]

지식을 수집하다

'면담'이라는 말이 확산되는 것은 정보를 끌어내는 이 방법을 갈수록 자의식적으로 사용했다는 표시였다. 1884년에는, 영국《펠멜 가제트》에 실린 한 기사가 "잉글랜드 언론 환경에 '인터뷰'가 자리를 잡은 것"에 관해 언급했다. 이것은 '탐사 보도'가 출현한 징후였는데, 말하자면 이 새로운 분야에서는 기자가 사건이 일어나기를 기다리지 않고, 먼저 나서서 세상이 어떻게 돌아가는지 알아보려 했던 것이다. 예를 들면, 1880년대에, 윌리엄 토머스 스테드는《펠멜 가제트》에 런던 빈민가나 그가 '백인 노예제'라 부른 청소년 매춘을 다룬 기사들을 실었다. 미국에서 스테드와 비슷했던 인물로 링컨 스테펀스가 있는데, 정치적 부패에 관한 탐사 기사들과 『도시들의 수치』라는 제목의 책으로 유명하다.

신문에서 시작해, 이 면담 방식은 자연스럽게 다른 매체들로(라디오와 텔레비전으로) 또 상업이나 정치, 학문 같은 다른 영역들로도 퍼져 갔다. 19세기 후반에는, 그러니까 사회조사가 출현하던 무렵에는,→45쪽 면담자들이 일련의 질문들을 갖고 정보 제공자들을 일하는 곳이나 집으로 찾아가는 일이 점점 흔해졌다. 20세기 초에는, 미국에서 시장조사원들이나 여론조사 요원들이 면담 조사를 하는 경우들이 있었고, 다시 사회학자들이 이 선례를 따라갔다.

면담을 하는 과정에서, 이 방법의 문제점들이 점점 분명해졌다. 지위가 더 높은 사람이 지위가 더 낮은 사람을 면담할 때면 정보 제공자는 면담자가 듣고 싶어 하리라고 생각하는 이야기를 해 줄 것이다. 자신의 냉소주의를 잘 보여 주면서, 20세기 초의 대표적 사회학자 중 한 명인 미국의 윌리엄 아이작 토머스는 면담들을 "미래의 관찰에서 비교 용도로 사용될 오류의 집합체"라고 표현했다.[94]

설문지

면담의 대안이자 면담자들을 위한 보조 장치로 설문지가 있는데, 일련의 똑같은 질문들을 다른 사람들에게 하고, 그렇게 얻은 응답들을 비교하고 셀 수도 있게 해 준다. 오늘날에는 설문지가, 특히 인쇄된 형태의 설문지가 서구에서 일상생활의 한 부분이 돼 있지만, 문서를 이용하는 이 방식 자체는 훨씬 긴 역사를 갖고 있다. 예를 들어, 중세와 근대 초기의 주교들은 자기네 교구들을 직접 또는 대리인을 써서 순회했는데, 그럴 때면 교회들의 상태며, 사제나 신도들의 품행 따위에 관련된 질문 목록이 손에 쥐여 있었다. 우리가 다루는 시대에는, 설문지들이 더 길어지고 더 자주 사용됐으며, 사람들의 생활에서 더 많은 측면을 (침범까지는 아니더라도) 조사하는 데 동원됐다.

1750년에서 현재에 이르는 설문지의 역사에서 두 단계를 구분하면 유용할 것이다. 앞쪽 단계에서는, 질문들을 상층 소수집단의 구성원들에게 했으니, 대표적으로 성직자나 과학 원정대 대원, 여행자, 교육위원회 감독관, 인류학자 따위였으며, 이런 사람들이 하는 관찰이나 심문을 제어하는 것이 목적이었다. 예를 들어, 1762년에 독일 동양학자 미카엘리스는 니부어의 아라비아 원정대 대원들이 보게 할 목적으로 질문지를 작성했다.→39쪽 1789년에는, 보헤미아의 레오폴트 본 베르흐톨트 백작이 '애국적 여행자'들을 위해 2500개 항의 질문을 책으로 묶었다. 1790년에는 프랑스의 신부 앙리 그레구아르가 프랑스 각지의 방언 사용 실태에 관한 설문지를 작성했고, 1805년에는 켈트족 연구 학회에서 대중적 풍습과 관련해 쉰한 개 항의 질문지를 만들어 내놓았다.[95] 독일어에서 enquête를 쓰는 것과 마찬가지로, 영어에서 questionnaire라는 단어를 채용한 것도 프랑스의 영향을 보여 준다고 하겠다. 19세기를 지나는 동안, 설문지들은 셀 수 없을 정도가 됐고, 아일랜드에서 러시아에 이르기까지 공무원들이나 학자들이 고안해 내서, 민간전승이나 노동환경, 종교적 성향 등등에 관련된 정보들을 끌어냈다.

설문지의 역사에서 더 나중에 해당하는 단계에서는, 문해 능력을 많이들 갖게 되면서 이제 피조사 대상인 사람들에게 직접 질문을 하게 되었으니, 공장 노동자들이나 병사들, 또 서로 다른 제품의 소비자들이었고, 국세조사의 경우에는 한 주어진 나라에 있는 전 세대의 세대주들이었다. 면담의 역사에서처럼, 시간이 흐르면서 문제들이 더 분명히 드러났다. 예를 들면, 오해의 문제가 있었다. 매사추세츠주 노동통계국(1869년 설립) 국장은 설문지보다 통계국 조사원들이 수행하는 면담을 선호한다고 밝혔는데, (그가 보기에는) 면담을 하면 오해를 피할 수 있을 것이기 때문이었다. 이와 비슷하게, 1872년에 독일의 사회정책 학회는 정부가 내놓는 설문지들을 비판했는데, 그러면서 대신에 전문가들이 나라를 돌아다니면서 지역 여론을 들어야 한다고 제안했다.[96]

기록하기

실제에서는 현장과 서재, 곧 채집과 분석을 분명하게 갈라서 구별할 수 없는데, 정보의 가공은 이미 수집할 때부터 시작되기 때문이다. 집필은 현장에서 시작할 때가 많다. 쿡 같은 선장들은 항해일지를 기록했고, 인류학자나 박물학자들은 '현장 기록'을 작성했고, 고고학자들은 그날그날의 발굴 진척에 관한 보고서를 썼다. 이렇게 하면서 다른 사람들이 해석해서 사용하도록 자기네 경험을 기록하고 있었던 만큼이나, 자기네가 본 것을 이미 말로 번역하고 있었던 것이다.

쓰인 말들이 현장에서 발견한 것을 기록하는 유일한 수단이었던 것은 당연히 아니었으니, 예를 들어 지도나 해도의 중요성을 생각해 보면 된다. 앞 장에서 언급한 탐험가들이나 지식 채집 원정 참가자들은 어느 정도는 대강 그린 그림들을 현장에서 갖고 돌아왔고, 이 그림들은 나중에 연구실이나 서재에서 다듬어 지도로 만들었다. 프랑스에서 1825년에 출판된 이집트 지형도가 많이 알려진 예라고 하겠다. 지도들에 이어 해도들이, 또 천문도들이 추가됐으며, 천문도의 경우 베를린 천문대 책임자였던 요한 보데가 출판한 『우라노그라피아』(1801년) 같은 것이 있다. 19세기에 나타난 또 다른 주요한 흐름은 주제도主題圖들의 출현으로서, 예를 들면 언어 분포 지도며 문해 능력 지도, 범죄 지도, 지질 지도, 인구 지도, 인종 지도, 질병 지도, 빈곤 지도 따위였다.[97] 19세기 말이 되면 사진을 이용해서 천체도를 만들고 있었다.[98]

시각 자료들의 중요성은 지식 채집 원정대들을 조직하던 사람들도 인정하고 있어서, 원정대에 화가들을(그리고 더 나중에는 사진가들을) 대원으로 포함하기도 했다. 화가들이, 대표적으로는 윌리엄 호지스와 존 웨버가 쿡 선장의 저 유명한 세 차례 항해를 같이하며 남양의 지형들을 기록하고 원주민들을 그림으로 옮겼다.[99] 1830년대에는, 조지 캐틀린이 스스로 여러 차례의 원정에 나서 미국 서부 인디언 부족들의 외모를 기록했다. 1840년대에는, 프랑스 화가 외젠 플랑댕이 고고학 원정에 참여해서, 고대 페르시아와 아시리아의 기념비적 건축물들을 기록했다. 이와 비슷하게, 신문과 정부들도 수시로 작가들과 함께 화가들을 보내 나라 밖 사건들을, 특히 전쟁들을 전하게 했다.

예를 들면 크림 전쟁이나 제1차 세계대전, 또 제2차 세계대전까지도 이런 사례에 해당했다.[100] (제2차 세계대전 중에는 다른 화가들도 물론 있었지만, 에드워드 아디존과 에드워드 보든이 공식 종군 화가로 복무했다.)

이 무렵이면 물론 사진가들도 오래전부터 사건을 기록하고 있던 터였다. 매슈 브래디는 나중에 '사진기자'라고 부르게 되는 것의 초기 사례로서 미국 남북전쟁 사진들로 유명해졌고, 도러시어 랭의 경우는 미국 대공황 사진들이었다. 인류학자들 역시 필름을 사용했다. 보애스는 1890년대에 현장에서 사진기를(1930년대에는 영화 카메라를) 사용하고 있었고, 러시아 인류학자 두딘은 중앙아시아의 일상생활을 기록한 사진들로 아마 가장 유명할 텐데, 20세기 시작 무렵에 찍은 것들이었다. 시각 자료 보관소들은 비교적 최근에 관심권 안으로 들어왔을 수 있지만, 시작은 훨씬 더 멀리까지 올라간다.

사진 장비들이 갈수록 정교해지면서 훨씬 더 많은 정보를 수집할 수 있게 되었다. 과학자들은 원자들의, 심지어 전자들의 사진을 찍었고, 비디오카메라들은 끊임없이 일상생활을 기록한다. 항공사진은 제1차 세계대전 중에 개발돼 적군의 위치에 관한 정보를 제공하다가 평시에도 쓸모를 찾게 됐다. 앞에서 봤듯이, 그리올은 아프리카에서 현장 연구를 하면서 항공사진을 활용했고, 덴마크 지질학자 라우게 코크도 그린란드에서 현장 연구를 하던 중에 똑같이 했다.[101] 고고학자 케네스 세인트조지프는 제2차 세계대전 중에는 영국 공군 장교로서 항공사진들을 판독했으며, 이제 이 방법을 로마 유적들과 중세 수도원 터들을 연구하는 데 응용했다.

녹음은 사진보다는 더 근자에 출현했지만, 그래도 버르토크는 1904년부터는 헝가리 민속음악을 밀랍 실린더 축음기로 기록하고 있었으며, 저 아일랜드 민족 전승 위원회는 (1920년대에 나온 개량된 축음기인) '에디폰Ediphone'을 사용했다.[102] 1950년대에 테이프 녹음기를 점점 쉽게 구할 수 있게 되면서 음악학자들과 전승학자들이 혜택을 입었고, 역사가들도 마찬가지였는데, 이러면서 '구술사' 운동의 출현도 촉진했다. 음향 기록 보관소들은 이제 면담 기록 테이프들을 수천 개씩 갖고 있는데, 예를 들면 미국 '참전 군인 기록 사업' 기간 중에 녹음해서 의회 도서관에 맡겨 보관하고 있는 것들이 있다. 도청 녹음 기록들도 일부 살아남았는데, 이를테면 동독 비밀경찰의 기록물들 가운데는 헬무트 콜 전 독일 연방 총리의 대화를 기록한 테이프가 다수 들어 있으며, 다만 아직은 역사가들에게 공개되지 않고 있다.

필기장에서 데이터베이스까지

근대 초기 유럽을 연구하는 일부 역사가가 최근에 지적한 것처럼, 학생들과 학자들의 일상적 행동, 곧 책에 필기를 해서 정보를 모아 놓는 관행도 시간이 흐르면서 변하게 돼 있다. 근대 초기에 유행했고 일부 학교에서 권장했던 한 필기 방식에서는 '비망록'이라고 알려진 것을 사용했는데, 그러니까 일화나 다른 정보들을 여러 표제 아래 기록해 놓던 것으로서, 표제들의 경우는 여러 종류의 덕목이나 악덕들일 때가 많았으며, 알파벳순으로 배열해서 비망록 소유자가 말을 해야 할 때 쉽게 참고할 수 있게 돼 있었다.[103]

우리가 다루는 시대 거의 대부분 동안 학문 세계, 특히 인문학 쪽은 손으로 쓴 기록들을(곧 현장 기록이나 독서록, 강의록을) 그 바탕으로 삼았으며, 필기장이나 타공 제본 종이철, 색인 카드에, 심지어는 봉투 뒷면 또는 셔츠의 풀 먹인 소맷부리에 적었다. 예를 들어 보면, 다원은 비글호 항해에서 거의 1400쪽의 기록을 가지고 돌아왔다. 이 정도면 5년짜리 원정에서 가져온 것으로는 (하루에 한 쪽꼴로) 많은 양은 아니었을 수 있지만, 특정 주제에 관한 정보를 찾기 꽤 어렵게 만들기에는 또 충분한 양이었다.

19세기에는, 조각 종이들을 점점 많이 사용하게 되는데, 유명한 사례가 『옥스퍼드 영어 사전』으로서, 1858년에 작업을 시작한다. 첫 편찬자는 인용한 예문이 적힌 10만 장의 조각 종이를 선반 쉰네 칸에 나누어 정리했다. 이후로 2톤에 이르는 인용 예문들이 수집됐다.『방언사전』(1896~1905년)도 옥스퍼드 대학에서 제작했는데, 여기에는 100만 장이 넘는 조각 종이가 필요했다.[104] 조각 종이들은 한 세대 전까지 주요 도서관들에서 가장 중요한 비품이었던 2절판 도서 목록들에도 풀칠해 붙이곤 했다.

조각 종이는 찢어지기 너무 쉬웠고, 그리하여 카드에 정보를 기록하기 시작했는데, 학문적인 용도에만이 아니라 상거래나 의료, 경찰 기록에 올릴 고객, 환자, 용의자에 관한 정보를 적는 데도 사용됐다. 이 사용자들이 알았든 몰랐든 이 사람들은 모두 사서들의 뒤를 따르고 있던 것이었다. 1790년에, 프랑스 국민의회는 관리들에게 명령을 내려 지역 도서관들의 도서들을 놀이용 카드 뒷면에 기록하게 했는데, 통일된 도서 목록을 만들려는 목적이었다.[105] 카드 도서 목록을 도입하는 최초의 주요 대학 도서관은 하버드 대학 도서관(1861년)이었다. 카드를 특히 정보를 기록하고 찾는 용도로 제작하고, 또 표준화하는 것까지 주도한 것은 멜빌 듀이였는데, 미국의 사서로서 기업가적 야심을 갖고 있던 인물이었다.(듀이는 카드를 팔려고 회사도 세웠다.) 카드 크기는 5×3인치, 더 정확히는 7.5×12.5센티미터였다.(듀이는 열렬한 미터법 지지자였다.) 이제 정보를 적어 놓고 배열해 보관하는 방식에서 상대적 연속성이 유지되는 기간이 한동안 이어지다가, 1980년대에 개인용 컴퓨터와 데이터베이스가 등장하면서 끝나게 된다.

지식의 저장

지식 채집은 당연한, 그러면서 계속 커지기만 하는 저장이라는 문제를 낳는데, 박물관들의 사례가 이를 분명히 보여 준다. 런던의 과학 박물관에는 20만 점의 소장품이 있고, 루브르 박물관은 그 두 배에 이른다. 영국 박물관은 1300만 점을 갖고 있고, 자연사박물관에는 약 7000만 점의 표본이 있다. 우리가 많은 박물관에서 보는 전시물들은 빙산의 일각일 뿐으로, 나머지 소장품은 지하실을 비롯한 다른 보관실들에 잠겨 있다. 예를 들어, 루브르 박물관의 전시물은 소장품의 채 10퍼센트가 되지 않는다.

다시 백과사전들의 사례를 볼 텐데, 백과사전들은 지식의 저장고라 할 수 있기 때문이다. 독일 철학자 베르나르트 그뢰투이젠은 『백과전서』를 두고 재화를 축적하려는 부르주아적 욕구의 표현으로 묘사한 적이 있다. "『백과전서』 편찬자들은 사람에게 소유지를 보여 준다. …… 거기에는 학자들이 당신을 위해 습득해 놓은 것이 있다. …… 이제부터 이것을 당신의 소유인 어떤 것으로 여겨도 좋다."[106]

이런 저장소들은 새로운 정보에 공간을 제공하려면 계속 더 커져야 했다. 저 위대한 『백과전서』만 해도 이미 서른다섯 권 7만 1818개 항목으로 이루어져 있었고, 출판하는 데 20년이 넘게 걸렸다. 그 계승자인 『체계적 백과전서 Encyclopédie méthodique』는 결국에는 210권에 이르렀고, 『경제 백과사전 Ökonomische Encyklopädie』은 242권으로 이루어졌고 (1773~1858년까지) 85년이라는 기간에 걸쳐 출판됐다.『유럽-아메리카 일반 화보 백과사전Enciclopedia universal ilustrada europeo-americana』은 이제 118권이 돼 있는데, 한 세기를 넘기며 출판(1905~2009년)된 결과다. 이 저장소들을 보관하는 것 자체도 이제 문제가 됐고, 몇몇 경우는 온라인화해서 해결하는데,『브리태니커 백과사전』이 1994년에 이 방식을 따랐다. 계속해서 확대되는 '위키백과'가 인쇄물로 나오면, 집 한 채를 다 차지할 것이다.

기록 보관소 관리자들도 보관 문제와 씨름했고, 지금도 씨름하는데, 보관 중인 자료들을 킬로미터로 재는 경우들도 있다. 예를 들어, 네덜란드 국가 기록 보관소 웹사이트는 "93킬로미터에 이르는 문서며 지도, 그림, 사진들"에 관해 언급하고 있다. 18세기 후반에는 문서들을 보관할 목적으로 설계된 건물이라는 의미의 기록 보관소들이 출현했다. 그 초기의 예가 에든버러에 있는 레지스터 하우스로서, 애덤 형제가 설계해 1789년에 문을 열었다. 하지만 금방 공간이 부족해지기 시작했다. 이탈리아 국가 기록 보관소에는 1882년에 이미 12만 7000제곱미터 정도의 선반이 있었으나, 1906년에 이르면 벌써 16만 4000제곱미터가량으로 늘어나 있었다.[107]

우리도 보았듯이, 오늘날 영국 국가 기록 보관소(곧 이전 공문 기록 보관소)의 목록에는 '문서' 1100만 건의 소개가 올라 있으며, 거기에는 이제 사진들이나 테이프, 비디오테이프들이 포함돼 있다. 기록 보관인들의 관점에서 보면, 온라인 저장은 아주 적절한 때에 출현했다고 말할 수 있을 텐데, 처음은 1970년대에 메인 프레임 컴퓨터 환경이었고, 그다음에는 1990년대 인터넷 환경이었다.

사서들도 기록 보관인들과 비슷한 문제에 직면해 있다. 영국 도서관의 서가들은 이어 놓으면 길이가 625킬로미터(388마일)이며, 미국

그림 7
파리 리슐리외 가문에 있던 옛 국립도서관의
열람실 내부(1868년).

의회 도서관은 850킬로미터(530마일)에 이른다. 게다가 책들의 공급
도 빠르게 늘어나고 있어서, 1960년에는 33만 2000종이 출판됐지만,
1990년에는 84만 2000종이었다.[108] 국가의 위신을 높이려는 것도 있
었지만, 더 넓은 장서 공간이 필요했던 사정도 리슐리외가에 있던 옛
국립도서관(그림 7)을 새 프랑스 국립도서관으로 대체하도록 자극했
다고 하겠다.

　전에는 손으로 쓰거나 타자기로 친 카드 도서 목록들을 목제 서
랍에 담아 놓는 데 들어갔던 자리가 온라인 도서 목록 덕에 이제 없
어지게 된 것이 사서들로서는 작은 위안이라고 하겠다. 북아메리카의

지식을 수집하다

한 도서관에서는 모의 장례식을 열어 카드 도서 목록을 비롯한 다른 것들을 태워 버리는 것으로 이런 변화를 경축했다.[109] 이렇게 데이터베이스로 옮겨 가면서 MI5나 CIA 같은 다른 기관들에서도, 또 개인 학자들의 서재에서도 카드 도서 목록들을 치워 버릴 수 있게 됐다. 온라인에, 또는 빌 게이츠가 말한 대로는 "구름cloud 속에" 저장하는 것은 이상적인 해결책처럼 보이지만, 이런 정보 폭발의 시대에는 여기서도 문제들이 나타나고 있거니와, 이 문제는 다시 다룰 것이다.

결론

지식 채집 이야기를 일종의 서사시처럼 들려주는 것은 매력적인 일인데, 거기에는 나름의 영웅들, 특히 탐험가들이 등장하고, 또 약탈의 경우에서처럼 폭력이 수반된 일화들도 있기 때문이다. 분석이라는 집단적 과정은 다음 장에서 기술하는데, 더 평화적이되 이에 못지않게 매혹적인 이야기다. 보관이 갈수록 심각한 문제가 됐던 것을 보면, 지난 250년을 지나는 중에 축적되며 계속 몸집이 커지는 산더미 같은 정보를 분석하는 어려움을 상상하는 것은 쉽다고 하겠다.

지식을 분석하다

앞 장에서는 주로 '현장'에 관심이 있었다면, 이 장에서는 서재에 집중하며, 여기에는 도서관, 박물관, 실험실이 포함된다. 어떤 뛰어난 학자들은 한 번도 현장에 가지 않았다. 예를 들어, 프랑스 지리학자 쥘 시옹은 아시아 지리에 관해 독창적인 견해를 내놓았지만, 이 대륙을 실제로 찾아간 적이 없다. 다시 "거의 반세기 동안 독일에서 가장 저명한 셈족 연구자였을 인물" 테오도어 뇔데케는 "필사본들이 있는 빈보다 더 동쪽으로는 가 본 일이 없다."[1] 아서 웨일리는 아마 20세기에 중국 문화와 일본 문화의 해석자로는 영국에서 가장 유명했을 텐데, 두 나라 어디에도 발을 디딘 적이 없다. 이 학자들은, 또 이들과 비슷한 다른 학자들, 예를 들어 울리히 폰 빌라모비츠-묄렌도르프 같은 주요 고전학자들은 다른 사람들이 수집한 자료들을 갖고 내놓은 분석의 질 때문에 두드러졌던 경우들이다.

상대적으로 날것인 정보를 진정한 지식으로 바꾸는 것은 이 분석이라는 과정이라고 말할 수 있을 것이다. '분석'이라는 말은 근대 초기에 사용하기 시작했고, 1750년을 지나면서 많은 학문 분과에서 자주 채용하게 됐다. 이 말은 예를 들면 순수 수학의 한 분야를 가리킨다. 화학자들은 '유기분석', '분광분석', '시료 분석', '분석화학'이라는 말을 쓴다. 지질학자들은 '지질 분석'을 수행한다. 식물학자, 동물학자, 의사들은 '조직 분석'을 하고, 유전학자들과 분자생물학자들은 '유전 분석'을 한다.

사회과학자들 역시 분석의 언어로 말하는데, 예를 들어 '경로 분석'이나 '체제 분석', '경제 분석' 따위가 있다. '분석철학'은 철학의 한 분야이며(아니면 한 학파이며) '분석 고고학'은 새로운 접근 방법을 천명하며 1960년대에 발표된 한 연구의 제목이었다. 언어학자들은 '언어분석'에 관해 이야기하며, 이들 중 일부는 '담화 분석'을 말하기도 한다. 문헌을 다루는 사람들은 '본문 분석'이라는 말을 쓰며, 이와 구분되는 것으로 비평가들이 내놓는 '문학 분석'이 있다. 지리학자들은 '공간 분석'을 하고, 고고학자들은 인공유물들을 놓고 '일련 분석'과 '군집 분석'을 수행하며, 프로이트 학파에서는 정신분석을 한다. 인류학자들과 공학자들 공히 '구조 분석'을 하고, 공학자들과 사업가들은 '위험 분석'을 한다.

말할 필요도 없지만, '분석'이라는 말은 이 모든 상황 하나하나에서 같은 방식으로 사용되지 않으며, 이 점 때문에 우리는 1780년에서 1850년에 이르는 기간이 '분석의 시대'였다고 하는, 그렇지 않았으면 매력적이었을 주장을 덥석 받아들일 수 없다.[2] 예를 들어 보면, 스위스 수학자 레온하르트 오일러는 '분석적'(다른 말로는 대수적) 방식과 '기하학적' 방식을 구별했다. 분석은 (항상은 아니지만) 보통은 무언가를 부분들로 쪼개는 것을 의미하는데, 이를테면 화학자들이 어떤 물질의 성분을 밝힐 때 이렇게 한다. 영국 물리학자 조지프 존 톰슨은 저 새로운 자연철학을 기존의 박물학과 구별했는데, 그 근거가 자연철학은 설명하기 위해서 자연을 분해한다는 것이었다. 분석은 (항상은 아니지만) 보통은 어떤 것의 표면 아래로 들어가는 것을 뜻하는

데, 해부학자나 식물학자가 해부를 할 때 이렇게 하고, 아니면 정신분석가가 무의식적인 실제 동기나 충동을 겉으로 드러난 의식적인 동기나 충동과 구별할 때, 또 기능주의 사회학자가 어떤 제도의 '잠재적 기능'을 그 '표면적 기능'과 구별할 때 또 그렇게 한다.[3] 기술記述과 대비되는 경우에, 분석은 설명을 뜻하기도 한다.

이 장에서는 이 '분석'이라는 용어를 일종의 약칭으로, 아니면 앞에서 썼던 은유를 다시 쓰자면 '우산' 용어로 써서, 서로 다른 여러 학문 분과에서(아니면 우리가 다루는 기간을 지나는 중에 서로 다른 학문 분과로 자리 잡은 분야들에서) 비록 보편적이었다고까지는 할 수 없지만, 오랫동안 공유했던 일련의 지적 조작들을 가리킬 것이다. 이런 조작들을 앞에서는 일종의 가공 또는 '조리'로 표현했는데, 여기에는 기술하고, 분류하고, 체계화하고, 연대를 매기고, 측정하고, 시험하고, 해석하고, 서술하고, 이론화하고 하는 따위가 포함된다. 이제부터 이어지는 내용의 주요한 목적은 역사성을(다른 말로 하면, 분석의 여러 형태가 비록 서서히일지언정 시간이 흐르는 가운데 확산되고 변해 갔던 정도와 방식을) 강조하고 예증해 보이는 것이다.

이런 주장을 내놓으면서 더 앞 시대 학자들은 기술하고, 분류하고, 연대를 매기고 하는 따위를 하지 않았다고 말하려는 것은 당연히 아니다. 하지만 이런 절차들 중 상당수가 우리가 다루는 시대를 지나는 중에 더 정교해지고, 더 형식을 갖추게 되고, 더 자의식적이 된 것은 분명하다. 18세기의 표현을 쓰자면, 이 절차들이 "방법화methodized 됐던" 것이다. 몇몇 고고학자는 1960년대에 자기네 학문 분과의 '순수성 상실'에 관해 썼다. 다른 말로 하면, 객관성이라는 것은 있을 수 없으며 또 다른 방법들을 쓰면 손실도 있지만, 그만큼 이익도 있다는 인식이 커져 갔던 것이다.[4] 다른 학문 분과들에서는 이 순수성의 상실이 '실증주의에 대한 반란'이라는 다른 이름으로, 서로 다른 시점에 일어났으며, 그리하여 우리가 다루는 시대의 지식사에서 주요한 한 주제가 된다.

지식의 분류와 재분류

분류는 현상들을 범주들 속으로 끼워 넣는다는 의미에서는 항상 일어나지만, 역사가의 관심을 끄는 것은 재분류다. 분류 체계에서 주요한 변화가 일어나는 것은 드문 일이지만, 우리가 다루는 시대에는 이런 변화가 몇 차례 일어났다.

미셸 푸코는 그의 최고 역작들 가운데 하나에서 언어와 박물학, 정치경제학을 예로 삼아, 18세기 후반에 분류 체계를 놓고 일었던 관심을 분석했다.[5] 한 과학사가는 푸코에 의존해서, 그렇지만 푸코의 분석을 확장해 최근에 이렇게 지적했으니, "18세기는 위대한 분류의 시대였다. 여기서 분류는 단순한 도구가 아니라 모든 지식이 따라야 할 전범이었다."[6]

언어를 다루면서, 푸코는 '일반 문법'이라고 알려져 있던 것에 초점을 맞췄지만, 비교언어학자들은 언어들을 '어족'으로 묶음으로써, 언어들을 분류하려는 시도로는 훨씬 더 두드러지는 예들을 보여 준다. 18세기 후반은 학자들이 로망스어나 게르만어, 슬라브어, 켈트어 모두가 산스크리트에서 내려온 '인도-유럽'어족의 어파들이며, 동시에 헝가리어와 핀란드어는 어휘상의 차이점들이 있기는 해도 그 문법적 구조에 근거해서 우랄-알타이어족의 핀-우그리아어파에 속하는 것으로 분류할 수 있다는 따위를 발견하는 때였다.

하지만 이 시점에서 소개해야 마땅한 사례 연구는 분명히 식물학이다. 칼 린나이우스는 아리스토텔레스를 갈아 치우려고 했다. 린나이우스의 체계는 위계적이어서, 각 식물을 맨 먼저 일반적인 강에 포함하고, 다시 목, 속, 종, 그리고 마지막으로 구체적인 변종에 집어넣는다. 린나이우스의 유명한 이항 분류 체계는 1753년에 발표됐으며, 각 식물에 두 개의 라틴어 이름을 붙였으니, 하나는 속을, 다른 하나는 종을 의미하는 것으로, 로사 뱅크시아나의 경우는 조지프 뱅크스의 이름을 딴 장미의 한 종을 가리킨다. 린나이우스는 동물과 인간도 비슷한 방식으로 분류했다. 린나이우스가 '인간'에 붙인 이름은 호모 사피엔스였으며, 이 종은 다시 네 개의 변종으로 나뉘는데, 당시에 알려졌던 네 대륙에 대응했으니, 에우로페아누스, 아시아누스, 아프리카누스, 아메리카누스다.[7]

린나이우스의 분류 체계는 다른 분야의 학자들에게 자극제가 됐다. 린나이우스의 친구였던 프랑스 식물학자-의사 프랑수아 소바주드 라크루아는 린나이우스의 체계를 채용해 '질병 분류학'을 개혁했다. 다른 말로 하면, 질병들을 강, 목, 속, 그리고 마지막으로 2400개 종으로 나누는 분류법을 세웠던 것이다. 린나이우스의 체계를 따라, 린나이우스의 옛 학생이었던 토르베른 베리만은 광물들을 강, 속, 종, 변종으로 나누었다. 베리만의 작업에서 자극을 받아, 앙투안 로랑 라부아지에를 포함한 일단의 프랑스 화학자들은 이 이항식 체제를 화학으로까지 확장했다. 프랑스 박물학자 장바티스트 라마르크는 등뼈 없는 동물들을 다룬 자신의 저서를 린나이우스의 용어들을 빌려 '무척추 동물들의 강, 목, 속에 관한 개괄적 묘사'라고 표현했다.[8] 구름들은 영국 화학자 루크 하워드가 분류했는데, 하워드도 역시 린나이우스를 따랐고, 그리하여 '권운cirrus'이나 '적운cumulus' 같은 용어들을 도입했다.

어떤 학자들은 이를테면 린나이우스가 식물의 생식 기관을 분류에서 핵심적인 요소로 선택한 것에 반대하면서, 린나이우스의 체계를 논박하거나, 아니면 최소한 수정했다. 린나이우스 분류 체계의 대안들을 프랑스에서 앙투안 로랑 드 쥐시외가 (자신의 삼촌 베르나르의 연구에 의존해) 내놓았고, 스위스의 식물학자 오귀스탱 드 캉돌이, 미국의 아사 그레이가 또 내놓았다. 린나이우스가 네 인종을 구별했다면, 괴팅겐 대학의 비교해부학자 요한 프리드리히 블루멘바흐는 다섯 인종을(곧 백인종, 황인종, 갈색인종, 흑인종, 적인종을) 구별하고, 각각 캅카스인, 몽골인, 말레이인, 에티오피아인, 아메리카인이라고 이름을 붙였다.

이 마지막 예가 보여 주는 것처럼, 우리가 다루는 시대에는 재분류가 최소한 일부 영역에서는 계속되는 과정이었다. 예를 들어, 의학으로 돌아가면, 에밀 크레펠린과 자크 베르티용이 내놓은 새로운 질병 분류법들을 만나게 된다. 크레펠린은 독일 정신과 의사로서 자신의 『강요綱要』(1883년)에서 증상들보다는 증후군에(다른 말로 하면 개별 현상들이 아니라 함께 나타나는 현상들에) 기초해 정신 질환들을 재분류했다. 베르티용은 프랑스 의사였으며 사인死因들을 분류했다. 베르티용의 작업은 세계보건기구가 출판하는 「국제 질병 사인 분류」에서 계속 이어졌으며, 지금까지도 수시로 언급된다.

기록 보관 쪽은 경쟁적인 분류법들을 놓고 오랫동안 논쟁이 이어진 또 다른 분야다. 피에르 카미유 르 무안은 툴 성당에서, 그다음에는 리옹에서 기록 보관인으로 있었으며, 스스로는 '기록 보관소 배치법'이라 부른 것의 새 방식을 저서 『실용 공문서학』(1765년)에서 제시하는데, 문서들을 연대순보다 주제별로 분류하는 편을 주장했던 것이다. 장 기욤 드 셰브리에레는 모나코 대공의 기록 보관인이었는데, 저서 『신 기록 보관인』(1775년)에서 르 무안의 '새로운 방식'을 비판하면서 연대순을 따르는 전통적 배치법을 옹호했다. 1850년대에는, 토스카나 기록 보관소 책임자였던 프란체스코 보나이니가 또 다른 원칙을 채용했는데, 곧 '출처별 원칙'으로서, 작성한 기관에 따라 문서들을 분류하는 방식이었다.

이 거대한 재분류 운동이 조만간 지식 자체의 갈래들까지 끌어들이는 것은 불가피한 일이었다.[9] 『백과전서』를 출범하게 했던 '사업설명서'에서 편찬자 드니 디드로와 장 르 롱 달랑베르는 '지식의 나무'라는 저 전통적인 심상을 사용하기는 했지만, 자기네 앞 시대 사람들과는 달리 이 나무를 가지들로 가르는 어느 한 방식도 당연하거나 주어진 것으로 여기지 않았다. 이와는 반대로, 분류 체계는 "다른 형태를 띨 수 있"었던바, 얼마간은 자의적이었던 것이다. 이 편찬자들은 프랜시스 베이컨의 체계로 돌아가기로 결정했고 (이 체계를 몇몇 대목에서 수정하면서) 지식을 인간 정신의 세 능력에 따라 나눴다. 곧 (역사와 자연사를 아우르는) 기억, 이성(철학, 수학, 법률), 상상(예술)이었다.[10]

이 체계를 수정하려는 많은 시도가 19세기를 지나는 중에 있었으나, 그 거의 대부분이 오래전에 잊힌 가운데, 두드러지는 사례를 꼽자면 박학가들이었던 오귀스트 콩트와 허버트 스펜서가 있다. 저서 『실증철학 강의』(1830~1842년)에서, 콩트는 자신이 '실증적 학문들'이라 부른 것을 두 집합으로 나누는데, 먼저 추상적 학문들로서 (수학, 천문학, 물리학, 화학, 생물학, 사회학이며) 일반적 법칙들을 정립하는 데 관심이 있고, 다시 구체적 학문들로서, 여기서는 이 일반적 법칙들을 이용해 구체적인 현상들을 설명한다. 콩트에 따르면, 추상적 학문들 중 가장 나중에 출현한 사회학이 이 분류 체계가 만들어 낸 '웅대한 위계'

의 맨 윗자리에 놓여야 한다.(반면 잉글랜드의 윌리엄 휘웰은 이 "비길 데 없이 높은" 자리를 천문학에 부여했다.)

콩트에 대응해서, 스펜서는 학문들을 "어떤 식이든 연속적 순서"로 배열할 가능성을 부정했다. 스펜서 자신이 선호한 분할은 삼중적이었는데, 한쪽에는 (논리학과 수학으로 한정된) '추상적 학문들'이 있고, 다른 한쪽에는 '구체적 학문들'이(곧 천문학, 지질학, 생물학, 심리학, 사회학이) 있으며, 이 둘 사이에 있는 것이 '추상적 구체적 학문들'로서, 곧 역학, 물리학, 화학이었다.[11] 마치 학문 분과들의 배열을 놓고 무슨 합의라도 이루어진 것처럼, 1900년 이후로는 새 분류 체계가 갈수록 드물어졌다.

식물학이나 지질학, 의학 쪽과는 대조적으로, 지식의 여러 갈래를 재분류하려는 이런 시도들이 지적 활동들에 어떤 영향이라도 미쳤는지는 전혀 분명하지 않다. 다른 한편 책들의 재분류는 실질적 결과들을 낳았으며, 또 우리가 지식의 나무에 대해 갖고 있는 심상은 (일반 대중뿐만 아니라 학자들이 갖고 있는 심상 역시) 다른 어떤 것들보다도 도서관의 구조로부터 더 많은 영향을 받았다고 말할 수 있을 것이다.

1870년대까지도, 개별 도서관들은 자기네들만의 분류 체계를 채용했는데, 『백과전서』에서 제시한 종류의 지식 구조도들을 가져다 쓰고 있었던 것이고, 더러는 이 구조도들이 구식으로 여겨지게 된 뒤에도 한참 더 이 방식을 붙들고 있기도 했다. 하지만 19세기에서 더 나중이 되면, 책들의 분류법을 표준화하려는 (공히 미국에서 나왔고, 또 공히 성공적이었던) 두 경쟁적 시도를 만나게 된다. 저 십진분류법DDC은 1876년에 멜빌 듀이가 창안했다. 광적인 효율성 추구자로서, 듀이는 간이 철자법에서 미터법에 이르기까지 여러 형태의 표준화에 매달렸던 인물이다. 『백과전서』의 지식 구조도처럼, 듀이의 분류법은 베이컨의 발상을 가져온 것이었는데, 이번에는 직접이 아니라 헤겔주의 철학자이자 교육학자였던 윌리엄 토리 해리스를 통해서였다. 이 분류법은 벨기에의 서지학자 폴 오틀레가 더 발전시켰다.[12] 이와 경쟁했던 분류법은 미국 의회 도서관을 위해 그 사서였던 허버트 퍼트넘이 만들었으며, 퍼트넘 자신은 여기서 (1899년에서 1939년까지) 40년이 넘게 일했다. 이 의회 도서관 분류법[LCC]은 특히 미국을 비롯한 다른 곳들의 대학 도서관들에서 지금껏 따르고 있다.

시각물들은 책들의 경우보다 더 심각한 분류 문제를 내놓았다. 범죄자들에 대한 지문 채취가 벵골에 도입됐을 때는, (1897년이면 약 7000장에 이르게 되는) 엄지 지문 채취지들을 보관함 1024개가 달린 거대한 보관장에 정리했다. 지문 채취 관행이 널리 퍼지면서, 다른 사람들도 있었지만, 과학자 프랜시스 골턴이 지문들을 '와상문', '쌍기문', '궁상문' 등등의 범주 아래 분류할 수 있을 것이라며 한 방식을 제시했다. 아르헨티나의 경찰 후안 부세틱은 1892년에 지문철 배열 체계를 세우면서 이 골턴이 제안한 방식을 이용했다.[13]

경찰 기록들에는 범죄자들의 얼굴 사진이 보통 들어 있었는데, 하지만 이런 사진들은 분류하기가 지문들보다 한층 더 어려웠다. 오틀레가 '세계를 분류하고 싶어 했던 사람'으로서 이미 1905년에 '국제적 도상 목록'을 생각하고 있기는 했지만, 시각물 분류 체계들은 미술사가들이 먼저 발전시켰는데, 대표적인 것들을 꼽자면 프린스턴 대학의 기독교 예술 색인(1917년)이 있고, 또 아이콘클래스[Iconclass]가 있는데, 네덜란드 학자 헨리 판더발이 제2차 세계대진 때 포로로 잡혀 있던 동안 창안했지만, 1973년이 돼서야 공개됐고, 이후 계속 확대된 분류 체계였다. 더 근자에는, 코비스[Corbis]가 있는데, 빌 게이츠가 (1989년에) 설립했으며, 지금은 400만 점이 넘는 디지털 시각물을 보유하고

있고, 자체로 사용자 친화적인 분류 체계를 만들어 운용한다.[14]

지식의 축적과 파편화가 갈수록 빨라지고, 또 그 결과 모든 것을 분류하기 위한 경쟁적 체계들이 급증하면서(이 현상을 더러 '분류의 위기'로 표현하거니와), 이에 대한 대응으로서 분류학회Classification Society라는 것이 1964년에 설립됐으며, 학술지《국제 분류International Classification》(1974년)가 다시 그 뒤를 따랐는데, 주로 사서들과 '정보 관련 학문' 쪽의 다른 연구자들을 독자층으로 삼았다. 1993년에 이 학술지는《지식 조직화》로 이름을 바꾸는데, 위기감이 퍼져 가면서 소구층을 넓혀 보려는 바람이 깔려 있었다고 하겠다.

지금까지 언급한 모든 분류 체계는 '다면faceted' 분류 체계라고 알려진 것을 채용하는 검색엔진들이 최근에 출현하면서 그 중요성이 줄어들었는데, 이 체계는 사용자들의 필요에 맞춰 자료들을 서로 다른 여러 방식으로 정렬해 꼬리표tag를 붙일 수 있게 해 주기 때문이다. 새로운 '디지털 질서' 또는 '무질서'라는 것이 전통적인 '종이 질서'를 대체할 것인지, 아니면 그저 이와 공존할 것인지, 무어라 말하기는 여전히 너무 이르다.[15]

지식의 해독

몇몇 학문 분과에서는 분석을 하려면 먼저 문헌들을 해독해야만 한다. 르네상스 이후로는 유럽 학자들이 이집트 상형문자들의 모양에 익숙해졌고(대개 이것들을 일종의 문자라기보다는 상징적 그림들로 보기는 했지만), 이보다 더 앞 시대에 점토판에서 설형문자들을 봤던 학자도 많지는 않지만 있기는 했다. 그래도 여전히, 알려지지 않은 문자들에 대한 체계적인 해독은 18세기 후반에나 시작됐으며, 새로운 성공적 해독 각각은 앞선 작업들에 의존해서 이루어졌다. 이런 해독 사례들을 둘러싼 이야기는 탐정소설 같은 매력을 갖고 있으며, 인문학에서는 이런 사례들에서처럼 어떤 수수께끼가 풀렸다고 말할 수 있는 경우가 상대적으로 드물기 때문에 한층 더 매력적이다.

두 학자가, 그러니까 프랑스인이었던 장자크 바르텔레미와 잉글랜드인이었던 존 스윈턴이 서로 관계없이, 또 거의 동시에 '팔미라 문자'를 해독하는 것이 정확히 1750년대였다.(이 문자는 시리아의 팔미라에서 아람어의 한 방언을 고대에 점토판들에 기록하는 데 썼던 것이다.) 해독의 실마리를 준 것은 2개어가 새겨진 몇 개의 점토판으로서, 다른 한 언어는 그리스어였다. 이어지는 내용에서는 2개어나 3개어가 새겨진 점토판들에 관한 이야기나, 독자적으로 연구하다가 거의 동시에 해독을 해 내는 이야기를 되풀이해서 듣게 될 것이다.

상형문자들은 이미 여러 세기 동안 연구를 해 오던 터였지만, 체계적 해독 이야기가 시작되는 것은 1799년에 이집트에서 나폴레옹 군대의 병사들이 이른바 로제타석을 발견하면서였으니, 거기에는 설형문자뿐만 아니라 이집트 속용俗用문자와 그리스어로도 비문이 새겨져 있었던 것이다. 유명한 프랑스 동양학자 실베스트르 드 사시와 그의 옛 학생으로서 스웨덴 외교관이었던 요한 다비드 오케르블라드가 속용문자 부분을 해독했다. 상형문자 문제는 1820년대에 프랑스 학자 장프랑수아 샹폴리옹이 해결하는데, 이 기호들이 어떤 경우는 표음문자이지만, 또 다른 어떤 경우는 표의문자라는 것을 알아냈던 것이다.[16]

다음에 해독될 주요 문자 또는 문자군은 설형문자였는데, 고대 페르시아와 메소포타미아에서 쓰던 쐐기같이 생긴 문자로서, 서로 다른 나라(곧 독일, 프랑스, 덴마크, 노르웨이와 함께 잉글랜드, 아일랜드) 출신의 서로 경쟁하던 한 무리 학자들이 조금씩 해독해 냈다. 지금의 이란 지역에 있는 베히스툰에서 발견된 3개어 비문은 고페르시아어, 엘람어, 바빌로니아어로 쓰여 있어서 설형문자 해독의 로제타석 노릇을 했다. 큰 약진이 이루어지는 것은 1857년이었는데, 이해에 런던의 왕립 아시아학회가 경연을 열었고, 성직자였던 에드워드 힝크스와 장군이었던 헨리 크레스위킷 롤린슨을 포함하는 참가자 네 명이 제시된 아시리아 비문을 각각 독자적으로 번역해 제출했다. 다행히, 번역들이 서로 거의 비슷했던 것이다.[17]

이때 이후로 학자들은 우라르투나 우가리트, 히타이트 같은 문자들을 비롯해 이전에는 이해할 수 없었던 고대 문자들을 읽고 번역해 냈으며, 그것도 대개 주어진 비문이 어떤 언어로 기록됐는지 미리 알지 못하는 상태에서 시작한 경우들이었다. 20세기의 해독 사례들 가운데 가장 유명한 것으로 '선형 문자 B^Linear B'와 마야 문자를 들 수 있다. 선형 문자 B는 크레타섬에서 발견됐으며, 재능 있는 비직업 전문가였던 마이클 벤트리스가 1950년대 초에 해독하는데, 미국의 앨리스 코버 같은 다른 학자들도 같은 시기에 이 문제를 연구하며 어느 정도 성과를 내고 있기는 했다. 마야 문자의 경우, 해독에 핵심적인 역할을 한 것은 다시 1950년대 초에 러시아의 유리 크노로조프였다. 크노로조프는 이 상형문자가 다른 학자들이 믿고 있던 것처럼 표의문자가 아니라 음절문자라는 것을 보여 줬던 것이다. 미국 학자 린다 셸 또한 이 문자의 해독에 일조했다.[18]

이런 종류의 해독은 인문학 쪽 학자들에게 어떤 문제의 정확한 해결책을 찾아내는 아주 드문(자연과학 쪽의 동료들 사이에서는 이보다는 흔한) 즐거움을 안겨 준다. 문자를 해독하는 것을 종종 암호를 깨는 것으로 표현하거니와, 암호해독술과 유사한 점들도 충분히 명백하다. 1920년대에 우가리트 문자를 해독했던 학자들 중 두 명, 곧 독일의 한스 바우어와 프랑스의 에두아르 도름은 제1차 세계대전 중에 암호해독관으로 (서로 반대편에 서서) 복무했으며, 많이 알려진 암호해독 방법인 글자 빈도 분석은 바우어로 하여금 몇 가지 발견을 하도록 이끌기도 했는데, 그러니까 바우어는 단어들의 앞과 끝에 나오는 글자들을 집중해 살폈던 것이다. 이와 비슷하게, 제2차 세계대전 중에 암호해독을 한 경험이 있어서 영국의 고전학자 존 채드윅은 선형 문자 B를 해독하는 데 일조할 수 있었다.[19] 암호들의 경우에는, "해결은 보통 마침표를 뜻하는 부호군을 밝혀내는 것에서 시작"되는데, 이렇게 해서 암호문의 구조가 시각적으로 드러나는 것이다.[20] 설형문자의 경우에는, 단어들을 서로 나누는 글자를 밝혀내는 것이 중요한 돌파구였다.

그래도 여전히, 현대 암호해독가들의 작업과 고대 세계를 연구하는 학자들의 작업 사이에 존재하는 몇 가지 차이는 지적할 만하다. 학자들은 (경쟁이라는 압력을 받기는 하지만) 시간을 충분히 가질 수 있다는 이점을 누린다. 반면 암호해독가들은 현대 기술이라는 자원을 (계속 더 필요로 했고) 계속 더 많이 이용할 수 있었으니, 제2차 세계대전 중에 버킹엄셔의 블레츨리 파크에서 일단의 암호해독가들이 독일군의 암호 '이니그마Enigma'를 풀었던 것이 유명한 사례라 하겠다.[21]

지식의 재구축

많은 정보는 파편 상태로 주어지며, 그리하여 지식 생산 과정의 한 부분은 이 파편들을 마치 그림 조각 맞추기에서처럼 서로 짜 맞추는 것으로 이루어진다. 이런 재구축 또는 회복은 지식을 요구하지만, 또한 지식을 제공하기도 한다.

이런 재구축의 극적인 사례들은 고생물학 분야에서 나오는데, 1800년을 전후한 때가 그 시작이다. 이 무렵 거대한 뼈들이 발견됐던 것으로, 이 뼈들은 알려진 어떤 동물의 것도 아닌 것 같았으며, 그러다 '공룡'으로 밝혀지게 된다.(공룡이라는 이름은 1842년에 등장했다.) 파리에서는, 조르주 퀴비에가 매머드나 익룡 같은 멸종된 동물들을 연구했는데, 그러면서 비교해부학의 방법들을 써서 유골들을 복원했다. 유기체의 기관들은 서로 의존한다고 믿고 있어서, 퀴비에는 단 한 조각의 뼈로도 한 동물의 속과 종을 추론하는 것이 가능하다고 주장하는 데까지 나아갔고, 이러면서 "발톱을 보고 사자라는 것을 알아낸다.ex ungue leonem"는 저 고전적 격언에 새로운 의미를 부여했다.[22]

런던에서는, 공룡들에 이름을 붙였던 리처드 오언이 퀴비에의 선례를 따라 작업하고 있었으나, 크리스털 팰리스에서 1854년에 전시회가 열려서 동물들의 실물대 조상影像들을 보여 줬을 때, 이를 위해 오언이 복원했던 유명한 모형들이 문제가 있는 것으로 드러나기도 했다. 벨기에에서 1878년에 발견된 성체 이구아노돈 서른한 마리의 유골에 기초해, 고생물학자 루이 돌로가 앞서서 오언이 (코뿔소와 비슷할 것이라 생각해서) 이구아노돈의 코에 얹어 놓았던 뿔이 사실은 앞발 엄지발가락 자리에 있던 것이라는 사실을 보여 줬던 것이다.

이 재구축 과정과 비슷한 것이 고건축물들의 복원으로서, 19세기의 주요한 또 다른 작업이었다. 가장 많이 알려진 사례들 가운데는 프랑스 건축가 외젠 비올레르뒤크가 정부의 의뢰를 받아 수행한 중세 건축물들 복원이 있는데, 베즐레 수도원(1840년~), 파리 노트르담 대성당(1845년~), 성채 도시 카르카손(1853년~)이었다. 고생물학의 사례에서처럼, 이 재구축들도 논란의 요소를 안고 있었다. 비올레르뒤크는 그 자신의 표현을 빌리면 "어떤 한 주어진 시기에도 존재한 적이 없었을 완전한 상태"의 구축을 목표로 했다.[23] 이것은 쾰른 대성당의 사례에서 따랐던 방법이기도 한데, 여기서는 원래의 설계도대로 두 번째 성탑聖塔을 1842년부터 새로 지었던 것이다.

복원에 대한 이런 식의 접근은 남아 있는 건물에 여러 양식이 섞여 있었을 때 특히 문제가 됐다. 예를 들면, 비올레르뒤크는 노트르담 대성당에 18세기에 추가된 부분들은 없애 버렸다. 비올레르뒤크의 이론과 작업 모두 강력하게 비판을 받았는데, 실제로 거기 있었던 것만 복원해야 한다는 이유에서였다.[24] 하지만 우리가 이 복원물들을 인정하든 안 하든, 복원하는 데 지식이 요구됐고, 아니 심지어 복원하면서 (어떤 종류든) 지식이 생산됐다는 것을 부정하기는 어렵다. 오늘날, 비올레르뒤크가 아닌 다른 사람의 눈을 통해 카르카손을 보는 것은 어렵다고 하겠다.

다른 많은 인공유물을 전문가들이 재구축했다. 고고학자들은 자기네 발견물의 상당수를 조각난 상태로 가져왔다. 아시리아 점토판들의 조각을 모아 맞추는 작업은 '거대한 그림 조각 맞추기'에 비유되기도 했다.[25] 고대 로마 별장들에서 베네치아 산마르코 바실리카까지, 이런 곳들에 있던 모자이크들의 복원은 그림 조각 맞추기를 특히 연상하게 한다.

이에 비하면, 회화 복원가들의 작업은 쉬운 것으로, 곧 오래된 표면 마감재를 닦아 내는 정도로 보일 수 있다. 하지만 복원가들 또한 원래 그림과 나중에 다시 그려 넣은 부분들을 구별해 내야 한다. 예를 들어, 레오나르도 다 빈치의 유명한 「최후의 만찬」의 역사를 보면 이런 부분이 많이 있었으며, 이 그림의 최근 복원 작업은 1978년에서

1999년 사이에 이루어졌다. 오늘날의 복원가들은 첨단 기법들을 동원할 수 있는 이점을 갖고 있는데, 이를테면 적외선 반사술은 그림의 표면 밑을 보여 줘서 복원가들이 화가의 원래 밑그림을 확인할 수 있게 해 준다.

재구축이라는 과정은 우리가 다루는 시대에는 언어나 문헌 연구에서도 역시 중요한 한 부분이었다. 언어들의 경우, 목표는 역행하는 것이었으니, 곧 오늘날 말하는 언어에서 시작해서는 거슬러 올라가면서 연구해 더 앞 시대 형태들을(아니면 몇몇 19세기 학자가 주장했던 대로는 원형들을) 재구축하는 것이다. 예를 들어, 독일 언어학자 아우구스트 슐라이허는 인도-유럽어족에 속한 서로 다른 언어들의 단어들을 비교해서 그가 '원시 인도-유럽어'라고 부른, 지금은 기원전 6500년 이전에 아나톨리아에서 썼을 것으로 추정하는 언어에 도달하려고 했다. 슐라이허는 (푸코보다 훨씬 이전에 통용되던) 계보학적 은유를 사용해 언어적 '계통수系統樹, Stammbaum'라고 부른 것을 그려 냈다.[26]

19세기 언어학자들이 언어의 계보학이라 부를 만한 작업을 했다면, (슐라이허의 선생이었던 독일 문헌학자 프리드리히 빌헬름 리츨을 포함해) 이네들의 동료 상당수는 문헌들의 계보학에 종사했으니, '본문 비평'이라고 알려진 작업이었다.[27] 여기서 핵심은 어느 주어진 저자가 쓴 원래의 본문을 재구축하는 것이었다. 자필 수고들이 남아 있는 경우들이라도 나중에 추가한 부분들을 밝혀낼 필요가 있었고, 다른 한편 유명한 일부 문헌은 신약성서나 플라톤에 이르기까지 원저자들이 죽고 한참 뒤에 쓰인 수고들을 통해서만 알려져 있다. 이런 경우 여러 세대를 거치며 필사가들이 실수나 '변조'를 저질러서, 이를 고칠 필요가 있었는데, 오래된 회화를 복원하는 것과 다르지 않은 과정이었다.

이런 종류의 본문 비평은 이미 근대 초기 유럽에서도 학자들이 수행했는데, 이를테면 15세기의 로렌초 발라나 18세기의 리처드 벤틀리 같은 경우들이다. 이 학자들의 교정 작업은 훌륭한 대목들도 있었지만, 체계적이지는 않았다. 우리가 다루는 시대에서 새로웠던 것은 계보학적 방법이 발달한 것으로서, 예를 들면 5000개 남짓한 신약성서 필사본을 '계열family'들로 나누었던 것이다. 말하자면, 다른 잔존 필사본들을 단순히 베낀 필사본들과 독자적인 진술을 담고 있는 필사본들로 구별했던 것이다.

잃어버린 원본, 또는 이 분야에서 부르는 대로는 '원형archetype'을 찾느라, 본문 비평가들은 자기네들이 연구하는 필사본들이 생겨나게 되는 과정을 재구축했는데, 그러니까 어떤 필사본들은 필사자가 앞에 놓인 다른 필사본을 베껴서 만들었고,(이 경우 한 글자나 한 단어, 한 줄을 빼먹기가 너무 쉽다.) 또 어떤 필사본들은 말하는 것을 받아 적어서 (이 경우 방 다른 쪽에 있는 필사가가 특정 단어를 잘못 들었을 수 있는 채로) 만들었던 것이다.[28]

본문 비평의 역사에서 이정표라 할 만한 것들을 꼽자면, 독일 고전학자 크리스티안 하이네가 내놓은 로마 시인 티불루스의 작품 복원본(1755년)이 있고, 또 다른 독일 학자 카를 라흐만이 내놓은 신약성서 복원본(1830년)과 시인 루크레티우스 복원본(1855년)이 있거니와, 라흐만은 루크레티우스의 경우 세 주요 필사본이 한 원형에서 나왔으며, 다시 이 원형은 대문자로 쓴 더 앞 시대의 필사본을 소문자로 베껴 쓴 필사본이라는 것도 입증했다.[29] 이 방법은 성서 연구와 고전 연구 두 분야에서 처음 발전했고, 나중에는 토차어 문헌들을 수정하는 데도 채택되는데, 주로 중세 문헌들이었지만, 셰익스피어 희곡들도 포함됐으며, 그리하여 셰익스피어 희곡들은 18세기 후반 이후로는 '비평'본들로 나왔다.

지식의 평가

본문 비평의 또 다른 과제는 위작들을 가려내는 것이다. 위작들 자체와 마찬가지로, 이런 종류의 검증은 역사가 오래돼서 최소한 고전고대 자체로까지 올라간다. 근대 초기에도 몇몇 학자는 위작들을 만들어 냈고, 다른 학자들은(예를 들어 발라나 이삭 카소봉, 벤틀리는) 위작들을 밝혀냈다.[30] 우리가 다루는 시대에 새로웠던 것은 고전 문헌들을 꾸며 내다가 이제 중세 것이든 근대 것이든 토착어 문헌들을 꾸며 냈다는 것이다. 예를 들어, 영국에서는 18세기 후반에 이런 종류의 유명한 위작 사례가 셋이 있었는데, '오시안'의 시들을 제임스 맥퍼슨이, '토머스 롤리'의 시들을 토머스 채터턴이, 셰익스피어 관련 문서들을 윌리엄 헨리 아일랜드가 꾸며서 만들어 냈던 것이다.

1760년대에, 스코틀랜드 출신 시인 맥퍼슨은 '오시안'이라는 이름의 3세기 시각장애인 방랑 시인이 게일어로 지은 시들이 "구전으로, 또 일부는 필사본으로 전해지는 것을 수집해서" 번역한 것들이라 주장하며 시들을 출판했다. 이 시들은 열렬한 호응을 얻었고, 얼마 지나지 않아 많은 언어로도 번역됐다. 이 시들은 의심도 낳았는데, 맥퍼슨이 자신이 대본으로 삼았다고 주장했던 필사본들을 하나도 제시하지 못했기 때문이다. 하일랜드 협회가 위원회를 구성해 이 문제를 조사하게 했다. 이 위원회의 『보고서』(1805년)는 출판된 시들은 번역작들이라기보다는 지어낸 것들이라고, 하지만 또 이 시들은 구전 전승에서 따온 요소들을 포함하고는 있다고 결론을 내렸다.[31]

'토머스 롤리'는 15세기 브리스틀의 수사로서 시 몇 편의 저자라고 가공됐지만, 이 시들은 실제로는 10대인 채터턴이 썼고, 채터턴의 요절 뒤인 1777년에 출판됐다. 이 사례는 문학작품 위조자가 어떤 종류의 지식을 가져야 하는지를 확실하게 보여 준다. 언어적 측면에서는, 채터턴은 고어 단어들과 철자법을 자주 썼고, 또 재료 쪽에서는, 오래된 것처럼 보이게 하려고 양피지를 황토물을 들이고, 땅에 문지르고, 손으로 구겨서 사용했다. 이 모든 예방책도 충분하지 않아서, 1782년에 아일랜드 학자 에드먼드 멀론에게 이 시들의 정체가 발각되는 것을 피할 수는 없었다.[32]

검증 기술의 역사에서 보면, 이 세 사례 중 가장 주목할 만한 것은 단연 아일랜드가 셰익스피어와 관련된 문서들을 위조해 『여러 종류의 기록』(1795년)이라는 제목으로 출판한 것을 이번에도 멀론이 적발했던 일이라고 할 텐데, 그도 그럴 것이 이 문서들은 재산 양도를 기록한 서류들에서 『리어왕』의 수고들에 이르기까지 종류가 다양했기 때문이다.[33]

이 문학작품 위조 사례 목록에 새로 추가하는 것은 어렵지 않은데, 예를 들어 저 악명 높은 『히틀러 일기』는 1983년에 공개되었고, 또 발각도 되었으며, 다른 검증 기법들을 떠올리는 것 역시 어렵지 않아서, 가령 적외선 사진은 문서들에서 지워진 부분들을 드러내는 데 1940년대 이후 계속 사용되었다. 이 논의를 더 확장해 다른 종류의 위조들도 포함할 수 있는데, 이를테면 필트다운인은 두개골과 턱뼈가 1912년에 발견되었으며, 당시에는 선사시대 사람으로 알려졌다. 1953년이나 돼서야 이 두개골이 중세 시대 것으로 유인원의 턱뼈와 함께 묻혔던 사실이 밝혀졌다.[34]

회화들 또한 위조됐으며, 더러는 꽤 성공적이기까지 했다. 많이 알려진 경우가 네덜란드 화가 한 판메이헤런으로, 얀 베르메르가 그린 그림들이 전문이었다. 판메이헤런의 위작들은 판메이헤런이 독일의 네덜란드 점령 중에 헤르만 괴링에게 베르메르의 작품 한 점을 팔

앗다는 혐의로 체포될 때까지 발각되지 않았으니, 그제야 그는 혐의를 벗으려고 위조 사실을 자백했던 것이다. 실제로 위조범이라는 것을 증명하기 위해, 이 화가는 베르메르의 다른 작품을 그려야 했고, 이 시험을 성공적으로 통과했다. 나중에는, 화학분석과 기체 색층 분리법을 동원해 판메이헤런의 '베르메르'는 특정 종류의 연백鉛白 같은 현대의 안료들로 그렸다는 사실이 밝혀졌다.[35] 이 마지막 사례가 보여주듯이, 전쟁의 경우처럼 새로운 형태의 공격에 새로운 형태의 방어가 이어지게 마련으로, 결국 "새로운 위조 방식들은 새로운 검증 방법들을 요구하게 된다."[36] 발각되지 않은 위작들이 아직도 얼마나 있을지 궁금하지 않을 수 없다.

이런 위작들의 검증은 예외적으로 극적이기는 하되, 우리가 '시험' 또는 '평가'라고 부를 만한 일상적인 학문적 과정의 실례들이라고 볼 수 있을 것이다. 곧 화학자들은 실험실에서 계속 시험을 하고, 역사가들은 서로 다른 '사료'들, 그러니까 공식적인 서류나 개인적인 증언, 사진 같은 서로 다른 유형의 증거들이 갖고 있는 상대적 신뢰성을 계속 평가하는 것이다.

연대 측정

연대 측정은 단순히 위작을 밝혀내는 기법은 아니다. 진품들에서 지식을 얻으려면, 인공유물이든 자연 산물이든 언제 생겨나게 됐는지를 알아야만 할 때가 많다. 지난 250년에 걸쳐 꽤 많은 수의 연대 측정 기법이 집적됐다.

고대 연대기들을 아이작 뉴턴을 포함해서 근대 초기 학자들이 이미 꼼꼼히 연구했고, 그러면서 비교적 방법을 쓴 경우가 많았는데, 서로 다른 연대 계산 방식들에서(그리스식, 로마식, 유대교식, 무슬림식 등등에서) 대응하는 사건들, 곧 '동시대 사건들synchronisms'을 확정하려고 했던 것이다.('시대착오anachronism'라는 말도 이 무렵에 사용되기 시작하는데, 연대 계산이 잘못된 경우를 가리켰다.) 하지만 우리가 다루는 시대에는, 고고학자들의 발견들 덕에, 오래된 연대기들이 수정됐고, 새로운 연대기들도 나타났다. 언어학자 라스무스 라스크는 이집트 연대기와 유대인 연대기에 관해 썼다. 아시리아의 통치자들은, 이를테면 아슈르바니팔 왕은 설형문자 비문들이 해독되면서 존재가 알려졌으며, 구약성서에 아시리아를 언급한 부분들이 있어서 고대 세계 전체 연표에 끼워 넣을 수 있었다.[37]

근대 초기 고미술 연구가들은 고전이니 고딕이니 하는 양식을 보고 많은 인공유물의 연대를 측정하는 법을 이미 알고 있었다. 이 전통 위에 서서, 요한 요아힘 빙켈만은 『고대 미술사Geschichte der Kunst des Altertums』(1764년)에서 고대 그리스 조각 역시 시기별로 나눌 수 있으며, 대표적으로 상고기, 고전기, 헬레니즘기가 있다는 것을 보여 줬다. 이와 비슷하게, 영국의 건축가 겸 고미술 연구가였던 토머스 릭먼은 『잉글랜드 건축 양식 구분 시도』(1812~1815년)에서 잉글랜드 고딕 양식의 세 시기를(초기 잉글랜드식, 장식식, 수직식을) 구분했으며, 이 시대구분은 오늘날에도 인정된다.

고고학자들이 도끼 같은 인공유물들을 진화상의 계열로 배열할 때도 역시 양식에 의존했고, 여기에 유물들을 만든 재료도 같이 참조했다. 크리스티안 톰센은 1816년에 훗날 덴마크 국립박물관으로 발전하는 수집품들의 전시 책임자로 임명돼서는 선사시대 유물들이 연속적인 세 시기로 배열될 수 있다는 주장을 내놓았는데, 톰센은 이 시기들을 석기시대, 청동기시대, 철기시대라고 불렀다. 이 시대들은 나중에 더 세분되는데, 대표적으로 스웨덴 고고학자 오스카르 몬텔리우스가 같은 지리적 지역에서 발견된 유물들을 비교하는 과정에서 이른바 '순서 배열'법을 정교화한 데 따른 것이었다. 더 근자에 와서, 순서 배열법은 한층 더 정교해졌으니, 통계적 기법들을 사용한 결과였다.[38]

또 다른 연대 측정 방식이 이 시기에 지질학자들과 고고학자들 사이에서 사용되기 시작했는데, '지층'에 의한 연대 측정이었다. 서로 다른 암석층들은 서로 다른 시기에 속한다는 사실은 오래전부터 알려져 있었다. 그러니까 17세기에 덴마크 학자 니콜라우스 스테노는 토스카나에서 암반 성상들을 연구하던 중에 지층에는 과거의 사건들이 기록돼 있다고 주장하면서 이른바 지층 누중의 법칙을 정식화했는데, 바닥에 가장 가까운 지층이 가장 오래된 지층이라는 것이 그 골자였다. 하지만 오로지 19세기 시작 무렵이 돼서야 이 통찰에 기초해 체계적인 연구가 이루어지게 된다. 화석들은 이제 화석이 발견된 지층에 따라 연대를 매기게 됐다.[39] (거꾸로 순환 논리의 위험을 안고서, '생물층서학자'들은 지층에서 발견된 화석들로 지층의 연대를 측정한다.)

화석들의 연대를 이런 식으로 매길 수 있다면, 인공유물들도 마찬가지였다. 사람들이 수천 년 동안 살던 자리들은 서서히 점점 더 높아졌는데, 앞 시대 사람들의 잔해 위에 사람들이 또 쌓아 갔기 때문이다. 사실 복합적인 상호작용 과정이었을 것을 단순화해서, 이렇게 말하고 싶은데, 고고학자들이 지질학자들한테서 지층에서 발견된 물건들과 함께 지층에도, 아니면 문헌학자들이 말하듯 '본문'과 함께 '문맥'에도, 관심을 가져야 한다는 것을 배웠던 것이다.

18세기 후반에 사용하기 시작한 '지층화하다stratify'를 비롯해 '층

서적인stratigraphical'(1817년)이나, 마지막으로 '층서학stratigraphy'(1865년) 같은 단어들은 지질학을 배경으로 처음 등장한다. 실제 쪽으로 가 보면, 프랑스 지질학자 알렉상드르 브로니아르는 19세기 첫 10년이 지나는 중에 이미 지층들을 조사하고 있었으나, 반면에 고고학자들은 19세기 중반에나 지층들에 기초한 발굴에 눈을 돌리는데, 덴마크의 옌스 보르사에가 톰센의 3시대 분류법을 뒷받침하는 발견들을 하고, 이탈리아의 주세페 피오렐리가 폼페이에서 여러 건의 발굴을 하면서 주도한 결과였다.[40]

지난 한 세기 남짓한 기간에 고고학자들은 한층 더 정교해진 방법들을 사용할 수 있게 됐는데, 이를테면 연륜 연대측정법이나 방사성탄소연대측정법 같은 것들이었다. 태양 흑점을 연구하는 과정에서, 미국 천문학자 앤드루 더글러스는 온대 지역들의 많은 나무에 한 해에 하나씩 나이테가 생기며, 건조한 해에는 그 너비가 더 좁고 습한 해에는 더 넓다는 것을 발견했다. 1916년 이후, 이 사실은 뉴멕시코에서 발견된 인공유물들의 연대를 측정하는 데 이용됐다. 이 방법의 중요성은 정확한 연대에 대한 '정밀한 측정'을 할 수 있게 해 줬다는 데 있다. 독일에 있는 수령이 오래된 떡갈나무들 덕에, 이 방법으로 1만 년 전까지 연대를 측정할 수 있다는 것이 입증됐다.[41]

우리가 다루는 시대가 시작될 때부터, 지질학자들은 물리적·화학적 실험들을 통해서 암석 표본들의 연대를 측정하려고 했다. 우리도 보았듯이, 뷔퐁 백작은 열 손실에 관한 실험들에 근거해서 지구의 나이를 추정했다. 20세기 초에는, 어니스트 러더퍼드는 핵물리학에 기여한 것 때문에 더 잘 알려져 있지만, 암석들의 헬륨 함유량을 측정함으로써 요즘 말하는 '지질 연대 측정'에도 일조했다. 이 성과는 러더퍼드가 방사성 붕괴 과정에 관심을 가졌던 데서 나온 파생물이었다.[42]

러더퍼드의 방사성 연대 측정은 방사성탄소 연대 측정으로 이어지는데, 1949년 이후 미국의 윌러드 리비가 이끄는 일단의 과학자들이 개발한 방법이다.(리비는 이 공로를 인정받아 노벨 화학상을 받았다.) 이 방법은 씨나 뼈처럼 한때 생명체였던 것들에서 발견되는 방사성탄소(^{14}C)가 아주 느리게 붕괴하는 것을 이용한다.[43] 방사성탄소연대측정법은 (다른 방법으로 연대가 이미 밝혀져 있던) 한 이집트 장례선의 목재를 가지고 실시한 시험을 성공적으로 통과하면서 고고학을 바꾸어 놓았다.

유감스럽게도, 탄소-14 붕괴는 시대에 따라 약간씩 다른 속도로 일어난다. 기원전 1500년 무렵 이후부터는, 방사성탄소가 제시하는 연대들이 너무 근래여서, 이 결과들을 나무 나이테를 비롯한 다른 방식들을 이용해 얻은 자료들과 비교해 '조정할' 필요가 있다. 다른 한편으로, 방사성탄소연대측정법은 5만 년보다 더 오래된 현장들에는 쓸모가 없다. 더 오래된 경우들에서는, 유물들에 포함된 포타슘의 방사성 붕괴를 이용하는 포타슘-아르곤 분석법이 방사성탄소연대측정법을 대체했다.

수치화

증거들을 평가하는 데는 문자적이든 은유적이든 무게를 재거나 측정하거나 하는 과정이 수반된다. 이것은 프랑스 사회학자 브뤼노 라투르가 말해서 유명해진 저 '계산의 중심지'들에서 추구했던 주요한 목표들 가운데 하나였다.[44] 우리도 보았듯이, →45쪽 사람을 세는 것은 특히 오랜 역사를 갖고 있으며, 반면 자연현상들을 측정하는 것은

지식의 사회사 2

근대 초기로 거슬러 올라간다. 예를 들어 수은기압계는 17세기에, 수은온도계는 (가브리엘 파렌하이트에 의해) 18세기에 발명됐다. 우리가 다루는 시대에 새로운 것은 재고 세고 하려는 열의가 강해져 가던 현상이라고 할 수 있는데, 자료들을 분석하기 위한 점점 더 정교한 방법들이 발달하는 것과 맞물려 있었다.

이 커져 가던 열의가 어느 정도였는지, 또 이 열의가 어떻게 발휘됐는지를 보여 주는 초기의 눈에 띄는 사례로 18세기 후반 괴팅겐 대학의 교수였던 요한 베크만이 사용한 측수測樹 방법을 꼽을 수 있다. 표본 지역을 정하고 나면,

여러 명의 조사원이 칸을 나눈 상자들을 들고 앞으로 나가는데, 거기에는 조사원들이 미리 식별 훈련을 받은 다섯 개 범주의 수목 크기에 해당하는 색칠한 못들이 들어 있었다. 나무 하나하나마다 해당하는 못을 붙여 가면서 한 표본 지역 전체를 표시했다. 각 조사원은 정해진 수의 못을 갖고 시작했기 때문에, 남아 있는 못들을 처음 총수에서 빼서 해당 지역 전체의 등급별 수목 수를 얻는 것은 간단한 일이었다.[45]

자연과학 쪽에서 19세기 시작 무렵부터 측정에 관심을 갖고 있던 유명한 한 사례가 알렉산더 폰 훔볼트다. 에스파냐령 아메리카 원정(1799~1804년)을 가면서, 훔볼트는 그 자신의 기록에 따르면 40종이 넘는 측정 장비를 가져갔으니, 대표적으로 고도를 잴 고도계에다 습도를 잴 습도계, 지구자기장을 잴 자력계, 하늘의 푸르기를 잴 시안계cyanometer까지 있었다.[46]

측정은 점차 더 많은 현상에 적용됐는데, 그 가운데는 인간 신체들 사이의, 또 사회집단들 사이의 차이들도 포함됐다. '두개골 계측'이

라는 것이 18세기 후반 이후로 등장하는데, 여기서는 두개골들을 옆으로 퍼진 것(단두)에서부터 세로로 긴 것(장두)까지 한 연속선을 따라 배열했다. 1870년대에 이탈리아의 범죄학자 체사레 롬브로소는 범죄자들은 측정할 수 있는 특정한 신체적 특징들을 갖고 있는데, 이를테면 매부리코나 튀어나온 광대뼈, 큰 아래턱 따위라고 주장했다. 거의 같은 무렵에 프랑스의 경찰 알퐁스 베르티용은 스스로는 '인체 측정학'이라고 부른 것을 내놓는데, 일련의 신체 치수들을 이용해 개인들을 식별하는 방법이었다.[47] 사회 쪽으로 눈을 돌려 보면, 1912년에 이탈리아의 통계학자 코라도 지니가 지금은 '지니계수'라 알려진 방법을 발표하는데, 부 또는 소득 불평등을 측정하기 위한 것이었다.

통계적 접근 방법은 우리가 다루는 시대에 꽤 많은 자연과학 분야에서 중요해지는데, 그 시작은 18세기에 천문학이었으니, 별들을 세고 행성들의 궤도를 계산하는 등의 작업을 했던 것이다. 의학 쪽에서는, 요한 루트비히 카스퍼가 의료 통계에 관해 쓴 논문들이 1825년에 출판됐다.[48] 골턴은 생물학을 비롯한 다른 분야들에서 19세기 중반 이후부터 통계적 방법들이 발전하는 데 큰 역할을 했다. 오스트리아의 물리학자 루트비히 볼츠만은 1870년대에 역학 연구에 통계학을 도입했다.

숫자들은 자연에 관한 지식에서만큼이나 사회에 관한 지식에서도 갈수록 중요해졌다. 사실 이 '통계적 전환'이 일어나는 데는 자연과학이 최소한 일부라도 자극을 주었으며, 따라서 18세기 후반에서 19세기 초 사이에 사회통계의 역사에서 주요했던 두 인물이(곧 스웨덴의 페르 바리엔틴과 벨기에의 아돌프 케틀레가) 천문학자이기도 했던 것은 결코 우연이 아니었거니와, 두 사람 모두 자기 나라에서 국세조사에 관여했다. 케틀레는 범죄 연구에도 통계를 적용했으며, 또 천문학의

'오차 이론'을 사회 연구에 가져다 쓰기도 했는데, 평균에서 벗어나는 통계적 변이들을 검토해 '평균인homme moyen'이라는 개념을 발전시켰던 것이다.[49]

'통계'라는 말은 원래는 한 지역, 그중에서도 한 국가에 대한 기술을(곧 그 인구며 자연 자원, 산업 등등에 대한 기술을) 뜻했으며, 괴팅겐 대학에서 특히 1770년에서 1800년 사이에 하나의 학문 분야로 발전했다.[50] 이런 식의 기술에서 수치들이 갈수록 매우 중요해지게 됐고, 그리하여 콩도르세 후작이나 라플라스 후작 같은 수학자들을 불러다 정부를 돕게 했으며, 그러는 사이 '통계'라는 말은 요즘 통용되는 의미를 갖게 됐다.[51] 국가들은 이제 통계 관련 기관들을 세워 자료를 모으고 분석하는데, 프랑스가 1802년이고, 프로이센이 1805년, 나폴리가 1810년, 합스부르크 제국이 1829년, 에스파냐가 1856년, 노르웨이가 1875년이었다. 학회들도 설립되면서 이런 식으로 지식에 접근하도록 자극했는데, 이를테면 런던 통계학회(1834년)나 보스턴의 미국 통계학회(1839년), 파리 통계학회(1860년)가 있었다.[52] 빈곤이나 문맹, 범죄, 질병 같은 문제들에 관한 사회조사들→45쪽에서도 역시 통계에 대한 분석이 기초가 됐다.

통계적 전환, 또는 더 폭넓게 말하면 수학적 전환은 강단 사회과학 영역에서도 갈수록 두드러졌다. 경제학이 이 측면에서는 선도적인 학문 분과였다. 오귀스탱 쿠르노가 부富 이론에 깔려 있는 수학적 원리들을 다룬 연구를 내놓는 것은 1838년으로 거슬러 올라가며, 그 뒤를 이어 윌리엄 제번스의 『포괄적인 수학적 정치 경제론』(1862년)이 나왔다. 계량경제학회가 1930년에 설립됐다. 폴 새뮤얼슨의 『경제 분석의 기초들』(1947년)은 이 수학적 접근 방식이 확산되는 데 도움을 줬으며, 1960년대가 되면 이 방식이 경제학의 지배적 형태가 돼 있었다고 말할 수 있을 것이다. 어쩌면 복수로 '형태들'이라고 말해야 하는데, 대수학과 기하학도 통계적 방법과 함께 경제학에 이용됐기 때문이다.

사회학에서는 계량적 접근 방법들이 20세기 중반에 특히 미국에서 중요해졌으며, 폴 라자스펠트가 이 흐름을 주도한 사람들 가운데 하나였다. 정치학에서는 20세기 후반에 선거를 계량적으로 연구한 사례들이 등장했고, 이 접근 방법에는 1952년에 '선거학^{psephology}'이라는 이름이 붙었다. 몇몇 언어학자가 '어휘통계학'이라고 하는 접근 방법을 채용하기 시작하는 것도 1950년대였다.

역사학에서는, 비슷한 접근 방식들이 1920년대에는 물가사로, 다시 1950년대에는 인구사로 전파됐는데, 각각 경제학과 인구학에서 빌려 온 모형들을 따랐다. 일부 고고학자는 인공유물들과 그 분포 상태에 대한 통계적 분석에 눈을 돌렸다. 더러 '계량 경제사'라고 (특히 이를 비판하는 학자들이) 부르는 것이 1960년대와 1970년대에 특히 미국과 프랑스에서 한창 유행했다.(프랑스에서는 이것이 '계열사', 곧 histoire sérielle라고 알려졌으며, 사회사와 문화사로도 확대됐다.) 이 시기 이후로 이 유행은 잦아들고 열의는 사그라들었지만, 통계는 여전히 역사학자들이 쓰는 도구들 가운데 하나로 남아 있다.

문헌 연구 분야에서는 어떤 '수량적 전환'을 이야기하는 것이 덜 적절하기는 하지만, 특정 단어나 단어 쌍의 빈도를 세는 '계량 문체론'이라는 방법을 19세기 후반부터 사용하면서, 익명 문헌들의 저자를 밝혀내거나, 아니면 플라톤이나 셰익스피어가 쓴 저작들의 집필 순서를 추정했다. 이 방법의 개척자 중 하나가 폴란드 학자 빈첸티 루토스와프스키로서, 『계량 문체론의 원리들』(1890년)이라는 책의 저자였다. 이와 비슷하게 암호해독가들도 빈도 분석이라는 기법을 사용한다. →99쪽 1960년대부터는 컴퓨터의 등장으로 분석 작업이 빨라지면서 이런 연구들을 또 자극하게 된다.[53]

학문 세계에서, 학생들이 갖고 있는 지식과 이해도를 필기시험이라는 수단으로 측정하려 했던 시도들은 7세기 중국으로까지 거슬러 올라간다. 이 중국 방식을 유럽에서 따라 하는 것은 오로지 18세기의 일로서, 프로이센에서 공무원들을, 또 파리의 공과대학École polytechnique이나 케임브리지 대학을 비롯한 다른 곳에서 학생들을 놓고서 등급을 매기려고 필기시험들을 치르는 것이 그 시작이었다. 공무원들을 임용하기 위한 필기시험들은 1850년대에 영국에서 도입했다. 이 이후로 일종의 통계로서 학업 평가를 하는 사례들이 당연히 많이 늘었다.[54]

이렇게 통계를 많이 채용하게 되면서 논쟁들로도 이어졌고, 그리하여 다시 방법의 개선들이 뒤따랐다. 예를 들어, 1870년대에 골턴과 루이아돌프 베르티용은 케틀레가 평균을 강조했던 대목을 비판했다. 연구할 집단, 곧 '모집단'에서 무엇이 대표적인지를 밝혀내려고 무작위 추출을 하는 방식은 19세기 말 이후로 계속 발전했다. 안데르스 시아에르는 노르웨이 초대 중앙 통계국장으로서, 1894년에 '대표 표본조사'라는 발상을 내놓았으며, 이 발상은 다음 해에 국제 통계 기구 회의에서 논의됐다.[55]

통계 방법들이 (예를 들어, 다중 회귀 분석처럼) 세련돼 갈수록, 계산에 기계적 도움을 받아야 할 필요도 커져 갔다. 계산을 해 주는 기계들이 새로운 것은 아니었으니, 블레즈 파스칼과 고트프리드 빌헬름 라이프니츠가 17세기에 각각 이런 기계들을 고안했던 것이었으나, 이 기계들은 많은 양의 자료들을 처리할 수는 없었다. 이 문제를 해결하려고 미국의 공학자 허먼 홀러리스가 그 스스로는 '전기 도표화 기

FROM

RAILROAD GAZETTE

FRIDAY, APRIL 19, 1895.

HOLLERITH'S ELECTRIC TABULATING MACHINE.

A number of prominent railroad accounting officers have recently examined, with much interest, an invention for doing the great mass of the figuring in a freight auditor's office by machinery, at a considerable saving in time and expense, and with perfect accuracy; and as the devices are exceedingly ingenious, and of interest to all accounting officers, whether they are likely to use them or not, we shall try in this article to describe them, though it will not be possible, in the space available, to do so in full detail. The simplest form of Hollerith's machine is that which was used in the compilation of the last

Fig. 4.—Sample of Punched Card, About One-fourth Size.

United States census, for assorting and adding *units* only. The principles of the device for doing this will be understood from the following brief description after which the application of the apparatus to the more complicated work of making up freight statistics, will be more readily understood.

In the last census a card was punched for each one of the sixty million *units* or persons enumerated. The cards described the characteristics of the respective persons by the *location* of the holes. In this way there was

a record of the sex, age, race, conjugal condition, birth-place, occupation, etc., of each person. For counting the simple elements these cards were passed through the electric tabulating machinery in which the punched holes controlled the circuits through electro-magnets of suitable counters. To illustrate the method of connecting a machine for counting combinations of various

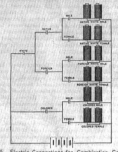

Fig. 5.—Electric Connections for Combination Counting.

facts reference is had to Fig. 5. In the present instance it is arranged to count combinations of race, sex and general nativity. Relays are operated directly by means of the punched cards. These relays close secondary circuits, as shown in the diagram. For example, in the present instance the current comes from the battery to

---

그림 8

홀러리스 전기 도표화 기기에 사용한
천공카드를 설명하는 기사(1895년).

기'라고 부른 것을 발명했는데, 이 기계는 천공한 카드들을 사용했다.
말하자면, 카드마다 다른 위치들에 구멍을 내서 정보를 표시하게 하
고, 이 수치들을 기계적으로 합산할 수 있게 했던 것이다.(그림 8)

홀러리스는 도표 기계 회사를 1896년에 설립하는 한편, 1890년 과 1900년의 미국 국세조사 결과 산출 계약을 따냈는데, 이러면서 산출이 더 정확해졌고 더 빨라졌다. 오스트리아와 캐나다, 노르웨이, 러시아의 정부들에서도 1890년대에 국세조사를 하면서 홀러리스의 기계들을 사용했으며, 미군에서 남부 철도 회사에 이르는 다른 큰 조직들도 홀러리스의 고객 명단에 올라 있었다. 독일 통계청도 상업 자료들을 분석할 목적으로 1924년 이후 홀러리스의 기계를 꽤 많이 사들였으며, 독일군도 1937년 이 선례를 따랐는데, 무기들을 제조하는 데 들어갈 철강의 양을 산출하려는 것이었다.[56] 이 무렵이면 홀러리스의 회사는 다른 두 회사와 합병해 IBM(국제 사무기기International Business Machines)으로 이름이 바뀌어 있었다.[57]

지식의 묘사

증거를 지금까지 본 이 모든 방법으로 시험하고 나면, 더 상세하고 때로는 더 문학적인 형식으로 '모든 것을 담아' 기록을 한다. 우리가 다루는 기간에 나타났던 다양한 기술 행태는 강조할 만한 가치가 있다. 목록이나 일람의 편찬으로 시작해 볼 수 있을 텐데, 여기에는 기록 보관소나 도서관, 박물관 소장품들만이 아니라 별들의 목록도 포함된다. 요한 보데의 『우라노그라피아』(1801년)에는 1만 7240개의 별이 올라 있었고, 오늘날에는 알려진 별의 기수가 1900만 개로 늘어났다. 이와 비슷하게, 식물학자들이 식물들을 계속 더 분류해 올렸고, 해양생물학자들도 바다 생물들을 놓고 똑같은 작업을 했다. 학계 바깥에서는, 파는 물건들을 소개하는 목록들을 생각해 볼 수 있는데, (1888년 처음 발행된) 시어스 로벅 우편 주문 상품목록이나, 여기서 자극을 받아 시작된 미국 생태 운동가 스튜어트 브랜드의 『전 지구 물품 목록』(1968년) 같은 것들이 있다.

일람을 만들 때는 특히 자연과학 분야의 경우 기술技術적 기술記述이 요구된다. 린나이우스는 식물들을 간략하게 기술한 것으로 유명했고, 뷔퐁은 동물들을 더 상세히 기술해서 또 유명했다. 이보다는 덜 기술적이지만, 같은 정도로 전문적인 기술들을 인류학자나 고고학자, 심리학자, 사회학자, 역사학자, 미술사학자들도 내놓았다. 미술사학자들의 경우에는 도상의 해석에 선행하는 단계로서 독일 미술사학자 에르빈 파노프스키가 '전前도상학적 기술'이라고 부른 것을 들 수 있다. 비학문 영역에서는, 외교관들이나 첩자들이 쓴 보고서들을 생각해 볼 수 있다.

지식 수집 원정이나 조사에 이어 출판되는 기록들은 보통 분량이 상당히 많았다. 예를 들어, 나폴레옹의 이집트 원정에서는 (도판 열 권을 포함해) 스물세 권에 이르는 기록이 나왔으며, 출판에도 1809년부터 1829년까지 20년이 넘게 걸렸다. 미국의 저 남양 탐험 원정에서는 훨씬 더 많은 기록이 나왔으니, 서른다섯 권이 (그 가운데 열한 권은 지도와 해도였으며) 30년(1844~1874년)이 넘는 기간에 걸쳐 출판되었다. 『영국 해군 챌린저호의 1873~1876년 탐험 항해의 과학적 성과에 관한 보고서』는 도판이 많이 실리며 쉰 권에 이르렀고, 출판하는 데 (1877년부터 1895년까지) 20년 가까이가 걸렸다.

앞 장에서 논의한 관찰의 경우에서처럼, 여기서도 갈수록 정확성을 강조하게 된다. 예를 들어, 뷔퐁은 "기술記述이 과학을 증진할 유일한 길"이라고 주장했다. 뷔퐁에 따르면, "정확하게 기술된 것만이 제대로 정의된다." 뷔퐁 자신은 동물들을 언어로 재현하면서 보여 준 묘사적 표현 방식 때문에 일부 당대인에게서 칭송을 받았으며, 다만 뷔퐁의 경쟁자였던 퀴비에는 뷔퐁이 지나치게 문학적인데다 충분히 과학적이지 못하다고 비판했다. 퀴비에는 이론을 불신해서 의도적으로 현상의 기술로만 스스로를 한정했다.[58] 이런 식의 기록들을 하던 사람들은 이 무렵이면 직접성을 점점 더 강조하게 된다. 이를테면 여행기들에 서간 형식을 써서 독자들이 스스로가 그 자리에 있는 것처럼 느끼게 했다. 이런 측면에서는 여행기 저자들이 분명히 서간체 소설 저자들한테서 무언가를 배웠다고 보아야 할 텐데, 이런 소설들은 18세기 후반에 절정에 이르렀기 때문이다.[59]

월터 스콧 같은 조금 더 나중 시대의 소설가들은 예절과 풍습에 대한 기술이 뛰어났다. 스콧은 『웨이벌리』(1814년)의 서언에서 이 소설을 일러 "옛 스코틀랜드의 예절에 관한 묘사"라고, 곧 "문명화된 시대에 문명화된 나라에 살면서 앞 시대 사회에 속한 예절의 정신을 그토록 완강히 간직했던 사람들"의 예절에 관한 이야기라고 말했다. 이런 스콧에 심취했던 사람들 가운데는 토머스 매콜리와 오귀스탱 티에리 같은 선도적인 역사가들이 있었는데, 두 사람 다 스스로도 사회에 관한 주목할 만한 기술들을 남겼으니, 하나는 17세기를, 다른 하나는 11세기를 배경으로 했다.

18세기 후반과 19세기 초를 두고 묘사의 시대라 부르기도 하는데, 특히 박물학의 경우가 여기에 해당한다. 푸코의 말을 빌리면, 서로 다른 학문 분과에 속한 학자들이 이 기간에는 '그림'을 그리는 데 특히 관심이 있었다. 이 기간에 출판된 몇몇 유명한 책이 제목에 '묘사' 같은 말들을 쓴 것이 이 견해를 뒷받침한다고 할 텐데, 곧 프랑스에서 나온 113권짜리 『기술과 직업들에 관한 묘사』(1761~1788년)나 카르스텐 니부어가 저 유명한 원정 뒤에 내놓은 『아라비아에 관한 묘사』(1772년), 또는 나폴레옹의 이집트 원정 뒤에 나온 『이집트 묘사』(1809~1828년) 따위가 있다.

잉글랜드의 여행가 에드워드 윌리엄 레인이 자신의 '이집트 묘사'를 쓴 것도 이『이집트 묘사』에 필적해 보려던 것이었다. 레인의 원고는 출판하기에는 너무 길었으나, 일부가『이집트인들의 예절과 풍습』(1836년)이라는 제목을 달고 출판이 돼서 고전으로 자리 잡았거니와, 출판을 결정적으로 도와준 헨리 브로엄은 레인을 두고 "나는 이 사람이 자신의 강점이 무엇인지 알고 있는지 궁금하다. 바로 묘사다."라고 말했다.[60] 덜 알려진 사례들을 가져다 목록에 덧붙이기는 쉬운데, 이를테면 군인이었던 길버트 임레이의『북미 서부 지역의 지형적 묘사』(1792년)나 독일의 교수 야코프 셰퍼가 어린이들의 질병을 다룬 『소아병 묘사』(1803년), 스웨덴 박물학자 예란 발렌베리가 라플란드의 지리와 경제를 묘사한 것이(곧 *Geografisk och ekonomisk Beskrifning om Kemi Lappmark*(1804년)가) 있다.

화법기하학과 기술통계학의 출현도 이 시대적 흐름에 잘 들어맞는다. 프랑스 수학자 가스파르 몽주의『화법기하학』이 출판되는 것이 1800년이었다. 고트프리트 아헨발은 나중에 괴팅겐 대학의 법학 교수와 철학 교수를 지내는 인물이며, 저서『헌법』(1749년)에서 최초로 통계Statistik라는 말을 썼는데, 이 말은 국가state를 놓고 그 구성과 자원을 기술하는 것을 의미했다.

다른 한편 인문학과 사회과학 쪽에서는, 기술적記述的 걸작들이 나오는 것이 이 시기의 후반부터다. 스위스 역사가 야코프 부르크하르트의『이탈리아 르네상스의 문명Kultur der Renaissance in Italien』(1860년)은 한 시대의 초상화를 그려 내려 했던 유명한 시도라고 하겠다. 루이스 네이미어의『조지 3세 즉위 때의 정치 구조』(1929년)는 더 특화된 또 다른 고전이며, 브라질 저술가 지우베르투 프레이리의 『노예주와 노예들』도 마찬가지로, 이 '감각적 역사서'는 심상들은 물론 소리, 심지어 냄새까지 재현했으며, 노예주 저택과 노예 숙소들 사이의 대비를 중심으로 조직돼 있었다.(이 책은 '노예주 저택과 노예 숙소들Casa Grande e Senzala'이라는 제목으로, 1933년에 처음 출판됐다.)

한 시대를 그려 낸 또 다른 걸작이 바로 네덜란드 역사가 요한 하위징아의 『중세의 가을Herfstij der Middeleeuwen』(1919년)로서, 이 책은 시각적으로, 또 음향적으로 (예를 들어 종소리 따위의) 생생한 묘사들을 담고 있으며, 그러면서 중세 후반의 궁정을 일종의 무대로서 제시하는데, 곧 "샤를 용담공의 궁정 식탁은" 하위징아에 따르면 "빵 굽는 장인에서 고기 써는 시종에, 포도주 따르는 시종, 요리사들까지 모두 딸려 있는데다, 이들이 거의 전례를 치르는 듯한 품위를 갖춰 시중을 들어서 웅장하고 장엄한 한 편의 연극 공연을 방불케 했다."[61]

다시 앞 장에서 언급한 사회조사들을 하면서도 사회적 환경들을 두고 손에 잡힐 듯한 기술이 몇 건 나오게 되는데, 그중 대표적인 것이 프리드리히 엥겔스의 『노동계급의 상황』(1844년)과 헨리 메이휴의 『런던의 노동자들과 런던의 빈민들』(1851년)이다. 예를 들어, 메이휴는 "가파른 계단을 올라가면 나오는" 작업실로 직조공 한 명을 만나러 가서 이렇게 그 작업실을 묘사하는데,

이 작업실은 기다랗고 좁은 방으로 앞뒤에 창이 하나씩 있었고, 그 집 전체의 길이만큼 길었다. 말하자면 이 방의 한쪽 끝에서 다른 쪽 끝이 그 집의 길이였다. 그 남자는 자기 계급의 전형이었다. 곧 작고 마른 체격에 얼굴은 여위었고 볼은 홀쭉했다. 그 작업실에는 직조기 세 대와 물레가 몇 대 있었다. …… 양쪽 창가를 따라 작은 푸크시아 화분들이 줄지어 있고, 길게 늘

어진 주홍색 꽃들은 직조기들이 덜거덕거려 방이 흔들리는 데 따라 앞뒤로 한들거렸다.[62]

환경에 대한 기술에 관심이 커지면서 자연과학자가 사회학자를 겸하는 경우들도 나타났다. 예를 들어, 1800년을 전후해 식물학자들은 개별적인 종만이 아니라 식물지리학도, 곧 식물들의 분포와 그 물리적 환경 사이의 관계도 연구하게 된다. 훔볼트의 『식물지리학에 관한 시론』(1807년)이 이 새로운 경향을 보여 주는 잘 알려진 예이며, 캉돌의 『식물지리학』이나 발렌베리의 라플란드 기술도 마찬가지라고 하겠다. 비록 1920년대가 되어서야 통상적으로 사용하게 되지만, 우리가 '생태학'이라고 부르는 것이 (독일어로) 명명되는 것은 1866년이었다.

사회-문화 쪽에서는, 프랑스의 비평가이자 역사가인 이폴리트 텐이 예술품들의 창조에서 milieu, 곧 사회적 환경이 중요하다는 것을 강조했다. 소설가들 역시, 발자크에서 프루스트에 이르기까지 사회적 환경을 정확하고 생생하게 묘사하는 데 주의를 기울였다.[63] 에밀 졸라는 (텐이 개인들에게 충분한 공간을 할애하지 않았다고 주장하기는 했지만) 텐의 연구를 칭송했으며, 스무 권으로 된 소설 총서(1871~1893년)를 써서 자신이 "제2제정 시대 한 집안의 자연적·사회적 역사"라고 부르는 것을 내놓는데, 곧 개인들의 삶에 그들이 놓인 환경이 미치는 영향에 초점을 맞췄던 것으로, 『제르미날』(1885년)에 묘사된 광부들의 경우가 대표적이라고 하겠다. 졸라의 목표는 그 자신의 표현을 빌리면 "사람들의 환경을 보여 주는 것montrer le milieu peuple"이었는데, (의복이나 집, 도시, 주州 등등의) "환경으로부터 사람을 분리할 수 없"기 때문이었다. 메이휴처럼, 졸라도 방 하나를 인상적으로 묘사하는데, 이

방에서는 한 가족 아홉 명이 생활하고 잠을 잤으며, 창이 둘에다 침대 셋, 옷장 하나, 노란색 의자 두 개가 있었다.[64]

다시 토머스 하디는 자신이 쓴 일련의 책들을 "등장인물과 환경에 관한 소설들"이라 불렀으며, 이 소설들에서 자신이 태어나던 무렵의 시골 풍습들을 정확하게, 또 애정을 담아 기술했다. 말하자면 저 19세기 후반의 '자연주의 시대'가 사회조사의 출현과 시기상으로 같았던 것은 순전한 우연은 아니었던 것으로 보인다. 졸라나 하디, 또는 (졸라처럼 언론인이었다가 소설가가 된) 독일의 테오도어 폰타네 같은 소설가들의 작품을 보면, 19세기 사회학을 연구한 한 역사가가 이 시기 사회학을 문학과 과학의 중간에 놓았던 것이 놀랄 일은 아니라고 하겠다.[65]

국제적으로는 『제르미날』보다 덜 알려졌지만, 또 다른 기술적 걸작으로 브라질 작가 이우클리지스 다 쿠냐가 쓴 『오지들Os Sertões』(1902년)이 있다. 저자는 공학자와 언론인으로 활동했던 경력을 갖고서, 새로 수립된 공화정에 맞섰던 한 민중 반란에 대한 서술을 브라질 북동부 건조 지대의 땅과 사람들을 꼼꼼하고 생생하게, 또 극적으로 기술하면서 시작한다. 자기 시대의 사회학자들과 소설가들처럼, 쿠냐는 이 지역 인간 집단의 특징을 그 환경의 측면에서 설명하는 데 관심이 있었다. 쿠냐가 이 오지의 전형적 남성 주민을 어떻게 그려 내는지 여기 소개한다.

그 남자는 못생긴 데다 움직임이 어색하고 구부정하다. …… 그기 불인하게 조금씩 흔들거리며 비뚤비뚤 걷는 것을 보면 관절이 헐거운 인상을 받는다. 남자가 항상 보여 주는 억눌린 분위기는 자신을 끌어내리는 비하감이 드러나는 시무룩한 표정 때문에 한층 더 심해진다. 걷다가 서게라도 되면,

남자가 가장 먼저 만나는 문가나 벽에 기대는 것을 언제나 보게 된다. ……
그는 항상 피곤한 남자다. 그는 무슨 일을 하든 이렇게 누구도 손쓸 수 없이
굼뜨고 무기력한 모습을 보여 주는데, 말이 느리고, 시켜야 움직이며, 걸음걸
이는 위태위태하고, 억양은 힘없이 처져 있다. 말하자면 그 남자는 기회만 있
으면 꼼짝 않고 쉬려고 든다. 하지만 이 겉으로 드러난 무기력은 착시일 뿐이
다. …… 어떤 사건이 일어나서 잠자고 있는 활동력을 깨워 주기만 하면 된
다. 사내가 일변하는 것이다. 이제 몸을 바로 세우는데 …… 그러면 이 구부
정했던 촌사람은 갑자기 힘이 넘치는 구릿빛 거인의 위압적 풍모를 보여 주
면서, 범상치 않은 힘과 민첩함을 갖춘 놀랄 만큼 다른 사람이 된다.[66]

이런 기술들의 대부분은 인류학자 클리퍼드 기어츠의 유명한 형
용어구를 쓰면 '중층적thick'이라고 특징지을 수 있다. 말하자면 이런
기술들에는 해석이라는 중요한 요소가 들어 있다는 것인데, 이 해석
에 관해서는 뒤에서 더 자세히 다루게 된다.[67]

비교

재고 세고 하는 것의 용도들 중 하나는 될 수 있는 한 정확히 비교
를 하기 위한 것이다. 국제적인 통계 회의들이 1853년부터 계속 열리
며 범주들을 표준화하고, 그리하여 비교가 수월해지게 해 줬다. 비교
는 (대비를 포함해서) 오래전부터 우리의 학문적 도구들 가운데 하나
였다. 이를테면 니콜로 마키아벨리가 『군주론』에서 프랑스와 오스만
제국을 대비했던 유명한 사례를 생각해 볼 수 있다. 그래도 여전히, 체
계적으로 비교를 하는 관행이 학문 분과들에서 차례로 자리를 잡게

되는 것은 18세기 후반 이후부터였다.

선도자들로는 먼저 비교해부학자들을 꼽을 수 있는데, 대표적인 인물이 퀴비에로서, 퀴비에의 고생물학 연구는 앞에서 소개했다. 상동을(곧 기원이 같아서 비롯된 유사성들을) 상사와(곧 기능이 같아서 생겨난 유사성들과) 근본적으로 구별한 것은 또 다른 해부학자 오언이었다.

체계적 비교가 상대적으로 일찍 발달하는 또 다른 학문 분과는 언어학이었다. 예를 들어, 영국의 동양학자 윌리엄 존스가 라틴어와 그리스어, 산스크리트어 사이의 상동 관계를 입증하는 것이 1786년이고, 헝가리의 언어학자 샤무엘 저르머티가 자신이 헝가리어와 핀란드어, 에스토니아어, 사미어 사이의 '친속성'이라 불렀던 것을 보여주는 것이 1799년이었다.

19세기 후반 이후로는 비교종교학에 대한 관심이 커지고 있는 것을 감지할 수 있게 된다. 독일의 동양학자 막스 뮐러가 1868년에 옥스퍼드 대학 '비교 신학' 교수로 선임됐고, 제임스 프레이저의 『황금가지』 초판이 1890년에 출판됐으며, 에밀 뒤르켐의 '종교 생활의 원초적 형태들'에 관한 연구는 1912년이었다. 또 비록 종교들이 동등하다고 보지는 않았고, 이 과목의 대학 강좌들도 주로 기독교도 신학자들이 가르치기는 했지만, 문화처럼 종교들도 이제 복수인 것으로 보기 시작했다. 막스 베버가 중국과 인도의 종교들을 두고 내놓은 유명한 연구도 이 맥락 안에 놓아 볼 수 있을 텐데, 이 연구는 다른 나라들과 체계적으로 비교하고 대비해서 무엇이 서양적인지를 정의하려는 원대한 구상의 일부였기 때문이다.

이 연구를 하면서 베버는 비교사의 기초를 놓았던 것이라고 말할 수도 있다. 레오폴트 폰 랑케도 일찍이 1827년에 오스만 제국과 에스파냐 제국을 비교한 연구를 내놓기는 했으나, 이 연구는 분석적이기보다는 기술적이었다. 하지만 1920년대에는 몇몇 직업적 역사가가(대표적으로 벨기에의 앙리 피렌이나 프랑스의 마르크 블로크, 독일의 오토 힌체가) 비교사 연구를 했으며, 베버나 뒤르켐처럼 차이들을 설명하는 것이 목적이었다.

서로 다른 학문 분과들이 항상 보조를 맞추는 것은 아니다. 예를 들어, 인류학에서 1920년대는 (앞에서 소개한) 브로니스와프 말리노프스키 →58쪽 이하가 프레이저의 비교적 접근 방법을 비판할 때였는데, 말리노프스키의 주장은 프레이저가 자기가 병치한 관습들의 맥락들에는 주의를 기울이지 않았다는 것이었다. 말리노프스키의 뒤를 따라 상당수 인류학자가 지구적 차원에서 지역적 차원으로 눈을 돌렸다.[68] 정치학에서는 이 비교적 전환이 1950년대에 일어나는데, 노르웨이의 스테인 로칸과 그의 미국 쪽 동료 학자 몇몇이 주도했으며, 이 미국 쪽 학자들은 1954년에 저 비교 정치학 위원회를 설립했다.

고고학을 보면, 일부 학자가, 대표적으로 미국에서는 루이스 빈퍼드가, 또 영국에서는 콜린 렌프루가 인류학자들이 연구하던 상대적으로 단순한 사회들로부터 상사점들을 채용해서 고고학 기록상의 공백들을 메우려 했던 것이 1960년대와 1970년대였다. 예를 들어, 빈퍼드는 오늘날 프랑스에 해당하는 지역의 구석기시대를 연구하면서 알래스카 누니아무트 에스키모들 사이에서 한동안 살았고, 그리하여 수렵민들의 생활을 직접 관찰할 수 있었다.[69]

설명

체계적 비교를 했던 이유는 여러 가지였다. 해부학자들과 언어학자들은 공히 기원에, 곧 동물들과 언어들의 계통에 관심이 있었다. 역사가 피렌은 비교를 민족적 편견에 빠지지 않게 해 주는 방법이라며 지지했다. 다른 학자들의 경우는 무엇보다도 자기네가 관심이 있는 현상을 설명해 주는 수단이어서 비교에 끌렸던 것으로, 말하자면 영국 철학자 존 스튜어트 밀이 1840년대에 쓴 저작에서 '공변concomitant variation'이라 부른 것을 찾으려 했던 것이다. "무슨 현상이든 다른 현상이 어떤 특정한 방식으로 달라질 때마다 어떤 방식으로든 달라지는 현상은" 밀에 따르면 "이 다른 현상의 원인이거나 결과이고, 아니면 어떤 인과관계를 통해 이 현상과 연결돼 있다."는 것이다.[70]

설명하려는 시도들은 분명히 사고 자체만큼이나 오래됐을 것이지만, 여전히 변천사를 갖고 있다. 예를 들어, 분석에 대한 관심이 갈수록 커져 가고, 또 서로 다른 유형의 설명들이 경쟁을 벌이고 한 이야기가 있는 것이다. 어떤 학자들은 기술적記述的 박물학의 시대가 18세기 후반에서 19세기 초에 있었다가 더 분석적인 '자연철학'의 시대에 자리를 내줬다고 주장한다. 이를테면 찰스 라이엘의 『지질학 원리』(1830년)는 그 제목이 뉴턴의 책을 염두에 둔 것이었으며, 저자 라이엘은 속표지에서 자기 책을 일러 "지구 표면에서 이전에 일어난 변화들을 지금 작동하는 원인들로 설명하려는 시도"라고 묘사했다.

실험은 물리학과 화학이라고 부를 학문 분과들에서는 1750년 이전에 자리를 잡았고, 이제 다른 학문 분과들로 퍼져 갔다.[71] 예를 들어, 의학의 경우에는 설명을 목적으로 수행하는 실험들이 출현하면서, 기술을 목적으로 삼았던 관찰이라는 전통을 대체하는, 아니 더 정확히는 이 전통과 공존하는 것을 보게 된다. 클로드 베르나르의 저 『실험 의학』(1865년)은 이 흐름의 가장 유명한 사례였으되, 최초의 사례는 또 아니었다.[72] 지질학자들은 암석들을 가지고, 이를테면 석회

암을 가열하는 따위의 실험을 했고, 빙하들을 축소해 만들어 보기도 했다. 심리학자들은 1880년대에 이 흐름을 따르게 된다.

20세기에 들어서는 사회과학과 인문학 쪽의 일부 집단이 실험적 접근 방법을 채용할 차례였다. 사회학자들이 이 접근 방법을 채용해 20세기 초 공장들의 노동조건들을 연구했고, 다시 정치학자들이 이 선례를 따랐다. 고고학을 보면, 버스터 철기시대 실험 농장(1972년)에서 일단의 고고학자들이 초기 농경 방식들을 흉내 내 농사를 지어 봤고, 다시 한 용감한 학자가 청동기시대 아일랜드에서 출토된 가죽 방패의 효율성을 시험하느라 복제품을 들고 직접 싸우기도 했다.[73]

역사학과 경제학, 사회학을 비롯한 다른 사회과학 분야들에서는 전체론과 개체론 두 유형의 설명들이 충돌하는 양상을 19세기 초 이후 계속 볼 수 있으며, 이 과정에서 각 진영은 상대 진영과 대비해서 자기네 입장을 정의했다. 한쪽에서는, 개체론자들, 이를테면 오스트리아의 경제학자 카를 멩거가 1883년에 (더 뒷시대의 개체론자 마거릿 대처처럼) 이렇게 주장했으니, "사회 같은 것은 없"으며, 그리하여 "국가나 사회집단들 같은 집단의 '행태'와 '행동'은 인간 개인들의 행태로, 또 행동으로 환원돼야만 한다."는 것이었다. 다른 쪽에서는 전체론자들, 또는 오스트리아의 철학자 칼 포퍼가 부른 대로라면 '방법론적 집단론자들'이(예를 들어 카를 마르크스나 뒤르켐이) 이런 형태의 환원주의에 반대하면서 서로 다른 종류의 체제들이 갖는 중요성을 강조했다.[74]

자연과학과 사회과학에서 공히 그 (물리적 또는 사회적) 환경에 대한 어떤 체제의 적응이라는 관점에서, 또는 기능이라는 관점에서 설명을 제시하는 경우가 많았다. 사회학과 사회인류학에서, 이 접근 방법의 전성기, 그러니까 대략 1920년대부터 1960년대 사이에는 어떤 관행이나 제도가 사회 체제의 유지에 기여하는 바를 그 주요 기능이라고 파악했다.

여러 학문 분과에서, 앞에서 언급한 대로 어떤 것의 표면 아래로 들어간다는 의미의 분석을 갈수록 강조하게 됐다. 물리학자들은 수학을 이용해서 설명들을 내놓았다. 물리화학자들은 물리학을 이용했다. 천문학자들과 생물학자들은 물리학과 화학 둘을 다 이용했다. 마르크스가 내놓은 것이 사회학과 역사학 쪽의 접근 방법으로는 가장 많이 알려졌을 텐데, 여기서는 문화와 이념들을 '상부구조'로 보며 (이 건축적 은유는 마르크스 자신의 것으로서, 독일어로는 Überbau라 하며), 이 상부구조는 개인들의 바람과는 상관없이 그 사회적·경제적 '토대'가 조건을 결정한다. 마르크스의 『자본』(1867년)은 저자가 "자본에 대한 그 기본 구조 수준의 분석"이라 표현한 것을, 말하자면 "근대 사회의 경제적 운동 법칙을 드러내" 줄 동적 분석을 제시했다.[75]

마르크스에서 인용해 온 부분이 보여 주듯이, 서로 다른 지식 분야들에서 연구하는 학자들이 자연과학들의 언어를, 또 가능한 경우에는 접근 방법도 가져다 썼다. 이들 학자는 자연과학에서 여러 개념을 빌려 왔는데, 경제학과 사회학에서 쓰는 '균형'이 대표적이다. 이 학자들은 자기네 분야들을 '도덕과학'이니 '사회과학', '사회물리학', '사회정학' 같은 표현들을 써서 묘사했고, (지그문트 프로이트가 감정을 수압을 빌려 설명한 일처럼) 과학적 은유들을 채용했으며, 시설에서 연구하는 대상이 민족이나 사회적 관계들 또는 여론 같은 것인데도 거기에 '실험실'이라는 말을 붙였다.

이 은유들에서는 과학적 접근 방법에 매혹돼 있던 상황이 드러나거니와, 특히 물리학의 접근 방법은 사회학은 물론 의학과 심리학 연구자들도 자극했다. 물리학이 자극을 줄 수 있었던 것은 분명하고 단순한 설명들을 제시했기 때문이다. 이 실증적 설명 방법을 한 학자는 "가설적으로 전제한 일반적 자연법칙 아래에, 이 자연에는 '인간 본성human nature'도 포함되며, 개별 사례들을 포섭하는 것"이라고 표현했다.[76] 심지어 졸라 같은 소설가도 과학의 언어를 빌려 와서는 자기 저작을 '실험'이라는 말로 묘사했다.(『실험소설론』(1880년)) 졸라는 스스로가 일종의 분석을 수행한다고, 곧 보통 사람들의 행위를 그 환경을 가지고 설명한다고 보았다.

콩트는 '실증주의'의 시대가 도래했으며, 그리하여 지식을 대하는 종교적 또는 형이상학적 태도를 과학적 태도로 대체했다고 주장했다. 이제 마르크스는 스스로를 과학자로 여겼으며, 이런 이유로 『자본』을 찰스 다윈에게 헌정하고 싶어 했을 것이다. 다시 클로드 레비스트로스는 "이해는 한 유형의 실재를 다른 유형의 실재로 환원하는 데 있다."는 것을 믿는다고 고백하는데, "진정한 실재가 가장 명백한 것이라는 법은 결코 없"기 때문이라는 것이다. 레비스트로스는 지질학에 이끌렸다가 마르크스주의, 정신분석학을 거쳐, 그 유명한 구조주의적 전환을 하게 된다.[77]

해석

19세기 후반 이후부터는, '과학주의' 또는 '실증주의'에 대한 반동이 여러 학문 분과에서, 대표적으로 사회학과 역사학에서 모습을 드러내게 된다. (세고 재고 비교하고 하는 절차들을 포함하는) 자연과학의 모형과 특히 자연과학의 설명 방식들에 대한 거부였다. '환원'은 경멸어가 됐다.[78] 이제 독일의 철학자 빌헬름 딜타이는 학문 세계를 나누는데, 먼저 자연과학Naturwissenschaften으로서, 여기서는 사물들을 바깥에서, 곧 원인의 측면에서 바라보고 설명하며, 다시 인간 문화에 관한 연구Geisteswissenschaften가 있으니, 여기서는 목표가 안에서부터, 곧 의미의 측면에서 '이해Verstehen'하는 것이다.

사회학의 경우, 딜타이와 비슷한 견해를 베버가 내놓았고, 역사학의 경우는 영국의 철학자이자 역사학자, 고고학자였던 로빈 조지 콜링우드였다. 콜링우드가 기억에 남게 썼듯이, "과학자가 '왜 저 리트머스시험지가 분홍색으로 변했을까?'라고 묻는다면 '어떤 경우에 리트머스시험지가 분홍색으로 변하는가?'라는 의미다. 역사가가 '왜 브루투스가 카이사르를 찔렀을까?'라고 물을 때는 '브루투스가 무슨 생각을 했길래, 카이사르를 찌를 결심을 하게 됐을까?'를 묻는 것이다."[79]

실증주의의 반대자들이 보기에, 다른 사람들의 또 다른 문화들의 경험에 대한 이해는 상상적 공감을 통해 이르게 될 것이었으며, 이 상상적 공감은 해석학이라는 방법에서 도움을 얻게 된다. 19세기 초에, 독일의 신학자 프리드리히 슐라이어마허는 프리드리히 아스트 같은 몇몇 고전학자와 함께 주해를, 더 구체적으로는 성서에 대한 해석을 해석학으로, 곧 그리스어와 라틴어 고전들을 포함하는(더 나중에는 토착어 문헌들도 포함하는) 다양한 문헌에 관심을 갖는 더 포괄적인 해석 기술로 변모시켰다. 비록 법학자들이 오로지 상대적으로 최근에야 해석학에 손을 댔고, 또 재판관들이 하는 일은 역사가들이나 문학비평가들이 하는 일과는 여전히 다르지만, 문헌들에 대한 해석은 오래전부터 법학에서 핵심적이었다.[80] 역사가들이 문헌이 쓰일 당시 무엇을 의미했을지를 묻는다면, 재판관들은 문헌이 지금 무엇을 의미하는지를 판단해야만 한다.

해석학의 영역은 점차 확장돼 인간 행동과 인간 문화에 대한 해석까지 포괄하게 된다. 예를 들어, 1920년대와 1930년대에 미술사가들은 도상들의 형태적 분석에서 그 의미에 대한 연구로 주의를 돌렸다. 한 유명한 강령적 저술에서 파노프스키는 세 수준의 연구를 구별했는데, 먼저 이 장의 앞에서 언급했던 '전도상학적 기술'의 수준이 있고, '도상학'의 수준에서는 표면적 의미에(예를 들어 고문 바퀴와 함께 표현된 여인이 성 카타리나라는 것을 밝혀내는 것에) 집중하며, 다시 '도상 해석학'의 수준에서는 더 깊은 의미들을 제시한다.[81]

파노프스키가 강령에서 내놓은 이 시각의 세 수준은 19세기 초에 프리드리히 아스타가 구별한 세 수준과 아주 밀접하게 대응하는데, 곧 문자적 또는 문법적 수준이 있고, 역사적 수준이 있으며(여기서는 관습적 의미에 집중하며), 문화적 수준이 있는데, 여기서는 문헌을 시대 '정신Geist'의 표현으로 취급한다. 파노프스키의 세 수준은 또 세계관들에 대한 해석을 다룬 한 저작에서 카를 만하임이 구별한 세 수준과도 대응하며, 파노프스키는 분명히 이 내용을 알고 있었을 것이다.[82]

프로이트가 과학의 언어를 채용하기는 했지만, 정신분석은 해석학의 한 종류로, 예를 들어 꿈 해석의 새로운 형태로 볼 수도 있다.[83] (프로이트 자신도 이 주제를 다룬 책에 '꿈의 해석Traumdeutung'이라는 제목을 붙였다.) 숨겨진 욕망들에 대한 프로이트의 분석은 일종의 수사라고도 표현할 수 있을 것이다. 셜록 홈스를 비롯해 다른 탐정소설들의 주인공들이 20세기 초에 인기를 얻게 되면서 학자를 범인이 남긴 흔적들을 해석하는 탐정에 빗대는 은유가 흔한 것이 됐다. 예를 들어, 콜링우드는 이 유사점을 길게 다루는데, 이러면서 홈스는 단서를 모으고 애거서 크리스티의 에르퀼 포와로는 두뇌의(곧 '저 조그만 회색 세포들'의) 작용을 강조하는 것 사이의 차이는 이제 증거를 수집하기 전에 질문을 먼저 던지는 "역사학 접근 방법상에서 일어난 변화를 의미

심장하게 드러낸다."고 주장했다.[84]

여러 학문 분과에서 이 전통을 따라 연구하는 학자들에게는 핵심적 은유가 읽기의 은유였고, 이것은 지금도 마찬가지로서, 곧 징후들을 읽고, 시각물들을 읽고, 문화를 읽고 하는 따위라 하겠다. 18세기에 몇몇 지질학자는 이미 자신들의 작업이 암석이나 화석들을 읽는 것이라고 보고 있었다. 인류학에서는 사회적 구조들이나 사회적 기능들에 대한 분석에서 문화들에 대한 해석으로 넘어가는 것이 1960년대로서, 기어츠가 이를 주도했는데, 그러니까 기어츠는 자기 방식을 '중층적 기술'이라고(곧 의미들까지 포함된 기술이라고) 특징지었던 것이다. 1980년대에는 일부 고고학자가 자신들을 일러 과거를 읽는다고 묘사했다.[85] 한 번 더, 서로 다른 학문 분과들이 보조를 맞춰 나아가지는 않는다는 것을 지적해 둬야 하겠다.

이런 예들이 보여 주듯이, 해석이 설명을 전면적으로 대체했다는 식으로 말할 수는 없다. 1890년대에 '실증주의에 대한 반란'이 있었는데도, 두 세계대전 사이에 "실증주의는 이전 어느 때보다도 강력한 기세로 복귀했다."[86] 오늘날 수사 활동은 갈수록 해석적 방법보다는 과학적 방법을 따르고 있다. 우리는 홈스와 포와로의 세계에서 「과학수사대Crime Scene Investigation」의, 곧 2000년에 방영을 시작해서 그 뒤 10년이 넘도록 계속 이어지는 텔레비전 연속물의 세계로 옮겨 왔다. 설명과 해석은 계속 공존한다. 어떤 학문 분과들은 어떤 개별 학자들처럼 한쪽을 강조하고, 다른 학문 분과들은 다른 쪽을 강조한다. 때로는 고고학이나 인류학, 지리학의 경우처럼, 이 차이가 학문 분과들 사이가 아니라 한 학문 분과 내부에 존재한다.

서술

이제는 지금까지 다룬 서로 다른 종류의 분석들이(곧 연대를 매기고 증명하고 재고 설명하는 등등이) 어떻게 해서 종합체들의 산출로 이어질 수 있었는지를 물어야 할 때인데, 이 종합체들은 차이들의 조정을 거쳤거나 아니면 핵심 개념을 중심으로 조직됐다는 점에서 단순한 집합체와는 다르다고 하겠다.[87] 두 형태의 주요한 종합을 구별해 두면 유용할 텐데, 곧 서술과 이론이다.

역사를 쓸 때는, 서술이 전통적이며, 또 더 나아가 이렇게 말할 수도 있을 텐데, '자동 선택되는' 종합의 방법이다. 앞에서 소개한 부르크하르트나 하위징아, 네이미어의 유명한 역사 기술들은 모두 한 시대를 놓고 움직이는 것이 아니라 정지된 그림을 그려 내놓았다고 해서 비판을 받았다. 역사 서술들은 그것들대로 '그저 한 사건 다음에 일어난 다른 사건'일 뿐 아무것도 설명하지 않는다고 해서 비판을 받았다. 우리도 보았듯이, '단순한' 기술에 대한 비판들 앞에 내놓았던 대답은 훌륭한 또는 '중층적' 기술은 일종의 설명을 포함한다는 것이었다. 이와 비슷하게, 어떤 서술들은 다른 서술들보다 더 중층적이고, 이 때문에 오히려 더 효과적이라고 주장할 수도 있을 것이다.[88]

위대한 소설가들이 들려주는 이야기들도 분명히 이 두 측면에서 규정할 수 있다. 졸라의 구상은 스스로 밝혔듯이 이중적이었으니, 기술을 통해 '사람들의 환경을 보여 주는 것'과 특정한 이야기를 통해 '사람들의 풍습을 설명하는 것*expliquer les moeurs peuple*'이었다. 스콧이나 레프 니콜라예비치 톨스토이 같은 몇몇 역사 소설가는 역사에 대한 해석을 각별히 명징하게 제시했다. 대부분의 역사가가 위에서 본 역사를 쓰면서 거의 왕이나 장군들에게만 주의를 기울일 때, 이 소설가들은 보통 사람들에 관한 이야기들을, 그것도 자주 이 사람들의 관점에서 들려줬다. 서술은 자연과학에도 그 자리가 있다. 예를 들어, 실험에 대한 기록들은 서술의 형태를 띤다. 지질학자들도 이야기를, 곧 너무 길어서 역사가들은 거의 상상도 못하는 기간에 걸쳐 있는 지구의 역사들을 들려준다. 다윈도 『종의 기원』(1859년)에서 긴 기간에 일어난 변화의 이야기를 들려줬다.[89]

하지만 지난 반세기 남짓한 기간에 특히 역사 서술은 많은 비판을 받았다. 20세기가 시작될 무렵에 이미 뒤르켐을 비롯한 프랑스의 다른 사회과학자들은 자신들이 얼마간의 경멸을 섞어 '사건 중심 역사histoire événementielle'라고 부르던 것을 비판했다. 1950년경이 되면, 『지중해』(1949년)를 통해 새로운 종류의 역사 쓰기 모형을 제시했던 페르낭 브로델이 주도하는 가운데 일단의 역사가들이 과거를 이해하는 최선의 방법은 '표면적' 사건들의 이야기를 들려주기보다는 아주 느리게 변하는 구조들을 분석하는 것이라 주장하고 나섰다. 서술은 소설가들이나 언론인들에게 적합한 것이었다. 그래도 여전히, 철학자 폴 리쾨르는 브로델 자신이 서술자였다고 주장했다.[90]

한 세대 뒤가 되면, 비판의 초점은 '거대 서사' 혹은 '지배 서사'라 알려진 것에 맞춰져 있었고, 특히 (르네상스에서 종교개혁, 계몽주의 운동, 프랑스 혁명, 산업혁명 등등으로 이어지는) 서구 문명의 발흥에 관한 이야기가 비판을 받았는데, 세계 한 지역과 한 사회집단, 곧 상층계급 남성에게 특권적 지위를 부여한다는 것이 그 근거였다. 거대 서사에 대한 비판은 프랑스 철학자 장프랑수아 리오타르의 『달근내의 조선』(1979년)에서 특히 두드러졌으며, 이 '지식에 관한 보고서'는 '탈근대성'을 둘러싼 토론이 시작되는 계기가 됐다.[91]

이런 비판은 영국의 '아래에서 본 역사'나 이탈리아의 '미시사^{microstoria}', 독일의 '일상생활의 역사^{Alltagsgeschichte}' 같은 일련의 유사한 흐름들 그 바탕에도 깔려 있었다.[92] 이 각각의 흐름에서 주요한 목표는 평범한 남자들과 여자들도 목소리를 내게 해 주고, 그리하여 이들이 자기네 세계를 이해하던 방식들을 이야기 속에 포함하는 것이었으니, 훨씬 앞서서 소설가들이 했던 것과 비슷했다. 예를 들어, 도시 폭동들에 관한 연구에서는 '군중 속의 얼굴들', 곧 집단적 행동만큼이나 개개인의 결정에도 전보다 더 선명하게 초점을 맞췄다. 이런 측면에서는 학자들이 소설가들의 선례를 따랐는데, 대표적인 선례들로 스콧이 1736년의 에든버러 포티어스 폭동을 기록한 것이나 이탈리아 소설가 알레산드로 만초니가 1630년의 밀라노 곡물 폭동을 다룬 이야기를 꼽을 수 있다.[93]

사회학자나 인류학자, 법률가, 의사들도 최근 들어 비슷한 방향으로 움직이고 있다. 예를 들어, 미국에서는 '법 이야기 운동^{legal storytelling movement}'이라고 알려진 것이 1980년대에 시작됐다. 1995년에는 이 주제에 관한 회의가 예일 법학 대학원에서 열려, 문학 쪽 전문가들과 법률 쪽 전문가들이 생각들을 교류할 수 있었다. 이 이야기 운동은 전통적인 하위 집단들, 특히 소수 인종 집단들이나 여성들에 대한 관심과 연결돼 있는데, 그것은 이런 집단의 구성원들이 들려주는 이야기들은 다른 집단들의 필요나 이해관계를 항상 충분히 염두에 두지는 않는 백인 남성 법률가들이 세워 놓은 법 체제에 도전하기 때문이다.[94]

이와 비슷하게, 의료계에서 이야기에 대한 관심이 커져 가는 것은 환자들의 관점을 점점 중시하는 경향과 맞물려 있는데, 여기에는 어떤 측면에서는 사람들이 자기 몸과 질병을 다른 사람들보다, 심지어 직업적인 자격을 가진 다른 사람들보다도 더 잘 알고 있다는 생각이 깔려 있다.[95] (물론 정신분석의들은 자기네 환자들의 이야기를 한 세기 넘도록 듣고 있다.) 사회학자들과 인류학자들 쪽에서 개인들의 '인생사'에 관심을 갖는 것도 자기들이 연구하는 사람들의 지적 능력이나 경험을 갈수록 존중하게 된 것과 또 연결이 돼 있으니, 이 사람들을 더는 단순한 연구 대상이나 '사회적 객체'가 아니라, 오히려 정반대로 주체로서, 곧 자기들 자신의 문화를 이해하고 사회과학자들에게서 배울 수 있는 만큼은 '사회과학자들'을 가르칠 수도 있는 주체로 취급하는 것이다.[96]

이론화

서술의 양식은, 또 어느 정도는 그 목적도 지난 두 세기에 걸쳐 분명히 바뀌었다. 이론화의 경우에는 변화가 이보다 눈에 잘 안 띄지만, 그래도 여전히 변하기는 한다.

이론을 일군의 현상들에 적용되는 일반적 진술이라고 정의한다면, 확실히 수학과 자연과학에서는 이론들을, 심지어 '법칙'들을 세우는 것이 우리가 다루는 기간에 계속된 오랜 전통이라고 하겠다. 유명한 예들을 꼽자면 물리학에서는 열역학법칙, 화학에서는 일정성분비법칙, 천문학에서는 카를 프리드리히 가우스의 오차 이론이 있고, 그레고어 멘델의 유전법칙, 다윈의 진화론, 제임스 클러크 맥스웰의 전자기이론, 수학에서는 게임이론이 있으며, 당연히 알베르트 아인슈타인의 일반상대성이론과 특수상대성이론도 빼놓을 수 없다. 비록 일련의 방정식을 가지고 자연의 모든 작용력을(정말로 모든 물리적 현상을) 설명해 줄 '최종 이론'이나 '대통합 이론', '만물 이론'의 가능성을

놓고는 논쟁이 계속되지만, 이런 분야들에서는 이론들은 당연히 가치가 있는 것으로 여긴다.[97]

한편 인문학과 사회과학에서는 이론화가 새로운 현상에 더 가까웠고, 논쟁도 더 많이 낳았다. 저서 『철학사』(1890년)에서 독일 철학자 빌헬름 빈델반트는 자신이 '법칙 정립적' 학문 분과들이라 부른 것을, 특히 법칙들을 세우는 것이 목표인 자연과학을 '개별 기술적' 학문 분과들, 이를테면 개별적인 사례들을 다루는 역사학 같은 학문 분과들과 구별했다. 큰 문제는 사회와 문화를 연구하는 학문 분과들을 어디에 놓느냐는 것이다.

예를 들면 언어학은 법칙들과 이론들을 만들어 내는 학문 분과다. 가장 유명한 사례 가운데 하나가 '그림의 법칙'으로서, 야코프 그림이 장기간에 걸친 발음의 변화들을 놓고 1822년에 제시한 일반론이며, 또 다른 예는 놈 촘스키의 것으로서, 구체적인 언어들의 서로 다른 문법들 밑에 깔려 있는 어떤 '보편 문법'을 말하는 이론이다.

사회과학들 중에서 가장 '엄밀한' 또는 정밀한 학문인 경제학에서는 법칙과 이론이 넘쳐나는데, 데이비드 리카도의 '비교 생산비 법칙'은 1817년에 나왔고, 한계효용 이론은 오스트리아의 멩거를 비롯한 다른 경제학자들이 1870년대에 체계화했으며, 여기에 존 메이너드 케인스의 『고용, 이자, 화폐의 일반 이론』(1936년)도 있고, 또 여러 경제 발전 이론을 마르크스도, 조지프 슘페터(1911년)도, 월트 휘트먼 로스토도 『경제성장 단계들』(1960년)에서 내놓았다. 이런 이론들 가운데 일부는 수학의 언어로 표현됐는데, 『게임이론과 경제 행위』(1944년)가 이런 경우였다.[98] 이 이론들 가운데 많은 수가 일반적으로 인정을 받고 있지만, 어떤 경우들은, 대표적으로 노동 가치 이론은 이견이 많은 상태다.

경제에서 사회로 오면 상황은 더 복잡해진다. 예를 들면, '법칙들'이 사회학과 범죄학에서 정식화됐지만, 이 법칙들은 물리학, 심지어는 경제학의 법칙들과도 다른 종류의 법칙들이다. "이 새 법칙들은" 19세기에 정식화된 만큼 "개연성의 언어로 표현돼 있었다. 이 법칙들은 표준 상태를 제시하면서, 표준에서 벗어나는 편차들의 존재도 같이 인정했던 것이다."[99]

사회 연구 쪽에서 이론들이 부족했던 적은 없었다. 18세기 후반에는 프랑스와 스코틀랜드의 몇몇 학자가 사회는 사냥꾼들에서 시작해 목자들을 거쳐, 농부들로, 다시 상인들이 지배하는 네 단계를 거치면서 발전한다는 '단계' 이론을 내놓았다. 이 이후로 다양한 이론이 나오는데, 합리적 선택 이론에서 미국의 사회학자 탤컷 파슨스가 1930년대에서 1950년대 사이에 정교화해서 내놓은 '행위에 관한 일반 이론'까지, 여기에 프랑스 사회학자 피에르 부르디외가 1972년에 제시한 '실천 이론'도 있다. 각 이론은 모두 나름의 비판을 받았으며, 그러는 한편 일반 또는 '거대 이론'을 추구하던 기획들 자체는 이보다는 더 조심스러운 '중범위 이론들'을 선호하던 사회학자들에게서 1940년대와 1950년대에 공격을 받았다.[100]

(적어도 초기에는) 한정적이었던 또 다른 제안은 이론보다는 '모형'을 세우자는 것이었는데, 여기서 말하는 모형은 실제 세계에서 마주치는 더 복합적이고 복잡한 상황들에 대한 설명을 제공해 주는 의도적으로 단순화한 기술記述을 가리킨다. 이런 자의식적 모형들 중 처음이었을 것을 1826년에 독일 경제지리학자 요한 하인리히 폰 뒤넨이 제시했는데, 이 모형에서 뒤넨은 오직 한 도시만 있는 '고립국'에서 도시화가 토지이용에 미칠 영향을 가상했다. 이 도시를 뒤넨의 주장에 따르면 동심원들이 둘러싸고 있으며, 이 주변 지역들에서는 토

지가 서로 다른 용도로 사용되었는데, 예를 들면 안쪽 원에서는 도시 거주민들이 먹을 상하기 쉬운 식품들을 생산하고, 바깥쪽 원들에서는 목적지까지 그렇게 빨리 갈 필요가 없는 밀이나 목재가 생산된다.

이런 사고 모형들 중 어떤 것들은 단순한 기술에서 조금 더 나아갔으니, 역사학자들이 논의하는 '봉건 체제'나 정치학자들이 연구하는 '관료제' 같은 경우들이다. 또 어떤 모형들은 시각화하기가 쉬운데, 저 고립된 도시를 둘러싼 동심원들처럼 2차원 도식일 수도 있고, 화학의 원자모형이나 분자모형처럼 3차원일 수도 있다. 과학사가들의 경우 모형들에 주의를 기울이지 않았다는 지적들을 받는데, 정작 과학자들은 모형을 사용해서 자주 생각에 도움을 얻는데도 그렇다고 하겠다.[101] 예를 들어, 영국 물리학자 윌리엄 톰슨은 자신은 어떤 것도 그 역학적 모형을 만들지 않고는 이해할 수 없다고 말했다. DNA 구조를 발견하는 저 유명한 사례에서는, 판지와 철사로 만든 모형(그림 9)들을 조작하면서 프랜시스 크릭과 제임스 왓슨이 이중나선 구조를 그려 볼 수 있었다.[102]

또 다른 모형들은 수학적 처리를 할 수 있는데, 얀 틴베르헌이 계량경제학의 선구자로서 1930년대에 구축한 네덜란드 경제 모형이 이런 경우였으며, 오스트리아의 루트비히 폰 베르탈란피가 내놓은 '개체 성장 모형'도 있는데, 이 모형은 원래는 생물학에서 수립됐다가 나중에 다른 종류의 문제들을 해결할 수 있도록 조정됐다. 20세기의 더 나중으로 가면, 경제학에서부터 고고학에 이르기까지 상당수 학문 분과에서 컴퓨터를 사용해 이런 종류 수학적 모형들의 결과물을 놓고 모의실험들을 했고, 이를 통해 모형들을 검증했다.[103]

모형들의 가치는 발견이나 분석에 이바지하는 것에만 한정되지는

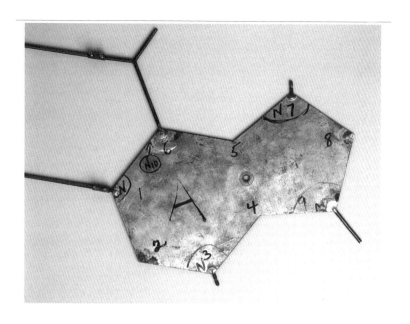

그림 9

프랜시스 크릭과 제임스 왓슨의 DNA 분자모형(1953년)의 견본. © Science Museum
London / Science and Society Picture Library

않는다. 모형들은 전파 과정에서 한층 더 중요하거니와, 다음 장에서
이 전파를 다루게 된다.

지식을 전파하다

이 장에서는 주로 학자들이 하는 지식의 수집과 분석에서 눈을 돌려 서로 다른 전달 매체들을 수단으로 하는 지식의 더 넓은 전파를 다루는데, 곧 말로, 그림으로, 써서, 인쇄해서, 전자적으로 전파하는 방식들을 보게 될 것이다. 전파가 중요하다는 것은 많이들 지적한다. 전파는 '흩어진 지식', 곧 그것을 필요로 하는 사람 상당수에게, 심지어 특정한 한 기관 안에서도 손이 닿지 않는 곳에 있는 지식이라는 문제에 대한 해결책이다. 전파는 또한 '정보 고치' 안에 살면서 통치자들이나 최고 경영자들이 겪는 어려움, 곧 이 사람들이 듣고 싶어 하리라고 다른 사람들이 생각한 것만을 듣는 문제의 치유책이기도 하다.[1] 사실 언젠가 컴퓨터 회사 휴렛 팩커드의 회장도 "휴렛 팩커드에서 아는 것을 우리도 알 수만 있다면" 하고 한탄한 적이 있다.[2]

현재 구글의 이념은 "세계의 정보를 모든 사람이 접근할 수 있게 만드는 것"이다.[3] 지식의 전파 사례들이 늘어나 이미 18세기 후반이면 사람들이 주목하고 권장하고 칭송도 했는데, 말하자면 "학식과 교양의 급속한 진보와 전반적 확산"이나 "실용적 지식의 더 폭넓은 보급" 같은 언급들이 나왔고, 또 그 목표가 "헌법상의 자유와 관련된 주요한 원칙들에 관한 지식을 …… 왕국 전역에 퍼뜨리"는 것이었던 영국 헌법 정보 협회(1780년) 같은 조직들도 설립됐던 것이다.[4] 하지만 여느 때와 같이 여러 종류의 지식을 구별해야 한다. 어떤 지식들은 더 잘 "새서" 쉽게 흘러 다니고, 반면 다른 지식들은 더 "끈끈하다."[5] 어떤 경우든, 단순히 지식의 전파가 일어났다고만 주장하면 적어도 세 가지 주요한 문제가 묻히게 된다.

이 책과 같은 지식사회사가 당연히 물어야 할 질문은 "누구에게 전달하느냐?"다. 대답 하나는 지리적인데, 세계 한 지역에 관한 지식이 세계 다른 지역들의 사람들에게 갈수록 많이 전달됐다. 또 다른 대답은 사회학적인데, 지식이 점점 더 대중화됐다. 하지만 이 두 번째 개념은 파악하기가 어려운 주제다.

전문가들에게는 비전문가들을 위한 모든 말하기나 글쓰기가 일종의 '대중화'다. 문제는 이 비전문가들이 문화적으로 동질적인 집단이 아니라는 것이다.[6] 서민 문화 역사가들이 한 세대 전에 깨달았듯이, '상층 소수'와 '일반인'이라는 이항적 모형은 지나치게 단순하다. 문화적 거리의 정도들을, 또 서로 다른 청중 또는 대중을 구별할 필요가 있는 것이다. 이런 대중에는 동료들이나 다른 학문 분과 연구자들, 또 학자들이 연구 지원금을 타 내려고 하는 공무원들이 포함된다. 또 빅토리아 여왕 시대 사람들이 '일반 대중'이라고 부르던, 때로는 (전문가나 숙련자들로 이루어진 '성직자' 집단과 대비해) '평신도'라고도 하던 사람들이 있다. 이 집단은 큰 덩어리로서, 이들이 갖고 있는 서로 다른 지식들을 생각하면 남자들과 여자들로, 또 성인들과 아동들로, 중산층과 노동계급으로 훨씬 더 나눌 필요가 있다. '모든 이를 위한 과학'이나 '모든 이를 위한 지식'이라는 이상은 모든 사람을 똑같은 방식으로 취급해서 실현할 수는 없다. 이런 이유로, 이 주제를 다루는 일부 학자는 중립적인 표현인 '설명'을 '대중화'보다 선호한다.[7]

두 번째 문제는 저 확산 또는 전파 과정과 관련이 있는데, 전달자들 스스로는 이 과정을 지식을 넘겨주거나 물려주는 단순한 절차로 취급할 때가 많다. 하지만 문학 '수용' 이론가들이 강조했듯이, 적극적 전달자와 수동적 수용자의 구별은 지나치게 이분법적이다. 지식을 전달하는 것은 "정보를 반송대 위의 감자들처럼 나르는" 과정은 아닌데, 이 점은 책 한 권의 다양한 쓰임새를 다룬 연구에서 특히 분명히 드러난다. 곧 혼자 있을 때, 또 사적인 대화 자리에서, 공개적인 토론 석상에서 그때그때 쓰임새가 다르다는 것이다.[8]

먼저 중계자 또는 문지기, 아니면, '지식 중개인'들이 있어서 자기들이 받는 것을 걸러 낸다.[9] 또 하나, 개인이나 집단은 자기들이 관심이 있는 것이나 자기들이 필요하다고 생각하는 것을 선택한다. 일방적 전달이라기보다는, 정보나 발상의 교환이라는 측면에서, 아니면 (가끔은 청각장애인들의 대화일 때도 있지만) 대화의 측면에서 지식의 순환을 생각하는 것이 더 유용하다고 하겠다.[10] 이 견해의 중요한 논리적 귀결 하나는 새로운 지식을 생산하는 것과 오래된 지식을 전달하는 것 사이의 구별은 모호할 수밖에 없다는 것이다. 혁신은 많은 경우 일종의 브리콜라주, 곧 문화들 간의 만남으로 일어나는 지식들의 재배열인 것이다.[11]

다른 매체들 또는 언어들을 통해 흐르면서, 정보는 여과기들을, 아니 더 정확하게는 사람들을 거쳐 지난다. 이런 사람들 중 일부는 말하자면 문지기여서, 자유롭게 흘러 다니는 길에 장애물을 놓을 수 있다. 또 어떤 사람들은 '지식 중개인'으로서, 적극적으로 전파를 촉진한다. 어느 쪽이든, 똑같은 내용이 다른 개인들 또는 집단들에 다르게 이해될 수 있는데, 이 사람들은 보통 자기들 나름의 의제를 갖고 있어서, 최초의 전달자는 결코 생각하지 못한 방식으로 지식을 사용하는 것이다.

세 번째 문제는 매체들의 역사와 관련이 있다. 한 전달 수단이 다른 전달 수단으로(곧 라디오가 텔레비전으로, 신문이 인터넷으로) 대체됐다는 식의 이야기는 지나치게 단순하다. 근대 초기 유럽에서 필사본과 인쇄본이 그랬듯이, 오래된 매체와 새로운 매체는 공존하며 상호작용한다. 오래된 매체와 새로운 매체는 더러 경쟁도 하지만, 둘 사이에서 일종의 노동 분업이 자리를 잡는 경우가 많다.[12]

현실적인 문제도 있으니, 계속 늘어나기만 했던 250년 분량의 방대한 전달 사례들을 여기서 어떻게 다루느냐는 것이다. 이 책의 장마다 깔려 있으되, 이 문제는 이 장에서 특히 까다롭다. 이 문제를 해결까지는 못해도 관리하는 것 정도는 목표로 잡고, 이어지는 내용에서는 최근에 발표된 일련의 최상급 연구들에서 관심을 가졌던 영국 내의 과학 전파를 주로 다루게 될 텐데, 이러면서 다른 나라들과 또 다른 종류의 지식들과 비교도 하고 대조도 할 것이다.[13] 이 사례 연구는 특히 적절해 보이는데, 그것은 전문가들과 비전문가들 사이의 격차가 자연과학의 경우 다른 종류의 지식들에서보다 더 크고 깊었기 때문이기도 하고, 과학의 언어가 갈수록 이해하기 어렵게 되고 과학 활동이 일상적 경험에서 점점 멀어지면서 이 격차가 우리가 다루는 기간에 넓어지고 또 깊어지고 있었기 때문이기도 하다.[14]

영국에서는 1800년에 '대중 과학'이라는 개념이 새로 등장했고, '과학 대중화 저자'라는 표현이 처음 기록되는 것은 1848년이다.[15] 프랑스에서는, 대응하는 뜻을 가진 vulgarisation을 1850년대에 쓰기 시작했고, 1867년에 에밀 졸라가 과학에 적용했다.[16] 역설적이게도, 영어를 쓰는 몇몇 저술가는 프랑스어 용어를 더 좋아했고, 반면 프랑스어를 쓰는 몇몇 저술가는 영어 용어를 채용해 자기네 목표를 과학

을 대중화하는 것populariser la science이라고 표현했다.[17]

새로운 기관들이 이 목적을 위해 설립됐으니, 대표적으로 영국의 경우 왕립 연구소(1799년)가 있으며, 이 기관은 지금도 운영되거니와, 여기에 실용 지식 전파 협회(1826년), 과학기술 학교(1838년)가 있고, 프랑스는 교육원Conservatoire(1794년), 그러니까 지금의 국립 기술 공예 교육원이 있다. 왕립 연구소의 목적은 원래 "실용적인 기계적 발명품들에 관한 …… 지식을 확산하게 하"는 것으로 돼 있었지만, 저 유명한 성탄절 강연들은 자연과학 일반을 다뤘으며, 언어학자 막스 뮐러도 1861년 연구소에서 언어의 기원에 관한 일련의 강연들을 해서 대단한 성공을 거뒀다.

더 일반적인 지식으로 눈을 돌리면, 영국에서는 '기계공 학교'들이 출현해 노동계급 성인들이 여가 시간에 교육을 받을 수 있게 하는데, 런던 기계공 학교(1817년)가 그 시작이었다. 1850년이면 영국에서는 이런 학교가 600개에 이르렀고, 교육을 받는 사람은 50만 명이었다.[18] 비슷한 흐름이 미국과 다른 곳에서도 생겨났다. 예를 들면, 덴마크에서는 첫 '평민 고등학교folkehøjskole'가 1844년에 설립됐고, 노르웨이와 스웨덴에서도 빠르게 이 선례를 따랐다.

과학 지식의 더 광범위한 보급이 전 세계적으로 중요하다는 것은 유네스코가 과학 대중화를 위한 칼링가상(1952년)을 제정하면서, 또 뒤에서 다루게 되거니와, 영국에서 '과학의 대중화'를 위한 운동이 일어나면서 인정을 받았다고 하겠다.

말하기

모든 것을 통틀어 가장 눈에 잘 띄는 측면을 매체 역사 연구들에서는 무시하는 경우가 많았으니, 여러 종류의 일상적인 대면적 말하기가(대화나 논쟁, 강연 등등이) 계속 중요한 비중을 차지했으며, 또한 환경이나 기술이 달라지면서(예를 들어, 구술 녹음기가 출현하면서) 말하기가 변모했다는 것이 바로 이런 측면이다. 오로지 최근 몇 년 전부터나 과학사가들 또는 대학 역사를 연구하는 학자들이 학문 영역에서 말하기가 읽기, 쓰기, 인쇄와 나란히 계속 중요했다는 것을 강조하게 됐다.[19] 지식인들 역시 적어도 상대적으로 최근까지는 자기네들 자신의 말하기 형태들, 그러니까 '학문적 구술'이라고 부를 만한 것의 유형들을 제대로 연구하지 않았다.

어쩌면 과거의 구술 세계는 적어도 테이프 녹음기의 출현 이전까지는 어떤 흔적도 남기지 않고 영원히 사라져 버렸다고 생각했을 수 있지만, 학문적 구술의 역사를 편지들이나 학생들의 필기장, 대학 학칙, 회고록, 아니면 효율적 과제 수행을 위한 안내서들에 기초해 재구축할 수 있다.

예를 들어, 구술시험이라는 전통은 대학들에서 우리가 다루는 기간에도 계속됐다. 이 전통은 레프 니콜라예비치 톨스토이가 자전적 소설 『청년시대』(1856년)에서 생생하게 재현했는데, 교수 세 명이 책상에 앉아 있고, 그중 한 교수가 "질문지들을 카드처럼 섞어" 놓으면, 이제 응시자들이 한 명씩 책상으로 가 질문지 하나를 뽑아서 읽고는 바로 대답을 해야 했다. 옥스퍼드 대학과 케임브리지 대학에서는 "구두 연습 논쟁이 19세기에 들어서도 살아남았다." 1960년대까지도 옥스퍼드 대학에서는 구술시험이 학기 말 시험에서 필수적인 과정으로 남아 있었거니와, 다만 이 구술시험 결과가 중요해지는 것은 오직 학생이 성적 등급 사이의 경계에 걸쳐 있었을 때였다.[20]

강의도 역시 구텐베르크 혁명에서 살아남았다. 사실 19세기는 연설, 설교와 함께 강의의 황금시대였다고 볼 수 있으며, (1830년대에 영국에서 열렸던 많은 골상학 강연의 경우에서처럼) 청중은 학생들에서 일반 대중에까지, 또 강사들은 유명한 과학자들에서 노동계급 출신의 열렬한 골상학 지지자들에까지 걸쳐 있었다.[21]

러시아의 문학 이론가 미하일 바흐친이 말했던바, 많은 새로운 '발화 유형'이 우리가 다루는 시대에 학문적 환경들에 등장하면서, 전통적 강의나 선생과 학생 사이 일대일 대화와 나란히 존재하게 된다.[22] 예를 들어, 학자적 방식을 가르치는 수단으로서 연구 조사 토론 수업research seminar이 시작되는데, 18세기 후반에 괴팅겐 대학에서 자리를 잡았고, 그러고는 독일의 다른 지역들로, 다시 미국, 프랑스, 영국을 포함한 다른 곳들로도 퍼졌다. 이 토론 수업은 학자가 작업하는 방식을 지켜봐야 배울 수 있는 암묵적 지식과 연구 기술들을 전수하는 매체였던 것이다.[23]

예를 들어, 역사학의 경우에는 레오폴트 폰 랑케가 베를린 대학에서 했던 토론 수업의 선례를 따라, 대학원생이 과제물을 소리 내 읽어서 발표하면 그 내용을 비판하는 식으로, 아니면 원문서 또는 학술 논문을 집단적으로 분석하는 데 초점을 맞춰 토론 수업들을 진행했다. 미국의 한 역사가는 존스 홉킨스 대학 초기 시절에 (이 대학은 독일 모형을 따라 연구 중심 대학으로 1876년에 문을 열었으며) 자기 토론 수업들을 두고 "책들이 광물학 표본들처럼 취급되는 실험실"이라 표현했다.[24]

증기 시대에 들어 운송이 개선된 덕에, 19세기 유럽 강사들이 미국, 캐나다, 심지어 오스트레일리아에서도 순회 여행을 할 수 있게 됐다. 국제적인 학술회의는 19세기 중반에 생겨난 새로운 형태의 조직으로서→275쪽 강의 같은 전통적인 발화 유형들만이 아니라 원탁회의나, 더 최근의 이른바 논문 요약 전시poster session 같은 더 새로운 발화 유형들을 위한 환경들도 제공했는데, 논문 요약 전시는 1970년대에 새로 등장한 유형으로서, 젊은 학자들이 자신의 연구를 개괄해 관심사가 비슷한 사람들이 볼 수 있게 게시판에 붙여 놓고, 그 옆에 서서 사람들의 질문에 대답을 하는 방식이다.[25] 대중 강연은 학자가 비학자 청중에게 말하는 것으로서, 그 자체로 하나의 유형으로 취급할 수 있을 것이다. 자연과학의 경우를 예로 들면, 빅토리아 여왕 재위 중반 무렵의 잉글랜드 모형이 1860년대에 프랑스로 전파됐다.[26]

비공식적인 대화는 지적 교류에서 언제나 큰 비중을 차지했을 것이 틀림없지만, 이런 활동들이 일어나는 환경들은 세기가 지날 때마다 바뀌어 갔다. 17세기 후반의 런던에서는 새로운 커피 하우스 가운데 몇 군데가 문학에서 자연철학에 이르기까지 특정한 주제들을 둘러싼 토론들의 중심지로 알려져 있었다. 1780년대에 케임브리지 대학에서는 '실험실 차 모임'이 하나의 관례가 됐다.[27] 19세기와 20세기 영국의 지식사에서 훨씬 더 중요했던 것은 선술집이었다. 자연과학을 토론하고 싶은 개인들은(이를테면 19세기 랭커셔의 수공인 식물학자들은) 선술집을 찾아갔다.[28] 옥스퍼드의 선술집들은 1930년대와 1940년대에 영국 인류학이 처음에는 앨프리드 래드클리프브라운이, 그다음에는 에드워드 에번스프리처드가 주도해 발전하는 데 핵심적인 구실을 했다. 케임브리지에서는, 1953년 프랜시스 크릭이 분명히 술을 곁들였을 점심을 먹다가 DNA 구조의 발견을 발표한 곳이 바로 선술집 이글Eagle이었다.

제네바에서는 이와는 대조적이어서, 1990년에 팀 버너스리가 월드와이드웹이라는 이름을 유럽 입자 물리 연구소Conseil européen pour la recherche nucléaire: CERN의 구내식당에서 생각해 냈다. 실리콘밸리에서 는, "마운틴뷰에 있는 워커스 왜건 휠 바 앤 그릴에서 늦은 저녁에 나 누던 대화들"이 "기술적 혁신의 전파에 스탠퍼드 대학의 토론 수업 대부분보다 더 많은 것"을 했다는 말도 있다.[29]

발화 유형들은 서로 다른 언어수행 유형들을, 또 서로 다른 형태 의 사회적 교제들을 포착할 수 있는 분석들을 요구한다. 예를 들어, 실험실 연구자들이나 학회 참석자들은 보통 공식적인 자리와 비공 식적인 자리를 구별하는데, 복도에서, 아니면 커피를 마시면서 나누 는 일상적이고 즉흥적인 대화들에서 대부분을 배운다고 말하는 데 서 이것이 드러난다고 하겠다. 강의들은 강사가 강단에 서 있어서 위 계적 경향을 갖는 반면, 토론 수업들은 더 많은 토론의 여지를 제공 한다. 이런 이유로 프랑스의 인류학자 마르셀 모스는 계단식 강의실 에서 강의를 하지 않고, 학생들과 책상 하나를 중심으로 둘러앉을 수 있는 작은 강의실을 택했다. 미국의 인류학자 마거릿 미드도 원탁을 써서 평등한 분위기를 조성하고, 그리하여 거리낌 없는 토론을 이끌 어 내도록 권고했다.[30] 많은 유럽 대학에서 강의나 토론 수업 방식이 지난 세기를 거치는 동안 점차 더 편해졌는데, 이 흐름을 사회학자들 은 '비공식화'라고 표현했을 법하다.

강의를 한다는 것은 단순히 말하기만은 아니고 공연적 요소도 포 함하는데, 여기에 비판적인 학자들은 "대중에 영합하는 것"이라고 표 현하기도 한다. 17세기에는 시체 해부를 '해부학 극장anatomy theatre'에 서 하기도 했는데, 이럴 때면 마치 연극에 사람을 모으듯 사람들이 와 서 보게 했다. 18세기 중반 이후로 영국과 네덜란드에서는 시각적 '실 연'이 수반되는 과학 강의들은 일반 대중에 속하는 사람도 끌어당

겼다. 알렉산더 폰 훔볼트의 우주 관련 강연들은 1827~1828년 베를린에서 열려 많은 청중을 끌어모았는데, 그중에는 상류층 여성들도 들어 있었다. 거의 같은 무렵에 요한 가스파어 슈푸르츠하임이 골상학 강연을 했을 때는 런던의 왕립 연구소가 만원을 이루기도 했다.[31]

18세기의 더 뒤로 가면서부터는, 실험들이 구경거리로서 자주 공개리에 열렸으니, 말하자면 일종의 극장이었고, 여기서 강연자는 연예인이었다.[32] 예를 들면, 영국의 화학자 험프리 데이비는 왕립 연구소에서 다양한 계층이 섞인 청중 앞에서 공개적으로 실험들을 하면서 19세기 초에 과학이 대중화되는 데 일조했다. 전기는 이런 종류의 보여 주기에 적합했는데, 데이비가 말하는 중간에 섬광과 폭발을 곁들일 수 있었던 것이다.

빅토리아 여왕 재위 중반의 잉글랜드에서는 '과학 연예인들'이 데이비의 전통을 이어 갔다. 옥스퍼드에서는 괴짜 지질학자 윌리엄 버클런드가 때로 말을 타고 야외에서 강연을 했고, 실내에서 강연을 할 때면 청중이 표본들을 돌려 볼 수 있게 했을 뿐만 아니라 공룡들의 움직임을 흉내 내고 하면서 재미를 더했다.[33] 런던에서는, 과학기술 학교 화학 강사 존 헨리 페퍼가 지금은 '특수 효과'라 부르는 것을 고안해서 유명해졌는데, 무대에 유령들이 나타나게 했던 것이다. 비평가들이 자기네가 '선정적 과학'이라 부르던 것을 더러 격하게 비난했지만, 분명히 이런 방법들은 지식을 더 널리 퍼뜨렸다.[34] 20세기가 더 흘러가면서, 환등기를, 더 가까이로는(그러니까 1987년 이후로는) 파워포인트를 써서 학문적 강연들을 볼거리로 변모시키게 되는데, 이것은 혁신이라기보다는 부활에 더 가깝다고 하겠다.

20세기 중반에는 지식 전달을 위한 또 다른 발화 유형이 출현하는데, 라디오 강의로서, 격식을 갖추지 않아 친밀감을 느끼게 하는 것이 특징이었다. 예를 들어, BBC의 라이스 강좌는 1948년에 철학자 버트런드 러셀로 시작한 유명한 연례 기획물로서, 지금도 Radio 4에서 계속 이어진다. 1950년대에, 아이제이아 벌린은 정치사상에 관한 강단 강의보다 라디오 강연으로 훨씬 더 잘 알려져 있었다. 천문학자 프레드 호일이 1950년대에 했던 일련의 라디오 강의들도 유명했다. 프랑스에는, 역사 기획물인 「월요 역사 Les lundis de l'histoire」가 있는데, 일급 역사가들이 동료 역사가들과 대담을 하는 방송으로서, 프랑스 퀼티르 France culture에서 1966년 이후 계속 내보내고 있다.

전시하기

지식을 받아들이는 것이 문제가 되는 한 귀보다는 눈이 더 효율적인 기관이며, 그리하여 전시회들이나 박물관들이 지식 일반을, 특히 자연과학 지식을 전파하는 쪽으로는 강의들보다 더 많은 일을 했다고 주장할 수 있을 것이다.

전시회들은 (예를 들자면, 파리 살롱전에서 회화들을 전시했던 것처럼) 18세기에도 이미 열리고 있었으나, 이런 형식의 보여 주기는 더 나중에 19세기에나 본격적으로 늘어나게 됐으며, 저 런던 만국박람회의 모형을 따를 때가 많았다.[35] 1851년에 하이드파크에서 열린 이 만국박람회는 본질적으로는 영국과 그 제국의 산업적 성취를 (전시품 10만 개의) 웅장한 규모로 과시하는 자리였다. 이 박람회는 원재료며 수공 기술, 기계, 지리 따위와 관련된 지식을 광범위한 관람객에게 퍼뜨리는 데 도움이 됐으며(실제로 450만 장이 넘는 입장권이 팔려 나갔으며), 그리하여 한 당대인은 이 박람회를 '산업 백과사전'에 비유하기도 했다.[36]

이 박람회는 1852년 런던에 '제조품 박물관'이 설립되면서 상설화돼 계속 이어졌으며, 이 박물관은 얼마 지나지 않아 사우스켄싱턴 박물관으로 이름이 바뀌었다. 이 새 박물관은 다루는 분야가 더 넓어져서 세계 각지 장식 미술의 역사에도 관심이 있었지만, 여전히 그 목표는 비슷했으니, 수공인들을 교육해 산업을 진흥하고, 더 일반적으로는 (하원 미술 및 제조품 조사 위원회(1835년)의 표현에 따르면) "일반인들 사이에서 미술에 관한 경험과 지식을 확대하는 것"이었다. 이 시대에는 보기 드물게 이 박물관은 1858년 이후로는 저녁에도 문을 열었는데, 박물관 관장의 말을 빌리면 "노동 계층에게 실제로 어떤 시간대가 가장 편한지를 확인"하기 위한 것이었다.[37]

이 만국박람회는 도전이자 동시에 선례였던바, 다른 나라들의 기획자들이 '만국박람회' 또는 '세계 박람회'를 줄지어 여는 것으로 반응했는데, 파리에서 1855년, 1878년, 1889년, 1900년이었고, 필라델피아에서 1876년, 암스테르담에서 1883년, 시카고에서 1893년, 샌프란시스코에서 1915년 등등이었다. 500만 명의 관람객이 1855년의 파리 박람회를 봤고, 1893년 시카고 박람회는 2700만 명이 넘었으며, 1889년 파리 박람회는 3200만 명, 다시 1900년 파리 박람회는 5000만 명이 넘었다. 이 수치들은 웅변적이다. '블록버스터' 전시회는 새로운 발명품이 아니다. 이미 19세기에 전시회들은 책이나 잡지보다 훨씬 많은 사람이 봤던 것이다.[38]

세계를 전시하려 했던, 아니 최소한 많은 다른 나라에서 가져온 것들을 전시했던 사례들도 강조할 만하다. 1889년에 파리를 찾았던 네 명의 이집트인이 만국박람회Exposition universelle에 카이로 시가를 재현해서 전시해 놓았다는 것을 알고는 충격을 받았다.[39] 이 제국주의 시대에 서구인들이 다른 문화들을 보여 주던 방식들은 최근에 들어

강하게 비판을 받게 됐는데, 특히 상업적 흥행사들이 사람들을 데려다 이국적이고 별난 것의 전형이나 표본으로 전시했던 것을 꼽을 수 있다.[40] 하지만 1889년의 저 파리 박람회는 이와는 또 다른 이야기가 펼쳐지는 자리이기도 했다. 프랑스 작곡가 클로드 드뷔시가 처음으로 자바섬의 가믈란 음악을 듣는 것이 파리 박람회였고, 이 경험은 드뷔시 자신의 작품들에 계속 그 흔적을 남겼다. 더 일반적으로 보면, 서구인들이 다른 문화들에서 온 인공유물들에(불교 불상들이나 아프리카 가면들, 이슬람 서법書法들 따위에) 관심을 갖고 또 빠져들고 하는 것은 이런 대규모 전시들에서, 또 파리에서 1903년과 1916년에 각각 이슬람 미술과 아프리카 미술로만 한정해서 열렸던 전시들처럼 더 작고 더 특화된 전시들에서 강렬한 자극을 받은 때문이었다.

이런 단기 전시회들의 효과는 극적이었지만, 상설 전시회들에서 얻는 경험은 대신 지속성이 있었다. 공공 박물관은 18세기 후반에 출현하기 시작했으며, 박물관용으로 건설된 최초의 사례는 카셀에 있는 프리데리치아눔Fridericianum이었다. 이 과정에서 중요한 이정표는 박물관들을 일반에 공개한 것으로서, 루브르 박물관(1793년), 덴마크 국립박물관(1809년), 영국 박물관(1823년), 워싱턴 스미스소니언 박물관(1846년), 뉴욕 메트로폴리탄 미술관(1870년)이 있다.

전문 박물관들은 자연과학 쪽의 지식을 퍼뜨렸다.[41] 예를 들어, 파리 왕립 약용 식물원이 1793년에 국립자연사박물관이라는 새 이름 아래 일반에 공개됐으며, 일단의 자연사박물관들이 그 뒤를 따랐다. 이렇게 보면 19세기 후반을 '박물관들의 시대'라고 불렀던 섯도 이상할 것은 없다.[42]

1822년: 산티아고, 국립자연사박물관

1823년: 보고타, 자연사박물관

1866년: 예일 대학, 피바디 박물관

1869년: 뉴욕, 자연사박물관

1881년: 런던, 자연사박물관

1889년: 빈, 자연사 궁정 박물관

동물원들과 식물원들은 살아 있는 박물관이라고 볼 수 있다. 빈의 제국 동물원이 1765년 일반인들에게 문을 열었고, 이어 마드리드(1770년), 런던(1828년)을 비롯한 다른 곳들에서도 모아 놓았던 동물들을 공개했다. 마드리드와 큐에 있던 왕립 식물원들이 각각 1755년과 1759년에 공개됐고, 자메이카 킹스턴(1775년), 캘커타(1787년), 멕시코시티(1788년), 리우데자네이루(1808년)에 있던 비슷한 식물원들도 뒤를 따랐다.[43]

지식의 보급은 지식의 저장과 함께 이 많은 기관의 주요한 목표였다. 예를 들어, 저 스미스소니언 박물관은 제임스 스미슨이 '지식의 확대와 전파'를 위한 기관을 세우라며 유산을 남겼기 때문에 생겨날 수 있었다. 이미 19세기에 몇몇 박물관의 전시 책임자들은 관람객들을 끌어들일 수 있도록 소장품들을 전시하지 못한다고 비난을 받았다. "전문가만 관심을 가질 뿐" 빅토리아 여왕 시대의 한 비평가가 썼듯이, "일반인들에게 박물관은 어떤 종류든 정말로 견딜 수 없게 따분하다는 사실을 숨길 수는 없다."[44] 독일에서는, 19세기의 더 뒤쪽으로 가면서 박물관들을 찾는 사람들이 확대되자 박물관들의 기능을 둘러싼 논쟁이 벌어졌는데, 특히 지식에 이바지하는 것과 (어린이들을 포함해) 대중에게 봉사하는 것 사이의 상대적 중요성이 그 중심에 있었다.[45]

독일 태생 미국 인류학자 프란츠 보애스를 예로 들면 "관람자를 낯선 환경 속으로 데려가서" 보애스 자신의 표현을 빌리면, "촌락 전체와 사람들이 사는 방식을 보게" 해 줄 접근이 쉬운 박물관을 원했던 사람들 가운데 하나였다.[46] 보애스는 이렇게 문화가 현지 환경 속에서 작동하는 것을 보여 주는 모형들, 곧 '실물 집단'을 선호했으며, 이 전시 기법은 1889년 파리 박람회와 1893년 시카고 박람회에서 채용된 이후 박물관들로 퍼져 갔다.

박물관들을 더 '사용자 친화적'으로 만들어서 더 많은 사람에게 지식을 전하려는 움직임은 19세기로 거슬러 올라가거니와, 이 움직임은 또 상당한 성공을 거뒀다. 예를 들어, 1872년에 사우스켄싱턴 박물관은 100만 명이 훨씬 넘는 관람객을 불러 모았고, 1882년 영국 박물관은 76만 7000명의 관람객을 받았다. 하지만 20세기 말에 이르면, 전시 책임자들 스스로가 보기에 자기들이 이 방향으로 충분히 멀리 나아갔다고 할 수 있는 상황이 더는 아니었다. 런던 과학박물관에서 열린 '식품에 대한 생각Food for Thought'전의 경우 1989년 문을 여는데, 이 방향으로 한 걸음 더 나아가려고 계획했으며, 그 후속 전시인 '미래 식품'(2008년)은 곡물 유전자 변형에 관한 토론을 끌어내려고 기획한 것이었다.[47]

박물관은 단순히 인간 지식의 중립적 수집물일 뿐이고, 이를테면 식민주의의 도구→210쪽 이하 같은 것은 아니라고 생각한다면 당연히 순진하다고 해야 할 것이다. 역사가들로서는 박물관들이 지식을 전파했던 방식들을(박물관 구조 자체를 통해서, 예를 들면 어떤 물건들은 나란히 전시하고, 어떤 것들은 떨어뜨려 놓고, 어떤 것들을 무시하면서 다른 것들을 강조하고 했던 방식들을) 면밀히 들여다볼 필요가 있다. 비록 어떤 사람들이 다른 사람들에게 물건들의 배치를 통해 어떤 정보를 보내는 것이라고 말하는 것이 더 정확하겠지만, 이런 의미에서 "공간은 말을 한다." 가끔씩 박물관의 배치가 논쟁거리가 됐으며, 이럴 때면 대체로 무대 뒤에서 내렸던 배치상의 결정들이 드러났다.

예를 들어, 보애스가 반진화주의적 관점을 갖고 있었으며 문화적 다원주의를 중시했다는 것이 미국 박물관들에서 아메리카 인디언 유물들을 배치하는 방식을 둘러싼 논쟁이 벌어지는 중에 명확히 표현됐다. 스미스소니언 박물관에서, 전시 책임자였던 인류학자 오티스 메이슨이 인간의 진화를 강조하는 방식으로 유물을 배치해 놓았다. 그러자 보애스는 이 관점을 비판하면서 인간 문화들의 다양성을 강조할 수 있도록 지역별로 배치하는 방식을 제시했다.[48] 다시 1990년대까지 빈의 자연사박물관에는 인류가 인종들로 나뉘어 있다는 관점을 깔고 있던 '인종 전시관Rassensaal'이 있었거니와, 이 관점은 서구에서는 한동안 당연하게 여기던 것이었으나, 학자들이 점차 이 관점을 버리면서 갈수록 이상하게 보이게 됐던 것이다.[49]

쓰기

말하기의 사례에서처럼, 쓰기의 기능과 방법은 우리가 다루는 기간 중에 변형을 겪게 되는데, 기술상의 변화들이 일어나고 매체들 사이에 새로운 노동 분업이 출현한 결과였다. 이 기간이 시작될 무렵에는 편지나 책을 깃펜으로 썼고, 그러다가 19세기에는 금속 펜이 표준이 됐으며, 19세기 말에는 만년필이 뒤를 이었고, 1940년대에는 볼펜이, 다시 1980년대에는 수성 볼펜이 등장했다. 출판사들이나 대학들에서 책이나 박사 논문을 받을 때 점차 수고보다 타자 원고를 요구하게 되면서, 타자기는 19세기 말을 지나면서 처음에는 사무실에서, 그 다음에는 서재에서 일상적으로 사용하게 된다. 이미 1885년에 존스홉킨스 대학에서는 박사 논문을 쓸 때 타자기를 사용하도록 권고했다.[50] 1930년대 이후로는, 전동 타자기가 수동식 타자기와 경쟁했으며, 그러다 1980년대가 되면서 개인용 컴퓨터가 두 종류 모두를 빠르게 대체했다. 책이나 논문보다 짧은 전언들의 전달은 처음에는 우체국들이 등장하고, 그다음에는 전신이 발명되면서 혁명적으로 바뀌었다. 미국에서는, 1910년에 웨스턴유니언이 이런 전언 7500만 건을 처리했다.[51]

쓰기의 기능도 이보다는 덜 두드러지되 똑같이 중요한 방식으로 변화들을 거쳤다. 인쇄술이 발명된 이후로, 쓰기는 사적인 통신의 영역으로 점차 한정되게 된다. 하지만 공개적 영역과 사적 영역을 딱 잘라 구별한다면 그것은 비현실적이다. 우리가 다루는 기간에도 '반半 공개적' 영역 또는 영역들이라고 부를 만한 쪽에서는 지식이 계속 쓰기를 통해 전달됐다.

학계에서는, 편지들을 그 내용이 더 많은 사람에게 전달될 것으로 예상하면서 개인들에게 쓰기도 했는데, 이런 종류의 편지들은 인쇄물로 가능했던 것보다 더 빨리 (또는 더 잠정적으로) 정보와 발상을 전달하는 핵심적인 수단으로 오랫동안 남아 있었다. 칼 린나이우스의 이전 제자들 또는 '사도'들이 웁살라 대학 연구실의 린나이우스에게, 그러니까 저 넓게 퍼져 있던 식물학자들의 교류망 그 중심으로 자기네들이 발견한 것을 전하던 수단이 바로 편지였다.[52] 훔볼트나 찰스다윈, 막스 베버, 앙리 피렌, 카를 구스타프 융을 비롯한 다른 많은 학자가 주고받은 편지들이 보여 주듯이, 앞 시대 학자들과 사상가들은 린나이우스보다 규모는 더 작았지만 같은 종류의 교류망에서 중심에 있을 때가 많았다. 또 전자우편으로 편지가 오기는 하지만, 사실은 지금도 그렇다고 하겠다. 훔볼트는 혼자서 5만 통의 편지를 썼거니와, 《훔볼트 임 네츠》라는 인터넷 학술지가 훔볼트의 작업 연구에만 전념할 만하다고도 하겠다.[53]

『옥스퍼드 영어 사전』 제작을 돕던 그 많은 자원자가 편집자 헨리 머리와 소통하는 것도 편지를 통해서였으며, 아닌 게 아니라 "옥스퍼드에 있는 머리의 집 밖에는 우체통이 설치돼" 있어서 머리는 더 편하게 자원자들에게 편지를 쓸 수 있었다.[54] 다시 비직업 전문가들이 저 19세기에 융성하던 지역 학회들에 정보를 보내는 수단도 편지였다.→272쪽 이하 이런 편지들은 학회 회합 자리에서 낭독되었고, 그러고 나서는 회보에 실리곤 했다. 다른 말로 하면, 편지들은 일종의 혼합 양식으로서, 말하기와 쓰기가 섞여 있었던 것이다. 비슷한 지적을 인쇄된 면담을 놓고도 할 수 있을 것이다. 면담은 앞에서는 →73쪽 정보를 수집하는 수단으로 다뤘지만, 전문가들과 하는 면담은 인쇄물뿐만 아니라 라디오로, 또 텔레비전으로 지식을 전파하는 흔한 방법이기도 하다. 전자우편과 문자 메시지의 출현은 이 둘보다 오래된 저 혼합이라는 전통을 더 강화했으니, 쓰기를 일상적인 말하기에 더 가까워지게 만들었던 것이다.

쓰기는 우리가 다루는 기간의 전반부에 통치와 사업 두 분야 모두에서 갈수록 중요해졌다. 문자 그대로는 관리들의 통치인 '관료주의'라는 말이 프랑스어와 영어, 독일어를 비롯한 다른 언어들에서 일반적으로 쓰이게 되는 것은 18세기 후반이었다. 이 새 용어는 적절한 것이었다고 할 텐데, 고도로 집중화돼 있던 국가들의 행정에서 쓰기가 점점 중요해지고 있었기 때문이다. 더 많은 보고서가 들어와서, 서류철 또는 자료철로 보관됐고, 더 많은 서면 명령이 나갔던바, 베버가

'전통적' 행정이라고 부른 것에서 명시적 규칙을 따르는 '합리적' 행정이라 부른 것으로 옮겨 가는 과정의 일부였던 것이다.[55] 하지만 이런 합리적 행정의 대가는 저 많은 사소한 규정과 서식들이었으며, 지금도 우리는 '레드 테이프'라고 표현하면서, 문서들의 이런 불필요한 집적을 합리적 행정과 연결 짓고 있다.

다시 우리는 국세조사를 포함하는 19세기 사회조사들을 거대한 쓰기 사업으로 봐야 할 텐데, 먼저 조사원들이 썼고, 그런 다음에는 많은 수의 서기가 썼으니, 수합한 조사 결과를 손으로 조사 대장에 기입하고 소계와 총계를 냈던 것으로, 모든 단계에서 잘못 적는 일이 생겼던 대단히 힘든 과정이었다. 번역과 마찬가지로, 이기移記도 일종의 반역인 것이다.

19세기의 뒤쪽으로 가면서는, 기업들이 더 커지면서, 지시를 내려보내고 보고서들이 올라오고 하는 따위의 내부 소통을 위해 쓰기가 갈수록 중요해졌다. 예를 들어, '과학적 관리법'→194쪽이라 알려지는 것의 선도자였던 프레더릭 윈즐로 테일러는 게시판을 활용하고 서면 지시서, 곧 '작업 지시표instruction card'를 개별 노동자들에게 줘서, 기업의 효율성을 향상해야 한다고 권고했다. 미국 기업들이 '전통적' 관리에서 '합리적' 관리로 옮겨 가는 것이 이 무렵, 곧 1880년부터 1920년 사이였다고 말할 수도 있다. 국가를 분석할 때의 베버처럼, 이 시대의 새로운 관리자들은 잘못 기억할 때가 많은 구두 지시를 서면 지시로 대체하는 것이 효율을 위해 중요하다고 강조했다. 새로운 양식인 '메모'가 생겨나 업무 서신보다는 덜 격식을 차리고 시간도 덜 걸리는 방식으로 한 특정 회사 내부에서 서면 소통을 할 수 있게 됐다. 미국 회사들에 고용된 사무직원의 수가 반세기 만에 거의 마흔 배로, 그러니까 1870년 7만 4200명에서 1920년이면 283만 7700명

으로 늘어난 것도 당연하다고 하겠다.[56]

쓰기는 행정에서만큼이나 저항에서도 용도가 있었다. 몇몇 지역에서는, 대표적으로 핀란드와 그리스에서는 손으로 쓴 신문이 20세기 초까지도 살아남았는데, 어떤 경우는 신문들이 순전히 지역적 관심사를 다뤘기 때문이고, 하지만 또 어떤 경우들은 신문들에 실리는 견해가 체제 전복적이라고 여겨졌기 때문이었다.[57] 비밀스럽다는 것을 정의하기가 어렵다고는 해도, 쓰기는 특히 권위주의적 체제 아래서는 비밀스러운 소통에 여전히 핵심적이었으며, 지금도 마찬가지다.[58] 공개적 소통과 비밀스러운 소통 사이의 차이는 어쩌면 종류 차이라기보다는 정도 차이라고 보아야 하는데, 말하자면 양극단의 사이에 회색 지대가 있는 것이다.(실제로 '회색 문헌'이라는 용어가 있어서 비상업적 출판물들을 가리키는 데 쓰이기도 한다.)

정보의 비밀 또는 반半비밀 유통에서 잘 알려진 사례로는 소련과 그 위성국가들에서 공산당 지배가 끝나 가던 무렵의 몇십 년 사이에 사미즈다트samizdat('자가 출판') 문학이 출현했던 것을 꼽을 수 있다. 1968년에서 1972년 사이에는 러시아어로 발행되는 사미즈다트 신문인 《시사 신문》까지 있어서, 반체제 인사들에 대한 탄압과 관련해 정보를 제공했다. 중세에 필사를 해서 전파하던 경우에서처럼, 여기서도 필사자들은 어떤 것을 추가하고 다른 것을 빼고 하면서, 자기네가 필사하던 글을 바꿀 때가 많았다.[59] 사미즈다트의 사례는 수고나 타자 원고를 복제하던 여러 방식도 같이 생각나게 하는데, 이를테면 먹지나 게스테트너에서 제록스에 이르는 다양한 기계가 사용됐던 것이다.(이 기계들은 똑같이 1906년에 설립된 두 회사에서 생산했다.)

정기간행물들

사미즈다트 문학이 더러 작은 규모의 비밀 인쇄소들에서 인쇄되기는 했지만, 인쇄는 제대로라면 공적 영역과 맞물려 있다. 유럽의 첫 번째 인쇄 혁명이 15세기 중반에 구텐베르크와 그 동료들의 노력으로 일어났다면, 두 번째 혁명이라 할 것이 19세기 초에 (이번에도 또 다른 독일인 프리드리히 쾨니히가 발명한) 증기 동력 인쇄기가 돌아가기 시작하면서 일어났다. 이 증기 동력 인쇄기 덕에 인쇄가 훨씬 빨라졌다. 여기에다 (넝마가 아니라 목재펄프로 만들어서) 값싼 종이가 출현하면서, 증기 동력 인쇄기는 신문이나 정기간행물, 책 따위를 이용하는 '매스커뮤니케이션'의 시대가 열릴 수 있게 했다.

《타임스》가 이 새 증기 동력 인쇄기 한 대를 설치한 것이 1814년이었다. 19세기에 들어, 값싼 신문들은 새로운 정보를 전하는 핵심적인 수단이 됐다. 신문들은 17세기 초에 생겨난 이래 이 기능을 계속 수행하는데, 특히 프랑스 혁명 기간 중에 (1789년 한 해에만 130종의 새 정치 전문 신문이 프랑스에서 설립되면서) 그러했으며, 하지만 19세기에는 전보다 훨씬 많은 사람이 정기적으로 신문들을 볼 수 있게 됐다.

19세기 하반기에는 뉴스의 전파가 더 빨라졌는데, 전신이 등장하면서 특화된 중개인들이 신문들에 기사를 팔 수 있게 됐던 것으로, 이를테면 샤를루이 아바스가 있었는데, 번역소로 출발했던 아바스의 파리 사무실이 문을 여는 것은 1835년이었고, 또 아바스의 고용인으로 일했던 독일인 파울 로이터도 있었는데, 로이터의 통신사는 근거지가 파리에 있었으며, 1865년으로 거슬러 올라간다. 이 무렵의 또 다른 주요한 흐름은 미국에서, 또 유럽에서 대중지가 출현한 것이었다. 앞 시대의 신문들은 보통 사람들이 사기에는 너무 비쌌으나,

1883년에는 조지프 퓰리처가《뉴욕 월드》를 한 부당 1센트씩 하루 50만 부꼴로 팔기 시작했다. 1900년을 막 지나면서는, 영국의《데일리 메일》과《데일리 미러》, 프랑스의《르 주르날》과《르 마탱》이 하루에 각각 100만 부 이상을 팔고 있었다.

일간지들은 '지식'보다는 '정보'를, 아니 심지어 '허위 정보'를 퍼뜨린다고 말할 수 있을 텐데, 인쇄 마감 시간이 신문에 실리는 기사들의 진위를 확인할 기회를 거의 주지 않기 때문이다. 주간지에서 계간지에 이르는 정기간행물들은 더 신뢰할 만한 지식을 제공할 여지도, 또 소식들에 관해 논평할 공간도 갖고 있다. 정기간행물은 왕립학회의《철학 기요》나《학계 소식》같은 학술지들이 대표적이었거니와, 이미 17세기에 출현했으나, 19세기에 들어 눈에 띄게 규모가 늘어나고 다양해졌다. 이 무렵의 세 주요 정기간행물군을 구별하는 것이 유용할 텐데, 먼저 전문 학술지가 있었고, 교양 있는 일반 독자층을 겨냥한 평론지에, 다시 더 대중적인 잡지가 있었다.

학문이 갈수록 직업화하던 것과 보조를 맞춰, → 265쪽 이하 19세기 중반 이후로 전문적 학술지들이 많이 늘어나는데, 이를 주도했던 것은 독일 학술지들로서,《동물학지》(1848년),《역사학지》(1859년),《민족심리학지》(1860년),《이집트어 및 이집트 고고학 연구지》(1863년) 등등이 있었다. 역사학 쪽을 보면, 독일의 1859년 선례를 프랑스의《역사학보》(1876년),《이탈리아 역사학지》(1884년),《영국 역사학지》(1886년)를 비롯한 많은 학술지가 따르게 된다.

이 전문 학술지 체제는 상당수 학술지 자체와 함께 20세기 말까지 거의 변하지 않고 (비록 전문 학술지의 수는 늘어났지만) 살아남았다. 2000년 이후로는 점점 더 많은 학술지가, 특히 과학 학술지들이 온라인으로 발행됐는데, 그래도 이 중 상당수 학술지는 인쇄본으로도 계속 나오고 있다. 과학 논문들은 공식 출판 전에 온라인에서 돌아다니기도 하는데, 자연과학에서는 정보가 점점 더 빨리 유통돼야 하는 필요를 반영한 것이라 하겠다.

일반 대중 가운데 더 많이 배우고 더 부유한 사람들을 겨냥해서, 다양한 잡지가 우리가 다루는 기간 중에, 특히 19세기에 발달했다. 예를 들어, 프랑스에서는, 오랫동안 발행된 주간지 《토론Journal des débats》(1789~1944년)이 있었는데, 의회에서 벌어지는 토론들에 대해 보도하는 한편 저명한 저술가들이 기고하는 문학잡지의 성격도 띠었던 경우이며, 《양 세계 평론Revue des deux mondes》(1829년)은 지금도 발행하는 월간지로서, 1879년까지는 자유주의적이었다가 그 이후로는 더 보수적이 됐다. 영국에서는, 한 무리 중요한 계간지들이 19세기 초에 출현해서, 새로 나온 책들과 새로운 사상들을 다루며 서로 다른 정치적 성향을 가진 독자들을 끌어들였는데, 그중 대표적인 것으로 휘그당원들이 주로 보던 《에든버러 평론Edinburgh Review》(1802년)이 있었고, 토리당원들이 주요 독자였던 《계간 평론Quarterly Review》(1809년), 또 급진파들이 읽던 《웨스트민스터 평론Westminster Review》(1823년)이 있었다.[60]

이런 잡지들에서 자연과학이 차지했던 자리는 주목할 가치가 있다. 예를 들어, 프랑스에서는 물리학자 겸 천문학자였던 자크 바비네가 과학을 주제로 《토론》과 《양 세계 평론》모두에 정기적으로 글을 썼다.[61] 영국에서는, 존 허셜, 찰스 라이엘, 토머스 헨리 헉슬리 같은 역량 있는 과학자들이 각각 《에든버러 평론》, 《계간 평론》, 《웨스트민스터 평론》에 글을 실었다. 지식은 값이 쌌던 다양한 잡지를 통해 훨씬 더 광범위하게 전파됐는데, 이를테면 영국의 《페니 매거진Penny Magazine》(1832년)은 20만 부까지 찍은 적이 있으며, 《내셔널 지오그래픽National Geographic》(1888년)에서 《히스토리 투데이History Today》(1951년)까지 비직업적 애호가 집단들을 겨냥했던 더 전문화된 잡지들도 있었다.

자연과학에서는 이런 중간 수준의 잡지들이 특히 중요한 역할을 했다. 예를 들면, 미국에서는 (원래는 수공인들이 독자층이었던) 사이언티픽 아메리칸》(1845년)과 《파퓰러 사이언스》(1872년)가 있었으며, 두 잡지 모두 지금도 발행된다. 독일에서는, 《디 나투아Die Natur》(1852년)가 있었는데, 부제에서 밝혔듯이 "모든 계급의 독자를 위한" 잡지였고, 이 잡지를 프랑스인들이 《라 나튀르La Nature》(1873년)를 발행하며 따라 했는데, 이 프랑스 쪽 잡지는 1885년이면 한 번에 1만 5000부씩 인쇄하고 있었다.[62] 빅토리아 여왕 시대 영국에도 똑같은 독일의 선례를 따른 《네이처Nature》(1869년)가 있었으니, 맥밀런에서 발행하는 4페니짜리 주간지였고, 또 《날리지Knowledge》(1881년)는 2페니에 출판하던 주간지로서, 스스로 이르기로는 "쉬운 말로 정확하게 기술"하는 '과학 화보 잡지'였다.[63]

중개 또는 번역의 기능은 1850년 이후 전문화된 학문 분과가 점점 더 많이 출현하면서 이전 어느 때보다도 중요해졌다. 전문가들의 언어가 갈수록 전문적이 되면서, 일반 대중의 언어와 더 멀어졌던 것인데, 특히 자연과학 쪽에서 그러했다. 이런 거리에 대한 우려가 미국 과학자들 쪽에서는 저 '과학 통신Science Service'(1920년)의 설립을 낳았는데, 과학자들과 언론인들이 협력하던 일종의 기사 제공 기관이었으며, 다시 두 세대가 더 지나 영국에서는 '과학의 대중화' 운동으로 이어졌으니, 같은 이름으로 학술지가 창간된 것이나, 런던 대학과 옥스퍼드 대학에 특별 교수직이 신설된 것도 이 운동의 일환이었다. 지금은 대학들에 '과학 커뮤니케이션' 강의가 개설돼 있다.[64]

과학자들과 그 외 다른 시민들 사이의 이 거리를 좁히려고 하면서, 과학 전문 언론이 20세기에 들어 갈수록 중요해졌다. 충분히 역설적이게도, 전문화에 맞서 싸우려고 전문화가 일어났던 것이었다. 영국에서 최초로 과학 전문 기자를 뽑는 것은 1928년 (당시 이름으로는) 《맨체스터 가디언》으로 거슬러 올라가며, 프랑스에서 과학 전문 기자 협회가 설립되는 것은 1955년이었다. 과학 관련 뉴스들을 보도하면서, 보통은 과학 쪽 학위를 갖고 있던 이 과학 전문 기자들은 알기 쉬운 말로 과학을 전공하지 않은 대중을 위해 기사를 썼는데, 예를 들어 얼 유벨은 알베르트 아인슈타인을 인터뷰해서 《뉴욕 헤럴드 트리뷴》에 기사를 실었고, 리치 콜더는 DNA 구조 발견을 1953년에 《뉴스 크로니클》을 통해 보도했다. 다른 기자들처럼, 과학 전문 기자들도 선정주의적이라고 비난을 받을 때가 많았다.[65]

연속성을 잊어서는 안 된다. 텔레비전의 시대에, 또 뒤에서 →436쪽 다루게 될 인터넷의 시대에도, 과학 잡지들을 보는 사람들은 남아 있다. 《사이언티픽 아메리칸》은 1986년에 발행 부수가 100만에 이르렀고, 지금은 열다섯 개 외국어판으로도 발행된다. 《네이처》는 계속 주간으로 발행되고, 전문 학술지까지는 아니지만 이제 동료 평가 학술지가 됐으며, 《라 나튀르》는 월간지 《라 르세르슈》에 합병됐으며, 이 월간지는 과학을 전공한 준학자 독자층을 겨냥하고 있다. 인문학 쪽에서도, 비직업 연구자들이 읽는 월간지들을 위한 공간이 여전히 존재한다. 예를 들어 영국에는 《히스토리 투데이》(1951년)나 《커런트 아키올로지》(1967년)가 있으며, 다른 많은 나라에도 이에 상응하는 월간지들이 있다.

서적들

대답하기는 사실상 불가능하지만, 흥미로운 질문이 하나 있으니, 곧 지식의 전파에서 책과 정기간행물의 상대적 중요성을 묻는 것이다. 우리가 다루는 기간에 제작된 책의 수가 엄청나다는 것을 생각하면, 책들에 관한 어떤 일반적 진술도 지극히 평범하지 않다면 아마 부적절할 텐데, 이 말은 전문가들이 보는 전문 연구서들이나, 교양 있는 일반 독자들을, 아니면 다른 종류의 대중화를 겨냥한 책들을 가릴 것 없이 적용된다고 하겠다. 1960년에는 세계적으로 33만 2000종의 책이 출판됐는데, 1990년이면 84만 2000종으로 늘어나 있었다.[66] 2005년에는 영국에서만 20만 6000종이 출판됐고, 미국에서는 17만 2000종, 러시아 연방에서는 12만 3000종이었다.

이 방대한 벽 없는 도서관의 한 구획에 전등을 비춰서, 이제 자연과학의 전파로 다시 돌아가 보자. 18세기에는, 린나이우스가 대중화 저자였는데, 평이하게 쓰고 빨리 번역됐던 두껍지 않은 책들을 발표하면서 "자연 연구 입문에 필요한 교육적·금전적 입장료"를 낮춰 줬기 때문이었다.[67] 다시 뷔퐁의 『박물지』는 "18세기에 가장 많이 읽혔을 과학 저작"으로 묘사되기도 하는데, 거기 담긴 관점들과 함께 그 문체 때문이기도 했다.[68]

19세기에는, 몇몇 주요한 과학 저작이 비교적 광범위한 사람들을 끌어들였는데, 대표적으로 라이엘의 『지질학 원리』(1830~1833년)는 상당히 두꺼웠는데도 1875년이 되면 제12판까지 찍었고, 또 다윈의 『종의 기원』(1859)은 19세기가 끝나기 전에 5만 6000부가 팔려 나갔다. "빅토리아 여왕 시대의 일대 사건"으로서, 익명으로 출판된 『창조의 자연사적 흔적들』(1844년)의 경우는 제14판까지 찍으며 4만 부가 팔렸을 뿐만 아니라 공개적인 자리에서나 사적인 자리에서 활발한 토론의 대상이 됐다.[69] 몇몇 일급 과학자 자신도 과학 대중화에 일조했는데, 대표적으로 천문학자 겸 물리학자였던 프랑스의 루이 아라고가 있고, 영국에는 (앞에서 본) 데이비와 헉슬리가 있었다. 독일에서는 이와는 대조적으로, 일급 과학자들 가운데 훔볼트의 선례를 따라 광범위한 청중과 소통한 경우는 없었고, 과학 대중화를 언론인들에게 맡겨 놓았다.[70]

이렇게 성공적인 사례들이 있기는 하지만, 직업적 과학자들이 쓴 책들의 판매 수치를 일급의 전업 대중화 저자들이 내놓은 책들은 쉽게 뛰어넘었다. 에버니저 브루어 목사의 『익숙한 것들의 과학적 이해를 위한 안내서』(1847년)는 1892년에 제44판에 이르면서 모두 19만 5000부가 팔렸고, 존 조지 우드 목사의 『시골에서 흔히 보는 것들』(1858년)은 1889년까지 8만 6000부가 팔렸다.[71] 프랑스에서는, 카미유 플라마리옹의 『대중 천문학』(1879년)이 1900년까지 10만 부가 팔렸다.[72]

20세기에도 일부 출판사는 학문적 지식을 더 광범위한 대중에게 전하려고 계속 노력했다. 영국에는, '가정 대학 현대 지식 도서관'(1911년) 총서가 있었다. 그러니까 아주 다양한 주제를 놓고 전문가들에게 쉬운 말로 짧은 책들을 써 달라고 요청해서 2만 부씩을 인쇄했던 것이다.[73] (오늘날의 많은 학자는 꿈도 꾸지 못할 부수였다.) 프랑스를 보면, 1941년에 시작한 '나는 무엇을 아는가?'가 이와 비슷한 총서로서, 지금은 수천 권에 이르고 있다. 그래도 여전히, 19세기 하반기가 최소한 책의 형태로는 대중 과학의 황금기였던 것으로 보이는데, 이 무렵에는 문해율이 높아지고, 그러면서도 진보의 동력으로서 과학에 대해 가졌던 믿음은 여전히 도전을 받고 있지 않았기 때문이다.[74]

1920년대 말에 대중 과학의 부활이 있었는데, 이를 주도한 것은 과학자들 자신들로서, 이를테면 물리학자 아서 에딩턴의『물리적 세계의 성격』(1928년)은 1943년이면 2만 6000부가 팔려 나간 상태였고, 우주학자 제임스 진스가 쓴『신비로운 우주』(1930년)는 1937년까지 대략 14만 부가 팔렸다.[75] 이 과학자 상당수는 정치적으로 좌파였는데, 대표적으로 물리학자 장 바티스트 페랭은 원자에 관해 쓴 책이 1913년에 처음 출판돼 그 뒤로 여러 판을 거듭하며 여러 언어로도 번역된 경우였고, 유전학자 존 버턴 샌더슨 홀데인은 한때《데일리 워커》에 과학을 주제로 주간 칼럼을 썼으며, 동물학자 랜실롯 호그벤은『시민을 위한 과학』(1938년)의 저자였고, 물리화학자 존 데즈먼드 버널은『과학의 사회적 기능』(1939년)을 썼다. 호그벤이 쓴 책의 대중적 호소력은 거기 들어간 삽화들 때문에 더 커졌는데, 이 삽화들을 그린 것은 좌파 만화가 제임스 프랜시스 호래빈으로서, 허버트 조지 웰스가 써서 엄청나게 팔려 나간『간추린 세계사』(1920년)에도 이미 삽화를 그린 적이 있었다.

많은 동료 과학자가 대중화는 본업을(연구를) 할 시간을 빼앗는 반갑지 않은 일이라고 봤던 반면, 이 과학자들은 대중화를 의식화로, 곧 사회를 바꾸는 수단으로 여겼다. 그렇다고는 해도, 호그벤은 애초에는 강의 형식으로 발표했던 내용을 책으로 묶어서 인기서가 된『100만 인을 위한 수학』(1936년)의 출판을 미루기도 했는데, 왕립학회 회원으로 선출되기를 바라던 차에 이 책이 출판되면 직업적 평판을 망치지 않을까 우려했기 때문이다.[76]

이때 이후로 과학자들이 과학에 관해 쓴 많은 책이 아주 잘 팔렸는데, 대표적인 것들을 보면 아이작 아시모프의『지적인 남자를 위한 과학 안내서』(1960년)나 스티븐 호킹의『시간의 약사』(1988년)가 있었고, 또 리처드 도킨스의『이기적 유전자』(1976년)나 스티븐 제이 굴드의 『판다의 엄지』(1981년) 같은 일련의 생물학 저작들도 있었다. 그래도 여전히, 이제 이런 종류의 책들은 신문이나 잡지에 실리는 과학 기사들만이 아니라, 텔레비전 기록영화들과도 경쟁을 해야만 한다.

시각적 보조물들

이 많은 내용을 얼마나 많은 사람이 얼마나 많이 읽었는지는 대답이 불가능한 또 다른 질문이로되, 읽기보다는 훑어보기나 대충 보기가 더 흔했으리라는 추측은 할 수 있을 것이다. 전문적이든 대중적이든, 책이나 논문들에서 정보를 제시하는 방식을 보면 실제로 이런 결론에 이르게 된다. 서로 다른 종류의 표들이며 그래프, 지도, 도해, 그림들은 활자화된 내용을 더 분명하게 만들어 줬을 뿐만 아니라 그 대체물이 되기도 했다.[77] 우리가 다루는 기간 내내 시각적 보조물들은 공연에서만큼이나 또 활자화된 설명에서도 (전문가들에게 신속히 정보를 전달하기 위해서든, 더 광범위한 일반인들을 겨냥한 지식에 당의를 입히기 위해서든) 꾸준히 늘어나는 것을 볼 수 있다. 공급 쪽에서는 새로운 기술들이 출현하면서, 또 수요 쪽에서는 새로운 종류의 정보, 특히 통계를 보여 줄 필요가 생기면서 시각적 보조물들이 이렇게 늘어났던 것이다.

사회조사 결과들과 위원회 보고서들에도 책이나 논문들에서처럼 통계들이 갈수록 많이 포함되면서, 1820년대 이후로 '인쇄된 숫자들의 사태'가 일어나게 된다.[78] 이런 이유로 표, 또는 런던 통계학회의 표현대로는 '표 형태 표시물'의 중요도가 갈수록 커졌으며, 이 표시 방법은 자연과학에도 역시 채용되는데, 예를 들어 독일의 지질학

자 하인리히 브론은 박물학과 함께 상업도 가르치면서 1831년에 화석들의『표』를 발표했다.[79]

그래프는 또 다른 시각적 표시 수단으로서, 경제 자료들에서 시작해 다른 종류의 자료들로 퍼져 나갔다.[80](다만 날씨에 따라 기압계의 수은주가 오르내리는 것을 보여 주는 그래프가 이미 1686년에 발표되기는 했다.) 1782년에 출판된 한 유럽 경제 지도책에 그래프들이 들어 있었고, 스코틀랜드의 경제학자 윌리엄 플레이페어는 일찍이 기관공 교육을 받았던 결과로『상업 및 정치 지도책』(1786년)에서 그래프들을 사용했다. 경제지리학에서 시작해 그래프는 사회학(아돌프 케틀레)으로, 천문학(윌리엄 허셜)으로, 다시 역학疫學(윌리엄 파)으로 전파됐다.[81]

표와 그래프가 출현하는 것과 함께 새로운 종류의 도표들도 나타났다. 조지프 프리스틀리는 연대순 도표를 고안해 내 역사적 인물들의 활동 시기를 개괄했다. 스위스의 수학자 요한 하인리히 람베르트는 열 관련 논문『고온 계측』(1779년)에 시계열 표들을 집어넣었으며, 플레이페어는『통계적 요약』(1801년)에서 지금은 원그래프(그림 10)와 막대그래프로 알려진 것들을 생각해 냈다. 분명히 플레이페어에게서 영향을 받아, 훔볼트는『누에보 에스파냐 왕국에 관한 정치적 시론』(1811년)에서 막대그래프들을 사용했다. 지질학자들은 단면도를 처음 사용한 축에 들어가는데, 대표적으로 브로냐르와 조르주 퀴비에가『파리 주변의 광물학적 지리학에 관한 시론』(1811년)에서 그렇게 했고, 측량사 윌리엄 스미스가『잉글랜드와 웨일스의 지층 묘사』(1815년)에서 또 그렇게 했거니와, 이 연구로 그에게는 '지층 스미스'라는 별명이 붙게 된다.

지질학자들은 특수도 specialized map 또는 주제도 thematic map를 처음 사용한 사람들이기도 한데, 이네들의 경우 관심사는 광물이나 암

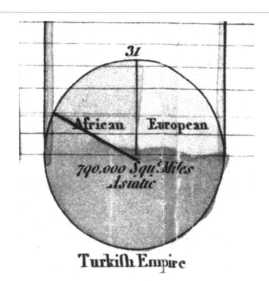

그림 10

윌리엄 플레이페어의 원그래프 「튀르크 제국」(1801년).

반 성상이었다. 그 뒤를 문명 지도(1826년), 범죄 지도(1829년), 인구 지도(1841년) 등등이 따르게 된다. 19세기 런던의 유명한 두 주제도를 소개하면, 콜레라 확산 지도(1854년)를 의사 존 스노가, 빈곤 '묘사 지도'(1891년)를 사업가이자 독지가였던 찰스 부스가 제작했다. 「1812~1813년 러시아 침공 중 프랑스 군대의 연속적 병력 손실 도표 지도」(1861년, 그림 11)에서 프랑스의 토목공학자 샤를 조제프 미나르는 지도가 동적일 수 있다는 것을 보여 줬다. 처참하게 끝난 나폴레옹의 러시아 침공 당시 모스크바까지 진격했다가 다시 후퇴하면서 프랑스 군대가 줄어드는 양상을 이보다 더 극적인 방식으로 보여 주기는 힘들 것이다.[82]

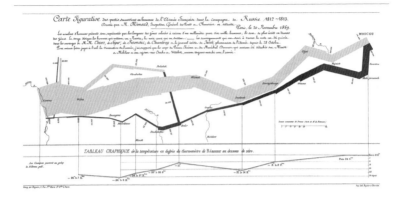

그림 11
프랑스군이 모스크바에서 퇴각하는 중에 병력이 손실되는 과정을 보여 주는
샤를 조제프 미나르의 지도(1869년).

그러는 사이, 천문학자들은 천체도를, 해양학자들은 해도를 제작
했다. 특별히 정교하게 제작된 것으로 매슈 폰테인 모리가 1848년 미
국 해군을 위해 제작한 바람과 해류 표시 해도들을 꼽을 수 있는데,
모리는 특별한 기호들을 고안해서 바람의 세기와 방향을 표현했다.
자연과학자들은 도해들 또한 갈수록 많이 이용했다. 예를 들어 『화학
철학의 새 체계』(1808년)에서, 존 돌턴은 질산, 설탕을 비롯한 다른 물
질들의 원자들을 단순히 원 하나를, 아니면 원이 두 개에서 일곱 개
까지 붙어 있는 집합체들을 써서 표시했다. 일반 대중도 도해들에 익
숙해졌는데, 이를테면 "아마 지금까지 제작된 것 중 가장 영향력 있
는 망상도網狀圖일 것"이라고 묘사됐던 런던 지하철 노선도(1933년)
같은 것들이 있었다.[83]

책에 들어가는 삽화도 더 많아지는데, 기술상의 변화 덕분에 비
용이 덜 들게 됐기 때문이다. 먼저 목판화가 강판화에 자리를 내줬는

데, 강판들이 마모가 훨씬 더뎠던 것이다. 19세기 초에 석판화가 발명되면서 삽화에 들어가는 비용은 한층 더 줄어들었다. 이제 시각물이 정기간행물들의 소구력에 추가되는데, 이를테면《일러스트레이티드 런던 뉴스》(1842년)는 삽화를 실은 최초의 주간지로서 1850년대가 되면 20만 부를 팔고 있었으니, 이 무렵 화가들과 사진가 하나를 파견해 크림 전쟁을 취재했던 것이다. 사진가 한 명을 크림반도에 보냈던 일은 지식의 수집과 분석에서, 또 그 전파에서도 새로운 시대가 시작됐다는 것을 보여 주는데, 곧 보도사진photojournalism의 출현이었다. 더 학문적인 수준에서, 사진은 새로운 학문 분과, 곧 미술사의 출현에도 일조하는데, 흩어져 있던 걸작들을 모아서 책에 실린 삽화들이나 강의 보조물의 형태로 학생들이 볼 수 있게 해 줬던 것이거니와, 이 걸작들이 흑백으로 또는 원래와는 다른 색깔로 바뀌었다고는 해도 문제될 것은 없었다.

렘브란트의 「해부학 강의」가 상기하게 하듯, 시각적 강의 보조물들은 결코 새로운 발상이 아니다. 지질학자들은 청중에게 암석을 보여 줄 수 있었고, 고생물학자들은 뼈를 보여 줄 수 있었다. 화학의 경우는 더 까다로웠지만, 문제를 해결할 수는 있었다. 예를 들어, 아우구스트 빌헬름 폰 호프만은 19세기 중반 런던의 왕립 화학 대학에서 강의를 하면서 나무 공들을 막대로 연결한 단순한 원자모형과 분자모형(그림 12)을 사용했다.

저 '유령 발명자' 존 헨리 페퍼 →154쪽 같은 과학 보급자들은 어떨 때는 시각적 강의 보조물들의 선구자이기도 했다. 전직 예수회 사제였던 프랑수아 무아뇨는 19세기 중반 프랑스에서 인기 있던 자연과학 강사로서, 20세기 환등기의 선조격인 이른바 마법 전등magic lantern을 자주 이용했다. 이 마법 전등의 후신인 환등기carousel가 시장에 나

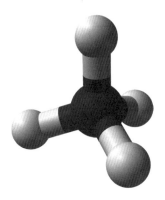

그림 12
아우구스트 빌헬름 폰 호프만의
메탄 분자모형(1860년경).

오는 것은 1962년이며, 그 이후 30년이 넘는 동안 이 환등기 없는 미술사 강의들은 상상하기 어려웠다.

20세기 중반이 되면, 몇몇 학자는 벌써 텔레비전의 유명 인사들이 돼 있었는데, 영국해협 양쪽에서는 앨런 존 퍼시벌 테일러와 조르주 뒤비 같은 역사가들을 꼽을 수 있다. 텔레비전이 지식의 제시에서 더 효과적인 시각적 보조물이라고 말할 수도 있고, 아니면 반대로, 텔레비전이 효과적인 지식 제시 수단이며 말이 보조적 역할을 한다고도 말할 수 있다. 지난 두 세대에 걸쳐, 텔레비전 프로그램들은 전자에서 후자 쪽으로 옮겨 왔다. 1950년대에는, 시청자들이 삽화가 들어가는, 아니면 삽화도 들어가지 않는 텔레비전 강의들을 봤는데, 테일러가 제1차 세계대전을 주제로 ITV에서 했던 유명한 30분짜리 강의가 이런 경우였다. 이와는 대조적으로, 사이먼 샤마가 BBC에서 브리튼 제도의 역사에 관한 연속물(2000~2001년)을 진행할 때는 스튜디

오에서 벗어나 해당 방송분에서 다루는 장소로 가서 설명을 했고, 배우들이 상황을 재연해서 글보다는 영상이 주가 됐다.

시각물들이 말보다 크게 유리한 점 하나는 번역 없이도 전 세계에 전파될 수 있다는 것이다. 이 새로운 매체는 또한 다른 종류의 지식보다 몇몇 종류의 지식에 잘 맞는다. 예를 들어, 시각물들은 고고학과 잘 어울린다. 고고학자 모티머 휠러가 고고학에 관한 연속물을 진행하고 나서 1954년 영국 '올해의 텔레비전 방송인'에 선정됐던 것은 휠러의 개인적 흡인력만큼이나 이 학문 분과가 가진 시각상의 강점들에 관해서도 말해 주는 것이 있다고 하겠다. 자연사는 텔레비전에서 설명하기에 아주 적합한 또 다른 지식 분야다. 이를테면 데이비드 애튼버러의 「지구상의 생명」(1979년), 「살아 있는 지구」(1984년), 「지구의 상태」(2000년) 같은 잘 알려진 프로그램들을 보면 된다. 역사 또한, 특히 전쟁들의 역사는 텔레비전 제작자들과 그 시청자 모두에게 매력적이라 하겠으니, 그리하여 「제1차 세계대전」(1964년)이 BBC를 위해 제작되었고, 「교전국들」(1974년)은 ITV였으며, 「남북전쟁」(1990년)은 미국인 감독 켄 번스가 PBS를 위해 제작했고, 가장 최근에는 TVE에서 방영한 「필름에 담긴 전쟁」(2006년)이 있는데, 에스파냐 내전 중 양쪽에서 제작된 영상들을 놓고 해설을 곁들였다.

텔레비전, 더 가까이로 와서는 인터넷을 이용한 원격 수업은 영국 개방대학(1969년)에서 성인 교육이 크게 확대될 수 있게도 해 줬으니, 이 대학은 1997년까지 이미 200만 명의 학생을 가르쳤으며, 또 이 선례를 따라 네덜란드와 에스파냐를 비롯한 다른 많은 나라에서 설립된 많은 기관에서도 상황은 같았다. 2003년이 되면, 7만 명이 넘는 학생이 피닉스 대학의 '온라인 캠퍼스'에 다니고 있었다.[84]

이번 장에서는 지난 250년을 놓고, 지식을 전파하고자 했던 많은 개인적 노력을, 그리고 또 몇몇 집단적 기획을 같이 살펴봤다. 정보는 정확한 것도, 또 부정확한 것도 갈수록 빠른 속도로 전파됐다. 전파 자체를 지지하는 사람들은 지식이 더 광범위하게 퍼졌다고 주장할 것이고, 비판적으로 보려는 사람들은 지식이 너무 얇게 퍼졌다고 말할 것이다. 이어지는 장에서는 지식의 전파를 보내는 사람이 아니라 받는 사람의 관점에서 검토할 텐데, 그러면서 서로 다른 종류의 사람들이 지식을 이용했던 다양한 방식을 살펴볼 것이다.

지식을 이용하다

여기서는 이 책 제1장에서 소개했던 수집, 분석, 전파, 행동, 이 네 과정 중 마지막 과정을 다룬다. 앞 장에서는 정보를 보내는 과정을 살펴봤다면, 이 장에서는 정보의 수용과 이용에 초점을 맞출 것이다. 달리 말하면, 이제 이어지는 내용에서는 지식과 사회 정책, 아니면 미셸 푸코가 말하던 대로 지식과 권력, 곧 savoir와 pouvoir 사이의 관계를 다루게 된다.[1] 여기에는 다양한 용도로(더러는 최초의 지식 전파자가 생각도 할 수 없었던 용도로) 지식을 재활용하는 것도, 또는 프랑스 이론가 미셸 드 세르토의 작업에서 핵심적이었던 개념을 쓰자면 '재사용', 곧 ré-emploi도 포함된다.[2] 사실 가장 지적인 혁신들은 기술적 혁신들과 마찬가지로 앞 시대의 발상들이나 인공물들을 창의적으로 개조한 것들이며, 그리하여 우리가 '독창성'이라고 부르는 것은 절대적이기보다 상대적인 것이라고 말할 수 있다.

　하지만 지식에다 무엇을 하기 전에, 또는 지식을 이용하기 전에 지식을 우리가 앞서 논의한 저장소들에서 먼저 가져와야만 한다.

검색

가장 먼저 생각나고 또 가장 많이 퍼진 형태의 정보 검색은 인간의 기억이지만, 기억이 갖는 한계와 오류 가능성 때문에 인공적 보조 장치들로 기억을 보충하려는 시도가 많이 나왔다. 저 전통적인 '기억술'은 고대, 중세, 근대 초기에 걸쳐 쓰였거니와, 웅변가들이나 설교자들을 도울 목적으로 고안됐으며, 무엇이 됐든 기억해야 하는 것을 상상 속의 사원이나 궁전, 교회, 극장 안에 배치된 생생한 시각물들과 연결하는 방법을 이용했다.[3] 이 기술은 몇몇 세계 기억력 대회의 우승자들이 여전히 사용하고 있기는 하지만, 1800년경 이후로 다른 암기법들이 추가로 등장하면서 법학이나 역사학, 지리학, 천문학, 약리학 따위를 공부하는 학생들에게 도움을 주는데, 이를테면 역사적 연도를 일정 순서의 글자들로 바꾸거나 운문을 짓거나 말장난을 섞은 만화를 그리거나 했던 것이다.[4]

이 기억술 또는 기억학은 이 주제를 다룬 몇몇 19세기 강사와 저자들에게 돈과 명성을 가져다주었으나, 장기적으로 보면 우리가 지금은 '정보 검색'이라고 부르는 다른 방법들, 이를테면 책의 색인들이 (제공됐을 때는) 결국에는 더 성공적이었다. 19세기의 더 뒤로 가서 독일 과학자 헤르만 폰 헬름홀츠는 지적 진보가 그가 지식을 "바로 접근할 수 있는 상태"로 만들어 주는 "장치들"이라고 했던 것들의 개선과 관련이 있다고 말했는데, 이를테면 '도서 목록, 사전, 등록부, 색인, 요람' 같은 장치들이었다.[5]

예를 들어 보면, 도서관들에서 도서 목록이 갈수록 정교해지고 분석적이 됐다. 안토니오 파니치는 (아직 영국 국립도서관에서 분리되지 않고 있던) 영국 박물관의 도서관장으로서 도서 목록을 새로 조직했는데, 이 도서 목록은 1841년에 세워진 아흔한 개 분류 규칙에 기초했으며, 나중에 나오는 상당수 도서 목록의 모형이 되기도 했으니, 그중에는 광범위하게 쓰이고 있는 멜빌 듀이의 십진분류법이 있고, 듀이 방식의 주요 경쟁 체계인 의회 도서관 분류법 →95쪽도 있다.[6]

사무실이나 기록 보관소에 있는 자료철들에서 정보를 검색할 때도 나름의 문제들이 있었는데, 이를테면 범죄자들에 관한 정보가 이런 경우였다. 영국에서는 개인들의 신상 정보가 포함된 상습 범죄자 기록Habitual Criminals Register이라는 것이 1869년에 만들어졌다. 문제는 "이 기록을 제대로 사용하려면 이름을 알아야 했고, 이 때문에 신원 확인 수단으로는 이 기록이 사실상 쓸모가 없었다."는 것이다.[7]

사무실들에서는 19세기 후반으로 가면서 점점 많은 양의 서류들이 만들어졌고, 그리하여 새로운 저장 및 검색 체제를 요구하게 된다. 편지들을 보관하는 전통적인 방법을 예로 들어 보면, 시간순으로 상자에 담아 놓는데, 보통 가장 최근에 온 편지를 맨 위에 둔다. 이러다 보니 검색에 시간이 걸렸는데, "찾으려는 편지 위에 있는 편지들을 모두 들어 올려야만 했기" 때문이다.[8] 이제 새로운 체제에 대한 요구에 부응해 1875년 미국에서 최초의 서류 보관장이 제작됐는데, 알파벳순 칸막이들이 들어 있는 서랍들이 달려 있었으며, 1898년에 나온 한 서류 보관장은 세로로 긴 서랍들에 서류철들을 세로로 세워 알파벳순이나 주제별로 보관할 수 있게 돼 있었다.

하지만 헬름홀츠가 "장치들"이라 불렀던 것들이 크게 발전하는 것은 헬름홀츠 시대가 지나서였다. 허먼 홀러리스가 정보를 검색하는 '전기 도표화 기기'를 발명해 국세조사 결과를 비롯한 다른 대규모 자료들을 분석했던 것은 제2장에서 이미 다뤘다. 1930년대에는 벨기에의 서지학자 폴 오틀레와 미국의 전기공학자 바네바 부시가 검색을 쉽게 하기 위해서 나름의 결합 방식을 이용해 정보들을 링크한다는 발상을 각각 독자적으로 내놓았으며, 이 발상을 부시는 '신속 선별기Rapid Selector'로, 오틀레는 『문서화 규약Traité de documentation』으로 구체화했다.[9] 한 세대 정도 공백기가 지나고 나서, 다른 발명가들이 이 발상을 다시 붙잡았다. '파일 검색 및 편집 시스템FRESS'이라는 것이 1960년대에 브라운 대학에서 개발됐다. 그때 이후로 우리는 '데이터베이스'들의 출현을 보게 되는데, 처음에는 컴퓨터에서, 나중에는 월드와이드웹상에서도 작동했으며, 구글 같은 검색'엔진'들이 키워드나 '태그'를 통해 특정 정보를 검색할 수 있도록 정보를 조직했다.

시각물 검색은 문헌 검색보다 문제가 더 많았는데, 시각물 분류상의 어려움 때문이었다.→95쪽 지문을 한번 예로 들어 보자. 미국에서는 1929년이면 전국 범죄자 식별국이 이미 170만 개가 넘은 기록을 모아 놓고 있었다. 1895년 런던 경찰국Scotland Yard에서 프랜시스 골턴을 과학 자문으로 초빙하는 것도 이 때문이었다. 이렇게 보면, 스스로는 메멕스Memex라고 불렀던, 그러니까 인간 기억을 닮은 기계장치를 개발하고 있던 부시가 1930년대에 미국연방수사국FBI에 1분당 1000개의 지문을 확인할 수 있는 기계를 설계해서 기록에 있는 지문들의 검색 작업을 돕겠다고 제안한 것도 당연한 일이었다고 하겠다. 오로지 1990년대에 들어서야, 디지털화로 이 문제를 해결할 수 있게 됐다. 정말로 필요할 때 등장한 해결책이었으니, 자동 지문 인식 시스템AFIS이 가동을 시작할 당시 FBI는 약 4300만 장의 지문 기록지를 보관하고 있었기 때문이다.

실용적 지식

사람들이 정보를 검색하는 것은 정보가 자기네들에게 쓸모가 있을 것이라고 생각하기 때문인데, 하지만 유용하다고 여기는 것은 장소에 따라, 또 한 시대 또는 사회집단에서 다른 시대 또는 사회집단으로 넘어가면서 아주 많이 달라졌다. 실용적 지식이라는(또는 응용된 지식, 실제적 지식, 기술적 지식이라는) 개념조차도 그 나름의 역사를 갖고 있으니, '순수', '기초' 또는 '고등' 학문과 대비되거나 (19세기의 유명한 표어인 "예술을 위한 예술"을 선례로 삼은) 지식 자체를 위한 지식과 대비되면서 그때그때 정의됐던 것이다.

'실용적 지식'이라는 표현은 1750년 이전부터 볼 수 있기는 했지만, 18세기 후반부터 19세기 초 사이에 영어를 비롯한 다른 언어들에서 하나의 구호가 됐다. 많은 학회가 이 표현을 자기네 이름에 가져다 썼는데, 에르푸르트의 실용 과학원Akademie gemeinnütziger Wissenschaften(1754년) 같은 경우를 꼽을 수 있다. 이런 종류의 이름들은 북아메리카에서 특히 흔했는데, 필라델피아의 실용적 지식의 증진을 위한 미국 철학 협회(1766년), 실용적 지식 향상을 위한 트렌턴 협회(1781년), 실용적 지식 증진을 위한 뉴욕 협회(1784년) 등등이 있었다. 오하이오 기술공 학교(1828년)는 "실용적 지식의 더욱 보편적인 확산"을 위해 설립됐다.[10]

런던으로 가 보면, 왕립학회 회장 조지프 뱅크스가 '실용적' 학문을 그 스스로는 '장식적' 학문이라 불렀던 것과 즐겨 대비했으며, 왕립 연구소(1799년)가 "실용적인 기술적 발명품들과 개량들을 일반에 소개하고 그에 관한 지식을 확산하게 하기 위해" 또 "과학을 일상적 용도에 적용"하기 위해 설립되었다. 런던 지질학회(1807년)가 생겨나는 것은 "대중을 교화하고 이롭게 하는 데 적용할 수 있는 많은 실제적 정보를 입수하도록" 하기 위해서였다.[11] 합동 군사 연구소(1831년)는 영국 육군과 해군에서 "실용적 지식에 대한 욕구를 진작할" 목적으로 설립됐다. 영국에서는 실용적 지식의 확산을 위한 협회(1826년)가 여러 권의 책을 펴냈으며, 그러는 사이 프랑스에서는 《실용적 지식지》가 1832년에 창간되었다. 실용적 지식의 종류들을 때로 구별하기도 했는데, 이를테면 1810년 동인도회사가 여러 조사가 "군사적·재정적·상업적 용도에 유용한 정보"를 제공한다고 언급했던 경우를 들 수 있다.[12]

'실용적 지식'이라는 표현은 지금도 여전히 사용되며, 아마도 특히 경제학자들과 경제사가들의 담화에서 그럴 텐데, 경제적 성장에서 '검증된 지식'이 갖는 가치에 대한 사이먼 쿠즈네츠의 연구가 대표적이다.[13] 이 표현이 그 힘을 잃지 않았다는 것은 특히 '실용적이고 신뢰할 만한 지식useful and reliable knowledge: URK'이라는 수정된 형태가 최근 등장한 것에서도 확인하게 된다. 그러니까 2004년 레이던에서 열린 경제사가들의 한 학술회의는 '실용적이고 신뢰할 만한 지식의 산출 체제들'이라는 것에 초점을 맞췄으며, 또 영국에서는 동서양의 URK 역사를 놓고 집단적 연구가 진행 중이다.[14]

이와 관련된 구호가 (특히 19세기 후반에서 20세기 초에 유행한) '인류의 이익'이었다. 발명가 알렉산더 벨이 잡지 《사이언스》(1883년)를 재창간했을 당시, 그 첫 발행사는 "연구가 발견하는 사실이 인류의 이익을 위해 사용될 수 있"을 때 "연구는 여전히 참되다."고 선언했다.[15] 미국의 백만장자이자 자선가였던 앤드루 카네기는 (1902년에 설립된) 워싱턴 카네기 협회의 기능을 "지식이 인류의 진보에 적용되는 것을 보여 주"는 것이라고 밝혔다. 1907년에 설립되는 뉴욕 러셀 세이지 재단의 목표는 "사회적 질병들을 해결하는 데 연구를 적용"하는 것이었다.[16] 워런 위버는 1932년 록펠러 재단 자연과학국의 책임자로 선임되면서 "인류의 복지는 과학에 달려 있다."고 공언했다.[17]

이번에만은 볼셰비키들도 카네기나 존 데이비슨 록펠러 같은 자본가들과 생각이 같았다. 정치국 국원이던 니콜라이 부하린은 과학은 "장기적으로는 실제적인 목표들에 의해 결정된다."고 주장하는 한편 "과학의 '유용성'을 말하는 것은 과학을 격하하는 것이라는 발상의 빈곤함"을 비판했다. 영국의 좌파 과학자들도 비슷한 견해를 밝혔다. 존 데즈먼드 버널은 『과학의 사회적 기능』(1939년)이라는 제목을 단 책을 출판했고, 랜실롯 호그벤은 거의 같은 무렵에 성인 교육 운동이 "쓸모없는 문학을 고상하게 해설하고 있을 필요는 없다."고 주장했다. 이 운동이 필요로 했던 것은 "영양실조나 공중 보건 정책에 대한, 아니면 현재의 생물학적 발견들 때문에 가능해진 농업 기술상의 혁명에 대한 강좌들"이었다.[18]

인류의 이익이라는 수사에도 아랑곳없이, 실용적 지식은 적어도 지식인들한테서는 상업이나 정치와 얽혀서 때가 묻거나 하지 않은 '순수한' 지식보다 열등한 것으로 취급을 받을 때가 많았다. 예를 들자면, '응용'수학은 순수수학보다, 또 실험물리학은 '이론'물리학보다 열등하다고 보통 생각들을 했다. 이 전통은 오래된 것으로서, 고대 그리스에까지, 그러니까 최소한 부분적으로라도 노예제에 기초했던 사회에서 전형적이었던 육체노동에 대한 편견에까지 닿아 있는 것이다.

하지만 우리가 다루는 시대에 들어서는 여러 걸사며 군대, 기업, 정부, 또 다른 기관들 쪽에서 실용적 지식에 대한 관심이 커지면서 순수 지식 지지자들은 갈수록 수세에 놓이게 됐다. 예를 들어, 미국에서는 이미 1883년에 물리학자 헨리 롤런드가 그 자신이 "순수 과학을 위한 항변"이라고 부른 것을 발표할 필요를 느끼고 있었다. 독일에서는 대학들을 무대로 한 순수 연구와 이보다 지위가 낮은 기술 단과 대학Hochschulen이 중심이 된 응용 연구가 분리돼 있던 것이 20세기 시작 무렵 빌헬름 황제 협회 산하 연구소들이 설립되면서 흔들리게 된다. 그리하여 신학자 겸 지식 관리자였던 아돌프 폰 하르나크도 황제에게 "실제적 목적들을 염두에 두지 않은 순수 과학 역시 매우 큰 경제적 중요성을 가질 수 있"다고 쓸 필요를 또 느꼈던 것이다.[19] 이와 비슷하게, 1945년 부시는 "응용 연구가 예외 없이 순수 연구를 몰아낸다."는 '전도顚倒의 법칙'이라는 것을 내놓는 한편 "실제적 목적들을 고려하지 않고 수행되는" 연구의 중요성을 강조하기 위해 '기초연구'라는 말도 만들어 냈다.[20]

부시의 법칙이 (이 법칙은 엘리자베스 여왕 시대 재정가였던 토머스 그레셤의 "악화가 양화를 구축한다."는 법칙을 본뜬 것이며) 보편적으로 유효하든 아니든, '응용 연구'가 문화적 혼합체라는 것은 지적하고 넘어갈 만한 가치가 있다. 응용 연구는 학문적 지식이 실제적 지식에 패했다는 뜻이기보다는 이 두 지식의 상호 침투를 보여 주는 것이라 하겠다. 어떤 연구는 기초적인 동시에 '활용 지향적use-inspired'인데, 프랑스 과학자 루이 파스퇴르가 미생물학을 연구하다가 '저온살균법'을 개발했던 유명한 사례를 들 수 있다.[21] 어쨌든 '실용적' 지식보다 '사용 가능한' 지식을 말하는 편이 더 정확할 텐데, 어떤 것이 어떤 목적에 쓰일 수 있을지 미리 말하기란 어렵다는 점에서 그렇다고 하겠다. 지금 지적한 점들을 분명히 하기 위해, 이제 네 분야를 놓고 서로 다른 종류의 지식들 사이에서 일어난 상호작용을 살펴볼 텐데, 사업, 전쟁, (제국들의 통치를 포함해서) 통치, 그리고 마지막으로 대학이다.

지식과 산업

기술적 지식을 이용해 산업적 능력을 향상했던 사례들은 우리가 다루는 시대가 시작될 때부터도 잘 알려져 있었으며, 이런 쪽으로는 공무원들이나 사업가들이 비슷하게 움직였다. 산업혁명은 사실 '산업적 계몽주의 운동'이라고 표현해야 한다는 주장이 있는데, 그 근거는 18세기 후반의 영국은 순수 지식과 응용 지식, 아니면 기초적 지식과 실제적 지식 사이의 상호작용이 특히 활발했던 시대이자 장소였기 때문이라는 것이다. 예를 들자면, 이런 결과로 기술 학교들과 경영 학교들이 설립됐다.[22] →360쪽

19세기 영국을 보면, 미술 및 제조품 조사 위원회(1835년)가 "사람들(특히 제조업 인구) 사이에서 미술에 관한, 또 디자인 원리에 관한 지식을 확대"하는 데 관심을 갖고 있었으니, 더 많은 영국 제품이 나라 밖에서 팔리게 하려는 목적이었다. 1851년 만국박람회의 성공에 이어, '제조품 박물관'이 설립됐고, 그리하여 저 정부 디자인 학교Government Schools of Design의 수공인들이 중세로까지 범위를 넓혀서 수공 전통을 익힐 수 있게 됐다. 이 박물관은 나중에 사우스켄싱턴 박물관으로, 더 나중에는 빅토리아 앤드 앨버트 박물관으로 다시 바뀌었다. 이 박물관의 선례를 빈(1864년)에서, 또 함부르크(1869년), 프랑크푸르트(1877년)에서도 따라 하게 된다.

또 다른 기념비적 건물인 워싱턴 미국 상무부(1903년)의 전면에는 "실험적 연구와 지식의 전파를 통해" 산업과 통상상의 이익을 증진하겠다고 상무부의 목적을 밝히는 새김글이 있다. 산업화 시대에 들어 서로 경쟁들을 하면서, 19세기 후반 이후로 계속 독일이나 미국을 비롯한 다른 곳의 기업들은 과학 연구에 (이것이 나중에는 '연구와 개

발' 또는 R&D로 알려지게 되며) 막대한 돈을 쓰면서 산업 연구소들을 열기 시작했다.

예를 들어, 덴마크에서는 맥주 양조업자 야코브 크리스티안 야콥센이 (칼스버그의 소유자로서) 1875년 칼스버그 연구소를 설립했고, 한 해 앞서서는 발명가 토머스 에디슨이 뉴저지 멘로 파크에 자신의 연구 실험실을 열었는데, 이 실험실은 더러 "세계 …… 최초의 산업 연구소"로 표현되기도 한다.[23]

화학자들의 연구가 합성염료나 합성 직물을 만드는 데 이용될 수 있다는 것은 바덴 아닐린 소다 공장Badische Anilin und Soda Fabrik을 비롯한 독일의 다른 곳들에서 연구소들이 설립되는 것으로 인정을 받았다. 1900년이 되면 약리학자들과 제약 산업 사이에 일종의 동맹이라 할 것이 이미 결성돼 있었다.[24] 미국을 보면 제너럴 일렉트릭, 스탠더드 오일, 이스트먼 코닥, 벨 텔레폰이 모두 1914년 이전에 연구소를 세운 경우들이었다.[25] 간단히 말해, 과학 지식을 산업에 활용할 수 있다는 것은 오래전부터 알고 있었고, 과학 연구에 기업들이 자금을 대는 것도 새로울 것은 없다. 오늘날 우리는 이미 작동하던 과정들이 소프트웨어에서 생명공학까지 많은 영역에서 가속화하는 것을 보고 있을 따름이다.

연구에 기업이 자금을 대면서 제기되는 주요 문제들 가운데 하나인 지식의 소유권 문제 또한 오래됐다고 하겠다. 연방 지식재산청이 베른에서는 1888년에 설립됐다. 스톡홀름 협약에 따라 세계 지식재산권 기구(1967년)가 설치됐다. 대학에서 연구를 하다 특허를 땄을 때, 거기서 나오는 수익을 어떻게 하느냐는 문제 역시 20세기 초에 독일 빌헬름 황제 협회 산하 연구소들에서 제기된 적이 있다. 당시에는 개인 연구자들이 수익의 25퍼센트 또는 33퍼센트를 자기가 일하는

기관에 주자는 해결책이 제시됐다.[26]

지식재산권 관련법들을 학자들은 일종의 '정보 봉건주의'라고 묘사하기도 했는데, 그러니까 "지적 공유재인 지적 자산들을 사개인들의 손에 양도"하고, 곧 '기업 상층 소수집단'의 수중으로 넘기고, 지식 창출자들에게는(다른 말로 하면 연구자나 발견자들에게는) 거의 보상을 해 주지 않는다는 것이었다. 예를 들어, 연구소를 운영하는 기업들은 자기네 고용인들이 작성한 과학 논문들의 발표를 제한해서, 경쟁 기업들이 이 정보를 사용하지 못하게 할 때가 많았다. 이것을 '지식 게임'이라고 불렀거니와, 여기서는 가능한 한 많은 지식을 사유화하는 것이 목표였고, 지금도 여전히 그렇다. 또 다른 대륙에서 들여온 토착 지식으로 특허권을 따내는 서구 기업들의 경우, 학자들은 이 과정을 '생물 해적질'이라고 부르기도 했다.[27]

어떤 산업들은 연구를 통해 얻는 과학적 지식에 의존했던 반면, 또 어떤 산업들은 원재료나 잠재적 고객 따위에 관한 최근의 실제적인 정보를 더 필요로 했다. 예를 들면, 시카고의 정육 회사들처럼 변질성 상품을 거래하는 기업들은 수요 및 공급에 관한 정보의 계속적인 공급을 요구했고, 마찬가지로 증권거래소들에서도 상품들의 가격과 기업들의 실적에 관한 정보를 필요로 했다. 두 경우 모두에서, 전신은 19세기 중반부터 결정적인 자원이었다.[28] 전신의 발달은 단순히 경제 뉴스만이 아니라 뉴스 일반을 상품으로 바꾸어 놓았으니, 우리도 앞에서 봤듯이,→165쪽 이제 뉴스를 전문으로 취급하는 샤를루이 아바스나 파울 로이터 같은 중개인들이 신문들에다 팔게 됐던 것이다. 철도 회사들은 더 나중의 항공사들처럼 정보에(그러니까 철도 차량의 위치나 주행 상태 등등에 관한 정보에) 유달리 의존했던 산업의 또 다른 대표적 사례라고 할 텐데, 그런 만큼 미국의 철도 회사들이 철도 감독관 중 하나가 1855년에 '일일 보고 및 점검 체제'라고 표현한 것의 일환으로 천공카드를 사용하는 선구자가 됐던 것은 당연하다고도 하겠다.[29]

19세기 시작부터 기업의 관리자들은 회사를 효율적으로 경영하기 위해 자기 기업 자체에 관해 더 많은 정보가 필요하다는 것을 실감하기 시작하는데, 그러니까 회사 업무를 조정하며 평가하고, 그 비용을 산출해야 했던 것이다. 제너럴 모터스가 이런 정보의 수집에서는 선구자였는데, 특히 통계로 된 정보를 수집해서 회사 내 서로 다른 부문들의 실적을 감시하고 장차 장비나 노동력이 얼마나 필요할지를 예측했다. 작업표가 이제 보편적으로 사용되면서 시간과 비용에 관한 정보를 제공했고, 그리하여 앞에서도 봤듯이 많은 사무직원이 더 고용돼 이 정보를 처리했다.[30]

20세기 초는 '과학적 경영'이라고 알려진 것의 시대이기도 했는데, 프레더릭 윈즐로 테일러의 『과학적 경영의 원리들』(1911년)이 그 시작이었다. 기계 기사였던 테일러는 1880년대에 임금을 생산량과 연계함으로써, 또 체계적인 관찰을 하고 초시계로 노동자들의 작업 시간을 재서 특정 작업을 수행하는 가장 효율적이고 빠른 방법을 찾아냄으로써 생산성을 높일 수 있다고 주장했다.[31] 건설 회사의 소유자였던 프랭크 벙커 길브레스가 벽돌쌓기를 연구하면서 이 방법을 발전시켰다. 시간과 동작에 관한 이 선구적 연구는 『벽돌쌓기 방식』(1909년)으로 출판되는데, 여기서 길브레스는 벽돌 한 장을 쌓는 데 필요한 동작을 열여덟 개에서 네 개로 줄이는 방식을 내놓았다. 길브레스는 카메라를 사용해 동작을 기록하는 또 다른 실험적 연구들을 계속했다.[32] 『경영의 심리학』(1914년)은 길브레스의 부인 릴리언 몰러 길브레스가 쓴 또 다른 선구적 연구였으며, 웨스턴 일렉트릭의 시카고 인근 호손 공장을 대상으로 1920년대와 1930년대에 이루어진 사회학적·심리학적 연구들도 같은 경우였다. 미국 기업들에서는 노동자들을 채용하고 평가하는 과정에서 심리학과 심리학자들을 점점 더 많이 활용하게 됐다. 테일러식의 과학적 경영은 프랑스에도 도입되는데, 르노나 미슐랭 같은 기업들이 대표적이었다.[33]

제품들을 만드는 쪽에서만큼이나 파는 쪽에서도 지식의 용도들이 거의 같은 곳에서 같은 시기에 발견된다. 시장조사 부서들이, 또 기업에 속하지 않은 독립적인 시장조사 기관들이 미국에서 20세기 초 이후 계속 늘어났다. 예를 들어, 찰스 팔린은 1911년에 커티스 출판사의 시장조사부 책임자가 돼서 30년 동안 그 자리에 남아 있었다. 아치볼드 크로슬리는 1926년에 시장조사 회사 크로슬리를 설립했으며, 유명한 라디오 청취율 조사자가 되었다. 조지 갤럽은 정치 성향에 관한 조사들로 유명한 경우이지만, 자신의 여론 연구소Institute of Public Opinion를 세우기 전에는 시장조사 쪽에서 일을 했다.[34] 오늘날, 메일링 리스트들을 구축해 서로 교환들을 하고 여기에 개인 신용도에 관한 정보까지 수집되면서, 시장조사는 "소비자 행동에 관한 일종의 관료주의적 감시망"이라고 표현될 정도로까지 발달했다.[35]

지난 세대 동안 사업 쪽에서는 경영에 지식을 이용하던 것에서 지식을 경영하는 것으로 옮겨 가는 변화가 있었다. 기존의 관점에서는 과학적 경영이 경영자의 판단에 대한 신뢰에 의존했다면, 새로운 접근법에서는 조직을 더 강조했다. '지식 경제' 시대의 사업을, 아니 더 넓게 경제 환경을 배경으로 해서 혁신이나 의사 결정, 경쟁력을 논의할 때 지식에 대한 새로운 강조가 두드러진다. 기업의 효율성을 증진하기 위해 지식을 사용하는 것으로 정의되는 '지식 경영KM'이라는 새로운 분야 또는 학문 분과가 이미 많이 성장했으며,《지식 경영 연구와 실제》(2002년) 같은 전문 학술지들도 나오고 있다.[36] 다른 전문가들은 '지식 지배 구조'에 관해 말하면서 집권적인 또는 위계적인 성격이 더하거나 덜한 서로 다른 조직 형태들의 유리한 점들과 불리한 점들을 논한다.[37] 이제 지식은 "무엇이 됐든 기업 내 사람들이 알고 있는 것으로서, 기업에 경쟁 우위를 부여하는 모든 것의 총합"으로 정의되며, 주요한 자산으로 여겨진다.[38]

사업 지식 센터Center for Business Knowledge에서는 요즘 '지식 경영 서비스' 광고를 한다. 하지만 기업들은 수시로 CKO, 곧 최고 지식 경영자들을 직접 선임하며(1994년 스칸디아에서 레이프 에드빈손을 선임한 것이 그 시작이며), 여기에 지식 분석가, 지식 중개자, 지식 '공학자'로 이루어진 보좌진들이 딸려 있다.[39] 국소적 또는 암묵적 지식을 캐내 공유해야 한다고 강조하는 흐름도 있다. 보통 조직 내가 문제가 되지만, 어떨 때는 다른 회사들과도 공유할 것을 주장한다. 일본 기업들은 이측면에서 특히 효율적이며, 이 때문에 특히 경쟁력이 있다고 어떤 학자들은 말한다.[40] 지식의 경제적 가치에 대한 믿음은 '지적 자본'이라는 표현에서도 드러난다. 학술지《지적 자본A Journal of Intellectual Capital》이 1999년에 창간됐으며, 한편 에드빈손은 같은 해에 스칸디아를 떠나 룬드 대학에서 지적 자본학을 가르치는 교수가 됐다.

지식과 전쟁

전쟁 지휘관들은 적군의 위치며 병력에 관한 첩보를 수천 년 동안 사용했으며, 이러느라 정찰병들을 보내 정찰 임무를 수행하게 했고, 또 무기들을 제작하는 대장장이들과 다른 수공인들의 전문적 지식도 마찬가지로 사용했다.

전쟁 수행에서 첩보가 갖는 중요성이 지금껏 대체로 과대평가됐다는 주장이 최근에 설득력 있게 제기됐는데, 첩자들이 자기가 알아낸 것을 쓸모가 있을 정도로 충분히 빨리 전달하기가 불가능까지는 아니더라도 보통은 어려웠기 때문이라는 것이다. 그래도 여전히, 우리가 다루는 시대에는 첩보 활동이 성공한 사례들이, 아니면 첩보 활동 때문에 성공한 사례가 많이 있었다. 해군 쪽 사례들에 초점을 맞춰 보면, 넬슨의 나일강 전투(1798년)에서 미드웨이 해전(1942년)까지 많은 사례가 있는데, 전자는 사전에 현지 관련 지식을 수집해 분석한 결과 승리했고, 후자는 미국인들이 일본군의 암호를 해독해서 일본군의 통신에 접근할 수 있었기 때문에 승리를 거뒀다.[41]

우리가 다루는 시대에 새로워진 것이라면 전쟁의 '과학화' 경향으로서, 말하자면 측량이나 항행, 포술, 토목공학 따위에 관한 전문화된 형태의 지식들이 출현하고, 전장과 본부를 (전신이나 전화 따위를 이용해) 연결하는 새로운 통신 기술들이 발달하며, 여기에 통신문을 암호화하거나 적의 암호를 해독하는→99쪽 방법들이 계속 정교해지는 가운데, 이런 지식이며 기술, 방법을 점점 많이 이용하고 거기에 갈수록 더 의존하게 됐다는 것이다. 육군, 해군, 또 더 나중에는 공군 장교들이 하나의 직업이 돼 가고 있던 자신들의 일을 사관학교를 다니며 배워야 하는 상황이 펼쳐졌다. 전쟁 수행에 탄도학이 필요하다는 사실은 그 이전은 아니더라도 16세기 말이면 이미 인정을 받고 있었으나, 대포들이 더 복잡해지고 정교해지면서 군인들은 갈수록 더 기술적 지식을 요구하게 됐다. 이런 이유로 바르셀로나와 카디스의 포병학교들(1750년)이나 포병 공병 통합 학교Vereinigte Artillerie und Ingenieur-Schule(1816년) 등등이 설립됐다.

군사 첩보의 수집은 서서히 직업화됐다. 예를 들어, 영국에서는 첩보대가 1914년에 창설됐다가 해체됐고, 1940년에 재창설됐다. 전통적으로 전투를 하기에 앞서 지형을 숙지할 필요가 있었거니와, 이것이 측량의 발달로 이어졌다. 이런 종류의 정보는 기밀이었기 때문에, 지도들은 비밀에 부쳤으며 측량도 군인들이 직접 했다. 예를 들어 보면, 나폴레옹 시대에는 일단의 측량 기사ingénieurs-géographes들이 군대를 수행하며, 이탈리아, 오스트리아, 러시아를 비롯한 다른 곳들의 지도를 만들었다.[42] 영국의 경우, 제임스 레널 소령은 해군 측량사로 일하며 측량을 배웠고, 1764년 벵골 측량대장이 됐다. 이와 비슷하게, 토머스 미첼 소령은 장차 뉴사우스웨일스 측량대장이 되는 경우로서, 저 반도전쟁 기간 중에 웰링턴 공작을 위해 에스파냐를 측량하면서 일을 시작했다. 미국에서는 지형측량대Corps of Topographical Engineers라는 것이 1838년에 창설됐고, 멕시코 전쟁 때는 서부를 측량했다.

지휘관들과 그 정부들은 갈수록 지리 지식의 군사적 용도를 인식하게 된다. 1806년 예나 전투에서 나폴레옹에게 패배한 뒤, 프로이센인들은 학교에서 지리를 더 많이 가르치는 것으로 반응했다. 1870~1871년의 프랑스-프로이센 전쟁은 "무기만큼이나 지도로도 치른 전쟁"이라는 (미국 지리학회 회장의) 묘사로도 유명하며, 여기서 패한 프랑스인들은 자기네 상대의 선례를 따라 교육에서 지리학에 훨씬 더 역점을 두게 된다.[43] 두 차례의 세계대전 중에는 측량사들의 작업을 레이더로, 또 항공사진으로 보완했으며, 이제 군대들에서는 위성에서 받은 자료들을 사용한다.(걸프전은 GIS, 곧 지리 정보 체계를 광범위하게 이용한 최초의 전쟁이었다.)

제1차 세계대전 중에 미국 과학자들은 윌슨 대통령에게 "국가 방위를 강화하는 데 과학적 방법들을 채용"함으로써 전쟁 수행을 지원

하겠다고 약속했다. 프랑스에서는 전쟁부 장관이 수학자 에밀 보렐에게 군사적 목적의 연구 책임을 맡겼다. 러시아 과학원은 전쟁 필수품들을 조달하려고 '자연 생산력 연구를 위한 위원회'를 설립했다. 작전 연구Operational Research라고 알려지게 되는 것에는 민간 과학자들이 관여해 "전투에서 제기되는 문제들을 자연과학상의 문제들처럼 조작操作하고 측정"했다.[44] 영국 정부는 레너드 울리를 포함하는 고고학자들을 선발해 중동에서 첩자로 활용했고(현장 연구는 훌륭한 위장이 됐던 것이며), 미국 정부는 같은 목적으로 인류학자들을 뽑아다 중앙아메리카에서 활용했거니와, 이러면서 까다로운 윤리적 문제를 낳았다. 1919년 프란츠 보애스는 이런 인류학자들 가운데 넷을 비난하면서, 누구든 "과학을 정치적 염탐을 위한 위장막으로 이용한다면 …… 과학을 용서할 수 없는 방식으로 팔아넘기는" 것이라고 주장했다.[45]

제2차 세계대전 중에는 과학자들이 한층 더 중요한 역할을 했다. 독일 과학자들이 V1 로켓과 V2 로켓을 개발했는가 하면, 미국에서는 여러 국적의 과학자들이 모여 맨해튼 계획을 진행했고, 이것이 결국 원자탄의 제조로 이어졌다. 미국에서는 전략 사무국OSS(1942년)이 적대국에 관한 정보 수집을 목표로 대단히 많은 학자를 특히 예일 대학에서 차출해다가 연구 및 분석 분과에서 일을 시켰는데, 학자가 워낙 많다 보니 이 부서에는 '캠퍼스'라는 별명이 붙었다. 외교사가 윌리엄 랭어가 이 분과의 책임자가 됐으며, 그러고는 이미 엘리자베스 여왕 시대의 첩보책임자 프랜시스 월싱엄에 관한 권위자였던 코니어스 리드를 비롯해, 훗날 저명한 역사가가 되는 많은 젊은 학자를 불러들였다.[46]

사회과학자들 역시 OSS에 차출됐으며(배링턴 무어는 정치학자, 월트 휘트먼 로스토는 경제학자, 에드워드 실스는 사회학자였으며), 정치학자 게이브리얼 아몬드는 전쟁 정보국 적국 정보 분과 책임자가 됐다.[47] '첩보'라는 개념이 이제 확대되면서 문화까지 포함하게 되는데, 버마에서 나이지리아까지 미군이 주둔하는 많은 지역에서 미군과 토착 거주민들 사이의 오해를 피하려는 목적이었다. 루스 베니딕트나 클라이드 클럭혼 같은 인류학자들은 전쟁 정보국 '적국 사기 분석 분과'에서 일했다. 베니딕트의 유명한 일본 연구『국화와 칼』(1946년)을 의뢰한 것도 전쟁 정보국이었으며, 이 연구에서는 일본의 '수치심 문화'와 미국의 '죄의식 문화'를 대비했다.[48]

　　기업들의 경우에서처럼, 군 지도자들 역시 자기들 자신의 조직이며 인력에 관한 지식의 실제적 가치를 깨달았다. 미국에서는 테일러의 과학적 관리법을 제1차 세계대전 전에 육군과 해군의 몇몇 조직에서 채용했다. 제1차 세계대전 중에는, 미 육군이 조직 심리학자들을 이용하는데, 어떤 신병을 차출해 어떤 직무를 맡길지 결정할 때 도움을 받았던 것이다. 제2차 세계대전 때는 사회학자 새뮤얼 앤드루 스타우퍼가 이끄는 일단의 학자들이 50만 명이 넘는 미군 병사를 상대로 설문 조사를 했다. 신병들이 심리 검사를 받게 하는 한편, 신병 개인별 정보들을 기록해 진급에 앞서 참조하는 것이 다른 나라 군대들에서도 관행이 됐다.

　　1960년대 초 미국 국방부 장관 로버트 스트레인지 맥나마라는 국방부에 체제 분석국을 설치했는데, 기업들의 일상적 활동에서 저 체제 분석이라는 개념을, 특히 기획·계획·예산 체제를 빌려 왔던 것이다. 그러면서도 민간인들에게 끌려다닐 생각은 없어서, 장군들은 일부 장교를 대학에 보내 사회과학의 언어를 배우게 했으니, 자신들의 독립성을 지키는 편이 나았던 것이다.[49]

지식과 정부

군대들과 마찬가지로, 정부들도 안보에서 복지에 이르기까지 서로 다른 목표들을 추구하는 과정에서 효과적으로 작동할 수 있으려면 먼저 첩보가(다른 말로 하면, 정보가) 필요하다. 우리가 다루는 기간 중에, 국가들은 18세기 독일인들이 폴리차이^{Polizei}라고 부른 것에 서서히 더 관심을 갖게 되는데, 이 개념은 상당히 포괄적이어서 검열에서부터 빈민 구제에까지 걸쳐 있었다. 18세기 말엽에 독일의 주들에서, 또 합스부르크 제국에서 미래의 관료들이 대학에 진학해 국가학^{Polizeiwissenschaft}이라 알려졌던 것을(다른 말로 하면, 행정학을) 배웠던 것은 이런 이유에서였다. 막스 베버의 유명한 말처럼, "관료적 행정은 기본적으로 지식을 통한 지배를 의미한다. 이것이 관료적 행정을 특히 합리적이게 만드는 관료적 행정의 특징이다."

이미 18세기에 몇몇 국가는 "영속적 성씨를 창제하고, 도량형을 표준화하며, 지적 조사와 주민 등록을 확립하고 하는 것처럼 이질적 과정들을" 통해 "사회를 읽을 수 있는 상태로 만들려 하고" 있었는데, 과세와 징병을 쉽게 하려는 목적이었다.[50] 예를 들어, 1793년에 혁명 후 프랑스 정부는 국민들이 출생 시에 등록한 이름 외의 다른 이름을 쓰는 것을 금지했다.[51] 통계 정보의 출현과 함께, 개인들에 대한 정보의 수집과 사용으로 나아가는 흐름이 생겨났던 것이다.

우리도 보았듯이, →44쪽 정부들에 의한 체계적 정보 수집은 18세기 말엽 이후로 계속 중요도를 더해 갔다. 이런 정보의 상당 부분은 국세조사를 포함하는 서로 다른 많은 종류의 공식 조사로 얻었고, 일부 정보의 경우는 첩자 또는 '정보원', 첩보원들을 통해 입수했다. 첩보는 오래된 활동이되, 전업이 됐다는 의미에서 직업화가 이루어지는 것은 우리가 다루는 기간 중이었다.

　정부들이 다른 나라들에 관해 통치자의 의도에서 군대의 이동 상황에 이르기까지 정보를 얻는 전통적 방법은 자기네 외교사절들을 통하는 것이었으며, 외교사절들은 다시 정보원망에 의존했다. 19세기에 몇몇 권위주의 체제에서는 정치경찰 조직을 만들어 국외만이 아니라 국내에서도 첩자들을 운용했다. 예를 들어, 19세기 초 합스부르크 제국에서는 경찰 총수가 국내와 국외 첩보 활동을 총괄했으며, 특히 독립을 바라는 이탈리아인들의 비밀결사들에 촉각을 세우고 있었다.[52] 다시 러시아의 국가경찰국, 곧 오흐라나Okhrana는 "그 시대 유럽에서는 그 권력의 크기와 활동의 범위 둘 다에서 유일무이"했던 것으로 묘사되는데, 1882년 파리에 지국을 열어 체제에 위협이 될 수도 있는 러시아 망명자들을 감시했다.[53]

　하지만 대부분의 정부가 전통적인 해외 첩보 수집 방식들을 첩보 업무 전담 부서를 설치해 보강하거나 대체하는 것은 20세기에나 들어서였다. 영국에서는 MI5가 1909년에 설립됐고, 러시아의 체카Cheka는 (나중에는 순서대로 통합국가정치부OGPU, NKVD, 국가보안위원회KGB, 러시아 연방보안국FSB으로 알려지게 되며) 1917년이었다. 체카는 "세계 최대의 정치경찰 조직이자 세계 최대의 해외 첩보 기관"이라 일컬었다.[54] 프랑스에서는 해외정보 대 첩보국SDECE이(곧 나중의 대외안보총국DGSE이) 1947년에 창설됐으며, 미국의 CIA도 같은 해였다. 그러니까 냉전이 시작되는 무렵이었던 것이다. 동독에서는 APN^Außenpolitischer Nachrichtendienst이(곧 해외 첩보국이) 1951년에 경제 연구 기관으로 가장해 창설됐다. 이 첩보 기관은 비밀경찰 슈타지에 속해 있었으며, 서독 빌리 브란트 총리의 개인 비서였던 귄터 기욤이 이 기관 소속 요원이라는 사실이 1974년에 밝혀지면서 유명해졌다.[55]

비밀 정보가 외국으로 넘어가는 과정에서 반역자들이 한 역할도 유명한데, 특히 KGB의 경우를 들 수 있다. KGB에 고용된 사람들 가운데 영국 외교관 도널드 매클레인이 있었는데, 정치 정보와 함께 귀중한 과학 정보에도 접근했던 경우이고, 독일 출신 물리학자 클라우스 푹스는 제2차 세계대전 중에 맨해튼 계획에 참여했으며, 나중에는 영국의 하웰 원자력연구소에서 일했던 인물로서, 러시아인들에게 과학 기밀들을 넘겨줄 수 있는 자리에 있었다.[56]

그래도 역시, 지난 반세기 남짓한 기간을 놓고 보면 (정보 계통에서는 휴민트로 알려진) 인적 첩보에서 벗어나 기술적 수단에 의한 정보 입수로(곧 테킨트로) 옮겨 가는 것이 추세였다. 테킨트는 외국 대사관들을 도청하는 것에서부터 첩보기들을 사용하는 것까지 다양하며, 첩보기들에는 1960년 소련 영공에서 격추된 CIA의 U-2기, 더 근자의 UAV(무인정찰기)나 감시위성 같은 것들이 있거니와, 이런 수단들은 붙잡히더라도 자백을 할 수 없다는 장점을 가지고 있다.[57] 이런 방법상의 차이에는 시간적 측면과 함께 지리적 측면도 있다. 냉전 중에 미국은 테킨트를 선호했던 반면, 소비에트 연방은 휴민트에 계속 의존했던 것이다. 학자들의 경우는 휴민트 쪽이 더 성공적이었다고 주장한다.[58]

하지만 18세기 말 이후부터는, 설사 그전은 아닐지언정 정부들이 자기 국민들에 관해 정보를 수집하는 데 쓰는 비용이 안보 예산에서 더 큰 비중을 차지하는 추세를 보였다. 이쪽에서는 프랑스 사람들이 선도자였고, 프로이센, 오스트리아, 러시아 사람들이 뒤를 따랐다. 예를 들어, 오스트리아에서는 요한 안톤 폰 페르겐 백작이 1780년대에 경찰 총수로 부를 만한 자리에 올라 첩자망을 구축했는데, 이것이 '비밀경찰Geheime Staatspolizei'로 알려지게 된다.

국내 안보에 대한 관심은 프랑스 혁명 이후에 커지게 된다. 프랑스에서는 조제프 푸셰가 1799년 경찰 총수에 선임돼 첩보망을 구축하는데, 그 관심은 특히 새로 수립된 혁명 체제에 대한 모반을 적발하는 데 가 있었다. 오스트리아에서는 페르겐의 비밀경찰이 '자코뱅파'의(곧 프랑스 혁명 동조자들의) 반체제 모의들을 수사했다.[59] 러시아에서는 비밀경찰의 저 악명 높은 '제3국'이 1826년에 설치되는데, 전제적 차르 니콜라스 1세에 맞서 일부 군 장교가 일으킨 '데카브리스트' 봉기에 따른 것이었다. 이 제3국에 이어 저 오흐라나, 곧 질서 수호부(1866년)가 설립되는데, 차르 암살 시도에 대한 대응이었다. 다시 오흐라나는 (또 다른 암살 시도가 있고 난 뒤) 국가경찰부(1880년)로 대체됐다.[60]

20세기에 들어서는 국내 안보를 담당하는 경찰 조직들이 많이 늘어났다. FBI를 비롯해, KGB와 동독 슈타지의 국내 담당 부서들은 다른 많은 비슷한 조직 중에서 그저 가장 많이 알려진 경우들로서, 이런 조직들은 규모도 갈수록 커져 갔고, 예산도 점점 늘어났으며, 보관하는 서류철도 계속 더 많아졌다. 예를 들어, 슈타지는 1989년 이후 알려지는 바에 따르면 25만 명에 이르는 비밀 정보원으로 첩보망을 운영했고(1968년 이후로는 이들을 Inoffizielle Mitarbeiter, 곧 '비공식 협력자'로 불렀으며), 약 600만 개의 서류철을 쌓아 놓고 있었다.[61] 1908년 설립된 FBI는 1920년 600명의 특수 요원으로 구성됐던 것이 1945년 4000명을 넘어섰고, 1976년에는 8000명을 넘었으며, 2001년에는 2만 7000명이 돼 있었다.[62] FBI의 예산은 1971년 2억 9400만 달러였던 것이 2003년에는 43억 달러로까지 늘어났다.[63] FBI가 보관하는 서류철들에는 사회주의자나 흑인 민권운동가, 동성애자('성적 일탈자들'이라는 제목이 붙은 구획에 모두 33만 쪽의 자료가 있었으며), 제1차 세계대전 중에 미국에 거주하던 48만 명의 적성 외국인에 관한 자료들이 포함돼 있었다. 2003년이면, 열람 허가를 받은 경우 10억 건의 FBI 서류철을 온라인으로 볼 수 있게 된다.

FBI는 국내 안보만이 아니라 범죄 쪽도 담당했다. 저 큐클럭스클랜과 미국 마피아가 대표적인 표적이었다. 범죄 수사를 전담하는 조직들의 출현은 19세기와 20세기의 또 다른 흐름이었다. 예를 들어, 프랑스에서 경찰청Sûreté nationale이 1813년에 창설됐다. 미국에서는 미국답게 이와 비슷한 최초의 조직이 사설 기관이었으니, 핑커튼이 세운 전국 탐정사(1850년)였다. 프로이센에서는 '범죄 경찰Kriminalpolizei'이 1872년 별도의 조직이 됐으며, 잉글랜드에서는 CID가 1878년에 창설됐다.(여기서는 런던 수사대라는 것이 경찰관 열두 명으로 구성돼 1842년부터 일찍이 존재하고 있었다.)

지식사에서 이런 조직들이 중요한 것은 범죄와 싸우려고 정보를 체계적으로 수집해서 분석했기 때문이다. 1870년대에는, 우리도 보았듯이, →112쪽 프랑스 경찰 알퐁스 베르티용이 일련의 신체 치수들을 이용해 개인을 식별하는 방법을 고안했다.[64] 1892년에는 아르헨티나의 경찰 후안 부세틱이 처음으로 지문 관리국을 세웠으며, 부세틱의 선례를 CID(1901년)와 FBI를 비롯한 다른 조직들에서도 따르게 된다.[65]

지문 감정은 지난 150년 남짓한 기간에 진행된 범죄 수사의 '과학화' 경향을 보여 주는 잘 알려진 예로서, 그 몸집이 계속 커지고 있는 보통 '법 과학'이라고 하는 지식 체계의 일부를 구성한다. 최초의 법 과학 연구소는 1910년 리옹에서 문을 열었는데, 이를 주도한 에드몽 로카르는 우리가 요즘 '범죄 현장 조사'라고 부르는 것의 선구자로서, 로카르의 원칙은 "모든 접촉은 흔적을 남"겨서 수사관이 추적할 수 있다는 것이었다. 1934년에《뉴욕 타임스》는 "최근 몇 년 사이 과학이 수사관에게 많은 유용한 도구를 제공해서, 범죄가 실험실에서 해결되는 경우도 자주 있다."고 지적했다.[66] 이 무렵이면 FBI는 엑스 선을 이용해서 수하물에 든 폭발물을 탐지하고 자외선으로 문서에서 지워진 부분들을 찾아내고 있었다. 최근의 주요한 두 흐름이 범죄 수사를 일변하게 하는데, 그러니까 1980년대부터 DNA 증거를 법정에서 사용하게 되고, 범죄 데이터베이스들이 구축된 것으로, 데이터베이스의 경우 뉴스코틀랜드야드의 런던 경찰국 데이터베이스와 인터폴이 운용하는 국제적 지식재산권 침해 사례 데이터베이스가 대표적이다.

국가들이 개인에 관한 정보를 수집했던 또 다른 전통적 이유는 이동을, 그러니까 외국인들이 들어오고 자기 국민들이 나가는 것 둘 다를 통제하고 싶었기 때문이다. 여권은 유럽에서는 이미 1789년 이전부터 사용했으며, 그러다가 19세기에는 자유로운 이동 쪽으로 움직여 갔고, 20세기에는 이동에 대한 통제가 서서히 다시 시작됐다.[67] 이민자를 특히 많이 끌어들이고 있던 나라, 이를테면 19세기 말에서 20세기 초 사이 미국 같은 나라의 정부들은 누구를 받아들일지 선택할 때 도움을 줄 수 있는 정보를 얻으려고 했다. 이런 이유로, 인류학자 보애스와 조수들이 일곱 개 인종 집단 이민자와 그 자녀 거의 1만 8000명을 대상으로 진행했던 인체 측정학적 연구(1908~1910년)를 미국 이민 위원회가 지원했던 것이다.

더러 '정책 관련 지식'이라고 하는 것이 19세기 말을 지나면서 갈수록 중요해졌는데, 산업자본주의와 맞물려 있는 사회적 문제들에 대응해서 국가들이 국민들의 복지에(곧 의료, 교육, 여가 등등에) 점점 더 관심을 갖게 된 데 따른 것이었다. 미국을 비롯한 다른 곳들에서 초기 사회학은 사회 개혁과 연결돼 있었고, 사회조사를 이런 목적으로 실시했던 경우도 있었다. →45쪽 1850년대와 1920년대 사이에 "현대 사회과학들이 꼴을 갖추는데, 이 과정은 국민국가들이 자본주의적 산업화가 낳은 사회적 결과들에 대처하려는 초기 시도들과 긴밀히 상호작용하면서 진행됐다."고 주장하는 학자들이 있다. 연구 중심 대학과 복지국가가 19세기 말에 거의 같이 출현했던 것은 확실히 우연이 아니라고 하겠다.[68]

여기서 마땅히 들어야 하는 예는 스웨덴의 사례로서, 스웨덴은 전형적 복지국가이면서 또 공식적 용도로 정보를 수집하는 쪽으로도 선도자였던 것으로 여겨지기 때문이다. 19세기를 놓고 보면, 농업과 교역, 제조업, 해운에 관한 통계들을 수집했고, 1858년에는 중앙 통계국이 설립됐다. 19세기의 더 뒤로 가서는, 그때까지 소농 사회였던 것이 산업화되고, 여기에 투표권이 확대되고 대규모 정치 조직들이 출현하면서 국가가 이전보다 사회에서 더 적극적인 역할을 하도록 자극했다. 이를 위한 바탕을 마련하려고, 스웨덴 정부는 임시 조사 위원회들을 이용했는데, 1855년부터 1974년 사이에 이런 위원회가 대략 4000개가량 운영되면서 실업자들이나 노인 등등의 수에 관한 정보를 수집했다.[69] 이 위원회들이 제출한 보고서들의 뒤를 이어, 노령 연금이나 질병과 실업에 대비한 보험들이 도입됐다. 이런 조치들을 실행하기 위해서는 한층 더 많은 정보가 또 필요했다.[70]

몇몇 측면에서, 한 국가는 공무원들이 관리자들의 구실을 하는 거대한 회사로 볼 수도 있다. 저 '지식 경영'이라는 개념 →195쪽은 민간 부문에서 공공 부문으로까지 확대됐다. 기록 보관인들은 이제 '기록 및 정보관리RIM' 전문가들이라고 부르며, 지식은 공식적으로 사회 복지사들 사이에서, 또 테러범 식별을 위해 첩보 기관들 사이에서 공유된다.

오늘날, 이 '디지털 정부' 시대에 국가들은 다양한 용도를 가진 방대한 데이터베이스들에 접근할 수 있다. 예를 들어, 영국에서는 전자기록이 1960년대로 거슬러 올라간다. 1980년대에는 정부 데이터망이 서로 다른 부처들이 보유한 전자기록들을 연결하기 시작했다. 2004년에는 내각 사무처 소속으로 전자 정부국이 설치됐고, 2006년에는 정부 최고 정보관리관, 곧 CIO가 선임됐다.(이 직함은 기업 CIO를 생각나게 하거니와, 실제로 초대 정보관리관도 기업 쪽에 있다가 정부로 옮겨 온 사람이었다.) 기록 보관소들 또한 디지털 시대에 들어서면서 재설계되고 있다.[71]

이런 흐름들은 '지식 국가'나 '기록 국가', '정보 국가' 같은 말들로 요약되기도 했다.[72] 더 극적인 표현들로는 (19세기 말의 표현인) '경찰국가', '감시 국가', '전체국가'가 있다. 어떤 학자는 '정보 전체주의'에 관해 쓰기도 했다.[73]

하지만 지나친 과장은 경계해야 한다. 국가에 이런 속성들이 단순히 있다 없다가 아니라, 더 많으냐 적으냐를 기준으로 국가를 보는 편이(말하자면 갈수록 국가들이 중앙집권화되고 간섭적이 됐다고 보는 편이) 이해에는 분명히 더 도움을 준다고 하겠다. 프랑스를 예로 들어 보면, 1789년 이후로는 체제가 이전의 경우들보다 더 개입적이었다. 이런 이유로 관리들은 더 많이 알 필요가 있었고, 조사들도 더 많이 실시했다.[74] 다시 1860년대에 이탈리아에서는 '통계적 조사의 급증'을 볼 수 있는데, 새 통일 국가의 문제들을 해결하는 데 도움을 얻기 위한 것이었다.[75] 우리 시대에 들어와서는, 정부들이 새로운 기술을 이용해 국민들의 생활을 이전 어느 때보다 훨씬 더 세세히 감시할 수 있게 됐으나, 순전히 이 정보의 양 때문에 그 효율적인 활용에는 여전히 장애물이 남아 있다.

지식의 사회사 2

물론 특별히 러시아를 놓고는, 특히 1826년에 비밀경찰(제3국)이 창설된 이후에는 감시 국가라고 부를 만한 합리적 근거가 있다. 이 무렵에는 "감시 자체가 감시의 목적이 돼 있"으니, 제3국의 고위 인사가 일반 경찰이 이제 경쟁자인 비밀경찰을 면밀히 감시하고 있다는 것을 알아내고는 이렇게 탄식했던 것이다.[76] 감시는 1917년 이후 완화됐으나 1930년대에 다시 강화되는데, 스탈린이 이전의 국내용 여권 제도를 다시 도입하면서였다. 내무인민위원이 1935년 공표했듯이 "모든 주민이 여권 없이는 아무 곳도 다닐 수 없다는 것을 아는 그런 풍토를 조성할 필요가 있"었던 것이다.[77] 이와 비슷하게, 나치 독일에서는 일부 관리가 물자의 생산 및 이동 통계와 가구 및 개인 관련 통계를 결합해 '이음새 없는 감시 체제'를 세우려고 했다.[78]

감시라는 기제는 (인간의 눈이나 (1960년대에 처음 사용되는) CCTV 카메라, 인공위성, 기록 보관소를 이용하면서) 점차 (인도 안의 영국 제국 같은 제국들을 포함해) 프로이센이나 러시아 같은 전제적 국가들에서 더 민주적인 국가들로 퍼져 갔는데, 이 국가들의 경우는 무엇보다도 투표 인명부가 필요했던 것이다. 예를 들어, 두 차례의 세계대전 중에 식량 배급 계획을 세우는 데 배급 통장을 발급할 필요가 있었다. 복지국가는 일종의 감시가 없이는 작동하지 않을 것이다. 이를테면 개인들에 관해 상세한 기록을 계속 유지해야 복지 혜택이 권리가 있는 사람들에게 돌아가게 할 수 있다. 지문 채취를 비롯한 다른 형태의 신체 인식은 범죄자들에게 국한되지 않고 광범위하게 퍼졌는데, 미국에 입국하려는 방문객들은 이를 이내 실감하게 된다. 국민 한 사람 한 사람에게 번호를 할당해 식별을 쉽게 하는 것은 지난 한 세기 남짓한 기간에 한 번 이상 제안됐거니와, 관료주의적 꿈처럼 들리지만, 독일에서는 1944년 실제로 모든 개인에게 개인 식별 번호가 부여됐다.[79] 많은 나라에서 죄수들에게 이런 식으로 번호를 붙였으며, 병사들도 마찬가지였으니, 1950년대에 영국 군인이었을 때 내 군번은 23179445였다.

지식 국가와 바꿔 쓸 만한 표현이 '계획 국가'인데, 현재에 관한 자세한 통계적 정보는 미래에 대한 계획을 세우는 데 필수적이기 때문이다. 중앙집권적 경제계획은 1980년대에 신자유주의적 반동이 시작되기 전까지 20세기의 강력한 한 흐름이었으며, 소련이 공인 또는 비공인 모형이었다. 그러니까 소련에서는 1928년에서 1991년까지 소련 경제를 놓고 일련의 5개년 계획들을 고스플란으로 알려진 국가계획위원회가 제시했던 것이다. 다른 나라의 관리들 역시 갈수록 지식을 의식하게 되는데, 이를테면 9·11의 결과로 미국 국방부가 2001년에 '통합 정보 인지' 사업을 가동하기 시작한 것을 예로 들 수 있다.

하지만 개입을 할 목적으로 국가가 지식을 수집했던 사례들은 대부분의 경우 계획의 결과는 아니었고, 차라리 음모나 무엇보다 전쟁 같은 위협에 그때그때 대응한 것이었으며, 이렇게 해서 나온 조치들은 애초의 존재 이유가 없어졌는데도 살아남아 영속적이 될 때가 많았다. 예를 들어, 여권은 원래 상당수 나라에서 전시에 나온 임시적 조치였다.[80] 저 의도하지 않은 결과의 법칙은 지식 국가의 출현에도 적용된다고 하겠다.

지식과 제국

행동에 나서기 전에 지식을 수집하고 분석해서 전파해야 할 필요는 다른 통치 형태들에서보다 제국들의 경우에 한층 더 분명했으니, 인도나 아프리카를 비롯한 다른 곳들의 유럽인 통치자나 행정가들은 자기네가 다스리던 영토에 관해서, 또 그 자원이나 거주민, 문화, 심지어 언어에 관해서도 지식이 부족했기 때문이다.[81] 1772년부터 1785년까지 벵골 총독이었던 워런 헤이스팅스가 "지식의 축적은 어떤 것이든, 특히 정복권에 근거해 우리가 지배력을 행사하는 신민들과 사회적 소통을 해서 얻은 지식의 축적일 경우 국가에 유용하다."고 썼던 것은 당연했다.[82]

제국을 '읽을 수 있는 상태'로 만드는 데는 국민국가들의 경우보다 더 큰 노력이 든다.[83] 읽을 수 있는 상태에는 은유적 의미와 함께 문자적 의미도 포함되는데, 아일랜드에서 오스트레일리아까지 현지 지명들을 영어 철자법으로 쓴 지명들로 대체하는 때가 많았기 때문이다. 브라이언 프리엘의 희곡 「번역」(1980년)에 나오는 Ballybeg(아일랜드어로는 Baile Beag)이 이런 경우로서, 육군 측량부의 지도 제작자들이 작업을 하고 있던 1833년의 아일랜드를 배경으로 하는 이 희곡에서는 영국 군인들이 현지 지명들을 영어로 번역해 버렸던 것이다.[84] 더 넓은 의미의 읽을 수 있는 상태 또한 필요했기 때문에 유럽 정부들은 자기네가 정복한 영토들을 상세히 측량하는 데 관심을 보였으며, 어떨 때는 유럽 본토에서 실시되는 비슷한 측량들보다 시기상으로 앞서기도 했다. 예를 들어, 군 측량사들이 1747년에서 1755년 사이에 스코틀랜드 지도를 제작했는데, 1745년 대반란 이후 도로를 건설해 하일랜드 지역을 '평정'하는 것까지 포함돼 있던 큰 계획의 일부로서였다. 그 뒤를 이어, 퀘벡(1760~1761년), 벵골(1765~1777년), 아일랜드(1778~1790년)의 지도가 제작됐다. 반면 잉글랜드 자체는 18세기 말에나 가서야 측량을 시작하는데, 부분적으로는 프랑스 혁명 당시의 침략 위협에 대응한 것이었다.[85]

미국에서는, 스미스소니언 협회가 후원하던 아메리카 인디언 문화에 대한 연구들이 서부 정착기 동안의 인디언 부족들에 대한 정복과 나란히 이루어졌다. 인류학이 발달하기 전에는 이런 연구들을 헨리 스쿨크래프트 같은 '인디언 관리관'들이 수행하기도 했다.[86] 러시아에서는 18세기와 19세기에 이루어진 상당수 지리 원정이 러시아 제국의 동향 팽창과 연결돼 있었는데, 알래스카 원정(1764년)이나 시베리아 원정(1768~1774, 1785~1794, 1843~1845, 1867년), 중앙아시아 원정(1860년대 이후)들을 꼽을 수 있다. 러시아가 투르키스탄을 정복(1865년)하고 나서, 박물학자 알렉세이 페첸코가 이끄는 원정대가 이 지역의 지도 제작을 위해 파견됐다. 러시아 지리학회도 러시아 제국에 관심을 집중했는데, 토착 민족들에 대한 민족지적 기술도 관심의 대상이었다.[87] 네덜란드에서는 식민부가 동인도제도의 네덜란드 식민지들에 대한 측량(1857년)을 의뢰했다. 네덜란드 왕립 지리학회 Koninklijk Nederlands Aardrijkskundig Genootschap: KNAG 가 1877년과 1879년 사이에, 또다시 1903년에 수마트라 원정을 조직했고, 셀레베스섬 원정(1909~1910년)이 그 뒤를 따랐다.[88]

북아프리카에서도 정보의 수집은 다시 또 제국의 확대와 나란히 이루어졌다. 모로코에서는 프랑스가 실시한 과학적 조사(1904년)라는 것에 이어, 조약이 체결돼 모로코를 프랑스의 보호령으로 만들었다. 알제리에서는 1830년 프랑스가 이 나라를 점령하고 나서 아랍청들이 설치됐다. 프랑스 전쟁부는 알제리에 대한 과학 탐험을 지원했고, 그 결과는 1850년에 출판됐다. 식민 정부는 많은 민족지 기술도 의뢰했는데, 투아레그족이나 무슬림 수도자들, 종교 단체들 따위가 대상이었다. 이 기록들 가운데 어떤 것들은 관리들이, 다른 것들은 군 장교들이 작업한 결과물이었다.[89]

영국령 인도의 경우는 특히 상세하게 연구를 했다. "새로운 영토를 획득할 때마다 조사를 실시했으며, 지도를 제작하고 경계를 확정 짓는 것을 훨씬 넘어서, 그 영토의 동물이며 지질, 식물, 민족, 경제적 산물, 역사, 사회를 기술하고 분류하는 데까지 나아갔던 것이다." 신뢰할 만한 지도를 제작하기 위해 18세기 말에서 19세기 초까지 인도에 대한 측량이 실시됐다.[90] 다시 1851년에는 인도 지질 조사라는 것이 이루어졌다. 1850년대 이후로, 지역들에 대한, 더 나중에는 인도 전체에 대한 인구조사들을 계속 실시해 각 개인의 이름, 나이, 직업, 카스트, 종교에 관한 정보를 수집했다.[91] 살인범이나 강도범을 비롯한 다른 범죄자들을 놓고도 지문까지 포함해서 정보를 수집했다.

인도 민족지 조사(1901년) 역시 실제적 목적을 갖고 있었다. 당시의 한 주장에 따르면 "여러 카스트나 부족 사이의 친족 관계나 사회적 관계에 관해, 또 그 풍습에 관해 정확하고 잘 정리된 기록이 이 나라 행정의 많은 분야에 가져다줄 명백한 이점들에 관해서는 길게 논할 필요도 없"었다.[92] 정보는 복지 목적으로도 수집했는데, 이를테면 기근을 막기 위해 정부 위원회가 조직했던 오리사주州 조사(1866년)가 이런 경우이며, 또 1861년에 시작된 인도 고고학 조사는 지식 그 자체가 목적인 지식에 정부가 자금 지원을 한 사례라고 하겠다.

유럽에서 식민지 관리들을 교육할 때는 이미 모아 놓은 지식에 의존했다. 프랑스에서는 정부가 식민지 학교École coloniale(1889년)를 설립해 미래의 행정가들을 교육했다.[93] 국제 식민 학교(1894년)라는 것이 브뤼셀에 설립됐으며, 뒤를 이어 로마 이탈리아 식민 학교Istituto Coloniale Italiano(1906년), 리스본 식민 학교Escola Colonial(1906년), 함부르크 식민 학교Kolonialinstitut(1908년), 암스테르담 식민 학교Koloniaal Instituut Amsterdam(1910년)가 생겨났다. 1902년 레이던 대학에 식민지 역사 교수직이 설치됐으며, 이 1902년은 네덜란드 동인도제도 식민국의 관리들이 이 대학에서 교육을 받기 시작한 해이기도 하다. 그 뒤로 옥스퍼드 대학에 바이트 식민지 역사 석좌교수직(1905년)이, 다시 레이던 대학에 식민법 교수직(1910년)이, 베를린 대학에는 식민지 지리 교수직(1911년)이 생겼다.[94] 박물관들도 식민지 연구에 보탬을 줬으니, 이런 박물관들로는 하를럼 식민지 박물관Koloniaal Museum(1864년), 웰링턴 식민지 박물관(1865년), 벨기에 식민지 박물관Musée coloniale(1904년)이 있으며, 또 식민지들 자체에도 자연사박물관이 많이 있었다.[95]

열대 농학과 열대 의학은 식민지 지배 경험에서 발달해 나온 새로운 하위 학문 분과들 가운데 대표적인 경우들이다. 런던 열대 의과대학이 설립되는 것이 1899년이었고, 파리 식민지 농업 학교는 1921년이었다.[96]

특히 강단 인류학은 1900년경에 출현할 때부터 제2차 세계대전 전까지 제국주의와 맞물려 있었다. 1908년에 발행된 왕립 인류학회 기관지에서 한 기고자는 "다른 식민지들에 있든 인도에 있든 우리의 뛰어난 행정가들 가운데 여럿이 관리들이 원주민들을 다루면서 하는 실수 대부분은 민족학의 기본 원리들에 대한 교육이 부족한 데서 기인한다고 지적했다."고 썼다.[97] 케임브리지 대학에 1904년 인류학 연구 위원회가 설치되는 것은 바로 이 때문이었다. 브로니스와프 말리노프스키 같은 대표적인 인류학자들도 자신들의 연구가 "행정과 입법상의 실질적 목적들에 유용할 수 있다."고 주장하면서 공식적 지원을 요청하기도 했다.[98]

한편 에드워드 에번스프리처드는 순수 인류학을 스스로는 '응용' 인류학이라고 부른 것과 구별하려고 했고, 또 몇몇 인류학자를, 남아프리카 공화국의 맥스 글럭먼이 대표적이거니와, 현지 관리들은 체제 전복적이라고 간주했다. 인류학이라는 학문 분과와 식민 체제의 요구 사이에 존재했던 관계들의 성격이나 범위, 밀접도는 여전히 격렬한 논쟁의 대상이지만, 이런 관계들의 존재는 부정할 수 없다고 하겠다.[99]

지식과 대학

대학들은 오랫동안 그 자체를 위한 지식, 곧 '순수' 또는 '기초' 연구의 보루로 여겨졌다. 실제로 존스 홉킨스 대학이, 그러니까 북아메리카의 중요 연구 중심 대학들 가운데 첫 대학이 1876년에 문을 열었을 당시, 그『학적부』는 이 대학이 "문학과 과학 분야의 다양한 학과에서 …… 직업적이 아닌 고등교육을 제공한다."고 분명히 밝히고 있었다.[100]

반면 우리도 보았듯이, 대학들이 행정 관리들을 위한 교육을 제공했던 경우도 많았다. 앤드루 딕슨 화이트는 또 다른 새로운 대학이었던 코넬 대학(1868년)의 총장으로서 이렇게 선언했는데, "우리는 우리 시대의 당면한 필요에 응용할 수 있는 방식으로 역사를 가르쳐야 한다. 단순한 학술적 관심사들에 관한 고상한 학문적 연구를 위한 시대는 도래하지 않았다."[101] 학문적 지식의 '타당성'을 둘러싼 이 논쟁은 비록 1970년대부터 이후로 진행되고 있지만, 오래된 논쟁의 새로운 형태에 지나지 않는다고 하겠다.

중세 이후로, 유럽 대학들은 대학원 수준에서는 신학, 법학, 의학에(다른 말로 하면, 세 전통적인 직종을 위한 직업교육에) 자리들을 마련해 주었다. 법과대학, 의과대학, 또 비중은 더 작지만 신학대학은 북아메리카 대학들에서는 여전히 중요한 자리를 차지하고 있다. 19세기 이후 계속 논란이 됐던 문제는 공학이나 외과 수술, 회계 같은 새로운 직종들을 위한 교육이 대학 밖에서 이루어져야 하느냐, 아니면 안에서 이루어져야 하느냐는 것이었다. 이런 분야들은 한 걸음 한 걸음 대학 안으로 들어왔다. 예를 들어, 에든버러 대학에서는 흠정 군진외과학 교수직이 일찍이 1806년에 개설됐고, 글래스고 대학의 흠정 공학 교수직은 1840년으로 거슬러 올라간다.

북아메리카 쪽 대학들은 직업교육이나 응용 지식에 유럽 쪽 대학들보다 더 많은 공간을 내주었으며, 지금도 마찬가지다. 19세기가 끝날 무렵에는, 직업교육과정들이 예를 들어 농경학이나 경영학, 가정학, 언론학, 사서학, 교육학, 체육학, 위생학 분야에서 개설되었으며, 이때 이후로 다른 많은 강좌가 교과과정에 또 추가되었다. 예일 대학 간호대학은 1923년에 설립되었고, 시카고 대학 도서관 관리학 대학은 1928년이었다. 오늘날 텍사스 대학에는 휴양·공원·관광학과가 있다. 이런 학과들의 개설은 유럽으로 확대됐으며, 그중에는 오래된 대학들도 들어 있었는데, 이를테면 2004년에 관광학 대학이 볼로냐 대학에서 개설됐다.

대학의 안과 밖에서 직업교육이 출현하는 과정을 보여 주는 사례로 경영학을 더 자세히 들여다보자. 물론 어떤 의미에서는 경제학이라는 학술적 성격의 학문 분과도 경영학이라고 볼 수 있다. 경제학은 실제 상업 활동들을 검토하면서 발달해 나왔으며, 그런 만큼 18세기에는 '실용적 지식'에 속한다고 여겼다. 또 독일어 사용권에서는 '관방학Kameralwissenschaft'의 일부로서, 관리들이 가져야 하는 지식이었다. 이런 이유로, 보통 부르던 대로는 '정치경제학' 교수직이 나폴리 대학에서 (1754년에) 개설됐고, 이 무렵 나폴리는 오스트리아 합스부르크가의 지배 아래 있었거니와, 다시 괴팅겐 대학에서도 (1766년에) 개설됐다.

하지만 학문적인 경제학은 너무 추상적이며 이론적이라고 여기게 됐고, 그리하여 '경영business administration'이라고 불렸던 것을 다루는 과정을 포함해 더 실제적인 교육과정들이 19세기 후반 이후로 대학들에 계속 개설됐다. 미국의 경우, 펜실베이니아 대학 와튼 경영 대학원(1881년), 시카고 대학 경영 대학원(1898년), 하버드 경영 대학원(1908년)을 생각해 볼 수 있으며, 하버드 경영 대학원은 1910년에 첫 경영학 석사를 수여했다. 이렇게 하버드 대학에서 시작하고 난 뒤 긴 공백기가 이어지다가 최근 국제적으로 경영학 석사 과정이 늘어났다. 1957년 퐁텐블로의 유럽 경영 대학원INSEAD이 이 학위를 수여하는 첫 유럽 대학이 됐고, 유니버시티 학료 더블린의 스머핏 경영 대학원이 1964년 뒤를 따랐다. 그 이후 이런 학위들은 많이 늘어난다.

사회과학 쪽에서 진행되는 학술 연구들 역시 정부나 그 기관들에서 이용했다. 1966년부터 1979년까지 미국 대통령 국가 안보 보좌관을 지낸 맥조지 번디는 한 번은 "지역 연구를 하는 대학들과 정부의 정보 수집 기관들 사이에 높은 정도의 상호 침투"가 일어나 양쪽 모두에 이익이 될 수 있으면 좋겠다는 바람을 밝힌 적이 있다.[102]

실제로 하버드 대학의 러시아 연구소에서는 정부와 대학 사이에 일정한 정도의 '상호 침투'가 일어났다. 이 연구소 설립 발상은 그 출발점이 대학은 아니었으니, 미 육군 정보 교육국 책임자가 카네기 재단에 내놓은 제안이었다. FBI가 "연구소 운영에 간섭했"는데, 연구원들을 심사하고 연구 결과들을 발표하기 전에 FBI에 먼저 넘기도록 요구하기도 했던 것이다. FBI의 압력 때문에, 역사학자 헨리 스튜어트 휴스는 좌파에 동조한다는 이유로 이 연구소 소장직에서 해임되었다.[103]

CIA를 놓고 보면, 해마다 러시아 연구소에 요원을 두 명씩 파견해 연구를 하게 했는가 하면, 1960년대 중반까지는 MIT의 국제 문제 연구소CENIS를 지원하기도 했다. 비밀 토론 수업들이, 그중 일부는 사이공에서, 열렸으며, 사회학자 탤컷 파슨스는 CIA에 요원 채용상의 조언을 해 줬다.[104] 1980년대에, 하버드 대학 중동 문제 연구소 책임자 나다브 사프란은 CIA에서 10만 달러를 넘게 받고 사우디아라비아에 관해서 연구했으며, 또 이슬람과 정치에 관한 학술회의를 조직하면서 4만 5000달러가 넘는 돈을 받았다. 사프란은 자신이 초대한 학자들에게 CIA의 개입에 관해 말하지 못하게 돼 있었으나, 어쨌든 이 사실은 새어 나갔다.[105] CIA는 또한 카네기나 록펠러, 포드 같은 대형 재단들을 '자금 지원용 외피'로 이용했으니, CIA가 바람직하다고 생각하는 연구들을 지원할 목적으로 CIA의 돈이 흘러가는 창구였던 것이다.[106] 아주 얄궂게도, CIA는 자기네가 싸우고 있던 공산주의자들한테서 조직들에 '침투'하는 기술을 배운 것 같다.

대학과 대안적 교육기관들

대학들에서 최근 경영학과들이 분명히 걷잡을 수 없을 정도로 늘어나는 현상을 경제적 측면에서 설명하는 일은 어렵지 않은데, 그러니까 제3차 교육 분야에서 학생들을 놓고 다른 기관들과 경쟁을 해야 했기 때문이다. 오늘날 미국에서 학사 학위의 22퍼센트가 경영학 전공자들에게 수여되며, 이 학생들은 이런 교육이 장차 자기네 사회생활에 유용할 것이라고 확실히 믿고 있다.[107]

사실 이런 대안적 교육기관들은 흔히 생각하는 것보다 더 긴 역사를 갖고 있다. 저 상업 학교Aula do Comércio가 리스본에 설립된 것은

1759년이었다. 파리의 상업 전문 학교École spéciale de commerce (1820년)는 비단 상인 두 명이 세운 경우로, 지금도 (고등 상업 학교École supérieure de commerce라는 이름 아래) 운영되며, 세계에서 가장 오래된 경영 대학이라고 주장하고 있다. 독일에서는, 상업 학교Handelschulen들이 18세기 후반으로까지 거슬러 올라가며, 최초의 상업 단과대학Handelhochschule은 1898년 라이프치히에서 설립돼 지역 상공회의소와 대학이 공동으로 운영했다.(단과대학Hochschule이라는 이름은 기술 학교들에도 사용했으며, 그 지위는 주변적이어서 전문대학보다는 높았고 대학보다는 낮았다.) 베를린의 상업 단과대학(1906년)은 "실제 경영 세계에 초점을 맞춘 최초의 교육 기관이면서 또 동시에 진정으로 학문적 성격을 띠고 있었다."고 묘사되기도 한다.[108]

이런 경영 대학들의 등장은 더 폭넓은 흐름의 일부였으니, 이 흐름이란 대학들이 무시했던 과목들, 특히 기술을 가르치는 고등교육 기관들이 많이 늘어났던 것을 가리킨다.(기술Technologie은 새로운 용어로서, 1777년 독일에서 철학자 요한 베크만이 만들어 냈으며, 수공 기술들에 관한 지식이라고 정의됐다.) 가장 유명한 예가 나폴레옹 시대 프랑스의 특수 전문대학Grandes écoles으로서, 이 대학은 구체제에서 존재하던 기초 위에 세워진 경우로, 이미 토목과 광업을 가르치는 학교들이 있었고, 여기에 공과대학(1794년)과 정치학 자유 학교(1872년), 또 고급 관료énarques라고 알려진 정예 공무원들을 길러 내는 국립 행정 학교(1945년)가 추가됐다.

유럽의 다른 곳에서도 비슷한 흐름이 있었다. 기술 교육을 위한 기관들로는 프라이부르크를 비롯해 독일어 사용권 다른 지역들에 있던 광업 학교들을 꼽을 수 있는데, 18세기 후반 이후로 계속 설립됐으며, 또 더 일반적인 기술 학교들, 곧 '공과대학polytechnics'들도 프라하(1803년), 베를린(1821년), 스톡홀름(1827년) 등지에서 설립됐다. 미국에서는, 렌셀러 공과대학(1824년)에 이어 쿠퍼 유니언 과학 예술대학(1859년)이 설립되는데, 이 대학은 건축과 공학에 집중했으며, 다시얼마 지나지 않아 MIT(1861년)가 설립됐다.

대학에 대한 대안으로서 더 근자에 하나의 망을 이루게 되는 기관들이 있는데, 가르치기보다는 연구에, 또 자연과학보다는 정치학이나 경제학에 집중하고 있거니와, 이른바 두뇌 집단think tank들이다. 이 이름은 제2차 세계대전 당시의 군대 은어에서 빌려 온 것으로서, 당시에는 (마치 어항fish tank에 들어가 있는 것처럼 전장과는 동떨어져서) 전략들을 세우던 방을 가리켰다. 두뇌 집단은 시사적인 문제들의 연구에 집중하는 비영리 조직 정도로 정의할 수 있으며, 보통은 독립적이지만 때로는 기업과 연결돼 있기도 한데, 일본의 미쓰비시 종합 연구소를 꼽을 수 있고, 정부와 연결된 경우로는 프랑스의 국립 인구학 연구소가 있으며, 정당과 관계를 맺고 있는 경우로는 1974년 영국 보수당이 설립한 정책 연구소Centre for Policy Studies가 있다.

이런 기관의 초기 사례로 뉴욕의 러셀 세이지 재단(1907년)을 들수 있는데, "사회적 질병들을 해결하는 데 연구를 적용"하는 것을 목적으로 하고 있었다.[109] 또 다른 사례들로는 왕립 국제 문제 연구소로도 알려져 있는 런던의 채텀하우스(1920년)가 있고, 또 베를린의 경기정세 연구소(1925년)도 있는데, 경기순환을 연구할 목적으로 설립됐으며, 정부와 기업들이 공동으로 자금을 지원한다.[110] 2000년이 되면전 세계에 4000개가 넘는 두뇌 집단이 있었고, 그중 1600개가량이미국에 있었다. 이 두뇌 집단들은 전임 연구원들을 고용하며, 학술회의를 조직하고, 학술지를 발행하며, 정치적 압력 집단들을 지원하는경우도 많다.[111]

사회적 연구를 특정 정책들을 지지하는 데 적용한다는 점에서 두뇌 집단들은 특정한 행위를 위해 정보를 수집했던 저 19세기 협회들의 계승자라고도 할 텐데, 이를테면 18세기 후반에 설립되는 많은 농업 협회의 경우는 경제행위를 위해서였고, 영국의 왕립 지리학회나 유럽 다른 곳의 이와 비슷한 학회들은 제국주의 추구를 위해서였으며, 또 사회 개혁을 목적으로 한 경우들도 있었다. 개혁을 목적으로 했던 협회로는 영국의 사회과학 증진을 위한 전국 연합회(1857년)가 있는데, "정책들을 마련하고, 설명하고, 지역사회에 이 정책들을 권고하고, 아니면 입법부가 이 정책들을 채택하도록 자극하고 해서 입법을 돕기 위해" 법률가 헨리 브로엄이 세운 경우이고, 미국 사회과학 협회(1865년)도 있으니, "일반인들을 계도하고" 광범위한 사회 개혁들을 촉진하기 위해 설립되었고, 또 독일의 사회정책 학회Verein für Sozialpolitik(1873년)도 있었다.[112]

수렴

개인들이 기업과 정부, 학계 사이를 오가는 현상에 새로울 것은 없거니와, 이동성이 높은 미국이 특히 여기에 해당한다고 하겠다. 경제학자 존 케네스 갤브레이스는 루스벨트에서 존슨에 이르는 사이의 대통령들에게 자문을 해 줬다. 또 다른 경제학자 로스토는 케네디 대통령에게 외교정책에 관해 조언을 했고, 역사학자 리처드 파이프스는 제럴드 포드 대통령을 위해 일단의 분석가들을 이끌었다.[113] 다시 다른 분야에 있는 기관들이 서로 발상을 빌려 오는 경우도 많았다. 두드러지는 사례로 저 작전 연구를 들 수 있는데, 군사적 결정들을 내

리는 데 필요한 과학적 기반을 마련하려고 제2차 세계대전 중에 시작
됐다가 다시 기업들의 필요에 맞춰 변형됐던 경우다. 범위를 넓혀 보
면, 장기적으로 대학들과 앞에서 소개한 다른 기관들은 서로 수렴하
는 경향을 보였다.

한편에서는, 학문화 경향이(다른 말로 하면 학문의 지위를 얻으면서 순
수 지식이 돼 가는 경향이) 있었다. 유명한 사례로는 MIT(매사추세츠 공
과대학)가 있으며, 또 다른 사례가 캘리포니아 공과대학(1891년), 곧
이전의 스루프 공과대학이다. 이 기술 대학들은 이제 세계에서 일류
로 꼽히는 두 대학으로 변모했다. 우리도 보았듯이, 미국에서는 꽤 많
은 주요 기업이 일찍이 20세기 초에 연구 실험실들을 설립했고, 그중
일부에서는 분위기가 학문적이었고 지금도 마찬가지여서, 연구진들
이 휴가를 받아 학술 발표회에 참가하거나 개인적으로 관심 있는 주
제를 연구하기 위해 한 주에 하루 또는 그 이상의 안식일을 가지거나
하는 따위가 가능하다.[114] 실제로, 캘리포니아 쿠퍼티노의 애플 본사
는 전시의 전략 사무국 연구 및 분석 분과처럼 '캠퍼스'라고 불린다.
독일에서는 기술 단과대학이 1900년 대학 지위를 얻었고, 프랑크푸
르트의 상업 단과대학은 1914년 대학의 일부로 편입됐다. 영국에서
는 맨체스터 대학이 오언스 단과대학(1851년)에서 발전해 나왔는데,
이 단과대학은 맨체스터의 한 직물 상인이 실제적 과목들을 가르치
려고 세웠던 경우이며, 1992년에는 공과대학들이 '대학'들로 개칭되
는데, 독일에서 공과대학들에 대학과 같은 지위를 준 지 거의 한 세기
가 다 돼서였다.

대학들이 기업과 더 비슷해져서 영리 지향적이 돼 가는 경향을
놓고는 더 논란이 많다. 최근 한 학자는 "미국의 연구 중심 대학은 그
제도적 구조나 규모, 예산 관리, 또 공적을 평가하는 방식 상당수에

서 노골적으로 기업적이 됐다."고 지적했다.[115] 이 경향은 사람들이 보통 생각하는 것보다 훨씬 더 오래됐다. 미국의 사회학자 소스타인 베블런이 『미국의 고등교육: 사업가들의 대학 운영에 관한 기록』이라는 눈길을 끄는 제목의 책을 발표한 것이 이미 1918년이었다. 오늘날, 학자들은 누군가가 베블런식의 냉소적 태도로 지금의 상황을 분석해 주기를 바라고 있을 수도 있지만, 베블런 자신이 최소한 미국에서는 이른바 기업가적 대학이 출현했다고 지적하면서, "사업적 원리"를 따라 "경영가들이 지식의 추구를 장악해 버렸다."고 한탄하는 것이 이미 한 세기 전이라는 사실은 변함이 없다.[116]

이제 대학들이 '생산성'의 언어로 말하는 것을 배워 가고 있는 가운데, 몇몇 선례를 생각해 보는 것도 의미가 있을 텐데, 대표적인 것이 소련 과학원이다. 러시아에서는 과학에 대한 계획이 1920년대에 경제에 대한 계획과 나란히 논의되었다. 농업의 경우에서처럼, 여기서도 집단화에 관심이 있었으며, 구체적으로는 '학문적 개인주의'를 비판하고 (사전 편찬이나 백과사전 편찬, 러시아의 자연 자원에 대한 조사 등등의 분야에서) 협동을 강조하는 형태로 나타났다.[117] 이 과정에서 테일러의 발상에도(테일러가 자본주의와 관련되어 있던 것을 생각하면 충분히 얄궂게도), 그리하여 학문적 생산성이라는 개념에도 관심을 보이게 된다. 1930년부터는 과학 연구가 정부의 5개년 경제계획들에 통합됐다. 이러면서 순수과학에서 응용과학으로, 장기 연구에서 단기 연구로 중심이 옮겨 가게 된다.[118]

간단히 말해, '현대 과학의 파우스트적 딜레마'라고 부르는 것, 곧 정부 또는 기업들의 지원을 받는 대가로 학문적 독립성을 잃는 현상은 새로운 문제가 아닌 것이다.[119] 그래도 여전히, 특히 과학 연구의 미래는 혼합적 또는 준학문적 기관들과 더욱 긴밀히 맞물려 가는 것처럼 보이며, 이런 기관들로는 1950년에 설립된 노르웨이의 SINTEF ^{Stiftelsen for industriell og teknisk forskning}를(곧 산업 및 기술 연구 재단을) 꼽을 수 있다. 2006년에, 트론헤임에 본부가 있는 SINTEF는 약 2000명을 고용하고 있었으며 20억 크로네의 수입을 올렸는데, 그 대부분은 기업들이 준 수수료에서 나온 것이었다. SINTEF는 트론헤임과 오슬로에 있는 대학들과 협력하면서, 실험실이며 장비, 연구원들을 공유하고 있다.

진보의 대가

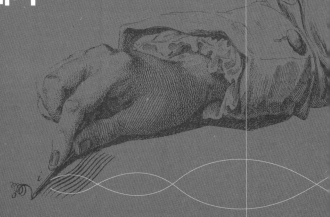

오늘날, 기업과 정부, 대학은 거의 모든 것에 관한 정보를 손에 넣을 수 있으며, 그 양도 엄청나서 이전 어느 때보다 크다. 이제 문제는 원하는 것에 접근하는 것, 말하자면 정보에 관한 정보를 얻는 것이 됐다. 필요한 정보가 어디에 있는지 찾지 못하는 문제는 갈수록 심각해졌으며, 심지어 검색엔진의 시대에도 다를 것은 없었다. 어디 있는지 찾지 못하거나 파괴되거나 폐기되거나 한 정보와 지식의 역사가 다음 장에서 다루는 주제다.

2

지식을 잃다

실용적이고 신뢰할 만한 지식들, 또는 그렇다고 취급되는 것들에서 눈을 돌려 이제는 동전의 다른 면을 보게 되는데, 곧 쓸모없거나 신뢰할 수 없다고 여겨지게 된 지식들이다. 지금까지 이 책에서는 지식의 획득과 축적을 강조했다. 여기에는 명백히 승리주의의 위험이 있는데, 말하자면 탐험가며 식물학자, 고고학자, 천문학자, 해독가, 실험가, 대중화 저자 등등의 영웅적 노력을 지나치게 부각하게 되는 것이다. 지식의 '성장'이니 '진화'니 하는 언급들은 이 승리주의를 부추긴다. 이런 종류의 거대 서사에 대한 해독제가 분명히 필요하거니와, 그리하여 승리들뿐만 아니라 패배들에도 자리를 마련해 줘야 한다. 실제로, "과학과 지식에 관한 모든 긍정적 언명 하나하나를 그것을 부정하고 반박하는 주장과 마주 세워야 하며, 과학의 위업은 좌절과, 모든 증가 하나하나는 상실과 마주 세워야 한다."고 주장하는 학자도 있다. 요점은 모든 지배적 지식 체계는 "부분적으로는 그것이 배제하거나 억압하는 것에 의해 형태가 결정된다."는 것이다.[1]

　'무지학'의 경우, 무지에 대한 연구에 이름을 붙인 것으로서, 최근까지도 소홀히 다루던 분야였는데, 다만 무지를 다른 관점에서 검토하는 데 관심을 가졌던 경우들이 있기는 했다. 그러니까 무지를 "비극으로, 범죄로, 도발로, 전략으로, 자극으로, 과잉 또는 부족으로, 장애로, 방어기제 또는 방해물로, 기회로, 사법적 중립성의 보증물로, 파괴적인 사악함으로, 경이로운 순수함으로, 불공평 또는 그 완화로, 약자들의 최상의 방어책 또는 권력자들의 흔한 변명으로" 볼 수 있다는 주장도 있었다.[2] 이 분야를 특히 경영학 쪽에서는 점점 더 주목하고 있는데, 불확실성이 존재하는 조건 속의 위험관리에 관심이 있기 때문이다. 몇몇 인류학자는 자기네들이 '구조적 기억상실증'이라 부르는 것에(그러니까 구술 문화들에서 주어진 시기에 실용적이지 않은 지식들은 보통 잊히는 과정에) 오랫동안 관심을 갖고 있었으며, 무지에 관심을 가졌던 사회학의 오래된 한 전통도 이제 부활하는 과정에 있다.[3]

다른 한편에서는, 소수의 역사가도 이 주제에 관해 연구를 해 봄 직하다는 생각을 갖게 됐는데, 최소한 이 책에서 다루는 시기의 경우에는 그렇다고 하겠다.(물론 중세 초기에 서유럽에서 지식이 소실됐던 일은 많이 알려져 있다.) 1979년에 에든버러 대학의 과학 사회학자들이 주도한 선구적 연구가 있기는 하지만, 아직 더 많은 연구가 필요한 상태다.[4] 학자들, 대표적으로 1930년대의 저'대탈출'→341쪽 이하에 끼어 있던 학자들의 망명은 독일과 오스트리아의 재변방화처럼 이 학자들이 떠나온 나라들이 치렀던 비용보다는 영국 문화의 탈변방화같이 수용국들에 돌아간 혜택의 관점에서 더 많이 연구가 이루어졌다.

책이나 필사본들 또는 다른 인공유물들이 세계 한 지역에서 다른 지역으로 실려 간다는 것은 한 지역에서 지식이 추가되는 것인 만큼이나 필연적으로 또 동시에 다른 지역에서 지식이 빠져나가는 것이라 하겠다. 이를테면, 지금 영국 박물관에서 수백만 명의 방문객이 볼 수 있는 물건들을 티베트나 나이지리아에 있는 학자들은 더는 볼 수 없다. 유럽 제국들의 출현은 서유럽 지식들의 더 광범위한 전파를 낳기도 했지만, 또한 선교사들이 필사본들을 태우는 것에서부터 현지 언어들이 멸종되는 것에 이르기까지 많은 비유럽 지식의 파괴로도 이어졌다.[5] 새로운 기술들의 등장은 이제는 구식이 된 기계들의 작동에 필요했던 전문 지식들이 소실되는 결과를 낳는다.

지식이 소실되는 몇몇 경우는, 적어도 잠정적 소실들은 사실상 불가피하다고도 할 텐데, 많은 긍정적 결과를 가져오는 범주나 접근 방법, 방식을 채용하면서 치러야 하는 대가라는 의미에서다. 미국의 생물학자 스튜어트 카우프만이 말하는 대로라면 "그저 아는 행위 자체도 무지를 요구한다."[6] 카우프만의 지적은 범주의 어두운 측면이라고 할 만한 것을 강조한다. 예를 들어, 인류학의 고전 시대에 현지 현장 경험을 강조한 결과 이해가 엄청나게 늘어나기는 했으나, 공간적으로나 시간적으로 더 넓은 시각을 소홀히 하게 되는 대가를 치러야 했다. 이와 비슷하게, 레오폴트 폰 랑케와 맞물려 있는 역사학 연구 방법상의 혁명에서도 역시 혜택과 함께 비용이 따라왔으니, 이 학문 분과가 더 엄밀해지는 대신 그 이전에 갖고 있던 폭은 좁아졌던 것이다.[7] 어쩌면 전체 문화들이 어떤 종류의 지식들을 거부하는 대가로 다른 종류의 지식들을 받아들이도록 구조화돼 있다는 의미에서 밝은 면과 어두운 면을 같이 갖고 있는 것일 수도 있다.

이어지는 내용에서는 계획적이거나 의도하지 않은 소실 사례들을 같이 살펴보면서 세 과정에 집중할 텐데, 지식들의 은폐와 파괴, 폐기다.

감춰진 지식

어떤 지식은 숨겨 놓았기 때문에 많은 사람에게 알려져 있지 않다. 이를테면 기술적 지식들은 직업상의 비밀로 유지될 때가 많았다. 중세 수공인 조합들은(라틴어로는 미스테리아misteria라고 했으며) 자기네들이 갖고 있는 전문 지식들을 '비밀mystery'로 취급해서 오직 조합원들에게만 알려 줬다. 18세기, 곧 저 기술적 혁신들의 시대는 산업 첩보의 시대이기도 했으니, 첩자들을 시켜서 나라 안팎에 있는 경쟁자들의 성공 비밀들을 캐내려 하던 때였던 것이다.[8] 19세기 제조업자들은 자기네 작업 공정을 비밀로 유지하려 했는데, 어떤 제강소 소유자의 경우는 회사를 야간에만 돌렸다.[9] 사설 연구소들의 출현으로 이런 흐름은 더 강화됐다. 결국 "기업가가 연구를 지원했던 경우, 이윤으로 연결될 가능성이 있는 연구 결과들의 공표는 원하지 않았던 것이다."[10]

오늘날, 그러니까 '정보 봉건주의'라 부르는 것의 시대에, →193쪽 기업들이 소유한 연구소에서 작업하는 과학자들은 자기네 연구 결과들을 누설할 수 없게 돼 있다.[11] '지식 경영'→195쪽과 관련한 최근의 논의들에서는 한 기업 또는 기업 집단 내의 정보 공유는 이야기하면서도, 외부자들에게서 얻는 지식을 보호하는 절차는 무시한다. 기업의 관점에서 보면, 비밀 지식은 경쟁력을 유지하는 데 도움이 된다고 하겠으며, 다만 더 넓은 관점에서 보면, 곧 국가적 또는 국제적 관점에서는 이런 비밀주의가 경제성장에 장애물이 되는 것 또한 사실이다.

무지한 상태로 남겨져 있는 외부인들에는 경쟁 관계에 있는 기업들과 함께 고객들도 포함될 수 있다. 식료품이나 음료수, 담배를 비롯한 다른 제품들에 붙는 정보 표시들을 보면 건강에 위험할 수 있는 사항들에 관해 소비자들에게 항상 경고를 해 주는 것은 아니었다.(미국에서 판매되는 아스피린병에 이런 종류의 정보 표시가 붙는 것은 1986년으로 거슬러 올라간다.) 실제로 담배 업계는 1950년대 이래로 흡연과 폐암 사이의 상관관계를 부정하려고 갖은 노력을 다했다. 또 광고들은 '투명성 격차'라고 알려진 것으로 가득 차 있다.[12]

경제 쪽에서처럼 정치 영역에서도 정보 은폐를 완곡하게 표현한 정보의 '기밀화'는 일상적으로 이루어진다. 정치나 군사 '첩보'는 "은밀한 수단을 이용한" 정보의 획득으로 정의되기도 한다.[13] 사실 첩보기관들은 오랫동안 일부 정보는 공개된 정보원情報源들에서 수집했으면서도, 일단 손에 들어오게 되면 이런 정보들의 대부분을 비밀 또는 '일급비밀'로 분류해 누설하지 못하게 한다.

예를 들면, 일련의 공무 비밀 유지법(1889, 1911, 1920, 1989년)을 통해 영국에서는 정보기관원들이 정보기관원의 지위를 이용해 획득한 "안보 및 첩보와 관련된 어떤 정보, 문서, 기타 물품"을 발표할 경우 '유죄'로 규정했다. 이런 근거 위에 영국 정부는 전직 MI5 요원의 회고록『첩자 색출자』(1987년)의 출판을 (비록 성공하지는 못했지만) 금지하려 했고, 제2차 세계대전 중에 블레츨리 파크에서 진행된 암호 해독 계획으로서, 지금은 유명해진 이니그마 작전은 영국의 텔레비전 연속물 「교전국들」(1974년)만 해도 언급할 수 없었다가 2000년이 돼서야 일반에 알리는 것이 허용됐다.

근대 초기에 상당수 지도는 그 소유자들이, 특히 정부들이 비밀로 부쳤으며, 이 지형 비밀주의는 1750년 이후에도 계속됐다. 그러니까 슐레지엔이나 합스부르크 제국, 인도에 대한 군사 측량 결과들은 출판이 금지됐다. 프랑스의 1798년 원정 중에 이집트에서 제작된 지도들 중 일부도 마찬가지였으며, 그러다가 1815년 나폴레옹의 몰락 이후에 금지가 풀리기는 했다.[14] 상대적으로 가까이로 와도 지형 비밀주의의 사례들을 찾기는 어렵지 않다. 예를 들어, 소비에트 러시아에서는 저 나우카그라드, 곧 '과학 도시'들은(말하자면 사로프나 세베르스크, 두브나 같은 핵 연구 중심지들은) 지도를 비롯한 다른 공개 문서들에서 볼 수 없었으며, 심지어 고르바초프와 글라스노스트의 시대에까지도 그러다가 보리스 옐친이 1992년에야 장막을 걷어냈다.[15] 심지어 모스크바에서도 시가도나 전화번호부는 일부 사람만 볼 수 있었는데, 사람들이 만나 체제에 대한 비판으로 이어질 수도 있는 상황을 막아 보자는 계산이었다. 영국에서는 1953년이 돼서야 버크셔의 올더마스턴이 저 핵무기 연구소가 있는 곳이라는 사실을 언론에서 언급하는 것이 허용됐다. 미국에서는 정보공개법(1966년)이 통과됐지만, 유정 지도들에는 예외를 두어서, 계속 비밀로 남아 있었다.

지식을 숨기거나 지식의 전파를 방해하는 또 다른 전통적인 방법은 교회가 했든 정부가 했든 검열을 하는 것이었으니, 특정 서적들 자체의 유통을 금지하거나 아니면 특정 부분들을 삭제하거나 '정정'한 다음에나 출판을 허용했던 것이다. 이 방법 역시 1750년 이후에도 계속 채용되었다. 예를 들어, 저 『금서 목록』은 가톨릭교회의 공식 간행물로서 1948년까지 정기적으로 갱신되었으며, 1966년까지도 없어지지 않았다. 검열은 합스부르크 제국에서, 차르 치하 러시아에서, 또 1871년에서 1918년 사이 독일제국에서 엄격했는데, 하지만 나치 독일이나 소비에트 러시아의 검열 체제들을 겪었던 사람들의 처지에서 되돌아보면 차라리 온건했다고 말할 수 있을 것이다.[16] 책이나 신문뿐만 아니라 극장 공연과 심지어 강연들도 검열의 대상이 됐다. 예를 들어, 19세기 초 빈에서 골상학자 프란츠 요제프 갈이 하던 강연들은 황제의 명령으로 중단됐는데, 이 강연들이 유물론과 무신론, 부도덕을 부추긴다는 것이 그 근거였다.[17]

정부들이 수집하는 통계들은 18세기 후반 이후 계속 수가 늘어났던 것을 우리도 보았거니와, → 113쪽 이런 통계들은 처음에는 국가 기밀로 취급됐다. 심지어 스웨덴도 통치상의 투명성이 전통인 것으로 유명해진 경우였지만, 처음에는 통계 정보들을 비밀에 부쳤고, 그리하여 정치경제학자 안데르스 베르크가 "통계표들은 기록 보관소에 묻어 놓으라고 수집하는 것이 아니다."고 항변을 하기도 했다.[18] 유럽을 비롯한 다른 곳들에서 국세조사를 시작하면서 '자료 보호'가(다른 말로 하면 비밀 유지가) 문제로 떠올랐다. 개인의 이름이며 나이, 주소, 가족 사항, 직업 등등에 관해 통계조사원들에게 알려 준 정보가 통계표 작성 외의 다른 용도에 이용될 수 있는 위험이 있었던 것이다. 다음과 같은 공식 문구들이 자주 등장하는 것도 이런 이유였다고 하겠는데, 1935년 독일의 징병법에 나오는 표현이다.

개인들에 관한 조사 결과는 …… 통계 목적이나 포괄적인 경제·사회·문화 정책 수립 목적으로 사용되며, 이외의 다른 어떤 용도로도 사용하지 아니한다. 이 자료를 조사표를 작성한 개인들에 대한 개별적 조치의 근거로 사용하는 것을 금지한다. 특히 통계 자료를 과세 평가 용도로 사용하는 것을 금지한다.

하지만 1940년이 되면 독일 통계청 책임자는 정부가 비밀 유지 원칙을 위반하고 있다고 항의하고 있었다.[19]

스위스 은행들은 고객들에 관한 자료를 보호하는 것으로 유명한데, 아니면 악명이 높은데, 사실 그 고객들 중에는 자기가 통치하는 나라의 자산을 갈취한 독재자들도 끼어 있다. 연방 은행법(1934년)은 외국 정부를 포함하는 제3자에게 넘겨줄 수 있는 고객 관련 정보를 제한했다. 이 새 법 때문에 독일의 유대인들은 나치로부터 자기네 재산을 안전하게 지킬 기회를 얻었던 것이다. 그러나 1945년 이후 이 법은 사망한 고객들의 가족들에게 은행들이 계좌에 관한 정보를 제공하기를 거부할 때 이를 정당화하는 데 이용됐다.

비밀 유지는 과거로도 연장된다. 예를 들자면, 영국에서는 국세조사로 얻은 개인 정보는 100년 동안 공개할 수 없게 되어 있어서, 1911년 국세조사 자료를 최근에야 온라인으로 볼 수 있게 되었다.[20] 다른 정부 문서들도 1958년까지는 볼 수 없었는데, 이해에 공공 기록법이 제정되면서 만든 지 50년이 지난 문서들이 해금되었던 것이다. 1967년에는 이 50년 규정이 30년으로 줄어들었다.[21] 다시 정보공개법(2000년)에 따라 더 많은 문서를 볼 수 있게 됐다. 미국에서는 이와 비슷한 정보공개법이 1966년으로 거슬러 올라간다. 두 나라 모두 국가 안보 관련 사항이나 직업상의 비밀, 개인 사생활 같은 예외들을 둬서 이런 공개의 자유를 제한한다. 1950년대 CIA의 미국 대학 내 활동을 연구했던 한 역사학자는 CIA가 "이 정보공개법상의 구멍을 최대한 활용해 관련 문서들의 공개를 최소화했다."는 사실을 알아냈다.[22] 위키리크스가 2010년에 폭로할 비밀 정보가 결코 부족하지 않았던 것이다.

기술은 정보를 수집하는 데만큼이나 숨기는 데도 채용됐다. '스파이웨어'→68쪽에 대한 최상의 해결책은 안티스파이웨어 소프트웨어의 설치일 것이다. 상당수 전자 데이터베이스들은 '방화벽'이라는 것에 의해 접근이 차단되는데, 적절한 암호가 없는 개인들을 배제하는 장치이거니와, 하지만 이런 예방 조치도 비직업적 또는 직업적 해커들이 미국 국방부의 파일들을 열어 신형 전투기 등등에 관한 비밀 정보를 들여다보는 것을 막기에는 충분치 않다는 것이 또 드러났다.

지식을 숨기는 또 다른 방법은 거짓 지식을 퍼뜨리는 것으로서, 최근에 '허위 정보'라는 새 이름을 얻은 오래된 방식이다. 예를 들어, 소련에서 일부 지도는 외국의 첩보 행위에 맞선 대비책으로서 도시들을 일부러 잘못된 위치에 표시했다. 제2차 세계대전 중에 영국에서는 '20 위원회'가 조직돼 독일인들에게 '부정확한 정보'를 흘렸다.

소실의 또 다른 형태는 지식이 어디 있는지 모르게 되는 경우다. 『옥스퍼드 영어 사전』은 그 편집자 헨리 머리의 말에 따르면 "빼놓은 단어가 없게" 하는 것이 목표였으나, 통탄스럽게도 머리는 '여자 노예 bondmaid'처럼 빠진 단어들을 발견하게 되는데, 아마 정보를 기록해 놓았던 조각 종이가 없어졌기 때문이었을 것이다.[23] 아주 많은 양의 자료를 작은 공간에 저장할 수 있게 해 주는 새로운 기술이 낳은 의도하지 않은 결과로 이런 종류의 소실 가능성을 증가시킨 것을 꼽을 수 있는데, 이를테면 2007년 영국에서는 자녀 수당을 청구한 700만 가구에 관한 정보, 대표적으로는 은행 관련 정보를 담은 CD들이 없어지는 일이 일어났던 것이다. 첫 달 착륙 순간을 담은 비디오가 NASA에서 없어진 일도 있었다. 또 인터넷에서는, '엄청난 양'의 정보가 "매일 없어진다."[24]

지식이 어디 있는지 모르는 것은 과잉에서 생긴 결과일 때가 많은데, 건초 더미 속 바늘 증후군이라 하겠고, 또 더 현대적으로 표현하면 부적절한 '잡음'에서 자기가 듣고 싶은 것을 가려내야 해서 생기는 문제라고도 하겠다. 9·11을 사전에 감지하지 못했던 이유 하나는 미리 경고들이 있기는 했지만, 이 경고들이 엄청난 양의 자료 속에 묻혀 버렸기 때문이었다. 콘돌리자 라이스가 당시에 밝혔듯이, "조직 내에 떠들어 대는 소리가 많았"던 것이다.[25] 이 문제는 무질서 때문에 더 심각해질 때가 많은데, 구체적인 물체들을 모아 놓은 경우들에서 가장 생생하고 분명하게 드러난다. 존 헌터가 수집한 1만여 점이 넘는 표본은 1799년에 왕립 외과의 협회에 보관됐는데, 25년 뒤에도 여전히 목록화가 되지 않았다.(또는 여전히 목록화가 진행되고 있었다.) 19세기 초 파리 자연사박물관에는 1798년 프랑스의 이집트 원정 때 가져온 표본 상자들이 열어 보지도 않은 채로 여전히 어지럽게 흩어져 있었다. 다시 미국의 남양 탐험 원정(1838~1842년)에서는 수많은 표본 상자를 새로 설립된 스미스소니언 협회로 보내왔지만, 협회에는 표본들을 꺼내서 조개껍데기들을 닦고 새들을 박제하고 하는 데 필요한 직원들이 부족했다.[26] 19세기의 더 뒤로 가면, 독일 민족학 수집품들의 목록화 작업은 어지러울 정도로 빨리 들어오는 수집품들을 따라잡을 수가 없었다.[27]

지식의 파괴

지식들의 파괴에는 아는 것이 많은 사람들의 죽음도 포함되는데, 이를테면 탐험가들이 자기 원정지에서 돌아오지 못했던 경우나 스탈린의 숙청 때, 또 1939년 독일의 폴란드 침공 이후 학자들을 죽였던 경우를 들 수 있다.

암묵적 지식은 특히 소실되기 쉬운데, 개인들의 머릿속에 저장돼 있기 때문이다. 직원들이 자기네가 아는 것을 넘겨주지 않고 회사를 떠났을 때, '기업 기억'으로 부르기도 하는 것에서 일어나는 소실에 관해 기업들의 인식이 갈수록 커지고 있다.[28] 다른 경우에는 가치 있는 지식이 "전달 과정에서 소실된다."고 말할 수도 있는데, 위계적 조직들에서는 낮은 지위에 있는 사람들이 상급자가(곧 통치자나 장군, 최고 경영자 등등이) 알고 싶어 하지 않으리라 생각하는 정보는 위로 전달하지 않는 편을 택하기 때문이다.

또 다른 경우에는 무관심했기 때문에, 제국의 시대에 상당수 국소적 지식들이 파괴되는 사태를 내버려 뒀다. 가끔씩은 이런 지식 가운데 얼마간을 건질 때도 있었다. 이를테면, 이시는 캘리포니아 북부에 살던 야히족의 마지막 생존자로서 1911년에 발견돼, 인류학자 두 명과 대화하면서 수석燧石 떼기나 사냥 등등의 기술을 보여 줬다.[29] 하지만 이런 부족 상당수는 기록되지 않은 채 사라졌고, 많은 언어 역시 특히 지난 몇십 년 사이에 마찬가지로 멸종됐다. 21세기 초에 실시된 한 조사에 따르면 세계 언어들 가운데 96퍼센트는 세계 인구의 4퍼센트밖에 안 되는 사람들이 쓰고 있었고, "거의 500개의 언어는 사용자가 백 명 미만"이며, 3000개의 언어는 2100년이면 사라질 것이었다.[30] 이와 비슷하게, 지금의 생물 다양성 위기는 빠르게 멸종하고 있는 종들에 대해서만큼이나 생물학적 지식에 대해서도 위협이 된다고 하겠다.

지식의 파괴는 어떨 때는 우연히, 어떨 때는 고의로, 또 어떨 때는 이 둘이 섞여 일어난다. 도서관에서 우연히 일어나는 화재는 역사에서 되풀이되는 현상으로서, (기원전 48년 또는 그즈음 불에 탄) 알렉산드리아 도서관에서 시작해, 미국 의회 도서관은 1851년에 화재로 3만 5000권의 책을 잃었고, 토리노 도서관은 1904년 배선 불량 때문에 불이 났다.[31] 건물들의 기초 공사를 하다가 고고학 유적지가 발견되는 경우가 많은데, 그러고 나서는 파괴될 뿐이다. 비직업적인 보물 사냥꾼들이 금속 탐지기로 고고학 유적지를 찾아내는 경우도 있지만, 역시 유적지를 손상해 거기서 배울 수 있는 것은 줄어든다. 고고학자들은 이렇게까지 함부로 하지는 않지만, 이들 또한 어느 정도는 지식을 파괴한다. 19세기에 이루어지는 대규모 고고학적 발견들의 부정적인 측면은 인공유물들이 수천 년 만에 처음으로 공기에 노출되면서 훼손됐다는 것이다. 아시리아 궁전들의 경우, "이제 막 노출된 부조들이 발굴자들의 눈앞에서 바스러졌다." 사슬 갑옷과 투구들은 "공기에 노출되자마자 부서져 내렸"고, 센나케리브 왕의 궁전에서 발견된 왕관은 "아주 살짝 손을 댔을 뿐인데 산산조각이 났다." 오늘날의 고고학자들은 일부 유적의 경우 지식 손실을 최소화해 주는 기법들이 발달하기 전에 발굴된 것을 아쉬워하거니와, 하지만 "모든 발굴은 어느 정도까지는 파괴"라는 사실을 또 인정한다.[32]

도서관이나 기록 보관소, 박물관에 저장돼 있는 지식을 고의로 파괴하는 일 역시 너무 흔하다. 프랑스에서, 혁명 이후 저 입법의회는 스스로 '봉건적' 문서들이라고 부르던 것들의 파괴를 명령했다. 브라질에서는, 노예제가 폐지된 이후 법률가 출신 장관이었던 후이 바르보자가 노예제와 관련된 상당수 기록을 파괴하라고 1890년에 명령을 내렸다. 벨기에의 콩고 지배 체제와 관련된 기록들은 1908년 고의로 소각해 버렸다.[33] 1977년에, FBI는 '성적 일탈자들'이라고 분류했던 개인들에 관한 30만 쪽의 자료철들을 파괴했다. 최근에는 한 스위스 은행이 이전 유대인 고객들의 계좌 관련 자료들을 파괴하고 있던 것이 드러나기도 했다.

새로운 기술이 동원돼서 이 파괴 작업을 돕기도 했다. 이를테면 노팅엄에 근거를 둔 로빈 후드 소프트웨어에서 제작한 증거 삭제기 Evidence Eliminator가 있는데, 마이크로소프트 윈도 운영체제를 사용하는 컴퓨터용 소프트웨어 프로그램으로서, 하드디스크에서 비밀 정보를 지워 준다고, 아니면 최소한 이 정보를 살려 내기 어렵게 만들어 준다고 주장한다. 어떤 사람들이 이 소프트웨어를 구매하는지 아는 것도 흥미로울 것이다.

어떤 파괴 행위들은 더 큰 규모로 이루어진다. 1871년 파리 코뮌 지지자들은 경시청에 불을 질러서 약 6000상자에 이르는 경찰 기록을 파괴했다. 제1차 세계대전 중에 한 독일군 부대가 루뱅 대학 도서관을 불태웠고, 제2차 세계대전 때는 또 다른 독일군 부대가 바르샤바에 있는 국가 기록 보관소를 거의 다 파괴했다.[34] 독일 쪽으로 가 보면, 베를린의 제국 도서관은 1939년에서 1945년 사이에 대략 65만 권의 책을 잃어버렸는데, 그중 35만 권은 주로 폭격으로 파괴됐고, 나머지 30만 권은 사라져 버렸다. 영국 박물관 열람실에서 책을 빌리려면 대출 양식에 기재해야 하던 시절, 책을 대출해 줄 수 없는 사유가 대출 양식 뒷면에 인쇄돼 있었는데, 자주 등장하던 것 중 하나가 "전쟁 중 폭격으로 소실"됐다는 것이었다. 지식의 파괴는 물론 제2차 세계대전으로 끝나지 않았다. 많은 예 가운데 둘만을 들어 보면, 사라예보에 있는 보스니아 국립도서관은 1992년 포격을 받은 뒤 불에 탔고, 2003년의 바그다드 국립박물관 약탈은 더 근자의 기억으로 남아 있다.

더 미묘한 형태의 소실은 맥락, 또는 미술사가들이 '출처 provenance'라 부르는 것과 관계가 있다. 1796년 미란다 장군에게 보낸 편지에서, 다시 1815년에도, 프랑스인 앙투안 크리조스톰 카트르메르 드 캥시는 나폴레옹이나 토머스 엘긴 경을 비롯한 다른 사람들의 이탈리아 미술 작품 약탈을 맹렬히 비난했는데, 그러니까 이런 déplacement, 곧 이동이 이 작품들의 문화적 가치를 빼앗았기 때문이라는 것이다. 카트르메르 드 캥시의 주장은 어떤 인공물에서 연상되는 것, 또 이 인공물이 갖는 의미며 힘은 그것의 용도와 그것의 자리에 달려 있다는 것이었다. 이 인공물을 옮기는 것은 이것을 파괴하는 것이다. 이탈리아 인공물들에 어울리는 환경은 이탈리아 자체로서, 이때의 이탈리아를 카트르메르 드 캥시는 "le Museum intégral"이라고(다른 말로는 벽 없는 박물관이라고) 묘사했다.[35]

맥락의 소실을 보여 주는 또 다른 사례들은 민족지와 고고학의 역사에서 보게 된다. 예를 들어, 인류학자 프란츠 보애스는 수집가들이 자기네가 수집한 물건들에 관한 정보를(그 기원이나 현지 이름 등등을) 충분히 기록하지 않는다고 비판했다.[36] 식물학이나 동물학에서도 역시 표본들의 출처를 알려 주는 꼬리표를 붙이지 않거나 꼬리표가 없어지는 것은 지식의 소실을 의미한다고 하겠다. 촬영 장소나 일시, 촬영자 같은 세부 사항이 알려지지 않은 많은 옛날 사진을 두고도 똑같은 말을 할 수 있는데, 이런 정보들이 있어야 이 사진들이 신뢰할 만한 증거로 사용될 수 있기 때문이다. 이 문제에 대한 인식은 지난 수십 년 사이에 더 강해졌으니, 예를 들어 영국 박물관은 출처에 관한 정보를 살려 내기 위한 사업을 1980년대에 시작했다.[37]

지식의 폐기

지식 소실의 세 번째 형태는 구식화, 아니면 어떤 개인들이나 집단들이 구식화라고 믿는 것의 결과다. 지식의 성장은 집단적 '망각'이라고 부르는 것과(다시 말하면 "과거의 잘못된 또는 구식이 된 생각들을 없애 버리는 것"과) 맞물려 있다.[38] 이 망각 과정은 정보 과잉의 시대에 더 속도가 붙었다. 이 문제는 새로운 것은 아닌데, 책들의 '홍수'에 대한 불평들은 최소한 16세기까지는 거슬러 올라가기 때문이다.[39] 하지만 이 과잉의 문제는 갈수록 더 심각해졌다. 발견들이, 특히 자연과학 쪽에서 빨라지면서 나타난 한 현상은 지식이 이전 어느 때보다 더 빨리 낡게 되는 것이다. 이런 이유로, 낡은 지식을 폐기하는 것은 경제학자 조지프 슘페터가 '창조적 파괴'라고 부른 것의 한 형태라고 볼 수 있을 텐데, 말하자면 새로운 것에 공간을 내주는 것으로서, 기록 보관소나 도서관, 박물관의 경우에는 문자 그대로의 공간이고, 백과사전 또는 교육기관들과 대학들의 교과과정은 은유적 공간이라고 하겠다.

이런 식으로 지식들을 폐기하는 것은 최소한 어느 정도까지는 바람직하다고, 아니 심지어 필요하다고도 할 수 있겠지만, 얻는 것들만큼이나 잃는 것들도 잊어서는 안 된다. 따라서 문화사가들은 여러 세기 동안 폐기된 것들, 곧 정보나 발상, 심지어 사람들을 포함하는 지적 쓰레기를 연구할 필요가 있다. 과거를 이해하기 위해서는 '패배자의 시야'를 재구축할 필요가 있는데도, 일반적으로 역사가들에게는 승자들을 중시하는 편견이 있다는 사실은 자주 지적된다. 레프 트로츠키는 언젠가 패배자들은 '역사의 쓰레기통'으로 들어가는 것이 마땅하다고 했거니와,『소비에트 백과사전』은 공산당에서 정치적으로 올바르지 않다고 여기게 된 사람들이나 사상들, 일들을 이어지는 판들에서 계속 빼놓았던 것으로 악명이 높은데, 이런 사람들 중 대표적인 인물이 스탈린과 갈라선 뒤의 트로츠키 자신이었다.

『소비에트 백과사전』을 조롱하기는 쉽지만, 이 사례는 훨씬 일반적인 어떤 과정을 극단적 형태로 보여 줄 따름이다. 상당수 학문 분과에는 제쳐 놓은 조상들이 있는데, 곧 집안의 수치가 된 드러내고 싶지 않은 사람들이며, 정치적인 이유가 작용했던 경우들도 있다. 이런 조상들은 학문적 계보에서 빠져 있다. 예를 들어, 범죄학자들은 자기네 학문 분과를 세운 사람 중에 체사레 롬브로소가 끼어 있다는 사실은 기억하고 싶지 않을 텐데, 롬브로소가 두개골의 모형이나 다른 신체적 특징들로 알아볼 수 있는 '타고난 범죄자'들이 있다고 굳게 믿었기 때문이고, 또 인류학자들은 과거에 인류학이 백인종 또는 캅카스인이 우월하다는 발상을 설파했던 일은 잊어버리고 싶을 것이다.⁴⁰

다시 한 세대 정도, 정치사상을 연구하는 사람들은 1920년대에 이 분야의 대표자 가운데 한 사람으로서, 『정치 신학』(1922년)이나 『정치적인 것의 개념』(1927년) 같은 중요한 연구서들을 저술한 카를 슈미트를 지워 버리려고 갖은 노력을 다했다. 슈미트는 나중에 국가 사회당에 입당했으며, 그리하여 1945년에 학계에서 배제됐고, 그래도 여전히 하이델베르크 대학을 포함한 다른 곳에 계속 추종자들을 갖고 있었다. 그러다가 슈미트에 대한 평가가 다시 이뤄지고, 저작들이 영어와 프랑스어, 이탈리아어, 에스파냐어로 번역되기 시작하는 것은 1980년대가 돼서였다.⁴¹

이렇게 치워 버리는 과정은 사람들에게만큼이나 물건들로도, 또 정보들로도 확대된다. 고고학자들은 쓰레기 더미에서 과거에 관한 지식을 건져 내는 데 익숙하지만, 역사가들은 트로츠키식 표현을 쓰자면 '지성사의 쓰레기통'에서 쓸 만한 것들을 회수하는 것을 여전히 배워야 한다. 그러니까 어느 정도는 문자적 의미의 고고학에서 미셸 푸코가 새롭게 의미를 붙인 그 '고고학'으로 옮겨 가, 역사가들은 지식을 폄하하는 과정, 곧 지식을 비지식 또는 사이비 지식으로 바꿔 버리는 과정을 연구할 수 있을 것이다.⁴² 새로운 지식들이 어떤 주어진 문화 속으로 들어오면서, 또 이 지식들에 공간을 마련해 주기 위해, 대학 교과과정에서든, 백과사전, 기록 보관소, 아니면 도서관에서든, 일부 오래된 지식이 밀려나게 되는데, 이 과정을 '문화적 선택'이라 부를 수도 있을 것이다.

기록 보관소의 경우를 보자. 1821년에 프랑스 오브주州에 있는 한 지역에서는 "어떤 용도로도 결코 쓸 수 없는 서류 더미를 없애" 버리고 싶어 했는데, "유용한 서류들을 쉽게 찾을 수 있게" 하려는 목적이었다.[43] 다시 통계학자 코라도 지니가 그 유명한 표본 추출 방법을 개발하는 것은 이탈리아 정부가 1921년의 국세조사 결과지 대부분을 폐기하려던 계획에 대한 대응으로 나온 것이었다.

도서관과 백과사전

도서관들과 백과사전들의 역사에는 이전까지 지식으로 여겼던 것들을 폄하하는 과정을 보여 주는 사례가 많이 있다. 18세기에는 책들을 이단적이거나 전복적이라서가 아니라 쓸모가 없기 때문에 없애야 한다는 생각들을 품기 시작했다. 이렇게 '쓸모없는 책들을 없애는 상상들' 가운데 하나를 철학자 데이비드 흄의 『인간의 이해력에 관한 탐구』(1748년)에서 볼 수 있으니, "우리가 아무 책이든, 예를 들어 신학이나 형이상학에 관한 책을 손에 쥐고 있다면, 이렇게 물을 수 있는데, 이 책은 양이나 수에 관해 어떤 식이든 추상적 추론을 담고 있는가? 아니다. 이 책은 사실과 존재의 문제와 관련해 어떤 것이든 실험적 추론을 담고 있는가? 아니다. 그러면 이 책은 불 속에 던져야 마땅한데, 궤변과 환상 말고는 아무것도 담고 있지 않기 때문이다." 다시 1771년에 발표한 소설에서 프랑스 언론인 루이세바스티앵 메르시에는 2440년의 계몽된 한 사회를 그려 내는데, 거기서는 일부 핵심적인 책을 빼고는 책들을 이미 모두 없애 버린 터였다.[44]

대부분의 사서는 흄이나 메르시에처럼 멀리까지는 가지 않았지만, 신간들의 홍수에 신경을 쓰는 것은 맞는데, 신착 도서들을 꽂을 공간을 찾는 문제가 갈수록 심각해지고 있기 때문이다. 어떤 사서들은 책들을 '빼는' 쪽을 선택하는데, 책들을 내버리는 것을 가리키는 최근의 완곡 표현이다. 다른 사서들은 쓸모가 덜하다고 생각하는 책들을 그저 지하실이나 '떨어진' 창고들로, 곧 중간 지대 또는 지적 림보로 보내 버리는데, 각광을 받는 자리는 아니되 또 쓰레기통에 들어간 것은 아닌 상태가 되는 것이다. 규모가 큰 도서관에서 이런 식으로 수 세기 동안 서가에 들이지 않은 책들을 연구해 보면 우선순위가 어떻게 바뀌어 갔는지에 관해 꽤 많은 것을 알 수 있을 것이다. 사상들의 수명을 그 사상들을 담고 있는 책들의 '서가 수명'을 통해 연구할 수도 있다.

이런 식의 도서관 연구만큼 많은 것을 알려 주고, 그러면서 작업도 훨씬 더 쉬울 것이 백과사전들에서 빠지게 된 지식들에 대한 비슷한 연구일 것이다. 지식이 성장하면서, 백과사전들은 갈수록 더 커져 갔다. 그래도 여전히, 같은 백과사전의 여러 판을 비교해 보면 편집자와 편찬자들이 적어도 18세기 후반 이후부터는 백과사전을 개정하는 과정에서 이전 판의 내용들을 상당량 빼 버릴 때가 많다는 것이 쉽게 드러난다. 편집자와 편찬자들 스스로도 이런 측면들을 강조했다. 에이브러햄 리스는 체임버스『백과사전』개정을 위한『제안서』(1778년)를 내놓으면서, "낡은 지식을 배제하겠다는, 말하자면 불필요한 내용들을 줄이겠다는" 의도를 부각했다. 화학자 토머스 톰슨은 『브리태니커 백과사전』(1815~1824년)의 보유補遺에서 10년 사이에 너무 많은 것이 낡은 것이 돼 버려서 화학에 관해 자기가 썼던 항목을 완전히 재집필해야 했다고 밝혔다.[45]

이런 식의 재집필을 항상 하지는 않았던 것이 사실이다. 18세기와 19세기에 영국 백과사전들에 실린 자연과학 항목들에 대한 한 연구 결과 과학자들이 이미 부정확하다고 여기게 됐던 상당량의 정보가 (예를 들면 '연금술 잔류물' 따위가) 살아남았다는 것이 밝혀졌으며, 이런 상황은 『브리태니커 백과사전』(1875년) 제9판에서 크게 내용을 바꿀 때까지 이어졌다.[46] 하지만 1875년 이후로는 주요 백과사전들에서(라루스 백과사전, 『브로크하우스 백과사전』, 『빙클러르 프린스 백과사전』, 『브리태니커 백과사전』, 『유럽-아메리카 일반 화보 백과사전』 등등에서) 폐기되는 정보의 양이 갈수록 빠르게 늘어났다. 정보를 빼는 경우들 중 일부는 분명히 실제적 이유가 있다. 그래도 여전히, 정보를 뺄 때 거기 깔린 철학은 최근에 나온 발상이 항상 가장 나을 것이라는 식의, 진보에 대한 어느 정도는 순진한 믿음일 때가 많을 것이라고 우리로서는 충분히 의심해 볼 만하다. 이런 이유로 적어도 인문학에서, 특정 용도로는 학자들이 (1911년에 출판된) 『브리태니커 백과사전』 제11판을 나중에 나온 판들보다 선호할 때가 많다.

몇몇 구체적인 예로도 얼마나 많은 정보가 소실됐는지를 보여 주는 데는 충분할 것이다. 1911년에는 찰스 1세에게는 열세 단이, 황제 카를 5세에게는 열한 단이 할당됐으나, 1974년의 『신브리태니커 백과사전』에서는 각각 다섯 단으로 줄어들었다. 라파엘로는 열여섯 단에서 다섯 단으로, 키케로는 열세 단에서 네 단으로, 괴테는 열두 단에서 여섯 단으로 줄어들었다. 루터는 열네 단에서 한 단으로, 플라톤은 서른세 단에서 한 단도 안 되게 줄었다. 기독교와 고전 문화 둘에 대한 관심이 같이 줄어든 생생한 증거라고 하겠다.

상대적으로 저장 문제에서 자유로운데도 온라인 백과사전들소자 정보를 폐기한다. 이런 이유로, 실리지 못한 항목들을 볼 수 있는 '위키모르그Wikimorgue' 또는 '딜리토피디아Deletopedia'를, 말하자면 『브로크하우스 백과사전』이나 『브리태니커 백과사전』 옛날 판들의 디지털

판에 해당하는 것을 만들자는 제안들이 나왔다.[47]

개념들의 폐기

개념들 또는 '범주'들 역시 폐기되며, 여기에는 지적인 이유와 사회적인 이유가 혼합돼 있다. 예를 들어, 불과 비슷한 원소로서 연소燃素라고 알려졌던 개념은 한때 화학이라는 학문 분과에서 핵심적이었으나, 앙투안 로랑 라부아지에가 연소燃燒 현상에 대한 대안적 설명을 내놓은 이후 18세기 말부터 서서히 사라졌다. 다시 1950년대에는 구조기능주의가 사회학과 인류학에서 주요한 분석 틀이었으나, 1970년대에 들어 도전을 받으면서 점차 쇠퇴했다. 마르크스 이론이 경제학에서 문학에 이르는 광범위한 학문 분과들에서 내리막길을 걸었던 것이 근자에 일어난 지적 평가절하들 가운데 가장 잘 알려진 사례라 하겠다.

한편 문화사가들의 경우 패자들의 개념들을 무시하는 것은 영어의 전통적 표현을 쓰면 아기를 목욕물과 함께 버리는 것이다. 그리하여 역사가들은 영국 철학자 버트런드 러셀을 따라 할 필요도 있는데, 러셀은 이미 1943년에 『지적 쓰레기의 개요』를 썼기 때문이거니와, 다만 러셀이 이 "집단적인, 또는 개인적인 어리석음의 웃기는 목록"에서 했던 것보다는 이 주제에 더 거리를 두고 더 상대주의적 방식으로 접근해서, 옛 지식들을 평가절하하는 흐름들을 정당화하기보다는 서술하고 설명해야 할 것이다.

전문 학술지들에 실리는 논문들의 '기대 수명'은 갈수록 줄어드는데, 자연과학의 경우가 특히 낮고, 사회학과 경제학은 중간 정도이며, 역사학이나 문학비평은 조금 더 높다.[48] 고전들은 새 판본이 나올 때면 정보를 붙이는 만큼이나 빼는 경우도 많다. 한 편집자는 최근에 이렇게 밝히기도 했는데, "편집된 저작에서 무언가 소실되지 않은 것이 없는 경우는 단 한 건도 알지 못한다."[49] 이와 비슷하게, 상당수 학문 분과에서 유행이 지난, 또는 '신선하지 않은' 주제들은 폐기되거나 아니면 최소한 주변화될 위험에 처해 있다. 이런 주제들은 '평가절하된 화폐'가 되는 것이다. 다만 몇 세대가 지난 뒤 재평가될 수는 있다.

진정한 지식과 가짜 지식, 또는 과학과 사이비 과학 사이의 경계 또한 시간이 흐르면서 바뀌게 되어 있는데, 학자 집단들이 특정한 지적 활동을 학식의 공화국에서 배제하려 하기 때문으로서, 이럴 때면 보통 특정한 책이나 방식, 이론이 '진정한' 역사학이나 철학, 과학 등등이 아니라는 이유를 댄다. 이것이 푸코가 '격하'라고 부른 과정이다. 심지어는 약간 과장을 섞어 과학의 역사는 "언제나, 또 동시에 비과학적인 것을 상대로 한 투쟁의 역사"라고 한 학자도 있다.[50] 예를 들면, 직업적인 과학적 의학이 18세기 후반 영국에서 자리를 잡게 되면서, 대안적 접근 방법들은 '의학적 주변부'로, 심지어는 그 너머로도 밀려났고, 이제 사이비 의학 또는 '돌팔이 짓'이라고 낙인이 찍혔다.[51] 어떤 의미에서, 전문가들은 돌팔이들이 필요한데, 그래야 자기네 스스로를 과학적이고 정통적이라고 더 확실하게 정의할 수 있기 때문이다.

무엇을 과학으로, 아니면 ('과학자'라는 말을 쓰게 되고 얼마 지나지 않은 1840년대가 되면 영어에서 자리를 잡는 용어인) '사이비 과학'으로 치는지는 시대뿐만 아니라 장소, 또 논쟁이 벌어지는 학문 분과에 따라서 저마다 다르다.[52] 이런 '경계 작업 boundary-work'은 순전히 이론적이라고, 말하자면 앞에서 다룬 종류의 거대한 지식 분류 체계의 일부라고만 할 수는 없다. 이와는 반대로, "경계 짓기는 실제적인 일상 환경에서 매일 일어"나는데, 이를테면 대학 교과과정에서 특정 주제를 배제한다든가, 학술지에 제출한 논문을 거절하는 따위를 들 수 있다.[53]

어떨 때는 점성학에서 사이언톨로지까지 (그 추종자들이 부르기로는) '학문 분과'인 것이 통째로 사이비 과학이라 배척을 당했다. 이런 분야들 중 몇몇은 한 시기에는 과학으로 인정받다가, 다른 시대에 비과학적이라며 버림을 받았다. 이를테면 중국 의학은 대표적으로 침술을 포함해서 17세기와 18세기에는 유럽 의사들이 진지하게 받아들였다. 하지만 유럽 의학이 과학적이라고 정의되고 나자, 대체 의학들은 내버려졌다. 침술에 대한 유럽의 관심은 처음에는 "가라앉"다가 이제 "깊이 숨어 버리게" 됐다. 유럽에서 이 치료 방법에 다시 관심을 갖게 되는 것은 1960년대 후반에서 1970년대나 돼서였다.[54] 다시 민족심리학Völkerpsychologie, 곧 지구상에 있는 서로 다른 민족들의 집단적 심리에 대한 연구는 19세기 후반의 독일을 비롯한 다른 곳에서 큰 관심의 대상이었으나, 이 분야는 ('민족 전통'의 경우처럼) 20세기에 쇠퇴했고, 민족학이 대체하게 된다.[55] 이어지는 사례 연구들에서는 네 학문 분과가 지위를 잃게 되는 과정에 초점을 맞추는데, 점성학, 골상학, 초심리학, 우생학이다.

사례 연구: 점성학

점성학을 유럽에서는 일부 식자층이 이미 17세기에, 또 18세기에는 더 많은 식자층이 버리고 있었는데, 그래도 이 폐기 과정은 한 세대 전에 생각했던 것보다는 더 길고 더 느린 흐름이었다.[56] 왜 점성학이 쇠퇴했는지를 역사가들이 설명하는 것은 어렵지 않았는데, 막스 베버의 유명한 개념인 일반적인 '세계의 탈주술화^{Entzauberung der Welt}'를 끌어오면 됐던 것이다. 점성학이 19세기와 20세기에 어떻게 살아남았는지 또는 부활했는지를 설명하는 것은 이만큼 쉽지는 않은데, 다만 이 생존 또는 부활이 변화하는 문화에 맞춰 스스로를 바꾸는 대가로 얻은 것이라는 점은 지적할 만하다.

19세기 말에 일부 점성가는 자기네 분야를 현대적으로 바꿔서 더욱 과학적으로 만들고, 그리하여 자기네 직업이 하나의 전문직이 되게 하려고 노력하고 있었다. 《현대 점성학》이라는 제목의 새로운 학술지가 1895년 런던에서 창간됐다. 이 학술지는 첫 호 발간사에서 "오래된 점성학 체계를 현대화해야 할 때가 왔다."고 선언했다. 이렇게 현대화를 주장했던 인물들 가운데 하나가 리처드 제임스 모리슨이라는 사람으로서, 모리슨은 (아직 별들을 보고 항해를 하던 시절에) 해군 장교였으며, 스스로를 '자드키엘'이라고 불렀고, 미래를 예언할 때 수정구를 사용했다. 또 다른 인물은 월터 올드인데, '세페리얼'이라는 이름으로 알려져 있었으며, 고객들에게 증권거래소의 가격 등락이나 경마 결과 따위에 관해 예언을 해 줬다.[57] 점성학 연구 협회가 1902년 런던에서 만들어졌으며, 1910년에는 점성학 연구소가 뒤를 이었고, 또 점성학 집회소가 생겨 거기서 매주 강좌가 열렸다.[58]

이 부활한, 또는 개혁된 점성학과 더 전통적인 점성학 사이의 주요한 차이점은 전자 쪽의 의식적인 혼합주의라고 하겠다. 일부 점성가는 적의 언어, 곧 19세기 과학의 언어를 채용했다. 이들은 자기네 분야와 마법 사이의 차이를 강조하며 '정신과학'이니, '점성학의 과학적 근거'니, '별자리와 인간 행동간 상관관계의 과학적 증거'니 하는 것에 관해 글을 썼다. 다른 사람들은 통계학의 수사를 썼다. 이와 비슷하게, 현대의 일부 점성가는 컴퓨터를 써서 고객들의 12궁도를 보여 주는데, 시간을 절약하려는 것뿐만 아니라 자기네 점괘에 첨단 기술의 분위기를 입히려는 것이기도 하다.

또 다른 점성가들은 점성학의 발상들과 장미십자회, 프리메이슨의 발상들이 고대 이집트의 불가사의와 관련돼 있다는 것을 지적하기도 했다. 이들 중 상당수는 예를 들면 힌두교에서 불교까지 동양 종교들에서 여러 요소를 가져다 썼는데, 이 종교들을 직접 공부한 경우도 있고, 19세기 말에 잉글랜드와 프랑스를 비롯한 다른 곳에서 확산되고 있던 혼합주의적 '신지학神智學' 또는 '인지학人智學'을 통해서→354쪽 배운 경우도 있다.[59]

1880년대와 1890년대에 런던에서 점성학에 대한 관심이 되살아나는 것은 일종의 부르주아적 '반문화'라고 부를 만한 흐름의 일부였는데, 1960년대 캘리포니아의 반문화와 비슷한 구석이 있었기 때문이다. 별들을 연구하던 사람들은 점성학에만큼이나 이를테면 최면술, 채식주의, 심령주의에도 관심이 있기가 십상이었다. 1920년대와 1930년대가 되면 일부 점성가는 카를 구스타프 융의 심리학에서 언어와 개념들을 빌려 오고 있었다. 거꾸로 융 자신도 이 주제를 연구했으며, 융의 딸은 점성가가 됐다. 융의 뒤를 따라서, 어떤 사람들은 점성학을 심리학에 끌어왔는데, 12궁도를 '정신의 지도'라고 묘사하거나, '우리 내부의 행성들'을 말했던 것이다. 이 새로운 혼합주의적 점성학은 대체 의학이나 유기농 식품 또는 자연 식품과 마찬가지로 1960년대와 1970년대의 이른바 뉴에이지 운동이라는 물결을 타게 되거니와, 뉴에이지라는 이름은 1940년대에 융을 비롯한 다른 사람들이 새로운 '물병좌 시대'를 말했던 데서 나온 것이었다.

학계에서는 평가절하됐지만, 점성학은 (가령) 골상학과는 달리 살아남았고, 심지어 문화의 다른 영역에서 번성하기까지 했다. 어떻게?

충분히 역설적이게도, 점성학의 매력은 근대적인 특징과 반反근대적인 특징의 결합에 있는 것처럼 보이는데, 한편으로는 과학 또는 심리학에 호소했고, 다른 한편으로는 "근대성과 거기 수반된 진보 숭배에 대한 이해할 만한 반동"이라는 요소도 갖고 있었던 것이다.[60]

사례 연구: 골상학

골상학은 "19세기에 가장 인기 있고 가장 대중화됐던 '과학'"이었다고 표현들을 한다.[61] 골상학자들에 따르면 두뇌는 (보통은 서른일곱 개라고 말하는) 분리된 기관들로 이루어져 있으며, 이 기관들은 ('호색'이나 '자비심' 같은) 다른 감정들과 (인과 추론이나 비교 같은) 다른 기능들을 관장하는 자리가 된다. 각 기관의 크기는 해당 기능의 능력을 보여 주는 표시이며, 두개골의 모양은 그 안에 들어 있는 것의 지표다. 골상학의 창시자인 독일 의사 갈은 자기 체계를 '두개골 연구Schädellehre'라고 불렀다. 영어에서는 처음에는 '두개학craniology'으로 알려졌다가, 1815년에 '골상학phrenology'으로 바뀌게 된다.(프랑스어에서도 나중에 나온 이 용어를 사용한다.)[62] 몇몇 학자는 골상학자들의 '인상학적 방식'을 언급했는데, 사실 두개골의 모양이 그 안에 있는 두뇌의 특징을 보여 주는 지표라는 골상학자들의 발상은 전통적인 관상학의 핵심적인 전제를 닮아 있었다.[63]

정부로부터 강연을 금지당하고 나서 갈은 빈을 떠나 1807년 파리에서 자리를 잡았으며, 얼마 지나지 않아 정신 질환 전문가들 가운데서 추종자들을 만들어 냈다. 갈의 조수였던 요한 가스파어 슈푸르츠하임은 영국으로 건너가 에든버러와 런던에서 골상학의 복음을 전파했다. 에든버러 골상학회(1820년)며 런던 골상학회(1823년), 『골상학 동향 및 논문』(1823년)까지 모두 1800년대 영국에서 이 운동이 가졌던 지위를 증언한다고 하겠다.

골상학은 미국에서 훨씬 더 큰 인기를 얻었는데, 스코틀랜드 출신 법률가 조지 컴이 쓴 『인간의 체질』(1828년) 같은 책들이 이를 자극했던 것으로서, 컴의 책은 골상학을 자조自助라는 개념과 연결했던 경우다. 1860년이 되면 이 『인간의 체질』은 영국에서 10만 권이, 미국에서는 20만 권이 팔린 상태였다. 서로 다른 감정들과 기능들을 보여 주는 흉상들이 약국 진열창마다 놓여 있었고, 바닷가 휴양지들이나 다른 곳들에서는 많은 골상가가 머리에 있는 '융기'들을 만져 보면 장래 성공 여부를 예언할 수 있다고 주장하고 있었다. 이렇게 확산돼 가면서, 골상학은 단순해져서 '사회철학'이 됐으며, 심지어 '일종의 독자적인 교파', 곧 "일종의 낙관주의적이고 감정적인 이신론"이 됐다는 주장도 있다.[64]

골상학은 "하나의 학문 분과로 인정된" 적이 한 번도 없다.[65] 골상학은 시작부터 여러 쪽에서 신랄하게 비판을 받았는데, 대표적인 것이 《에든버러 평론》(1805, 1815년)이었고, 또 『머리 쪽The Craniad』 같은 제목을 단 풍자문학들도 있었다. 한 과학 사회학자는 골상학자들을 국외자로서, 사회 개혁에 관심이 있었으며 "기성 제도들로부터는 저항을 받았다."고 묘사했다.[66]

역사적 관점에서 보면, 골상학은 좋지 않은 때에, 그러니까 정밀한 측량의 시대에 출현했다고도 말할 수 있다. 골상학은 골상학이 발전해 나온 모체였던 인상학처럼 근대 초기와 더 잘 들어맞았다. 골상학은 1840년대에 쇠퇴하기 시작하는데, "두개골이 그 안에 있는 두 뇌의 모양과 엄격하게 일치하지 않는다."는 증거 때문에 기초가 흔들렸던 것이고, 다시 19세기 후반기에 '가파른 쇠퇴'의 길에 접어들었다.[67] 하지만 골상학은 멜빌 듀이의 십진분류법에서 독자적인 번호 하나를 부여받을 정도로 중요했거니와, 이 번호는 지금까지도 유지되고 있다.[68] 이 분야는 또 파머스턴 경이나 앨프리드 러셀 월리스처럼 다른 방식으로 뛰어났던 개인들도 진지하게 받아들였다. 이 골상학 전통은 19세기의 더 뒤로 가서 인종과 범죄 연구에 관심을 가졌던 체질 인류학에도 보태준 것이 있으며, 골상학적 발상들은 20세기 초까지 서민 문화 속에도 깊이 박혀 있었다.[69]

사례 연구: 초심리학

'초심리학'은 (용어 자체는 독일어에서 Parapsychologie로 1889년에 처음 만들어졌으며) 다르게는 '심령 연구'로도 알려져 있었다.[70] 영국에서는 심령 연구 학회가 1882년에 설립됐고, 위원회들을 구성해 정신감응, 최면술, 영매, 유령, 흉가 따위에 관해 연구했으며, 이 학회의 사업들 가운데는 환각 사례들에 대한 조사도 들어 있었다. 영국 쪽의 선례를 따르는 학회들이 다른 곳에서도 생겨났는데, 미국 심령 연구 학회(1885년)나 덴마크 심령 연구 학회Selskabet for Psykisk Forskning(1905년) 등등을 꼽을 수 있다.[71]

적어도 초기에는 영국 심령 연구 학회 회원들이 국외자라거나 그 연구들이 사이비 과학이라고 말하기가 힘든데, 초기의 회장들을 보면 케임브리지 대학의 일급 학자였던 헨리 시지윅이나 나중에 왕립학회 회장이 되는 화학자 윌리엄 크룩스 같은 사람들이었기 때문이다. 지그문트 프로이트나 융, 윌리엄 제임스, 윌리엄 맥두걸 같은 저명한 심리학자들도 모두 이 기획을 지지했다.

초심리학적 현상들을 독일과 영국, 미국에서는 실험실에서 연구했다. 이런 종류의 연구들 중 가장 잘 알려진 것이 정신감응 또는 '초감각적 지각ESP'에 관해 조지프 뱅크스 라인이 수행한 연구들인데, 라인은 1927년 듀크 대학 심리학과로 옮겨와 맥두걸과 함께 작업했고, 나중에는 자기 초심리학 연구소의 책임자가 됐다. 라인이 쓴 연구 방법들 가운데 하나는 자원자들이 카드를 알아맞히게 하는 실험이었는데, 몇몇 실험의 결과는 놀랄 만큼 좋았다. 라인의 실험은 다른 곳에서도 비슷한 결과를 보여 줬고, 이제 1938년 《초심리학회지》까지 창간되면서 하나의 새로운 학문 분과가 출현하는 것처럼 보였다.

하지만 라인의 실험들에 자금을 대 준 것은 대학이 아니라 사개인들이었다. 라인의 연구는 수십 년 동안 계속되다가, 듀크 대학 연구소에 라인의 후임으로 온 책임자가 실험 결과들을 조작했다고 1974년 혐의를 받으면서 결국 신뢰를 잃게 된다. 《초심리학회지》는 아직도 존재하지만, 라인 초심리학 연구소가 인간 본성 연구 재단으로 이름이 바뀐 것은 중요한 의미가 있다고 하겠다. 헝가리계 영국 작가 아서 케스틀러가 초심리학을 연구할 석좌교수직 기금을 내놓았으나, 옥스퍼드 대학에서는 이 돈을 거절했다.(이 석좌교수직은 결국 에든버러 대학에 설치됐다.)

초심리학은 과학계를 분열시켰다. 이 집단의 일부 구성원은 초심리학을 사이비 과학이라고 비판했다. 하지만 또 다른 과학자들은 초심리학을 지지했고, 이 운동이 품고 있던 몇몇 발상, 대표적으로 다중자아 같은 개념은 다른 학문 분과들에서 이어받았다.

사례 연구: 우생학

18세기 중반 이전에도 이미 인종이라는 개념이 통용되면서 어떤 공동의 조상을 갖고 있는 사람들의 집단들을, 대표적으로는 민족을 가리켰다. 하지만 세계의 인종들에 대한 관심은 1750년부터 1950년 사이에 그 정점에 있었다.[72] 우리도 앞에서 본 것처럼, →92쪽 조르주 퀴비에는 인종을 셋으로 구별했고, 칼 린나이우스는 넷, 요한 프리드리히 블루멘바흐는 다섯, 뷔퐁은 여섯이었다.

인종 연구는 (독일어로는 Rassenkunde라고 했거니와) 골상학과 연결되는 지점이 있었다. 슈푸르츠하임은 중국인과 아프리카인, 유럽인들의 머리를 비교하고 대조했다. 두개학자들의 경우 그 관심이 개인들 간의 차이에 있다가 집단들 간의 차이로 서서히 옮겨 갔다. 예를 들어, 스웨덴 해부학자 안데르스 렛시우스는 '두지수頭指數'라는 것을 고안해 내 유럽인들을 두 유형으로 나누었다. 그러니까 머리가 세로로 긴 (금발과 같이 나타나는 장두형) 사람들과 머리가 옆으로 퍼진 (갈색 머리와 같이 나타나는 단두형) 사람들이었다.

이런 인체 측정학적 연구들은 민족적 정체성과 관련이 있어서 매력이 있었다. 1870년대 저 새로운 독일 국가에서 의사 겸 인류학자 루돌프 피르호는 학생 600만 명의 머리와 눈 색깔을 조사했는데, 그러고서 내린 결론이라는 것이 순수한 게르만 인종 같은 것은 없고, 여러 다른 민족의 혼혈이 있을 뿐이라는 것이었다. 피르호의 선례를 따른 경우들로 영국에서 민족지적 조사(1892년)가 있었고, 스웨덴에서는 신병 4만 5000명에 대한 조사에 기초해 스웨덴의 인종적 구성을 연구(1902년)했으며, 또 덴마크에서도 이와 비슷한 연구(1904년)가 있었다.

이런 종류의 연구들은 우생학, 그러니까 선택적 육종을 통해 인종을 향상한다는 구상에 관심이 있어서 추진되기도 했다. '우생학'이라는 말은 1883년에 프랜시스 골턴이 만들었다.(독일어에서는 더 포괄적인 의미의 '인종 위생', 곧 Rassenhygiene이 1895년 이후로 계속 사용되었다.) 1907년이 되면 골턴의 제자 하나가 "선생님이 만든 우생학이라는 말을 이제 얼마나 많이들 사용하는지 아시면 놀라실 겁니다!"고 말할 정도였다.[73] 우생학은 순식간에 세계적 운동이 되는데, 독일 인종 위생학회Gesellschaft für Rassenhygiene(1905년)가 설립된 데 이어, 영국에서 우생학 교육 학회(1908년), 스웨덴에서 스웨덴 인종 위생학회Svenske sällskapet för rashygien(1909년)가 생겼고, 국제 우생학 회의(1912년)도 시작됐던 것이다.

우생학은 구상 이상이었으니, 곧 하나의 과학으로 취급됐던 것이다. 영국의 통계학자 칼 피어슨은 "우생학을 학문 분과로 세우는 데" 관심이 있었다.[74] 러시아의 한 우생학 교재(1925년)는 우생학이 이미 독자적인 과학적 학문이라고 주장하고 있었다.[75] 골턴의 재정적 지원에 힘입어 우생학 연구소와 우생학 교수직이 유니버시티 학료 런던(1907, 1911년)에 새로 생겼다. 제1차 세계대전이 끝난 뒤에 우생학은 학계에서 더 확실하게 자리를 잡아 갔으니, 우생학 연구소들이 웁살라(1921년), 베를린(1927년)을 비롯한 다른 곳들에서도 설립되었고, 또 존 버던 샌더슨 홀데인 같은 일급 과학자들이 우생학에 합류했던 것이다.[76]

우생학과 인종적 연구들의 과학적 지위는 아마 나치 독일에서 가장 높았을 텐데, 그 뒤에 바로 추락해 버리고 말았다. 진지한 비판들은 이미 일찍부터 나와 있었다. 미국으로 들어온 이민자들과 그 자녀들의 두개골을 연구하고 나서, 보애스는 환경의 영향을 강조하게 되는데, 이에 따라 '인종' 개념을 '문화'라는 개념으로 대체해야 한다고 주장했다.[77] 랜슬롯 호그벤은 런던 정치경제대학 사회생물학 교수로서 우생학을 격렬하게 비판했으며, 1934년이 되면 호그벤의 친구였던 홀데인도 이 방향으로 옮겨와 있었다.[78] 하지만 이 분야를 침몰시켰던 것은 아우슈비츠 수용소에서 나치 친위대 소속 의사 요제프 멩겔레가 실시한 실험들이 알려지면서였는데, 멩겔레가 한때 베를린의 빌헬름 황제 협회 우생학 연구소에서 조수로 일했던 적이 있었던 것이다.[79]

한창 유행하는 제목이었던 것이 이제 금기어가 되어서, '인류유전학'이나 '사회생물학' 같은 완곡 표현들로 대체됐다.[80] 예를 들어, 1954년《우생학 연보》가《인류유전학 연보》가 됐고, 1969년에는《계간 우생학》이《사회생물학》으로 바뀌었다. 교수직과 연구소들에도 다른 이름들이 붙었다. 우생학의 몰락으로 인종적 연구도 같이 침몰하는데, '인종 관계' 쪽의 연구는 예외였으니, 여기서는 실제 차이보다는 사람들이 생각하는 인종 간 차이들에 초점을 맞추고 있다. 그래도 인종적 연구 중 일부는 건져 냈다. 꽤 자주 그러듯이, 승자들은 자기네가 인정하고 싶어 하는 것보다 더 많은 것을 패자들한테서 가져다 자기 것으로 만들었던 것이다. 그리하여 '인종'이라는 말이 '문화'나 '민족성' 같은 말들로 대체됐을지언정, 인종은 "서로 다른 꽤 많은 과학 분야에 자리를 잡고 있다."는 지적도 있다.[81]

심지어 명맥만 유지하던 중에 부활할 수도, '후퇴' 뒤에 '복귀'할 수도 있다.[82] 오늘날 두개골 계측을 인류의 진화를 연구하는 고고학자들이 사용한다. 민족들의 인종적 구성에 대한 연구는 DNA가 발견되면서 새로운 전기를 맞게 됐는데, 이를테면 '브라질의 분자 초상화'(2000년)라는 이름의 연구 기획이 끝나면서 브라질 국민의 혼혈 상태를 전보다 훨씬 더 분명히 알 수 있게 됐다. 1969년에는 "새로운 우생학이 출현했다."고 주장하는 것이 너무 일렀을 수 있지만, 이제 인간 게놈 프로젝트의 시대가 되면서 우생학에 대한 평가절하는 재평가로 다시 이어질 수도 있을 것처럼 보인다.[83] 몇몇 학자는 인종 생물학의 최근 '명예 회복'에 관해 쓰기도 했다.[84]

민족 전통 연구들의 운명 역시 특히 독일과 스칸디나비아반도에서, 제3제국의 붕괴 이후를 놓고 보면 우생학의 운명과 닮아 있다. 민족 전통은 하나의 학과목이었으며, 대륙 유럽, 특히 북유럽에서는 영국에서 그 주변적 위치 때문에 사람들이 생각하는 것보다 훨씬 더 중요했다. 하지만 나치가 이 민족 전통을 인종적 순수성과 연결하며 이용하게 되면서 오명을 얻게 됐다.[85] 심지어 '민족'이라는(독일어로는 Volk라는) 단어도 이제 인종주의와 맞물리면서 금기가 됐다. 그리하여 전에는 '민족 전통'이라고 표현하던 것이 '서민 전통' 또는 '민족학'으로 재정의됐다. 이 분야에서 앞서 이루어진 많은 연구가 살아남기는 했지만, 강조점은 (인류학의 경우에서처럼) 인종적 연구들에서 사회적·문화적 연구들로 옮겨 갔다.

사례 연구로 다룬 이 네 종류의 배척당한 지식이 간 길은 서로 다르다. 점성학은 우리가 다루는 시대에는 진지한 학과목은 아니었으되, 그보다 앞서 한동안은 대학들에서 중요하게 취급을 했다. 학계에서 내쫓기고 나서, 점성학은 새로운 틈새를 찾아냈고, 지금도 그 자리를 차지하고 있다. 골상학은 1820년대에서 1840년대까지 유행이었지만, 대학에서 자리를 잡은 적은 한 번도 없었으며, 그래도 일부 학자는 골상학을 심각하게 받아들였고, 인종 연구 쪽에서도 골상학의 몇몇 발상을 물려받았다. 초심리학은 대학에서는 주변적이었다. 사실 점성학의 경우처럼 그 분명한 반反과학적 성격이야말로 초심리학의 매력에서 중요한 부분이었다. 이 분야가 쇠퇴했을 때, 건져 내 쓸 수 있었던 연구 결과는 상대적으로 적었다. 인종 연구와 우생학은 대학에 자리를 잡았다가 기본적으로는 정치적인 이유로 그 지위를 빼앗겼다. 민족 전통이 학과목이었다가 민족학으로 바뀌는 과정도 이와 비슷했다. 그래도 여전히, 이런 정당화 투쟁들의 패배자들이 후대에 어떤 흔적을 남겼다고 말할 수는 있을 것이다.

이제 막 살펴본 사례 연구들은 학문 분과 간 경계의 문제를 제기하거니와, 이 경계는 상대적으로 분명할 수도, 아니면 상대적으로 모호할 수도 있다. 이 경계 지대들이 다음 장에서는 중심적 주제가 될 것이다.

지식을 나누다

1960년대 초에는, 5만 종의 과학 정기간행물이 600만 편에 이르는 논문을 그때까지 실은 것으로 계산됐으며, "1년에 최소한 50만 편"씩 수가 늘어나고 있었다. 1969년의 한 조사 결과를 보면 1954년에서 1965년 사이에 물리학 출판물들이 8년마다 두 배씩 늘어났고, 사회학 쪽에서는 3년마다 두 배씩이었다.[1] 이런 '지식 폭발'과 그에 따른 '정보 과잉' 심화의 시대에는 전문화가 갈수록 더 필요해졌다.('정보 과잉'에 관해서는 436쪽에서 더 자세히 다룬다.)

전문화는 이미 18세기 중반 괴팅겐 대학 의학 교수였던 알브레히트 폰 할러가 주장했는데, "대학들의 중요한 좋은 점은" 할러에 따르면 "학문을 작은 부분들로 나눠서 각자에게 작고 제한된 책임을 맡긴다는 것이다."[2] 전문화를 통해 하나의 전체로서 인류는 이전 어느 때보다 더 많은 것을 알게 되고, 또 서로 다른 종류의 학자들에게 점점 더 다양해지는 지적 환경들이 제공되고 있다. 다른 한편으로 이 경향은 사고의 폭을 좁혀서 개인들이 자기 자신의 학문 분과조차 하나의 전체로 바라보는 것을 점점 어렵게 만들고 있는바, 인류의 지식이라는 정말로 큰 그림은 또 말할 것도 없다고 하겠다.[3] 이런 이유로 전문화를 놓고는 드물지 않게 양가적 태도들을 갖게 되는데, 이 태도를 이 책의 저자인 나도 공유하며, 막스 베버는 특유의 비극적 현실주의를 드러내며 인상적으로 이렇게 표현한 바 있다. "전문화된 일에 한정되고 여기에 수반해 인간의 파우스트적 보편성을 포기하는 것이 현대 세계에서 가치 있는 모든 일의 전제 조건이다."[4](정작 베버 자신은 자신의 이런 충고를 따르지 않았다.)

이 지적 노동 분업을 찬성하는 사람들은 이것을 '다양화' 또는 (언뜻 생각하는 것보다는 더 모호한 표현인) '직업화'라고 부른다.[5] 찬성하지 않는 사람들은 이것을 '파편화'라고 한다. 이들은 또한 전문가 '은어'의 출현도 비판한다. "전문어는 그것을 말하고 이해할 수 있는 사람들과 그러지 못하는 사람들 사이에 장벽을 세워 놓는다."[6] 반세기 전에 헝가리계 영국 철학자 겸 과학자 마이클 폴라니는 "어느 과학자를 데려와도 현재의 전체 과학 연구 결과 중에서 오로지 100분의 1 정도만 직접 판단할 능력이 있을 것이다."고 한탄했다.[7] 오늘날의 상황을 상상해 보라!

30여 년 전에 미국의 뛰어난 역사학자 존 하이엄은 그가 "아직도 기록되지 않은 전문화의 역사"라고 부르는 것이 필요하다고 지적했다.[8] 이 역사는 기록되지 않은 채로 남아 있는데, 아마 이런 다학문적 기획은 비전문화된 학자를 요구하기 때문일 것이다. 그래도 여전히, 분명한 것이 있다면, 이 책에서 다루는 기간이 전문화라는 흐름에서, 아니 차라리 직업화와 전문화라는 서로 맞물려 있는 사회적 흐름과 지적 흐름에서 결정적인 단계들을 보여 준다는 것이다.

18세기 후반에, 에드워드 기번의 『로마 제국 쇠망사』나 애덤 스미스의 『국부론』 같은 주요 저작들은 비전문가 대중에게서 곧바로 큰 호응을 얻었다. 하지만 스미스와 그의 동료 애덤 퍼거슨은 이미 노동 분업의 관점에서 지적 전문화를 논의하고 있었다. 이미 1824년에

'피상적 지식'에 관한 한 시론에서 잉글랜드의 낭만주의 작가 토머스 드 퀸시는 그가 "극단적 세분화로 나아가는 …… 학문 내의 경향"이라고 부른 것을 개탄하고 있었다. 19세기 중반에 오귀스트 콩트가 spécialisation이라는 말을 만들어 냈고, 콩트의 선례를 영국인 제자였던 존 스튜어트 밀이 다시 따라 했다.[9] 영어에서 '전문가specialist'라는 말이 처음 기록된 것은 (1856년에) 의학 분야에서였으나, 얼마 지나지 않아 더 널리 채용되는데, 예를 들면 콩트의 또 다른 제자였던 허버트 스펜서가 이 말을 사용했다.

박학가들의 쇠퇴

이 시대의 한 표지는 박학가를 대하는 태도상의 변화였다. 박학가들을 고대 그리스인들 이래로 찬탄만큼이나 불신을 품고 바라봤던 것이 사실이다. 그러니까 헤라클레이토스는 총람적 지식을 가졌다고 자처한다는 이유로 피타고라스를 사기꾼이라고 불렀고, 로저 베이컨을 비롯한 다른 몇몇 중세 학자는 악마의 도움을 받고 있다는 의심을 샀으며, 다시 이 의심은 16세기에 저 파우스투스 박사 이야기로도 나타났다. 그래도 여전히, 태도상의 변화가 두드러지는 것은 우리가 다루는 시기 중이었다.

19세기 초까지도 창의적 개인이 여러 다른 학문 분과에서 독창적 발견들을 하는 것이 여전히 가능했으며, 두 사례가 이를 보여 준다. 알렉산더 폰 훔볼트는 대단히 비범한 박학가의 실례를 보여 주는데, 그 관심 분야가 지질학, 천문학, 기상학, 식물학, 생리학, 화학, 지리학, 고고학, 정치경제학, 민족지학을 아울렀기 때문이다. 지금으로서

는 믿기 힘들지만, 이 모든 분야에서 훔볼트는 독창적인 것을 기존 지식에 보탤 수 있었다.[10]

여기에는 조금 못 미치지만, 잉글랜드 쪽의 예로는 케임브리지 대학 이매뉴얼 학료의 토머스 영을 들 수 있을 텐데, 영은 "모든 것을 알았던 마지막 인간"으로 묘사되기도 했다.[11] 영은 의사로서 교육을 받고 의학 연구를 계속했지만, 이와 함께 생명보험 계산이며 빛과 소리의 물리학에 관해서도 중요한 논문들을 발표했다. 영은 이집트 상형문자 해독에도 이바지를 하는데, 다만 이 분야에서는 영의 연구를 장 프랑수아 상폴리옹이 앞질렀다. 같은 시대 사람들이 불렀던 대로라면 '귀재 영'은『브리태니커 백과사전』제6판의 보유補遺에 예순세 개 항목을 집필했는데, 그 주제가 '언어들'에서 시작해 '조수潮水'에까지 걸쳐 있었다.

다시 영의 케임브리지 대학 동료였던 윌리엄 휘웰은 수학, 역학, 광물학, 천문학, 철학, 신학, 건축학에 관해 책을 썼으며, "모든 종류의 책을 동시에 읽고 싶은 욕심"을 털어놓기도 했다.[12] 시인 새뮤얼 콜리지는 친구에게 "역학, 정수역학, 광학, 천문학, 식물학, 야금학, 화석학, 화학, 지질학, 해부학, 의학에다, 다시 인간의 사고, 또 사람들의 사고 방식들을, 또 모든 여행기며 항해기, 역사서들"을 연구하고 싶다는 바람을 밝힌 적이 있다.[13]

하지만 지적 풍토는 박학가들에게 점점 적대적이 되어 가고 있었다. 훔볼트는 "사람들이 내가 한 번에 너무 많은 것에 호기심을 갖는다고 자주 말한다."며 불평을 했다. 영은 익명으로 출판을 할 때도 있었는데, 그래야 영보다 폭이 좁은 동료들이 영을 계속 진지하게 의사로 여겨 줄 것이었기 때문이다. 휘웰을 놓고는 "박식이 휘웰의 약점"이라는 말도 있었다. 콜리지를 두고 토머스 피콕은 소설『헤드롱 홀』

(1816년)에서 '다방면 선생^{Mr Panscope}'이라며 "일찍이 학문의 전 분야를 두루 섭렵하고, 또 그 모두를 똑같이 잘 이해하시는 분"이라고 조롱했다.[14]

과학자들의 출현

잘 알려져 있듯이, 영어에서 단어 '과학자'는 1830년대에 만들어진 말이다.(독일어의 해당 단어는 '자연 연구자'라는 뜻의 Naturforscher였다.) 이 새 용어는 한 새로운 집단의 등장을 공인하는 것이었으니, 곧 자연계 연구에 자기네 관심을 집중하는 학자들의 집단이면서, 동시에 점차 하나의 직업이 돼 가고 있던 집단이었다.[15] 이 새로운 공동체 의식은 '과학의 공화국' 같은 말들로 표현되는데, 이제 이런 말들은 '학식의 공화국'이라는 저 더 오래된 개념과 경쟁하고 있었다.

몇몇 지역에서는 학생들이 자연계 연구를 전문으로 하는 것이 가능해지고 있었다. 가령 독일 중등교육의 경우 과학 중심의 레알슐레^{Realschule}를 생각할 수 있는데, 전통적인 고전 중심의 김나지움과 경쟁하면서 생겨났다. 대학 수준에서 사례들을 찾아보면, 파리 공과대학(1794년)이 설립되고, 다시 뒤를 이어 프라하 공과대학(1803년), 스톡홀름 왕립 기술 대학(1827년), 독일 기술 단과대학 등등이 생겨난 것을 들 수 있다. 미국에서는 하버드 대학에 로렌스 과학 대학이 1845년에, 예일 대학에는 셰필드 과학 대학이 1854년에 설립됐다. 영국에서는 케임브리지 대학에 '자연과학' 과정이 따로 개설(1851년)됐고, 그 뒤를 이어 리즈에 요크셔 과학 대학(1874년)이, 버밍엄에 메이슨 과학 대학(1875년)이 설립됐다.

이런 식의 변화들이 가져온 장기적인 한 가지 결과는 1959년 케임브리지 대학에서 한 유명한 강연에서 (물리화학자였다가 소설가가 된) 찰스 퍼시 스노가 안타까워하며 지적한 '두 문화' 사이의 분열이었다. 이 강연은 시의적절한 때에 열려 민감한 주제를 건드렸고, 처음에는 영국에서, 나중에는 독일, 이탈리아, 스웨덴을 비롯한 다른 곳들에서 긴 논쟁을 불러일으켰다.[16] 이 강연에서 스노는 여러 분야를 들쑤셔 놓았다. 우리의 논의와 관련이 있는 것은 그의 주장들 가운데서 "서구 사회 전체의 지적 영역이 점점 양극적 집단으로 갈라지고 있"으며, 그 한쪽이 "인문학적 지식인들"이고, 다른 쪽은 "물상 과학자들"이라는 대목이다. 과학적 문화는 "지적인 측면에서만이 아니라 인류학적 측면에서도" 공동체라는 의미에서 하나의 문화인데, 이 공동체 안에서는 사람들이 어느 정도는 서로를 이해하는 반면, '몰이해'라는 간극이 이 공동체의 구성원들을 인문학 쪽에 있는 지식인들로부터 갈라놓고 있기 때문이다.[17]

스노의 강연을, 또 강연자 스노를 문학비평가 프랭크 레이먼드 리비스가 그의 습관대로 격하게 비난하고 나서면서, 둘이 분리됐다는 주장은 더 설득력을 얻게 됐던 것 같다. 한 번 이상은 지적됐던 것으로, 스노와 리비스 사이의 논쟁은 몇몇 측면에서는 빅토리아 여왕 시대에 과학자 토머스 헨리 헉슬리와 시인 매슈 아널드 간에 조금 더 예의를 갖춰 진행됐던 논쟁의 재연이었다. 헉슬리는 한 세기 뒤의 스노처럼 자연과학이 일반 교육에서 중요한 자리를 차지해야 한다고 주장했고, 반면 아널드는 인문학 과목들에 더 강조점을 뒀다.[18]

하지만 저 몰이해라는 간극이 1880년대에 설사 존재했다 하더라도, 당시에는 훨씬 더 좁았다. 예를 들어, 빅토리아 여왕 시대의 잉글랜드에서 전성기를 누리던 정기간행 학술지들 중 하나였던《웨스트민스터 평론》에서는 자연과학이 철학 옆에 붙어서 예술, 화학과 나란히 자리를 차지하고 있었다. 이 평론지 기고자들 가운데는 헉슬리와 조지 엘리엇이 있었으며, 두 사람은 예술과 과학 분야에서 광범위한 주제로 글들을 썼다. 동시에 이 무렵에는 도덕과학 또는 사회과학이라는 새로 등장한 세 번째 문화도 이 다른 두 문화와 자신을 구별하고 있었다.[19]

19세기와 20세기를 지나는 중에, 서로 다른 자연과학 분야들 사이에 많은 균열이 생겨났고, 이 균열들은 갈수록 더 커지다가, 우리도 보겠거니와, 제도적 분열로 끝이 났다. 사실 1959년이면 스노는 '과학'을 단일체로 이해하는 관점 때문에 비판을 받았을 법하다.

왜 과학자는 19세기 초에 출현했을까? 왜 그 수가 점점 늘어나는 전문화된 학문 분과군이 이보다 조금 뒤에 나타났을까? 반대로, 왜 학자들은 박학가들이 잘못됐다고 생각하게 됐을까? 쉽게 생각나는 대답은 지식 폭발이 학자들로 하여금 지적 목표들을 제한하도록 강요했고, 그리하여 그러기를 거부한 소수 개인을 틀렸다고 생각하게 됐다는 것이다.

더 사회학적인 대답은 이미 18세기 후반에 스미스와 퍼거슨이 대략을 제시했고, 19세기 중반에 카를 마르크스가 구체화했는데, 지적 전문화 또는 직업화는 더 일반적인 노동 분업 체계의 일부였으며, 다시 이 체계는 처음에는 상업 사회, 그다음에는 산업사회가 출현하는 과정의 일부였다는 것이다. 1851년에 런던에서 제조품들을 전시하는 대박람회만 열린 것이 아니라, 케임브리지 대학에서 자연과학들을 가르치는 별도의 교과과정도 개설됐던 것은 우연의 일치가 아니었을 수 있다. 마르크스와 같은 시대 사람이었던 잉글랜드의 사회학자 스펜서는 스스로 사회적·문화적 '분화'라고 부른 것의 출현에 주

목했다.[20] 더 가까이로 와서는 한 사회학자가 전문화라는 '철칙'에 관해 썼다.[21]

이런 주장들은 이 전문화 과정이 저절로 진행됐다거나 학문 분과들이 어떤 자연 발생 과정을 거쳐 출현했다거나 하고 전제하지 않는 한은 설득력을 갖고 있다. 여러 개인, 또 집단들이 이 경향을 촉진하는 데 나름의 역할들을 했으며, 그러려고 의도했던 경우도 있었고, 그렇지 않은 경우도 있었다. 예를 들어, 과학 진흥을 목적으로 한 협회들이 설립되면서 '과학' 또는 Naturwissenschaft가 독립된 종류의 지식으로 일어서도록 도움을 줬는데, 대표적인 것으로 독일 과학자 협회Gesellschaft deutscher Naturforscher(1828년)나 영국 과학 증진 협회(1831년)를 들 수 있다.

전문적 학회, 학술지, 학술회의

전문화와 그에 이은 학문 분과 출현의 여러 단계에 대해서는 이미 언급한 바 있다. 이 중 한 단계에서는 비직업 전문가들로 이뤄진 학회들의 설립이 두드러졌다. 1839년 독일의 사서 카를 프로이스커는 그 무렵을 '결사들의 시대'라고 불렀다. 이런 자발적 결사들은 새 학문 분과들이 자리를 잡는 데 중요한 역할을 했다. 18세기에는 상당수 협회가 예술이나 과학 일반을 지원하려고, 아니면 우리도 보았듯이 '실용적 지식'을 증진하려고 설립됐다. 이와는 대조적으로, 19세기 초는 더 전문화된 협회가 지역적·국가적·국제적 수준에서 많이 생겨나던 때였다. 많은 사람이 이 새로운 흐름을 반겼지만, 몇몇 학자, 대표적으로 왕립학회 회장 조지프 뱅크스 같은 사람은 마땅해하지 않았다.

"내게는 분명히 보이거니와" 1818년 뱅크스는 이렇게 쓰는데 "저 모든 새 협회라는 것이 결국 왕립학회를 해체하고 이 노부인에게는 덮을 넝마 한 장 남겨 주지 않을 것이다."[22] 하지만 1818년에는 이 흐름은 막 시작되고 있을 따름이었다.

예를 들어, 베를린에서 설립된 경우들을 보면 독일 언어 및 고고학회Gesellschaft für deutsche Sprache und Altertumskunde(1815년), 지리학회Verein der Geographen(1828년), 물리학회Physikalische Gesellschaft(1845년), 독일 지질학회Deutsche Geologische Gesellschaft(1848년)가 있었다. 런던에서는 지질 협회(1807년)에 이어 천문학회(1820년), 왕립 아시아학회(1823년), 동물학회(1826년), 곤충학회(1833년), 통계학회(1834년), 식물학회(1836년), 문헌학회(1842년), 민족학회(1843년)가 설립됐다. 파리의 학회들을 보면 (둘 다 1821년에 설립된) 아시아학회와 지리학회가 있었고, 골상학회(1831년), 인류학회(1832년), 민족학회(1839년)가 있었으며, 1885년이면 이런 학회가 120개에 이르고 있었다. 학회는 지방에도 꽤 많이 있었다. 프랑스에는 1885년이면 거의 560개 학회가 있었는데, 특히 지역 역사나 자연사에 관심이 있었으며, 애향심에서 자극을 받은 경우들이었다.[23] 한 나라에서 어떤 주어진 분야를 활성화하려고 학회가 설립되면 다른 곳에서 따라 할 때도 많았다. 파리에 정치경제학 관련 학회가 (1842년에) 설립되자 토리노(1852년), 브뤼셀(1855년), 마드리드(1856년)에서도 뒤를 따랐다.[24]

자발적 결사들이 특히 미국과 유럽에서는 사회의 근대화 과정에서 중요했다는 주장이 한 세대 전에 나왔다.[25] 이 주장은 지적 구제제의 근대화에도 확장해 적용할 수 있을 것이다. 다만 이런 결사들 가운데 상당수는 모르는 중에 자기네 자신의 소멸을 위해 일하고 있었다는 것은 덧붙여야 하겠다. 이런 결사들은 다른 무엇보다도 학문 분과들의 설립을 주장하는 압력 집단들이었다. 이 압력이 열매를 맺고 나면 결사들은 점차 쓸모가 없어지게 되었고, 아니면 잘해야 주변화되었다. 해당 분야는 갈수록 직업적 종사자들이 지배하게 되었고, 이네들은 비직업 전문가들과 자신들을 구별하기 위해 자신들만의 결사를 세울 때가 많았거니와, 혼성적 결사들이 더러 살아남는 경우도 있기는 했다.

학문 분과적 자의식은 직업적 종사자들로 이루어진 결사들과 학술지, 학술대회를 통해 자극을 받았다. 예를 들어, 미국에서는 현대 언어 협회(1883년), 미국 역사학회(1884년), 미국 심리학 협회(1892년), 미국 물리학회(1899년), 미국 인류학 협회(1902년), 미국 정치학 협회(1903년), 미국 사회학회(1905년)는 모두 학문 분과들이 출현하는 데 결정적이었던 시기에 설립됐다.

전문화된 학술지는 더 거슬러 18세기 후반으로까지 올라간다. 예를 들어, 화학에서는 《화학 학회지Chemisches Journal》가(곧 훗날의 《화학 연보Chemische Annalen》가) 1778년에, 《화학 연보Annales de chimie》가 1789년에 창간되는데, 이 학술지들은 '화학 공동체'가 형성되는 데 일찍부터 이바지를 했다. 그러니까 1786년 《연보Annalen》의 한 기고자는 이 학술지의 창간으로 "독일의 화학자들과 자연과학자들 사이에 일종의 결사체가 생겨났"다고 지적했으며, 이 무렵의 다른 학자는 '화학계chemische Publikum'를 언급하기도 했다.[26]

하지만 19세기 후반에 학문 분과들이, 그에 따라 학과들이 다시 분리되는 것과 맞물려 전문적인 학술지가 새로 대거 창간되는데, 《미국 화학 학회지》(1879년)를 예로 들 수 있다. 앞에서 막 소개한 미국쪽 학회들과 나란히 새 학술지들이 창간됐으니, 대표적으로 《계간 정치학》(1886년)이 있었고, (둘 다 1887년에 창간된) 《계간 경제학 학회지》,

《미국 심리학 학회지》, 또 (둘 다 1895년에 창간된)《미국 역사 평론》,《미국 사회학 학회지》 등등이 있었다. 전문성이 덜했던 앞 세대 학술지들처럼 이런 종류의 학술지들은 지식을 전파하기 위해서만이 아니라 좋은 대중 관계를 목적으로도, 곧 새 학문 분과와 학술지 기고자들을 알리기 위해서도 존재했다. 또 서평이나 그 분야 소식들은 학문 분과 공동체를 만들고 유지하는 데 도움이 됐다.

역사학의 경우, 독일의 대표적 전문 학술지《역사학지》가 1859년에 창간됐고, 이 선례를 따라 다른 나라들에서도, 말하자면 프랑스에서《역사학보》(1876년)가 나왔으며,《이탈리아 역사학지》(1884년), (둘 다 1886년에 창간된)《영국 역사학지》, 네덜란드《역사학지》 등등이 이어졌다. 경쟁 관계에 있는 전문 학술지들은 해당 학문 분과 안의 갈등을 반영하고 또 부추겼다. 그러니까 프랑스의 학술지《경제사회사 연보》는 (역사가들 사이에서는 간단하게 '연보 Annales'로 통하거니와) 1929년에 뤼시앵 페브르와 마르크 블로크가 여전히 정치사가 지배하고 있던《역사학보》의 대안으로 창간했던 경우다. 이와 비슷하게《미국 사회학보》(1936년)는《미국 사회학 학회지》(1895년)에 맞서 나온 민주적 관점의 매체였다고 할 텐데, 이 학술지를 창간한 사람들은《미국 사회학 학회지》가 상층 소수의 지배를 옹호하며 '시카고학파'→398쪽에 휘둘리고 있다고 봤다.[27]

국제적 학술회의는 철도망의 발달로 가능해졌거니와, 학문 분과들의 정체성을 더 강화해 줬다. 통계학자들이 첫 국제 학술회의를 여는 것은 1853년이었고, 의학자들은 1867년이었으며, 지리학사들은 1871년, 다시 미술사가들과 (이 무렵에는 경멸어가 아니었던) 동양학자들, 기상학자들은 1873년, 지질학자들과 인구통계학자들은 1878년, 또 피부학자들과 생리학자들, 심리학자들은 1889년, 물리학자들과

인류학자들은 1893년, 역사학자들은 뒤늦은 1898년이었다.[28]

이 흐름들 중 어떤 것도 저절로 시작되지 않았다. 개인들이나 작은 집단들이 먼저 시작을 해서 해당 학문 분과의 결사체며 학술지를 만들고, 또 학술회의를 조직하고 하면서 꼭 필요한 노력을 기울여야 했던 것이다. 예를 들어, 벨기에 출신의 조지 사턴이 1924년 과학사 학회를 설립했다. 잉글랜드 언어학자 프레더릭 퍼니벌은 영문학과 관련된 일련의 학회 전부를 세웠던 경우로서, 여기에는 초기 영어 문헌 학회(1864년), 초서Chaucer학회(1868년), 속요학회(1868년)가 있었고, 또 (퍼니벌 자신이 고어풍으로 철자한) 신셰익스피어Shakspere학회(1873년), 브라우닝학회(1881년), 위클리프학회(1882년), 셸리학회(1885년)가 있었다.

한 학문 분과를 이런 식으로 조직하면 다른 학문 분과를 조직하는 것이 더 쉬워졌는데, 전문적 결사나 학술지라는 것이 그만큼 더 익숙해졌기 때문이다. 또 학계에서도 다른 분야에서처럼 경쟁은 강력한 작용력이다. 결사체들이 점점 더 커지는데, 예를 들어 1880년대 초에는 미국 전체를 통틀어서 물리학자가 200명 정도밖에 되지 않았다. 1909년이면 미국 물리학회는 495명의 회원을 가지고 있었다. 1932년이 되면 회원은 2500명으로, 1939년에는 3600명으로 늘어나 있었다.[29] 이렇게 규모가 커지면서 전문적 결사체들은 점차 더 많은 분과로 쪼개졌다. 이를테면 미국 심리학 협회는 1947년에 일곱 개 분과로 나뉘어 있었는데, 하지만 2010년이 되면 분과 수는 쉰네 개로 확대돼 있었다.[30]

학문 분과들의 설립

19세기 상반기가 자발적 결사체들의 시대였다면, 하반기는 대학들에서 새 학문 분과들이 설립돼서 제도화되는 시대였다. 중세와 근대 초기 대학들은 학사 과정 학생들에게는 '학예 과목'을, 고급 과정 학생들에게는 신학, 법학, 의학을 가르쳤다. 이 체제는 그 핵심적 요소들이 19세기까지도 살아남았으니, 그때그때 일어나는 혁신들을 체제 안에서 수용하고 있었던 것이다.(예를 들어, 독일에서는 학예 과목이 철학부로, 나폴레옹 시대 프랑스에서는 과학부와 인문학부로 변했다.) 19세기의 뒤쪽으로 가면서 이 체제는 폭발해 파편화되는데, 대학들이 전에는 가르치는 기관이었다가 연구의 중심지 역할까지 맡게 되고, 여기에 새 학문 분과들이 하나씩 하나씩 독립하게 된 결과였다.

학문 분과들은 때로, 특히 해당 학문 분과를 연구하는 사람들에게는 탈시간적으로 여겨진다. 반면 그 밖에서 보면 학문 분과는 "행정적 범주 이상은 아닌 것"으로 보일 수 있다.[31] 다음에 이어지는 내용에서는 학문 분과들이 역사적 인공물로서, 도전들에 대응하고 문제들을 해결할 목적으로 특정한 시대에 특정한 곳에서 서서히 구축됐지만, 나중에는 '자체적 생명'이라 할 만한 것을 갖게 되면서 변화가 불가능까지는 아니더라도 어렵게 돼 갔던 것이라는 생각을 깔고 논의를 이어 갈 것이다. 새로 이름을 갖게 된 학문 분과가 밟아 가는, 보편적은 아니어도 전형적인 궤적은 학회에서 시작해 학술지가 나오고, 더 포괄적인 학부의 한 교수직으로 들어가서, 다시 토론 수업이 되고, 마지막으로 보통은 기존의 분과 대학 또는 학과에서 분리돼 별도의 분과 대학 또는 학과가 되면서 끝이 날 것이다.

저 전통적인 '지식의 나무' 은유에서는 서로 다른 가지들과 그 잔가지들 사이의 연결점들을 강조했다.[32] (출판업자들은 전문화를 '잔가지 효과'라 부르기도 한다.) 19세기에서 시작해 그 이후로 이 나무는 학문 분과의 독립을 강조하는 정치적 은유로 대체된다. 예를 들어 휘웰은 '과학의 공화국'이 "한 거대한 제국이 산산조각 나듯" 해체될 위험을 지적했다.[33] 노르베르트 엘리아스는 언젠가 물리학자들의 '팽창주의 적' 정책이라고 부른 것에 관해 언급한 일이 있는데, 그러니까 물리학 자들이 "유전학 같은 생물학의 몇몇 분야를 식민지화하기 시작했고, 그리하여 이 분야들을 거대한 물리학 제국의 속주들로 바꾸려 한다." 는 것이었다. 하지만 최소한 우리가 다루는 기간의 지식사에서는 휘 웰이 관찰한 현상이 엘리아스가 관찰한 현상보다(곧 파편화가 제국 구 축보다) 더 지배적이었다. 신생국들처럼 신생 학문 분과들과 학과들은 기존의 학문 분과와 학과들에 대한 반란 과정에서 출현할 때가 많았 다. 이 학문 분과들은 독립을 얻었으되, 이번에는 자기들이 또 반란에 직면하게 된다.[34]

사회학은 이를테면 법학에서 나왔고, 해부학과 생물학은 의학, 생 리학은 해부학, 철학은 신학이었고, 심리학은 철학이었다. 박물학은 셋으로(지질학, 식물학, 동물학으로) 갈라졌다. 독일과 미국은 학문 분과 들을 별도의 학부나 분과 대학, 학과의 형태로 제도화하는 쪽에서는 선도자들이었다. 예를 들어 저 신생 베를린 대학은 1810년에 설립되 는데, 처음에는 철학, 신학, 법학, 의학의 전통적인 네 학부로 조직돼 있었으나, 점차 분과 대학들로 다양화됐다. 그러니까 화학, 지리학, 독 일어 및 독일 문학, 헝가리어 연구, 음악학, 신경 생물학, 해양학, 철학, 약리학, 물리학, 선사학 대학 등등이었다.

독일에서 토론 수업은 또 다른 새로운 흐름으로서, 특히 언어학과 역사학을 전공하는 대학원생들의 학문적 훈련과 맞물려 있었다. 언어학 토론 수업은 18세기 후반으로 거슬러 올라가는데, 이 무렵 괴팅겐 대학의 선례를 비텐베르크, 에를랑겐, 킬, 헬름슈테트, 할레 대학들에서도 따라 했던 것이다. 19세기에 이 방식은 다른 분야들로 확산됐다. 레오폴트 폰 랑케가 베를린 대학에서 했던 역사 토론 수업이 가장 유명한 예였으며, 동양 언어와 신약성서 토론 수업이나 인도-게르만어 토론 수업이 랑케의 토론 수업과 같은 무렵에, 아니면 뒤이어 등장했다.[35] 시간이 흐르면서, 많은 경우 교수의 집에서 일련의 비공식 모임들로 시작했던 것이 규모가 커지자, 대학으로 자리를 옮겼고, 자금 지원을 받으면서 하나의 제도가 됐다. '토론 수업'은 학과 또는 분과 대학의 다른 이름으로도 쓰이게 된다.

19세기 후반, 더 정확하게는 1866년에서 1914년까지의 기간은 독일 대학들에서 전문화된 분과 대학들이 등장하는 데 결정적인 시기였다. 이 무렵은 신생 학문 분과들이 학문적 인정을 받으려고 경쟁하던 때였던 것으로, 예를 들어 사회과학에서 경쟁하던 학문 분과들은 민족학, 인류학, 사회학, 사회심리학, 인구학, 인문지리학이 있었다.[36] 제도화로 나아가는 흐름은 점진적이었다. 예를 들어 빌헬름 분트가 실험심리학을 라이프치히 대학에서 독립적인 분과 대학으로 만드는 데 성공하기는 했어도, 이 분야는 1920년대까지도 독일의 다른 곳들에서는 철학의 일부로 남아 있었다.[37]

미국에서 학과들이 부쩍 늘어나는 것은 몇 년 더 뒤였는데, 대학의 기능이 크게 바뀌던, 그러니까 가르치던 것에서(곧 문화적 전통들의 전수에서) 머물지 않고 연구 쪽으로(새로운 지식의 발견 또는 생산 쪽으로) 나아가던 흐름과 맞물려 있었다.[38] 이 같은 학과들의 분할은 연구 중심 대학들의 출현 전에 이미 시작돼 있었다. 예를 들어 하버드 대학에서는 1870년대에 현대 언어들이나 정치경제학 관련 학과들이 개설됐던 것을 생각해 볼 수 있다. 하지만 새로 설립된 대학들이 이런 변화에 자극제가 되었고, 동시에 상대적으로 새로운 분야에서 학과들을 개설하기도 했는데, 예를 들면 물리학과와 화학과가 (1876년에) 존스 홉킨스 대학에 개설되었고, 정치학과가 (각각 1868년과 1880년에) 코넬 대학과 컬럼비아 대학에, 사회학과가 (1892년에) 시카고 대학에, 인류학과가 (각각 1888년과 1896년에) 클라크 대학과 컬럼비아 대학에 생겼다.

존스 홉킨스 대학은 (1876년에 설립되면서) 연구와 함께 대학원 과정에 큰 비중을 두었으며, (1890년에 설립되는) 시카고 대학도 마찬가지였다. 존스 홉킨스 대학의 초대 총장은 교수들을 선임할 때 주요한 기준은 "후보자가 어떤 특정 분야의 연구에 헌신하느냐, 또 이 전문 분야에서 후보자가 확실히 두드러지느냐?"가 돼야 한다고 밝혔다.[39] 존스 홉킨스 대학과 시카고 대학은 독일 쪽 모형들을 따랐고, 다시 다른 미국 대학들의 모형이 됐는데, 이런 대학들에는 하버드나 예일 같은 더 오래된 경우들도 포함됐거니와, 이 대학들은 제도들을 연구하는 사람들이 '밀어 넣기[layering]'라고 부르는 것의(곧 어떤 전통적인 틀 안에 새로운 요소들을 삽입하는 것의) 좋은 사례라고 하겠다.[40]

이 무렵은 또한 특정 학문 분과를 다룰 충분한 능력이 있다는 증명으로서 박사 학위가 확산되는 때였으니, 처음에는 독일이었고, 다음에는 미국에서였다. 학자들이 이 박사 시험을 통과해야 한다는 사실은 과거에도 그랬고, 지금도 전문화의 자극제가 되고 있다.[41]

하지만 1900년을 넘기고 얼마 지나지 않아서부터는 새로 생기는 학과들이 "뚜렷이 줄어드는 것"이 보이기 시작했다. 사실 "미국 대학의 학과 구조는 1890년에서 1910년 사이의 형성기 이후 거의 변하지 않은 채로 남아 있"으며, 생물학 정도가 예외일 것이라는 지적도 있었다.[42] 하나의 새로운 체제가 이제 결정화됐던 것이다.

독일과 미국의 선례를 점차 다른 나라들에서도 따르게 된다. 예를 들어, 1920년대에 러시아에서는 과학원이 연구 활동 지휘권을 갖게 됐고, 그러면서 연구소들로 나뉘게 되는데, 역사, 민족학, 동양학, 세계문학, 자연과학 및 기술사, 해양학, 결정학, 생리학 등등의 분야가 있었다. 비슷한 과학원들이 소련 공화국들에서도 설립돼 연구소들의 연구 활동을 조정했다. 1950년대에는 소련에 800개가 넘는 전문 연구소가 있었다.[43]

영국에서는 케임브리지 대학의 사례를 들어 볼 수 있다. 1850년에는 '삼각의자 시험tripos'이(곧 졸업 시험이) 수학과 고전 두 과목에만 있었다. 1900년이 되면 이 시험은 수가 열 개로 늘어나 있었는데, 그 사이에 시간순으로는 도덕과학, 자연과학, 신학, 법학, 역사학, 동양 언어, 중세 및 현대 언어, 기계학에서 시험이 추가됐던 것이다. 1950년이 되면 다시 여섯 개 과목에서 시험이 생긴 상태였는데, 경제학, 고고학 및 인류학, 영어, 지리학, 음악학, 화학공학이었다. 오늘날, 케임브리지 대학은 100개가 넘는 학부 또는 학과로 나뉘어 있다.

'학문 분과 출현'의 초기 단계들을 두 유명한 과학사가가 "개인적, 때로는 영웅적이기도 했던 노력"의 과정으로 묘사했다.[44] 모두까지는 아니어도 거의 대부분의 학문 분과에서 학자들은 자기 학문 분과의 창시자 또는 수호성인에게 경의를 표한다. 그러니까 식물학에는 칼 린나이우스가 있고, 고생물학에는 조르주 퀴비에가 있다. 경제학에는 스미스, 역사학은 랑케가 있다. 농학에는 유스투스 폰 리비히가 있고, 실험심리학은 분트이며, 사회학에는 에밀 뒤르켐과 베버 둘이 있다.

한편 최근의 역사가들은 자기들이 '창시자 신화'라고 부르는 것에 비판적이며, 또 어떤 학자들은 "누구도 학문 분과를 만들어 내지 않는다."는 데 미셸 푸코와 생각을 같이한다. 예를 들어, 한 사회학사가는 학문 분과의 역사를 창시자들의 역사로 보는 영웅주의적 해석을 비판했는데, 이 창시자들은 더 포괄적인 흐름에서 그저 결정체들일 따름이었다는 것이다.[45] 결국 지식들이 축적되면서 전문화를 갈수록 불가피하게 만들고 있었다는 것이다. 비록 앞에서 다룬 흐름들 가운데 몇몇은 계획된 것이었다 하더라도, 의도하지 않은 결과들 또한 그림의 일부인 것이라고 하겠다. 그러니까 학술지들과 학술회의들은 단순히 학문적 소통을 증진하려고 만든 것일 수 있지만, 학문 분과적 자의식이 중요한 부산물로 생겨났던 것이다.

이 충돌을 해결하려면, 몇 가지 구별을 하는 것이 도움이 될 수 있다. 개인들이 학문 분과들을 설립하지는 않았더라도, 몇몇 개인은 적어도 학과를 설립하기는 했다. 인류학의 경우, 프란츠 보애스는 클라크 대학(1888년), 컬럼비아 대학(1896년)에 학과를 세웠고, 앨프리드 래드클리프브라운은 케이프타운 대학, 시드니 대학, 델리 대학, 시카고 대학이었다. 어떤 교수들은 자기네 신생 학과들을 전제적 방식으로 운영하면서 개인적 흔적을 학과에 새겨 놓았는데, 코넬 대학 심리학과에서 에드워드 티치너가 이런 식이었다. 뒤르켐과 페브르, 블로크 모두 자기네 학문 분과를 세우고, 또 개혁하기 위해 의식적으로 전략을 세워 움직였던 경우들이다.

한편 이런 전략들이 성공했던 경우들에서는 개인들의 통제 밖에 있는 환경에도 부분적으로는 의존을 했다. 특정 환경들이 다른 환경들보다 신생 학문 분과들을 더 효율적으로 밀어줬던 것이다. 예를 들어, 새로 생긴 기관들은 오래된 기관들보다 새 학문 분과들이 자리를 잡는 데 더 도움을 줬을 가능성이 높은데, 베를린 대학의 경우나, 지금 막 언급한 클라크 대학과 컬럼비아 대학의 인류학과나 코넬 대학

의 심리학과 같은 예들을 생각해 볼 수 있다. →391쪽

또 한 학문 분과의 출현과 제도화에서 초기 단계들과 나중 단계들 사이를 구별하는 것도 유용하다고 하겠다. 초기 단계들에서는 개인적 선도자들이 더 많은 자유를 갖는다. 창시자들은 그 정의상 자기네가 세운 학문 분과에 속해 있을 수 없다는 사실을 이 시점에서 되돌아보는 것도 가치가 있다. 새 학문 분과들은 '본질상 이질적'인데, 거기 새로 발을 담근 사람들은 출신이 저마다 다르기 때문이다.[46] 예를 들어 독일과 영국에서 첫 문학 교수가 됐던 사람들 중에는 괴팅겐 대학의 게오르크 게르비누스나 맨체스터 오언스 대학의 아돌푸스 워드같이 역사가들이 끼어 있었다. 프리드리히 라첼은 동물학에서 지리학으로 옮겨 온 경우였다. 사회학을 보면 저 유명한 '시카고학파'의 창설자인 로버트 에즈라 파크는 언론 쪽에서, 이탈리아의 빌프레도 파레토는 토목 쪽에서 옮겨 왔다. 레너드 홉하우스는 런던 정치경제 대학 사회학과 교수직의 첫 보유자였는데, 전직 언론인이었고, 자유주의 사상가 겸 정치가로 가장 많이 알려졌으며, 레스터 워드는 미국 사회학의 아버지라고도 묘사되지만, 지질학자, 식물학자, 고생물학자로 먼저 활동했다.

인류학의 경우를 보면, 프랑스에서 이 학문 분과의 창시자로 여겨지는 인물인 뒤르켐은 철학자로 교육을 받았고, 교육학 쪽에서 교수직을 갖고 있었으며, 스스로는 자신을 사회학자라고 불렀다. 그의 후계자 마르셀 모스 역시 대학에서는 철학을 공부했고, 브로니스와프 말리노프스키는 최초의 '진정한' 인류학자라 부르기도 하지만, 그라쿠프 대학에서 수학과 물리학을 공부하면서 학문 인생을 시작했다. 이렇게 인류학 쪽으로 사람들을 보낸 또 다른 학문 분과들에는 고전학(제임스 프레이저), 지리학(보애스), 의학(프랑스에서는 폴 브로카, 영국에

서는 윌리엄 홀스 리버스), 생물학(케임브리지 대학의 앨프리드 해던), 지질학(미국민족학국의 첫 국장이었던 존 웨슬리 파월)이 있었다.

우리는 이런 개인들을 (한 학문 분과에서, 대체로 전통적인 학문 분과에서 다른 학문 분과로, 보통 형성기에 있는 학문 분과로 옮겨 간 학자들이라는 중립적인 의미에서) '이탈자' 또는 '전향자'라고 부를 수 있을 것이다. 신세계로 들어오던 이주민들처럼 이 학자들은 지적 변경邊境이, 또 개척자의 삶이 주는 자유와 개방성에 끌려왔던 것이다. 이런 이주민들 때문에 학문 분과들은 초기 단계들에서는 일정한 유동성이 두드러질 수 있다.

유동성은 제2세대에 들어서면서 줄어드는데, 이 세대는 학부생으로 해당 학문 분과를 공부하고, 그리하여 이 학문 분과의 존재를 당연한 것으로 받아들였던 사람들로 이루어져 있기 때문이다. 유동성은 이제 학과들이 건물을 갖고 구축되면서 한층 더 줄어들었는데, 서로 다른 종류의 학자들 사이에 문자 그대로 벽을 쌓아서 교정을 학문 분과들이라는 섬들로 이루어진 군도로 바꾼 결과였다.

전문가들과 전문 지식

갈수록 전문화되는 지식을 습득해서 사용하는 이 흐름은 학문적 영역에만 한정된 것은 아니었다. 이 흐름은 19세기의 이른바 '직업 사회의 출현'에서 한 부분이었는데, 특정 분야에서 영업하는 데 필요한 공식적인 면허 또는 '특허' 제도가 자리를 잡는 것이 이 사회의 특징으로서, 이런 자격 증명들은 학문 쪽의 박사 학위와 같은 기능들을 했던 것이다. 승인을 해 주는 것은 의사들, 기사들, 회계사들, 감정사

들, 사서들 등등이 세운 새 결사체들의 일이었다.[47]

예를 들어, 미국 의사 협회는 1847년에 설립되었고, 프랑스 쪽의 해당 기관인 프랑스 의사 총협회는 1858년이었다. 독일에서는 나라가 통일되기 전에 지역별 의사 협회들이 이미 설립되어 있었으며, 이런 협회들의 연합체인 의사 협회 연합은 1873년에 생겼다. 건축가 협회들이 이와 비슷하게 연합체를, 그러니까 독일 건축가 협회 연합을 만드는 것은 이보다 두 해가 빨랐다. 영국에서는 토목 기사 협회가 1818년에 설립됐고, 왕립 영국 건축가 협회RIBA는 1834년, 기계 기사 협회는 1847년, 왕립 특허 감정사 협회는 1868년, 특허 회계사 협회는 1880년이었다. 미국 쪽 사례들로는 미국 의사 협회(1847년), 미국 도서관 협회(1876년), 미국 기계 기사 협회(1880년)가 있다.

'전문가expert'와 '전문 지식expertise'이라는 말이 영어에 들어와 전문화된 지식의 보유를 가리키게 되는 것도 19세기였다.(독일어에서 여기에 해당하는 말들인 Fachmann과 Fachkenntnis도 마찬가지였다.)[48] 전문적이면서도 활용할 수 있는 지식에 대한 수요가 정부와 기업, 법정 쪽에서 생겼던 것이 이런 단어들을 쓰게 되는 한 이유였다.

한때는 통치자들과 그 자문관들은 통치하기에 충분한 지식을 갖고 있었고, 아니면 자기네가 갖고 있다고 믿었다. 18세기에는 우리도 보았듯이 특히 독일어 사용권에서 정치경제학 같은 과목들을 미래의 관리들을 양성하는 과정에 포함하는 움직임이 있었다. 그다음 단계가 감찰 같은 특정 업무에 공직 세계 바깥의 전문가들을 채용하는 것이었다. 예를 들어, 19세기 영국에서는 토목 기사들이 도로나 철도 감찰관으로 선임됐고, 의사들이 위생, 또는 조금 더 포괄적으로 '공중 보건' 상태를 조사했으며, 화학자들이 도시들의 수질을 분석했고, 통계학자들이 국세조사 부처에 채용되고 했거니와, 생물학자 헉슬리

도 어장 조사관으로 선임됐던 적이 있다.[49]

20세기에는 전문 지식에 대한 수요가 한층 더 늘어났다. 예를 들어, 법정에서는 '전문가 증인'들을 부르는 것이 점점 흔한 일이 되는데, 그 분야는 정신의학에서 탄도학, 심지어 역사학일 때도 있었다.(역사가 리처드 존 에번스는 데이비드 어빙이 1996년 펭귄북스를 상대로 명예훼손 소송을 냈다가 패소한 사건에서 이런 식으로 나와 증언을 했다.)[50] 자문도 법률가나 경제학자, 기사, 과학자, 홍보 전문가에게 높은 수익을 가져다주었다.

특히 미국에서는 그중에서도 20세기 하반기에 선거 출마자들이 꼬박꼬박 정치 자문가들을 고용해 자기네 선거 운동을 조직하는 데 도움을 받았다.[51] 과학자들은 미국 환경보호국이나 미국 식품 의약국 같은 정부 기관들에 자문을 해 주는 위원회들의 일원이 됐다. 정부들은 일급 학자들을 불러다 비상임 또는 상임으로 자문역을 맡겼다. 경제학자 월트 휘트먼 로스토는 케네디 대통령과 존슨 대통령의 국가 안보 자문이었고, 정치학자 새뮤얼 필립스 헌팅턴은 국무부 자문이었는데, 두 사람 다 베트남에서 어떻게 전쟁을 수행할지를 놓고 미국 정부에 해 줬던 조언 때문에 (최소한 좌파 진영에서는) 오명을 얻었다.[52] 정치학자 헨리 키신저는 닉슨 대통령에게 국가 안보에 관해 자문을 해 줬고, 즈비그뉴 브레진스키는 또 다른 정치학자로서 카터 대통령에게 자문을 해 줬으며, 다시 오바마 대통령에게 외교정책에 관해 자문을 해 주었다. 경제적·정치적 자문은 정부 또는 정당이 세우거나 자금을 지원한 두뇌 집단들에서는 제도화가 돼 있다. →220쪽

또 다른 전문가는 '지식 관리자'로서, 전문적 유형들로 갈수록 세분화되고 있는데, 예를 들면 기록 보관자나 사서의 경우는 지식을 축적하고 보존하며 배열하는 것뿐만 아니라 자기네 기록이나 장서들과

잠재적 사용자층을 중개하는 일까지 하는 전문가들이다. 다른 종류의 지식 관리자는 문화 관련 부처들에서, 또 대학들에서 찾아볼 수 있으며, 또 다른 종류는 기업들에서 볼 수 있다. 지식에 관한 지식조차 파편화돼 있는 것이다.

전공의 등장

학문 분과들이 수립될 때 작동했던 몇몇 과정은 학문 분과 안의 분야들에서도 미시적 수준에서 되풀이됐는데, 그러니까 한 주어진 학문 분과 안에서 전공들이 출현했던 것이다.[53] 사실 이 분야라는 은유는 역사가 깊다. 이프레임 체임버스는 18세기에 나온 자신의 유명한 백과사전에서 '가지계可知界의 많은 분야'를 언급하는데, 체임버스에 따르면 "그중 어떤 분야들은 다른 분야들보다 더 많이 일궜는데, 주로 토양이 비옥하고 땅을 파기가 쉽기 때문"이며, 그리하여 "쉽게 경계를 짓고 울타리를 둘러칠 수 있다." 1834년 휘웰은 "학문이라는 땅을 무한히 작은 조각들로 분할"한 데 따르는 "불편함"이라고 자신이 부르던 것에 관해 이야기했다.[54]

의학이 이 측면에서는 선도자였다. 드니 디드로는 이미 외과에서 일어나는 전문화에 주목했으며, 내과에서도 같은 움직임이 있을 것이라고 예측했다.[55] 1830년대에서 1840년대 사이에 프랑스 단어 전공spécialité이 쓰이기 시작했고, 1848년에는 의료계에서 진문의 spécialiste라는 말이 만들어졌다. 1841년 한 독일 의사가 말하는 것을 보면 프랑스에서는 "누구든 빨리 부자가 되고 유명해지고 싶다면 전문 분야를 갖는 것이 필수적인 조건"이었다.[56] 독일 사람들도 얼마 뒤,

그러니까 1850년대부터 프랑스의 선례를 따르게 된다. 이를테면, 안과학 교수직들과 분과 대학들이 1852년부터 대학들에서 생기기 시작했다. 1940년대가 되면 미국에는 열다섯 개 의학 전공 분야가 있었는데, 피부학, 산과학, 안과학, 소아학, 비뇨기학 따위였다. 이 수는 1967년이면 쉰네 개로 늘어나 있었다.[57]

이런 종류의 분야들은 전에도 그랬고, 지금도 여전히 자연과학 쪽에서 가장 많거나 아니면 최소한 가장 눈에 잘 띈다. 이런 분야들의 출현을 잘 보여 주는 일련의 사례들로 '고古'자가 들어가는 경우들을 들 수 있다. 우리도 보았듯이, 고생물학이 19세기 초에 등장했으며, 미고생물학이 여기서 발전해 나왔고, 이어서 출현한 것이 고식물학과 순고생물학으로서, 식물들과 동물들의 화석을 연구하는 분야들이다. 이 화석들을 더 넓은 맥락 안에 놓고 파악하는 것이 이제 고지리학, 고기후학, 고생태학의 과제가 된다. 인문학 쪽으로 가 보면, 역사학자들이 오랫동안 고문서학을 연구했으며, 이 과목의 교수직은 파리 대학(1821년), 빈 대학(1854년), 피렌체 대학(1880년), 루뱅 대학(1881년), 프라하 대학(1882년), 바티칸 대학(1884년)에 생겼다.[58]

물리학은 오래전에 이론과 실험 분야로 나뉘어 있던 것이 다시 전공들로 세분됐는데, 역학, 핵물리학, 고에너지물리학, 소립자물리학, 분자물리학, 지구물리학, 천체물리학, 생물물리학 같은 것들이 있다. '정신물리학'이라고 부르던 전공도 있었는데, 지금은 심리학과 지각 생리학으로 알려져 있다. 물리학에서 역사학으로 옮겨 왔던 한 학자는 학문 분과들, 하위 학문 분과들, 또 그가 '하위 분야'라고 부르는 한층 더 작은 연구 단위들은 역사의 관점에서는 모두 일시적인 것으로 보인다고 지적하면서, 하위 분야들은 대략 10년 정도 지속되고, 핵물리학 같은 하위 학문 분과들은 "40년에서 50년"이고, 물리학 같은 학문 분과들은 한 세기가량이라고 판단했다.(내가 보기에는 제도화된 학문 분과들의 탄력을 낮잡은 것 같다.)[59]

생물학도 비슷한 방향으로 움직였는데, 세포들처럼 분열해서 유전학, 미생물학, 신경 생물학은 말할 것도 없고, 발생생물학, 환경 생물학, 진화 생물학, 해양생물학, 분자생물학, 체계 생물학 같은 것들이 생겨났다. 동물학은 연구하는 생명체의 종류에 따라 갈라져서, 곤충학, 어류학, 조류학, 영장류학 등등이 출현했다. 다원성을 향해 가는 흐름은 복수형을 쓰는 '생명과학들'이나 '지구과학들', '식물 과학들' 같은 말들이 나란히 등장해 단수형으로 쓰인 생물학, 지질학, 식물학을 대체하는 것에도 반영이 돼 있다.

화학에 비교하면 그래도 생물학과 물리학은 통일돼 있는 것처럼 보인다. 일단 학문 분과로 자리를 잡고 나자 화학은 유기화학과 무기화학 분야로 갈라졌다. 그 이후 수많은 구별이 생겨났다. 이 다른 분야들을 어느 것이 상대적으로 중요한지는 말하지 않고 알파벳순으로 나열해 보면, 농화학, 우주화학, 대기화학, 화학 생물학, 화학공학, 화학 정보학, 전기화학, 환경 화학, 펨토 화학, 향 화학, 유동 화학, 지구화학, 녹색 화학, 조직화학, 수소화 화학, 면역화학, 해양화학, 수(數) 화학, 기계 화학, 의화학, 천연물화학, 신경화학, 유기 금속 화학, 석유화학, 광화학, 물리 유기화학, 식물화학, 고분자화학, 방사화학, 고체화학, 음향 화학, 초분자 화학, 계면화학, 합성 화학, 열화학이 있다.

저 학식의 공화국은 처음에는 과학의 공화국이 대체했고, 그다음에는 화학자 공동체 같은 학문 분과적 단위들이, 그리고 더 근자로 와서는 결정학 공동체나 단백질학 공동체 같은 훨씬 더 전문화된 집단들이 대체했다고 말할 수 있을 것이다. 하지만 이런 분야들의 출현은 오로지 갈라지기만 해서 나온 결과는 아니다. 분열만큼이나 융합도 있다. 물리화학은 물리학과 화학이 교차하는 자리에서 생겨났으며, 생화학은 화학이 생물학과 만나는 곳이었다. 천체물리학은 천문학이 물리학과 닿는 경계에, 우주화학은 천문학이 화학과 닿는 경계에 놓여 있다. 이화학 생물학은 1946년에 프랑스에서 교수직이 신설되는 과목으로서 세 학문 분과가 만난 산물이었다. 이런 혼성적 하위 학문 분과들은 생물물리학에서 생물 고고학에 이르기까지 갈수록 많이 등장했다. 충분히 역설적이게도, 이런 하위 학문 분과들은 학제적 연구를 하려다 이르게 된 의도하지 않은 결과들의 예라고 하겠다.

학제적 연구

역사가들로서는 같은 시대에 반대 경향들, 곧 정반대의 흐름들 사이에서 줄다리기가 벌어지는 상황을 보는 것이 하나도 놀랍지 않다. 지식의 역사에서는 갈수록 전문화가 심화되는 방향으로 나아가는 원심적 추진력이 어떤 구심적 경향들 때문에 부분적으로 상쇄된다. 특정 개인들이 전문화에 저항했다. 훔볼트와 영의 경우는 19세기 초에 이런 흐름에 저항했던 예들로서 이미 앞에서 인용했다. 한 세기 넘게 뒤에, 건축 평론가 겸 도시사가로 가장 잘 알려진 루이스 멈퍼드는 스스로를 전문가가 아닌 '일반가generalist'라고 자랑스럽게 묘사했다. 일부 집단이 전문화에 저항했는데, 의학계를 예로 들 수 있다. 19세기 상반기 미국에서, 의료계에서는 전반적으로 전문화를 일종의 돌팔이 짓쯤으로 취급했다. 전문화가 점차 제대로 된 평가를 받게 되는 중에도, 의사들은 장차 전문의가 되려는 사람은 GP, 곧 '일반의general practitioner'로 수련을 받는 것부터 시작해야 한다고 계속 주장했다.[60]

대학들에서도 역시, 특히 옥스퍼드나 케임브리지, 하버드, 예일처럼 오래된 대학들에서 교양이라는 이름으로, 또 독일에서는 Bildung이라는 이름으로 전문화에 대한 저항이 있었다.[61] 어떤 사람은 직업화에 대한 저항을 말할 수도 있겠으나, 여기서는 두 경쟁하는 직업적 정체성, 곧 학자와 선생이라는, 같은 기관 안에서 또 때로는 같은 사람 안에서 불안하게 공존하는 두 정체성을 구별하는 편이 더 정확할 것이다. 선생과 학자 사이에서 선택을 해야 하는 이 곤란한 문제는 여전히 해결되지 않았다. 나만 해도 오랫동안 공식 양식들의 '직업'란에 기입할 때 '대학교수'와 '역사가' 사이에서 망설였다.

이런 형태의 저항들이 특히 20세기 하반기에 사그라들었다면, 전문화에 저항하는 새로운 흐름이 같은 시기에 시작되는데, 이번에는 학제성이라는 깃발을 들고 있었다.

창의적 개인이나 집단이 개념이며 방법 따위를 다른 분야 또는 학문 분과에서 빌려 오는 것에는 물론 새로울 것이 없다. 고대 그리스에서 투키디데스는 의학의 언어를 가져다가 역사적 설명들을 제시했다. 19세기에는 찰스 다윈이 성직자 토머스 맬서스가 쓴 인구에 관한 시론에 빚을 졌다고 밝혔던 사례가 유명하다. 다윈이 자서전에 쓴 것을 보면, "재미 삼아 맬서스의 『인구론』을 읽게 됐"고

동물들과 식물들의 습성을 오랫동안 관찰하다 보니, 어디서나 진행 중인 생존을 위한 투쟁을 인식할 준비가 잘 돼 있어서, 이런 환경들에서는 유리한 조건을 갖춘 변종들이 살아남고 불리한 변종들은 소멸하리라는 생각이 지체 없이 떠올랐다. 그 결과는 새로운 종의 형성일 것이다. 그래서 마침내 연구를 이끌어 줄 가설을 세우게 됐던 것이다.[62]

다시 고전학은 하나의 학문 분과가 아니라 학제적인 '지역 연구'의 초기 사례로서, 고대 그리스와 로마에 대한 문학적·철학적·역사적·고고학적 접근 방법들을 결합한 것으로 볼 수도 있다. 20세기 초반에 새로웠던 것이라면 전문화 때문에 치러야 하는 지적 비용들을 갈수록 예민하게 인식하게 된 것이라고 할 텐데, 이런 비용들로는 연결 관계들을 보지 못하게 되거나, 박학가 도널드 토머스 캠벨이 '학문 분과들의 자기중심주의'라고 부르는 것이 학문적 상상력을 가둬 놓았던 따위를 들 수 있다.[63] 전문가들은 갈수록 작아지는 주제에 관해 점점 많은 것을 알게 되다가, 아무것도 아닌 주제에 관해 모든 것을 아는 지경에 이르렀다고 비난을 받았다.[64] 언론인 앤서니 샘프슨은 『브리튼 해부』(1962년)에서 한 개 장을 들여 대학들에 관해 썼는데, 여기서 샘프슨은 옥스퍼드 대학의 역사학 박사 논문들이 "먼 과거의 아주 작은 조각들에 대한 선호"를 보여 준다면서 「1123~1126년, 윌리엄 드 코베이의 대주교직」 같은 경우를 예로 들었다.[65]

이런 비판적 분위기는 어느 정도는 조직화된 운동 또는 일군의 운동들이 출현해 학제적 사고와 연구를 촉진하도록 자극했으며, 이 운동들은 이러면서 저 19세기에 학문 분과들을 세우려고 하던 때와 비슷한 수단들을(다른 말로 하면 학회나 학술지, 연구소 같은 것들을) 동원했다. 전문화의 경우와 같이 학제적 연구를 기관들이 도와주는 경우도 있다. 하지만 이 흐름을 이끌던 사람들은 오래된 기관들에 적응하는 것보다 새로운 기관들을 세우는 편이 더 쉽다는 것을 깨달았다.

이런 운동들은 1950년 이전에 이미 시작됐다. 이를테면 《종합 역사학보Revue de synthèse historique》(1900년)가 창간됐는데, 역사학을 사회과학, 특히 심리학과 사회학 쪽으로 더 가까이 가져다 놓으려는 시도였고, 존스 홉킨스 대학의 사상사 모임(1923년)에는 철학자들과 역사학자들, 문학 학자들이 함께 모였으며, 예일 대학의 인간관계 연구소(1929년)에서는 서로 분야가 다른 사회과학자들 사이의 협력을 권장했고, 또 바르부르크 연구소는 대학에 소속되지 않았던 함부르크의 학자 아비 바르부르크의 개인 도서관으로 시작한 경우로서, 바르부르크는 스스로 지적 '국경 경찰Grenzwachertum'이라 부른 것을 혐오해서 광의의 문화 연구(문화과학Kulturwissenschaft)에 전념했던 인물이었다.[66] 자연과학 쪽으로 오면, 1930년대에 오스트리아 철학자 오토 노이라트가 『통일 과학 백과사전』이라는 것을 기획했다.[67]

20세기 하반기에 이런 종류의 흐름들은 더 강해지는데, 이런 흐름들이 더 필요해졌기 때문이었다. 1950년은 잉글랜드의 경우 기억할 만한 상징적인 해였으니, 스탠퍼드셔에 새 대학, 곧 킬 대학이 설립됐기 때문으로서, 이 대학에서는 모든 학부생이 인문 과정과 과학 과정 둘 다를 수강하게 했던 것이다. 킬 대학에 이어 1961년에는 서식스 대학이 설립되는데, 이 대학 설립자들은 학과들을 대신해 (이를테면 유럽 연구 대학European Studies 같은) 더 큰 규모의 연구 대학들을 세워 그들 자신의 말을 빌리면 "학문의 지도를 다시 그리"려 했다.[68]

학제성이라는 개념은 '유행'이라는 말까지 들을 만큼 많이 퍼졌지만, 이 개념을 제도로 실현하는 문제는 남아 있었다. 킬 대학과 서식스 대학은 학부생들을 가르치는 방식을 개혁하려고 설립된 경우였다. 그러면 연구는? 새로운 학술지를 만드는 것은 한 학문 분과를 다른 학문 분과들에 터놓는 효과적인 방식이 될 수 있는데,《학제적 역사학지》(1970년)가 이런 경우라고 하겠으나, 여기서 더 범위를 넓히게 되면 초점을 잃게 될 것이다. 꽤 많은 나라에서 채용한 해결책 하나는 다양한 학문 분과에 속한 학자들로 소규모 연구소를 세우는 것이었는데, 학자들은 1년 정도 방문 연구원으로 참여하거나 아니면 종신 연구원이 됐다. 프린스턴 대학의 고등 연구소(1930년)가 초기 사례라고 하겠으며, 뒤이어 행동과학 고등 연구소(팔로알토, 1954년), 인간 과학 연구소(파리, 1963년), 네덜란드 고등 연구소(바세나르, 1970년), 고등 연구소(베를린, 1980년) 등등이 세워졌다.

이런 종류의 연구소들은 학문 분과들을 가로질러 대화가 이루어지리라 보증까지는 할 수 없었더라도, 이런 대화들을 위한 기회들을 제공하기는 했다. 학문 분과들의 자기중심주의와 최소한 사회과학 쪽에서 싸우는 또 다른 방법은 한 지리적 지역에 초점을 맞추는 연구소들을 세워서, 경제학자들이며 사회학자들, 역사학자들을 비롯해 다른 분야의 학자들이 공동 연구를 수행할 수 있게 하는 것이었다. 이렇게 해서 세워진 것이 러시아 연구소(1947년), 중동 연구소(1954년), 동아시아 연구소(1955년)인데, 모두 하버드 대학에 있었고, 또 동유럽 연구소(베를린, 1951년), 중동 연구소(로스앤젤레스 캘리포니아 주립 대학, 1957년) 등등이 있었다. '지역 연구'들이 출현하는 데는 특히 미국에서는 정치가 작용했지만,→377쪽 이 현상은 동시에 국경 경찰을 피해서 협동 작업을 추진하려는 시도였다고도 봐야 할 것이다.[69]

협동 작업

개인적 천재라는 신화가 있기는 하지만, 많은 연구 기획은 전적으로는 아니더라도 특히 자연과학 쪽의 경우들은 오랫동안 집단이나 조를 이뤄 수행했다. 사실 지적 협동 작업이라는 개념은 보통 생각하는 것보다 더 오래됐다. 역사학의 경우, 개인주의가 여전히 지배하는 영역이지만, 근대 초기 유럽에서는 중요한 집단적 연구 기획이 적어도 세 차례 있었는데, '마그데부르크 세기별 사가들'이라고 알려진 신교도 학자들이 협력해서 교회사를 썼고, 또 성마우르스회 수사들이 프랑스 베네딕도회 수도원에서 자기네 수도회의 역사를 썼으며, '볼란드파'라고 알려진 플랑드르 예수회 수사들이 성자들의 전기를 다시 집필했다.

그래도 여전히, 1750년에서 2000년에 이르는 기간에, 집단적 연구로 나아가는 흐름은 뚜렷이 눈에 띄었으니, 자연과학에서 가장 분명하기는 했으되, 사회과학에서도 또 어느 정도까지는 인문학에서조차도 이 흐름을 느낄 수 있었다. 과학 원정의 출현은 노동 분업의 사례인 만큼이나 이 '집단화'의 두드러지는 사례라고도 하겠다. 그러니까 지질학자들이나 식물학자들, 또 다른 전문가들이 연구선에 같이 올랐던 것이다. 천문학자들이 1761년과 1769년에 금성이 태양 면을 통과할 때 협력 작업을 했다. 같이 모이는 규모도 커져서, 150명이 넘는 학자가 나폴레옹의 이집트 원정을 따라갔다.

다시 백과사전들의 경우를 살펴보자. 17세기와 18세기 초에는 중요한 백과사전들을 체임버스 같은 개인이 편찬했다. 하지만 1750년대를 보면 비록 디드로는 그 관심 분야가 백과사전적이어서 『백과전서』를 편집할 수 있었지만, 이 책 자체는 약 140명쯤 되는 저자의 집단적 작업물이었다. 『백과전서』의 '지식인' 항목에서 말하는 대로 "범지는 이제 더는 인간이 닿을 수 있는 데 있지 않 la science universelle n'est plus à la portée de l'homme"았다. 이와 비슷하게 『브리태니커 백과사진』 증보판의 편집자 제임스 타이틀러의 전기가 1805년에 출판되는데, 전기는 이런 말로 주인공을 떠나보냈으니, "그 재능이 아무리 놀랄 만하더라도, 또 아무리 치열하게 전념하더라도, 누구도 자기가 걸어 다니는 백과사전이 될 수 있다고는 온전한 정신으로 생각할 수 없다."[70] 더 나중에 나오는 백과사전들은 갈수록 규모가 커지던 필진의 손을 거쳤다. 예를 들어, 『대백과사전Grande encyclopédie』(1886~1902년)은 기고자가 450명 정도였고, 『브리태니커 백과사전』 제11판(1911년)은 1507명, 『이탈리아 백과사전』(1929~1936년)은 3272명이었다.[71] 사전 역시 여러 사람이 같이 작업한 결과물이었다. 1881년이 되면 750명이 넘는 개인이 헨리 머리가 『옥스퍼드 영어 사전』을 편찬하는 것을 돕겠다고 자원한 상태였다.[72]

다시 전문 학술지들에 제출된 과학 논문들의 경우를 보자. 과학 논문들에 서명하는 개인의 수는 점차 늘어났다. 1930년대에는 과학자 세 명이 공동 발표한 한 논문이 너무나 특이하게 여겨져 3인 논문Dreimännerwerk이라는 이름으로 알려질 정도였다. 그러다가 1963년에는 이런 지적이 나오는데, 저자가 한 사람 이상인 과학 논문의 비중이 1900년 이래 "꾸준히 강력한 기세로 늘어났"다는 것이다.(1900년에는 예를 들어 《화학 초록》에 실린 논문들 가운데 저자가 한 사람 이상인 경우가 20퍼센트 미만이었다.) "지금은 논문 네 편에 대략 한 편꼴로만 세 명 또는 그 이상이 되는 다수의 저자를 갖고 있지만, 이 추세가 계속될 경우, 1980년이 되면 전체 논문의 절반 이상이 이 범주에 들게 될 것이며, 또 논문 한 편에 무한의 저자가 있는 상태까지 꾸준히 나아갈 것이다." 이 예측을 1996년에 발표된 한 평가와 비교해 볼 수 있을 텐데, "1960년대와 1970년대가 되면 네 명 또는 그 이상의 공동 집필진이 저자인 경우가 표준이 됐고, 1980년대가 되면 열 명이 넘는 사람의 이름이 논문 한 편에 붙을 수도 있게 됐다."[73]

오늘날 자연과학에 자리 잡은 이런 연구의 집단화는 잘 알려져 있으며, 또 못마땅하게 여기는 경우도 많다. 제2차 세계대전 이래로,

학자들에 따르면, "과학 연구가 이제 조직되는 방식에 심대한 변화가 일어났다. 또 내적·외적 작용력들이 결합돼 연구 과정을 '집단화'했"는데, 연구 계획들의 규모가 커지고 (입자가속기에서 우주 망원경에 이르기까지) 장비들이 갈수록 비싸진 결과라는 것이다.[74] 하지만 '큰 과학'은 1961년보다, 그러니까 미국의 핵물리학자 앨빈 와인버그가 이 현상에 이 이름을 붙인 해보다 더 거슬러 올라간다.[75] 이 용어를 대중화한 한 학자가 지적했거니와, "작은 과학에서 큰 과학으로 이행하는 과정은 처음에 보이는 것보다 덜 극적이고 더 점진적이었다."[76]

예를 들어, 19세기 초에 리비히는 기센에 있는 그의 실험실에서 집단적 화학 연구에 맞는 원대한 계획을 세웠다.[77] 19세기 중반 그리니치에 있는 왕립 천문대에서는 그 감시나 규율, 노동 분업이 모두 공장을 떠올리게 했다.[78] 이반 파블로프의 생리학 실험실에서는 1891년부터 1904년까지 백 명에 이르는 사람이 작업을 했고, 이 실험실은 '생리학 공장'이라고도 묘사됐다.[79] 1890년이면 역사가 테오도어 몸젠은 그가 말하는 대과학Grosswissenschaft이라는 것과 대공업Grossindustrie을 노골적으로 이미 비교하고 있었고, 독일 화학자 에밀 피셔는 1902년에 '대량생산 방식'이 "실험 과학에 침투해 버렸다."고 탄식했다.[80]

집단적 과학의 출현은 산업과 정부가 자극했다. 우리도 보았듯이, 19세기 후반에는 제조 기업들이 연구소들을 세우기 시작하는데, 신제품을 실험하려는 것뿐만 아니라 장기적 연구를 수행하려는 목적도 있었다. 이런 시설들에서는 특정한 문제들을 놓고 다학세적 협동 작업을 하도록 유도했다. 정부들이 산업 쪽의 선례를 제1차 세계대전 중에 따랐고, 제2차 세계대전 중에는 이 경향이 한층 강화됐다. 1945년 이후, 미국 정부와 미군은 대학들과 계약을 맺고 수행하는 연구에 갈수록 의존하게 됐고, 그리하여 대학들에 'R&D' 방식이 도입되게 만들었다. 연구 장비에 들어가는 비용이 갈수록 커졌던 것도 새 흐름을 들여오기보다 기존 흐름을 강화하는 쪽으로 작용했다.

사회과학 쪽과 인문과학 쪽의 연구는 같은 흐름을 조금 떨어져서 더욱 작은 규모로 따라오고 있었다. 고고학은 협동 작업에, 특히 발굴 단계에서는 의존할 수밖에 없다. 아일랜드 민족 전승 위원회는 교사 600명의 도움을 받았는데, 이들이 설문지에 응답을 해 줬던 것이고, 또 수백 명의 유급 조사원이 기록장과 축음기를 들고 돌아다니며 노래와 이야기들을 기록했다.[81] '큰 사회학'이라고 부를 만한 것이 큰 과학을 따라 했는데, 20세기 중반에 군나르 뮈르달과 새뮤얼 앤드루 스타우퍼가 이끌었던 두 연구 계획이 이런 경우였다. 뮈르달은 스웨덴 출신 경제학자로서 카네기 재단의 의뢰를 받아 미국의 '흑인 문제'를 연구했다. 뮈르달은 이 연구에서 서른한 명의 연구원을 고용해 자신을 돕게 했고, 이 연구는 『미국의 딜레마』(1944년)라는 제목으로 출판됐다. 스타우퍼의 연구 계획은 훨씬 더 큰 규모였다. 스타우퍼가 지휘한 연구진은 제2차 세계대전 중에 50만 명의 미군 병사를 조사했던 것으로, 면담과 설문지를 이용해 정보를 얻었으며, 그 결과는 『미군 병사』(1949년)에서 분석했다.

인문과학에서는 개인주의 전통이 지배적이었고, 지금도 그렇지만, 나라에 따라 차이는 있다. 예상할 수 있는 일이거니와, 소련에서는 '학문적 개인주의'에 대한 비판이 있었고, 동시에 농업에서처럼 학문 쪽에서도 집단화에 열을 올렸다. 소련 과학원에서는 사전이나 백과사전 편찬, 러시아 자연 자원 조사 같은 협동 작업을 지원했다.[82] 프랑스에서는, 뒤르켐이 1896년에 "사회학은 …… 협동 작업 travail en commun에 의해서만 진전할 수 있다."고 선언했다.[83] 인류학에서는 마르셸 그리올이 아프리카에서 집단 현장 연구를 조직했다. 역사학에서는 1949년에 페브르가 "사람들이 '역사 실험실'을 이야기하는 날이 올 것"이라고 예측했다.

역사학의 경우, 대부분의 역사가가 여전히 스스로를 개인주의자라고 말할 것이지만, 분명히 협동 작업을 향해 가는 흐름이 있었다. 1930년에는 국제 물가사 과학 위원회라는 것이 록펠러 재단의 자금 지원을 받아 설립돼 협력 연구를 수행했다.[84] 집단적 역사 연구 계획들이 파리 고등 연구원에서는 1950년대와 1960년대에 중요한 역할을 했는데, 이 무렵은 페브르의 후계자 페르낭 브로델의 시대였다. 영국에서는, 모든 하원 의원의 전기를 쓰는 집필진이 1940년 이래 하원 역사 신탁의 지원을 받고 있으며, 케임브리지 인구 및 사회사 연구 집단(1964년)에서는 인구사를 연구한다.

물론 다른 종류의 협동 단위들도 있는데, 어떤 것들은 더 위계적이고, 또 어떤 것들은 더 평등주의적이다. 작은 규모의 국제적 협동 단위들은 공동의 문제를 풀려고 노력한다는 것 이상은 협력자들에게 요구하지 않고, 그 외에는 독립성을 지켜 줄 것이지만, 큰 협동 단위들은 일을 작은 조각들로 나눠서 개인들에게 자율성을 더 적게 부여할 것이다.

요약을 해 보면, 협동 작업은 학식의 공화국에서는 오래전부터 존재했으되, 지난 몇십 년 사이에 더 넓게 퍼졌고 더 중요해졌으며, 이를 자극한 것은 학계 밖, 특히 산업과 정부 쪽의 흐름들이었다. '큰 인문 과학'이 '큰 사회학'과 경쟁하거나 할 것 같지는 않으며, 수십억 달러짜리 연구 계획들이 흔한 '크고도 큰 과학'과는 말할 것도 없을 것이다. 그래도 여전히, 대규모의 집단적 연구 계획들이 작은 규모의 개인적 연구들보다 더 많은 자금을 끌어모으고 있으며, 그리하여 개인의 창의성을 억누르지 않고 연구 단위를 조직하는 것을 한층 더 시급한 문제로 만들고 있다.

일반가들을 위한 틈새

협동 작업과 전문화의 시대인 만큼, 사람들은 일반가들은(곧 지식의 여러 분야를 섭렵하는 방랑 검객들은) 이런 박학가들이 꽃을 피울 수 있는 생태적 환경들과 함께 사라졌을 것이라고 생각할 수 있다. 하지만 몇몇 유리한 환경이 몇몇 주목할 만한 개인과 함께 20세기까지, 심지어 그 이후까지도 살아남았다.

예를 들어, 언론계는 몇몇 박학가가 살아갈 수 있게 해 줬는데, 멈퍼드와 지우베르투 프레이리가 대표적으로, 하나는 북아메리카, 다른 하나는 남아메리카 출신이다. 두 사람 모두 문화사와 사회학을 건축 비평과 문학비평에 결합했다. 다시 일부 대학이나 단과대학들이 박학가들에게 피난처를 제공했다. 푸코는 콜레주 드 프랑스에서 '사유 체계사' 교수직을 갖고 있어서 넓은 분야를 섭렵할 기회를 얻을 수 있었다. 미셸 드 세르토의 학계 내 위치는 더 주변적이었으나, 예수회의 지원을 받아 아주 다양한 분야를 연구하고 출판도 할 수 있었으니, 그 범위는 신학, 철학, 역사학, 정신분석학, 인류학, 사회학에 걸쳐 있었다.

제2차 세계대전 전에 옥스퍼드 대학에서는 로빈 조지 콜링우드를 위해 자리가 마련되는데, 그 덕에 콜링우드는 관심 분야였던 철학과 로마 제국 지배하의 브리튼 연구를 겸할 수 있었다. 제2차 세계대전 후의 케임브리지 대학을 보면, 조지프 니덤은 연구 분야를 발생학에서 중국 과학사로 바꾼 뒤에도 계속 이 대학의 급여 대상자 명단에 올라 있었다. 에르베르 플뢰르는 유니버시티 학료 애버리스트위스의 교정을 가로질렀으니, 지질학과에서 시작해 동물학과로, 다시 지리학과로, 거기서 인류학과로 또 옮겨 갔다. 맨체스터 대학에서는 사회 연구 교수직이 생겼는데, 물리화학과 학과장을 지냈던 폴라니를 위한 것이었으며, 폴라니는 지금은 철학자로 가장 많이 기억된다.

더 가까이로 와서, 미국에서는 재러드 다이아몬드는 그 관심 분야가 조류학, 언어학, 역사학에 걸쳐 있던 경우로서, 계속 UCLA에 남아 있으면서 생리학 교수에서 지리학 교수로 옮겨 갔다. 이런 사례들은 일부 개인이 강력한 흐름에 저항할 힘을 갖고 있다는 것과 함께 지적 세계와 사회적 세계가 복합적이라는 것을 분명히 일깨워 준다고 하겠다. 다이아몬드가 이런 공룡들 중 마지막 공룡이 아니기를, 또 앞에서 다룬 최근에 생긴 학제적 서식지들이 이런 학자종들을 계속 반겨 맞아주기를 바라보자. 일반의가 중요한 역할을 하는 것은 의료계만은 아니다. 전문화의 시대에는 일반가들이 이전 어느 때보다 더 필요하다. 종합을 해서 큰 그림을 그리기 위해서만이 아니라, 분석을 위해서이기도 한데, 박학가가 있어야 "틈에 주의를 기울"이고, 그리하여 학문 분과들이 현재 정의되고 조직된 대로라면 이 학문 분과들 사이의 공간으로 사라져 버릴 수도 있는 지식들에도 사람들이 주목하게 할 수 있기 때문이다.

세 가지 차원에서 본
지식사회사

이 책의 마지막 부분은 세 개 장으로
구성해서 가닥이 다른 주제들을 같이 묶어
볼 계획인데, 그러면서 새로운 사례들을
보태는 한편 이미 다룬 사례들도 같이
이용할 것이다. 이 세 장들은 이 책에서
앞서 다룬 주제들을 세 가지 관점에서
되돌아보는 것이 목적이며, 이 세 관점은
다시 집단적 인간 행위 연구에서 핵심적인
세 차원으로 묘사할 수 있을 덴데, 곧
지리적·사회적·시간적 차원이다.

3

지식의 지리학

20세기 초에 연구하던 전통적인 지식사회학과 새로운 지식사회학이라 부를 만한 것 사이의 중요한 차이 하나는 후자가 공간에 상당한 관심을 갖고 있다는 데 있다. 카를 만하임이 1800년 무렵의 프랑스식 사고 유형과 독일식 사고 유형을 대비한 것이 유명하기는 해도, 옛 지식사회학은 역사에는 강했고, 지리에는 약했다.[1] 하지만 20세기 후반의 이른바 공간적 전환은 다른 분야와 마찬가지로 이 분야에도 영향을 미쳤다. 이를테면 공간은 미셸 푸코의 연구에서 거듭 등장하는 주제였으니, 특히 병원이나 감옥 같은 미시 공간들을 생각할 수 있다.[2] 지식은 한때는 객관적이고 보편적인 것으로 여겨졌지만, 사회 안에, 시간 안에 놓여 있는 만큼이나 공간 안에 놓여 있는 것으로도 생각하게 됐다. "그 생각은 어디서 온 것이냐?"는 지적 논쟁에서 갈수록 자주 묻는 질문이다.[3]

이 경향이 가장 뚜렷한 곳은 과학사로서, 여기서는 국소적 지식에서 일반적인 지식으로 이행하는 문제, 특히 특정 장소에서 실시한 실험들에 기초해 일반적 결론을 끌어내는 문제가 뜨거운 토론의 주제였다.[4] 하지만 비슷한 주장을 다른 지식들을 두고도 내놓을 수 있고, 실제로 내놓기도 했다. 피레네산맥의 한쪽에서는 진리인 것이 반대쪽에서는 거짓이 된다는 미셸 드 몽테뉴의 유명한 말과 비슷한 말이 냉전 시대에도 나왔는데, 이번에는 산맥의 자리에 철의 장막이 들어가 있었다. 몇몇 인류학자는 현장에서 책으로 옮겨 가는 과정에서 지식에 어떤 일이 일어나는지를 논하기도 했다.[5] 몇몇 사회학자는 동료 사회학자들이 대문자 S를 쓰는 '사회 일반Society'에 관한 일반론들을 서유럽과 미국의 경험에 기초해 끌어내고, 동유럽이나 열대를 비롯한 다른 지역 거주민의 똑같이 의미 있는 경험들은 제쳐 놓는다고 비판했다.[6]

역사학으로 와 보면, 한 인도 학자는 최근에 내놓은 한 연구에서 '유럽의 변방화'를 권고했는데, 세계 다른 지역들의 변화를 유럽 쪽의 흐름을 뒤따라가는 것으로만 파악하려는 태도를 버려야 한다는 의미에서 나온 말이었다.[7] 미셸 드 세르토가 역사가들에게 어디에서 출발해 이야기를 하고 있는지를 물었던 것도 유명하다. 이때 세르토는 역사적 지식이 '사회-경제적·정치적·문화적 생산' 체계 안에 자리 잡고 있다는 일반적 사실을 가리켰던 것이었으나, 세르토도 푸코처럼 지리를, 특히 미시적 수준에서 예민하게 의식하고 있었다.[8]

출신지가 다른 학자들이 특히 지구 다른 지역에 있는 사람들에 관해 쓰면서 어느 정도나 지역적 편견에서 벗어날 수 있느냐는 여전히 논쟁거리이며, 이런 논쟁은 에드워드 사이드의 시론 『오리엔탈리즘』(1978년)이 불을 붙인 것은 아닐지언정 기름은 부었다고 하겠다. 사이드에 따르면, 그가 동양에 관한 서양의 '담화'라 부른 것에는, 여기에는 학자나 여행자가 쓴 글들이 같이 포함되거니와, '동양인들'을 후진적이고 퇴폐적이며 수동적이고 방종하다고 보는 지나치게 단순하면서 경멸적인 정형이 깔려 있었다. 사이드는 또한 이 담화가 제국주의의 도구였다고 주장했다. 비판자들은 사이드가 종류가 다른 서

지식의 사회사 2

양 논자들을 구별하지 못했다면서, '동양'을 실체화해서 동질화했다고 서양인들을 비난한 것과 똑같이 사이드도 서양의 담화를 실체화해서 동질화했다고 비난했다.[9] 이 논쟁은 지금도 계속되고 있다. 하지만 지식, 심지어 과학적 지식의 경우에도, 생산과 소비 모두에서 장소가 핵심적이라는 것을 부정하기가 갈수록 어려워졌다.

미시 공간들

이런 관점에서 미시 공간을 파악한 고전적 연구가 병원에 관한 푸코의 시론인데, 여기서 병원은 '지식이 형성되고 변형되는 장소'로 제시된다.[10] 이 선례에 이어 도서관, 박물관, 대학, 식물원, 천문대, 특히 실험실을 이런 관점에서 분석들을 했다.[11]

더 큰 단위들로 계단을 올라가 보면, 대학의 교정은 지식의 지리를 연구하는 데 아주 좋은 현장이다. 예를 들어, 실험실들이 점점 커지고, 이 이유로 대학의 중심부에서 멀리 옮겨 가야 했을 경우, 이런 고립은 과학자들이 더 내부 지향적이 되도록 만들었는데, 이야기를 할 사람이 자기들밖에 없어서 전문화를 더 강화했기 때문이다. 다른 한편, 1960년대 초반으로 가서, 새로 생긴 서식스 대학에서 인문관의 사무실들이 배치된 것을 보면 이 대학이 목표로 하던 학제적 연구를 뒷받침하고 있었으니, 서로 다른 분야의 교수들을 나란히 놓아 서로 이야기를 할 수 있도록 분위기를 조성했던 것이다. 케임브리지 대학에서는 분권화된 저 학료 구조가 비싼 실험실을 필요로 하던 "실험 과학들의 성장을 방해했다."는 지적이 있었다.[12] 전통적인 대학들은 과학 연구를 하기에는 비좁다는 지적 또한 있었는데, 20세기 초반 에

든버러 대학의 생리학을 예로 들 수 있다.[13]

교정의 공간을 차지하려고 벌이는 다툼에서 다른 종류의 지식들을 대하는 대학의 태도가 드러나는데, 19세기 글래스고 대학에 관한 두 연구가 다른 방식으로 이를 보여 줬다. 1840년에 토목학 교수직이 생겼을 때, 새로 선임된 교수는 일종의 침입자 취급을 받았고, 화학과 강의실 하나를, 그것도 화학과 학과장에게 "불편을 끼치지" 않는다는 조건에서만 쓰도록 허락을 받았다. 반면 1846년에 '자연철학'에서 선임된 동료 교수의 경우는 다른 교수들의 영역을 빼앗아 자기 영역을 넓힐 수 있었다.[14] 이 차이는 두 교수의 전술적 능력이 크고 작고를 가지고 설명할 수도 있겠지만, 토목학 교수뿐만 아니라 이 새 과목도, 그러니까 지위가 낮은 육체노동과 맞물려 있는 토목학도 침입자로 취급 받은 것이라는 생각을 떨쳐 버리기가 어렵다.

계단을 하나 더 올라가면, 우리는 도시들에 이르게 된다. 최근에 '도시와 과학에 관한 역사'가 필요하다는 주장이 나왔지만, 이 주장을 확대해 더 일반적인 지식을 포함할 수도 있을 것이다.[15] 최소한 일부 사례에서는 특정 도시가 갖는 몇몇 특징이 특정 학문 분과가, 아니면 그 학문 분과에 대한 특정한 접근 방법이 발전하도록 자극했던 것이 확실하다. 19세기 말에 시카고 대학에서 사회학이 발전했던 것을, 더 구체적으로는 1920년대에 이른바 시카고학파가 출현했던 것을 가장 먼저 떠오르는 사례로 들 수 있다. 이 무렵 시카고 대학의 사회학자들은 로버트 에즈라 파크가 이끄는 가운데 현장 연구의 선도자들이 됐는데, 이 빠르게 성장하던 도시의 특정 지구를, 이를테면 '골드 코스트'를 조사하거나, 무도장 같은 특정 시설들, 아니면 떠돌이 일꾼들 같은 특정 사회집단들을 연구했던 것이다. 이들이 스스로는 이 도시의 서로 다른 '생태계'들이라 부르던 것에 가졌던 관심은 그 무렵

시 당국의 개혁 정책 및 계획들과 관련돼 있었다.[16]

　다시 근대 초기 과학을 연구하는 역사가들이 지적했듯이, 도시들은 특정한 형태의 지적인 사회적 교제를 촉진한다. 어떤 도시에서는 특정한 관심 분야를 공유하는 사람이 충분히 많이 집중돼 있어서 서점이며 클럽, 커피 하우스, 선술집 같은 곳에서 일상적으로 만나 발상과 정보를 주고받을 수 있는데, 이런 종류의 교류는 과학혁명과 계몽주의 운동 둘 다에 굉장히 중요했다.[17] 이런 형태의 사회적 교제는 그것이 즉흥적이든 계획된 것이든 19세기를 지나 20세기 초까지 계속됐다. 거의 무작위로 예를 하나 뽑아 보면, 오토 노이라트도 참여하던 과학철학 토론 모임은 제1차 세계대전 전에 목요일 저녁이면 빈의한 카페에서 만났다.[18]

　우리가 다루는 기간에 특정 도시들을 지식의 특히 중요한 중심지로 만들었던 것은 학술 기관들의 집중이었는데, 이 기관들끼리는 쉽게 걸어갈 수 있는 정도의 거리 안에 있을 때가 많았다. 미국에서는 이런 기관들이 워싱턴과 뉴욕에 나뉘어 있었고, 러시아에서는 모스크바와 상트페테르부르크였다. 한편 파리와 런던에도 이런 기관들이 밀집돼 있어서 서로 다른 분야에 있는 학자들이 만나 정보와 발상을 나눌 기회들을 제공했다. 독일의 박물학자 로렌츠 오켄은 1822년 얼마간의 부러움을 품고 이런 말을 했는데, "프랑스에서는 대부분의 과학자가 파리에 같이 살고 …… 잉글랜드에서는 똑같은 말을 런던을 두고 할 수 있다. …… 독일에 있는 우리에게는 파리나 런던이 없다."

　베를린이 이러한 차이를 메워 줄 것이었다. 이 도시에 대학한 군데와 자연사박물관 한 곳이 (둘 다 1810년에) 세워졌고, 그 뒤를 이어서 토목 학교(1816년), 기술 학교(1821년), 고대 유물 박물관(1824년)이 들어선 것이다. 베를린은 많은 학회의 자리이기도 했는데, 대표적인 것으로 베를린 독일어 및 고고학회(1815년)와 지리학회(1828년)를 꼽을 수 있다. 독일이 통일된 뒤에 베를린에는 또한 인류학 박물관Museum für Völkerkunde(1873년)과 물리학 연구 기관Physikalisch-Technische Reichsanstalt(1887년), 전염병 연구소Preußische Institut für Infektionskrankheiten(1891년)도 생겼다. 베를린은 '일렉트로폴리스'로 알려지게 되는데, 그러니까 급속히 성장하는 전기 산업의 중심지였던 것으로, 이 산업이 다시 연구에 의존하고 있었으니, 지식 생산이 거의 즉시 산업 생산으로 번역됐던 것이다.[19]

베를린에 무리를 이룬 지식 기관들도 인상적이었으나, 파리는 이를 능가했다. 1800년이면 파리는 이미 왕립 도서관이며 천문대, (궁전이었다가 프랑스 혁명 이후 박물관으로 대중에 공개된) 루브르, (이전의 왕립 식물원인) 국립자연사박물관, 콜레주 드 프랑스, 또 여기에 생긴 지 얼마 되지 않은 세 기관인 공과대학École polytechnique, 고등 사범학교École normale, (옛 과학원을 통합한) 국립 과학 예술원Institut national des sciences et des arts까지 갖고 있었다. 19세기를 지나는 중에 이 기관들에 새로 추가된 기관들로는 고등 상업 학교(1819년), 국립 의학 학술원(1820년), 고문서 학교(1821년), 예술 및 제조 중앙 학교(1829년), 고등 실업 학교(1869년), 정치학 자유 학교(1872년)가 있으며, 국립도서관의 저 유명한 열람실도 1868년에 문을 열었다. 이런 공적인 기관들 말고도, 1885년이면 120개 학회가 이 도시를 근거지로 삼고 있었으며, 이 학회들은 센강 좌안에 집중돼 있었다.[20] 1878년과 1889년, 1900년의 엑스포지숑 위니베르셀, 곧 만국박람회는 박람회를 방문한 대중 사이에 지식을 퍼뜨렸을 뿐만 아니라 여러 학문 분과의 학자들이 국제 학술회의를 위해 파리로 모이게도 만들었다. →347쪽

런던은 19세기의 파리를 뛰어넘지는 못했을지언정 파리와 맞먹

는 정도는 되었다. 1800년 이전에 런던에는 이미 왕립학회, 그리니치 천문대, 왕립 도서관에다 새로 생긴 왕립 연구소도 있었으며, 이 기관은 우리도 보았듯이 과학의 대중화에서 중요한 역할을 했다. 이 도시는 1820년대 이후부터는 어지러울 정도의 속도로 새로운 지식 기관들을 쌓아 갔는데, 영국 박물관(1823년)을 시작으로, 국립미술관과 기계 연구원이(둘 다 1824년에), 또 유니버시티 학료(1826년), 킹스 학료(1829년)가 빠르게 뒤를 따랐다. 다시 이보다는 느린 속도로 과학기술 학교(1838년), (둘 다 1845년에 설립되는) 성모 병원 의과대학, 왕립 화학 대학이 뒤를 이었다.

1850년대에는 새로운 기관이 또 한 번 대거 생겨나는데, 왕립 광업 학교(1851년), 사우스켄싱턴 박물관(1857년)이 있었으며, 여기에 영국 박물관의 열람실도 문을 열었으니, 카를 마르크스가 거기서 책들을 쓰도록 시간을 딱 맞춰 준 셈이었다. 1880년대에도 새 기관들의 설립이 한 번 더 이어졌는데, (둘 다 1881년에 설립되는) 국립역사박물관과 왕립 과학 대학을 시작으로, 시티앤길즈 학료(1884년), 과학박물관(1885년)이 세워졌으며, 런던 정치경제대학의 경우는 1895년에 문을 열었다. 베를린과 파리의 경우처럼, 런던에서도 공공 기관들이 집중되면서 학회들을 끌어들이게 됐다. 실제로 같은 건물에, 그러니까 킹스 학료 근처 서머싯하우스에 19세기 중반까지 왕립학회와 왕립 예술원, 고대 연구 학회가 들어와 있었으며, 그러다 왕립 예술원과 고대 연구 학회가 벌링턴하우스로 옮겨 갔고, 다시 린나이우스 학회와 화학 학회도 벌링턴하우스로 들어갔다.

이런 도시 쪽 지식의 역사들을 20세기에까지 연장하는 것은 물론 어렵지 않은 일이겠으나, 이 무렵이 되면 도시들이 계속해서 커지면서 반대의 결과를, 곧 기관들의 집중보다 분산을 낳고 있었다. 집중에는 긍정적 측면만큼이나 부정적 측면도 있었다. 도시의 교통은, 특히 전차들은 실험실들에서 하는 측량이 엉망이 되게 했다. 공기 오염 때문에 천문 관측이 갈수록 어려워져서, 베를린 천문대는 1913년에 바벨스베르크로, 왕립 천문대는 그리니치에서 서식스 시골의 허스트 먼수로 옮겨 갔다.

거꾸로 주변부에 있는 것이 학자들에게 가져다주는 이점들이 점점 분명해졌다. 일찍이 스탈린은 소련 과학원이 모스크바로 옮겨 오도록 명령을 내리는데, 정치적 감시를 쉽게 하려는 목적이었다. 하지만 1965년에는 과학원의 새 분원이 시베리아의 아카뎀고도로크에서 문을 열었다. 여기서는 토론이 상대적으로 자유로웠던 사실은 탈스탈린 시대라는 시기뿐만 아니라 위치가 멀리 떨어져 있었던 것으로도 설명할 수 있을 것이다.[21]

지식의 일국화

계단을 하나 더 올라가면, 이제 국가에 이르게 되는데, 프랑스나 스웨덴처럼 오래된 국민국가들도 있었고, 각각 1861년과 1871년에 통일된 이탈리아나 독일 같은 신생 국민국가들도 있었으며, 1795년에서 1919년 사이의 폴란드나 1919년 이전 헝가리처럼 자신들만의 국가기구 없이 문화적 수준에서 민족을 이룬 경우들도 있었다.

여러 학자가 과학을 비롯해, 인류학에서 첩보 활동에 이르기까지 다른 형태의 지식들에는 국가별로 기풍이 존재한다고 지적했다. 이런 기풍들은 (이를테면 프랑스의 이론이나 영국의 경험주의처럼) 의식적인 것이 아닐 수도 있다.[22] 반면에 여기서 다룰 것은 지식의 '일국화'라고 표현할 만한 의식적인 움직임이다. 이제 학자들은 "각각 자기 나라의 대표자들"이라고, 그러니까 헤르만 폰 헬름홀츠의 표현을 빌리면 "민족 전체를 위해 일하는 조직된 집단"에 차출된 것으로 여겨지게 됐다.[23] 지식의 일국화는 경우에 따라 다른 수단에 의한 정치의 연속이라고조차 묘사할 수 있을 것이다.

이 흐름의 사례라고 할 수 있는 것들 중에서, 역사 자체로 시작해도 될 텐데, 역사를 연구하고 가르치고 기록하고 하는 것이 갈수록 국가적 틀 안에서 이루어졌기 때문이다.[24] 이 무렵에 발표된 가장 중요하고 또 가장 많이 읽혔던 역사서들은 국가별 또 (Folk, národ 등등으로 표현되는) 민족별 역사였으니, 에리크 예이예르가 스웨덴인들에 관해 썼고, 프란티셰크 팔라츠키는 체코인, 콘스탄티노스 파파리고풀로스는 그리스인, 페트뤼스 블록은 네덜란드인 등등이었다. 1833년에 프랑스에서는 교육부 장관직을 맡고 있던 역사가 프랑수아 기조가 국사 연구를 촉진하게 될 학회, 곧 프랑스사학회를 세웠다. 거의 이 무렵에 프랑스인 방문 과학자가 칠레 교육부 장관에게 칠레사가 기록할 가치가 있느냐고 물었다. 이 약간은 분별없는 질문에 거침없는 대답이 돌아왔으니, '국가적 필요사una necessidad nacional'라는 것이었다.[25] 1840년 브라질에서는 역사 연구소가 브라질 역사 기록을 위한 기획안을 현상 모집했다.(여기서 뽑힌 사람은 독일 학자였다.) 벨기에에서는 국사 기록들에 상을 수여했는데, 최초의 수상자가 나온 것은 1851년이었다.

국사는 시간이 가면서 학교들에서 가르치게 되는데, 그러니까 국가 건설의 한 부분이었던 것으로, 지역적 정체성을 가진 소농들을 '프랑스인'으로 바꾸는 것이 그 목적이었던 것이다.[26] 대학들도 비슷한 방향으로 움직였다. 예를 들어, 레이던 대학에는 1860년에 '조국사^{vaderlandse geschiedenis}'라는 새 과목의 교수직이 개설됐다. 옥스퍼드 대학에서는 '근대사 대학'이라는 것이 1872년에 설립되는데, 실제로는 중세 이후 잉글랜드 역사 연구에 초점을 맞췄다.

국가적 영웅들을 공식적으로 기념했는데, 스웨덴에서는 칼 린나이우스 같은 지식 분야 영웅들도 포함돼 있었다. 린나이우스의 동상이 1829년 웁살라에 세워졌고, 그 생가는 1866년 박물관이 됐으며, 1907년에는 탄생 200주년을 따로 기념했다. 이탈리아에서는 '국내편' 총서를 국가의 자금 지원으로 펴내 국가적 지식 영웅들의 저작들에 더 쉽게 접근할 수 있게 했는데, 갈릴레오 갈릴레이에서 시작해 레오나르도 다 빈치로 가서, 물리학자 알레산드로 볼타에 이르렀다.

지리 연구는 국가적 이유들 때문에 공식적으로 장려했다. 이탈리아 학교들에서 1860년 이후 국가에 대한 사랑을 고취할 목적으로 지리를 가르쳤다. 독일에서는 조금 더 뒤인 1882년에 할레 대학 지리학 교수가 똑같은 정책을 주창했다.[27] 역사가들이나 지리학자들의 '국가'는 심심치 않게 공식적인 국경들 너머로까지 확대됐다는 것을 덧붙여야 하겠다.

자국어 문학에 대한 연구는 19세기에 대학들에서 제도화됐으며, 이러느라 고대 그리스와 로마 시대 저자들에 대한 연구가 희생됐다. 예를 들어 독어 독문학^{Germanistik} 교수직이 새로 설립된 베를린 대학에 1810년 개설되는데, 통일되기 두 세대 전이었으며, 이러는 사이 빌헬름 그림은 deutschen Altertumswissenschaft 또는 germanischen Altertumswissenschaft라는 여러 이름으로 불렀던 것, 그러니까 '독일 고대학'을 앞장서 주창했는데, 이 이름은 고전 연구들을 이 새 학문 분과의 모형으로 삼았다는 것을 보여 준다.[28] 잉글랜드에서 첫 영어과 교수가 선임되는 것은 1827년에 런던 대학에서였다. 예나 대학의 교수였던 시절에 아우구스트 빌헬름 슐레겔은 학교들에서 사용할 독문학사를 써서 국가적 자의식을 고양하고 싶어 했으며, 잉글랜드의 작가 찰스 킹즐리는 영문학을 '국가의 자서전'이라고 표현했다. 여러 편의 유명한 국문학사가 이 시기에 집필됐는데, 게오르크 게르비누스가 독문학사(1835~1842년)를 썼고, 프란체스코 데 산크티스가 (통일 뒤 10년이 지난 1870~1871년에) 이탈리아 문학사를, 귀스타브 랑송은 프랑스 문학사(1894년)를 썼다.[29]

스칸디나비아에서 저 덴마크의 라스무스 라스크 시대에 언어학에 큰 관심이 이는 것은 국가적 기원을 찾으려던 움직임과 관계가 있었다. 많은 유럽 국가에서 사전 편찬은 일종의 애국 사업이 됐다. 폴란드어 사전이 1807년에서 1814년 사이에 출판됐고, 체코어 사전은 1835년에서 1839년, 헝가리어 사전은 1862년에서 1874년 사이였다. 편집자들은 서로 다른 지역 화자들이 국어를 쓰는 방식에 관해 정보를 수집하기는 했으나, 출판된 사전들 자체는 해당 언어의 표준화에 도움이 됐고, 그리하여 국가적 자의식을 고취했다.[30]

국문학이나 국어와 마찬가지로, 국가의 유형 유산도 애국심을 가르쳐 주는 것으로 여겨졌다. 지금 우리가 국가 유산이라고 부르는 것에 관심을 갖게 되는 것은 우리가 다루는 시기, 기본적으로는 프랑스 혁명 이후부터라고 하겠다.[31] 고고학은 이 무렵에 학문 분과가 돼 가고 있었거니와, 고고학에 대중적 관심이 일게 됐던 데는 지중해 세계에서 진행되는 발굴들을 통해 호메로스와 성서에 관해 더 많은 것을 알게 되리라는 바람뿐만 아니라 국가적 자부심도 작용했다. 이를테면 1826년 그리스 의회는 "모든 고대 유물을 국가 소유로 선포한다." 고 결의했다.[32] 덴마크의 고고학자 겸 문화부 장관이었던 옌스 보르사에는 지방 유물들을 '국가적 기념물들'이라고 표현했다.[33] 영국에서는 '국가 기념물들'이라는 표현을 고고학자들이 1840년대에 쓰기 시작했다. 독일 학자 구스타프 클렘은 선사시대에 관한 지식이 "애국심으로 가는 가장 안전한 길"이라고 생각했다. 프라하 카를로 대학의 첫 고고학 교수였던 얀 에라짐 보첼은 자신이 '체코 국가 고고학'이라고 부른 것을 주창했다.[34] 말할 필요도 없지만, 이런 국가 중심적 접근은 논란을 낳았다. 예를 들어, 독일 고고학자들과 폴란드 고고학자들은 오데르강과 비스툴라강 사이 지역 초기 거주민들의 정체 문제를 둘러싸고 충돌했다.[35]

민족 전승과 민족학 분야에서도, 이야기는 비슷했다. 고고학처럼 이 학문 분과들도 국가적 이유들 때문에 큰 관심을 모았고, 공식적인 지원도 받았는데, 중산층 지식인들은 농민들이 국가의 본질에 가장 가까운 집단이라고 여길 때가 많았기 때문이다. 핀란드에서 헬싱키 대학에 첫 민족 전승 교수직이 생기는 것은 1898년으로, 핀란드가 아직 러시아 제국의 일부였던 때였다. 오스카르 콜베르크의 여러 권짜리 폴란드 민족지는 민족학이 "국가 사회의 정치 안에 …… 자리 잡고 있다는 것"을 보여 주는 실례라고 묘사되기도 했는데, 무엇보다도 이 저작이 폴란드의 국경에 관해 깔고 있는 전제들 때문이었다.[36] 아일랜드에서 게일 연맹은 1893년에 일차적으로는 아일랜드어의 쇠퇴를 막아 보려는 목적으로 설립된 조직이었지만, 민족 전승의 수집 또한 지원했다. 1922년에 아일랜드 자유국이 수립되고 채 얼마 지나지 않아 아일랜드 민족 전승학회(1927년)가 뒤를 따랐고, 다시 얼마 뒤 아일랜드 민족 전승 위원회가 생겼다.[37]

1900년 이전에는 민족 전승의 자리는 대학이라기보다는 박물관이었다. 스톡홀름의 북방 민족 박물관(1873년)은 범스칸디나비아 문화를 강조했던 경우이고, 스칸센에 있는 야외 박물관(1893년)은 농촌

주택들이며 가구들을 전시했는데, 스웨덴에 대한 서사를 제공했다는 평가를 받았다.[38]

　박물관이나 미술관은 지식의 저장고로서, 19세기에 국가가 세우는 경우가 흔했으며, 그 이름들을 보면 국가 건설 또는 국가적 자부심이 설립을 계획하는 바탕이 됐다는 점을 알 수 있다. 이렇게 해서 새로 설립된 기관들은 헤이그에 있는 국립미술관(1800년)이 있고, 덴마크 국립박물관(1809년), 프라하 국립박물관(1819년), 런던 국립미술관(1824년), 뉘른베르크 게르만 국립박물관(1852년) 따위가 있다.[39] 이런 사업 대부분은 정부 쪽에서 시작했지만, 민간이 주도한 사업들 중에도 중요한 것들이 있는데, 대표적인 것이 힐레뢰드의 국가사 박물관(1878년)으로서, 칼스버그 맥주의 소유자 야코브 크리스티안 야콥센이 비용을 대서 지었는데, 아마 덴마크가 1864년에 프로이센에 패배한 데 자극을 받아서였을 것이다.

　국가 건설 계획은 도서관들이나 기록 보관소들을 설립할 때도 작동했다. 저 프랑스 왕립 도서관은 1793년에 국립도서관이 됐다. 헤이그의 왕립 도서관은 1798년에 국립도서관으로 설립된 것이었으며, 그 뒤로 헝가리 국립도서관(1803년), (이전의 왕립 도서관이었던) 에스파냐 국립도서관(1836년), (이탈리아가 통일된 해에 설립된) 이탈리아 국립도서관(1861년), 불가리아 국립도서관(1879년)이 있다.

　영국에서는 충분히 이상하게도 국립도서관을 세우는 것이 외국인이었다. 안토니오 파니치는 이탈리아 망명객으로서 1830년대부터 1860년대까지 영국 박물관 도서관 관장을 지냈던 인물로서, 이 도서관을 국가적 기관으로 여겼으니, "이 굵게 강조한 **영국** 도서관은 무엇보다도 특히 영국인들의 저작에, 또 대영제국과 관련이 있는 저작들에 집중해야 한다."고 선언했던 것이다. "이 박물관은 영국 국가의 도서관이며, 따라서 이 도서관에는 영국인이 펴낸, 또는 영어로 쓴, 또는 영국과 관련된 모든 책이 있어야 한다."[40]

기록 보관소들을 보면, 프랑스 국가 보존 기록관들이 1800년에 세워졌고, 노르웨이 국립 기록 보관소는 1817년, 영국 공문 기록 보관소는 1838년이었다. 이 시대의 주요한 문화적 사업은 국가 역사를 보여 주는 문서들의 출판이었다. 이를테면, 『모누멘타 게르마니아에 히스토리카』는 1826년에 출판을 시작하는데, 프로이센의 한 장관이 "숭고한 애국심은 우리를 고취한다."는 좌우명을 갖고 주도한 사업이었다. 노르웨이의 중세 법률들이 1846년 이후 계속 출판되는데, 이 사업은 국회Storting의 승인을 받아서 진행됐다. 영국의 롤스 시리즈와 헝가리의 『모누멘타 훈가리아에 히스토리아』는 둘 다 1857년에 출판을 시작했다.

분량이 엄청난 국가 위인 사전들이 19세기에 편찬됐다. 이 사전들이 출판된 연도들을 보면 하나가 다른 하나의 뒤꿈치를 밟을 지경이어서 국가 간 경쟁이 있었다는 인상을 강하게 받게 된다. 네덜란드의 사전(*Biographisch Woordenboek der Nederlanden*)은 스무 권짜리가 1852년부터 출판되기 시작했고, 오스트리아 사전(*Biografisches Lexikon des Kaisertums Oesterreich*)은 쉰아홉 권짜리가 1856년에, 벨기에 사전 *Biographie nationale*은 스물일곱 권 분량으로 1866년에, 『독일 국민 위인』은 쉰여섯 권짜리로 1875년에, 영국의 『국가 위인 사전』은 예순세 권짜리가 1885년에, 덴마크 사전(*Dansk Biografisk Lexicon*)은 열아홉 권짜리가 1887년에, 러시아 사전(*Russky Biograficheski Slovar*)은 1896년에 나오기 시작했다.

이 편찬물들은 보이는 것보다는 정치적으로 덜 중립적이었다. 예를 들어, 어떨 때는 같은 사람을 서로 다른 나라들이 자기 나라 사람이라고 주장했다. 그러니까 독일 학자들과 폴란드 학자들 사이의 저 충돌이 다시 재연되는데, '코페르니쿠스, 니콜라우스'가 독일 사전에 등장하고 동시에 '코페르니크, 미코와이'가 폴란드 사전에 오르는 것은 필연적인 일이었다. 다만『독일 국민 위인』에서는 저자가 기특하게도 코페르니쿠스는 다국적 부모한테서(곧 폴란드인 아버지와 독일인 어머니에게서) 태어났으며, 또한 그의 업적은 어떤 한 나라보다는 세계의 것이라고 지적했다.

포괄적 내용을 다루는 백과사전들 또한 국가를 내세웠다.『브리태니커 백과사전』은 스코틀랜드인들이 주도한 사업으로서, 1768년까지 거슬러 올라가며, 독일『브로크하우스 백과사전』은 1796년까지,『아메리카나 백과사전』은 1829년까지, (편집자의 이름을 따서 '라루스' 백과사전으로 알려져 있는) 프랑스의『세계 대사전』은 1864년까지, 네덜란드의『빙클러르 프린스 백과사전』은 1870년까지, 에스파냐의『일반 화보 백과사전』은 1905년까지, 유고슬라비아의『국민 백과사전』은 1924년까지, 그리스의『그리스 대백과사전』은 1926년까지 올라간다.『브리태니커 백과사전』의 저 유명한 제11판을 런던의 한 정기간행물은 "우리나라의 큰 영광"이라고 묘사하는데, 이 작업에 덴마크의 물리학자 닐스 보어 같은 저명한 외국인들이 참여한 사실이 잘 알려져 있었던 것쯤은 아랑곳하지 않았던 것이다.

백과사전들은 국가들이 경쟁하는 많은 각축장 가운데 하나가 됐다. "각 '문명국'은 주변국들이나 유럽 국가들에 제대로 대접을 받으려면 백과사전 하나쯤은 제자해야 하는 것으로 생각하고 있있다."는 지적도 최근에 있었다.[41] 이 점을 잘 보여 주는 사례가『이탈리아나 백과사전』일 텐데, 상대적으로 늦게, 1929년에 시작한 경우였다. 이보다 몇 년 앞선 1920년에 이탈리아의 한 전직 장관은 "프랑스나 잉글랜드, 독일, 심지어 에스파냐에도 있는 국적 백과사전이 없는 만큼 이 탈리아에 백과사전을 만들어 줘야 할" 필요에 관해 썼다.[42]『이탈리아 나 백과사전』은 다른 어떤 이유보다도 이탈리아적인 모든 것을 선전 까지는 아닐지언정 알리기 위해 기획됐다. 예를 들어 '가리발디'에 관 한 항목은 열일곱 단을 차지하는 데 반해,『브로크하우스 백과사전』 과 라루스 백과사전의 해당 항목은 한 단 이상을 넘지 않는다. '밀라 노'에 관한 항목은 쉰아홉 단이 이어지는데, 이에 비해 라루스 백과사 전과『브로크하우스 백과사전』은 각각 일곱 단씩이다.

　고고학 또한 국가들의 경쟁에서 영향을 받았다. 프랑스인들과 영 국인들은 19세기 중반에 아시리아 문화의 유적을 발견하려고 경쟁 을 벌였다. 군인이었다가 발굴가가 된 헨리 크레스위킷 롤린슨은 외 교관 겸 고고학자였던 오스틴 헨리 레이어드에게 오스만 제국 정부 에 대사로 파견돼 있던 스트래퍼드 캐닝이 이 문제에 관심을 갖게 해 달라고 부탁했는데, "프랑스인들이 이 분야를 독점하는 것을 지켜보 는 것이 지독히도 고통스럽"기 때문이었다. 그리하여 레이어드는 캐 닝에게 편지를 써서 "국가의 명예"가 "설형문자 비문들의 해독에서 프랑스인들과 경쟁하는 것에 걸려 있다."고 말했다. 한편 프랑스 고고 학자 빅토르 플라스는 "우리가 닦아 놓은 길에서 잉글랜드에 우리가 뒤처지게 내버려 둬서는 안 된다."고 주장했다.[43] 1904년에 독일 문화 부 장관은 중앙아시아 과학 원정을 조직해야 한다는 제안을 다음과 같은 말과 함께 받게 되는데, "우리 독일인은 전력을 다해 우리 자신 을 위해 우리의 정당한 자리를 확보해야만 합니다." 카이저가 3년 전 에 했던 한 연설에서 유명한 구절을 되풀이한 것이다.[44]

　심지어 자연과학도 국가적 자의식과 국가 간 경쟁의 영향을 받았 다. 1860년대에 프랑스 교육부 장관 빅토르 뒤뤼는 독일 과학자들의 증가가 "프랑스 과학에는 위협"이라고 말했다.[45] 최초의 지질학 조사는 국가의 자금 지원을 받아 1830년대에 프랑스에서 실시되었으며, 다른 나라들에서도 이를 따라 했다. 자연사박물관들의 설립은 국가건설의 일부였다. 예를 들자면, 칠레 산티아고에 국립자연사박물관 (1822년)이 생기자 바로 뒤를 이어 보고타에도 자연사박물관(1823년)이 설립됐다.[46] 스웨덴 지질학 박물관은 "주로 스웨덴 광물들로 채워져 있었다."[47]

경쟁은 하늘로까지 올라갔다. 윌리엄 허셜의 천왕성 발견은 (비록 허셜은 독일에서 건너온 이민자였지만) 당시에는 프랑스 천문학자들에 대한 잉글랜드 천문학의 승리로 여겨졌다. 왕립학회 회장 조지프 뱅크스는 허셜에게 편지를 써서 이 새 행성의 이름을 빨리 지어야 한다며 "그렇지 않으면 우리의 영악한 이웃, 프랑스인들이 우리한테서 명명의 수고를 덜어 줄 것이 확실"하다고 말했다.[48] 땅 위에서처럼, 하늘에서 발견한 것들에도 (천왕성의 첫 이름을 따온) 조지 3세 같은 국가적 상징물들을 따라 이름을 붙이는 것은 흔한 관행이었다. 1920년대에 네덜란드의 천문학자 빌럼 헨드릭 판덴보스는 자기가 남반구에서 "무차별적으로 이중성二重星을 발견하려고 벌이는 광란의 쟁탈전"이라고 부른 것이 더 앞서 일어난 '아프리카 쟁탈전'의 지적 등가물이라고 지적했다.[49] 스푸트니크(1957년)와 NASA(1958년)의 시대에 우주탐사에서 소련과 미국이 벌인 경쟁은 가장 유명하기는 하겠으되, 이런 형태의 경쟁을 보여 주는 첫 사례는 분명히 아니었던 것이다. →377쪽

흔들리는 학식의 공화국

근대 초기에 학계는 일종의 나라라는 식으로, 곧 학식의 공화국, 또는 '지식의 공화국'으로(république des lettres, Gelehrtenrepublik 등등으로) 표현되기도 했다. 이 공화국은 본질적으로는 가상의 공동체였으며, 정치적 은유를 더 확대해서는, 이 공화국이 상원이며 법률 등등을 갖추었다는 식으로 이 공동체를 묘사하기도 했다. 그래도 이 정치적 은유는 제법 효과적이었는데, 실제로 관습이나 제도들이 존재해서 멀리 떨어져서도 학문적 협업 아니면 최소한 협조를 쉽게 해 주었기 때문이다. 이런 관습이나 제도들에는 편지를 라틴어로 써서 유럽의 자국어들이라는 장벽을 뛰어넘는다거나 저작들이나 정보를 선물한다거나, 여행을 할 때면 동료 학자들을 방문한다거나 하는 따위가 있었다.

실재였든 가상이었든, 이 공동체에 대한 연구 대부분은 1750년경에서, 『백과전서』와 함께, 아니면 1789년에서, 아니면 아무리 늦춰 잡아도 1800년 무렵에서 끝을 맺는다. 물론 역사가 공동체 쪽에서 이런 식의 집단적 결정을 내리는 데는 충분하다고까지는 못해도 그럴 만한 이유들이 있다. 크게 두 가지 이유로서, 역시 두 단어로 요약할 수 있는데, 전문화와 민족주의다. 18세기 후반 독일 화학 공동체의 형성에 관한 한 연구는 이 두 이유를 솜씨 있게 보여 주는데, 이 연구에 따르면 다른 학문 분과들에, 또 다른 나라들에(특히 프랑스에) 대비돼서 정의되는 어떤 정체성이 출현했던 것이다.[50]

전문화의 출현은 앞 장에서 논의했다. 학식의 공화국 내의 화합은 또 전쟁들뿐만 아니라 이보다는 드러나지 않았지만 세계주의에서 민족주의로, 아니면 프리드리히 마이네케의 유명한 표현을 빌리면 세계 시민주의^{Weltbürgertum}에서 국민국가^{Nationalstaat}로 옮겨 가는 추세 때문에도 위협을 받았다.

나폴레옹 전쟁은 국제적 소통을 교란하면서 학계에 부정적 충격을 가했다. 영국의 한 의과학자가 1803년경에 "과학은 결코 전쟁을 하지 않는다."는 유명한 말을 하지만, 이 말은 입에서 나오는 바로 그 순간에 낡은 것이 되고 있었던 것이다.[51] 하지만 나폴레옹 전쟁이 끝나고 나서도 국가 간 경쟁은 사라지지 않았다. 사실 우리도 보았듯이 이러한 경쟁들은 학문에 갈수록 더 큰 영향을 미쳤다. 더 큰 나라들은(곧 그 통치자들과 일부 학자는) 학문 세계에 대한 지배권을 확보해서는, 자기들 자신이 중심이 되고 경쟁자들은 주변부로 밀어내기를 열망했다.

중심지와 주변부

지식의 지리에서 중요한 한 측면은 중심지들과 주변부들 사이의 뚜렷한 대비라고 하겠다. 국경들과는 달리, 이런 중심지들과 주변부들은 경계를 확정하기가 어려울 수 있다. 실제로 이것들은 객관적이기보다 주관적 성격이 더 강할 때도 있다. 그래도 여전히, 주변부에 위치한다는 것은 주변부에 있다는 의식과 결합되면서 중요한 문화적 결과들을 낳는다.

국가적 수준에서 보면, 대도시와 지방의 차이는 중요한 것일 때가 많았으니, 우리가 다루는 시대에는 런던이나 파리, 베를린, 뉴욕 같은 도시들이 급속히 성장하면서 아마 특히 더 그랬을 텐데, 이런 도시들에서는 도서관들이나 박물관들, 학술원들, 대학들을 비롯한 다른 학문 기관들이 연결망을 이루게 되면서, 거기 사는 학자들은 다른 곳의 동료들보다 훨씬 더 직접적으로 지식에 접근할 수 있었기 때문이다.

예를 들어, '영국 과학계에 대한 런던의 지배'는 앞에서 지적했던 대로 이 도시에 지식 기관들이 집중되면서 1800년에서 1850년 사이에 계속 강해져 가고 있었다. 당대인들도 여기에 깊은 인상을 받았는데, 예를 들어 독일 학자 아우구스트 페테르만은 1847년 런던을 와서 보고서는 이 도시가 "지리 지식의 중심점"이라고 말했다.[52] 파리, 또 프랑스 혁명 이후로 이 도시에서 급속히 늘어나던 학술 기관들을 두고도 똑같은 말을 할 수 있을 것이다.

대도시에 있는 학자들이 자기들의 특권적 위치를 당연하게 여겼다면, 지방 학자들은 거기에 분개했으며, 바로 이런 이유로 이 특권적 지위에 대한 증거도 더 많이 남겼다. 19세기 초에 영국 지질학자 두 명이 한 말에서 이런 상황이 분명히 드러난다. 먼저 노팅엄 출신인 로버트 베이크웰은 "런던과 파리의 과학 학회 회원들 사이에는 어떤 편견이 자리 잡고 있어서, 지방 도시들이나 시골에 거주하는 사람들이 무엇이 됐든 과학을 위해 중요한 일을 할 수 있다는 것을 믿으려 하지 않는다."고 불평했고, 스코틀랜드 출신인 찰스 라이엘의 경우는 "프랑스에서, 또 이곳 영국에서도, 학문을 독점한 대도시 학자 대부분이 어쩌다 보니 자기네들의 배타적 대기를 호흡하지 않게 된 모든 사람을 향해 드러내는 경계심 섞인 마땅찮음"을 지적했다.[53]

경계심과는 별개로, 중심에 있는 학자들이 다른 곳에서 무슨 일이 일어나는지를 항상 알았던 것은 아니다. 유명한 사례로 그레고어 멘델과 유전 형질에 관한, 지금은 잘 알려진 그의 연구를 들 수 있다. 멘델은 주변부의 인물이었으니, 사회적으로는 수사였던 것이고, 지리적으로도 합스부르크 제국의 한 지방 도시에(곧 지금은 체코 공화국의 브르노가 된 브륀에) 살았고, 그리하여 자기 연구 결과를 1865년에 그 지역 자연사 학회 회합들에서 발표했던 것이다. 멘델의 연구가 다른 곳에 있는 유전학자들의 주목을 받게 되기까지는 30년가량이 걸렸으며, 그 결과 멘델은 세상을 떠나고 나서야 나중에 유전학이 되는 것의 선구자로서 이름을 알리게 된다.[54]

국제적 수준에서 보면, 1750년부터 2000년에 이르는 기간에는 지식 분야를 한 국가가 지배하다가 다른 국가에 자리를 넘겨주는 양상이 이어지는데, 그 시작은 1830년 또는 1840년까지 '학문 세계의 중심'이었던 프랑스였다.[55] 나중에 유명해지는 상당수 독일 화학자는 학문 인생을 파리에서 공부하는 것으로 시작했는데, 대표적 인물이었던 유스투스 폰 리비히는 1820년대였고, 로베르트 분젠은 1832년이었다. 독일과 스웨덴에서는 동양학자들이 실베스트르 드 사시와 같이 연구하려고 파리로 모여들었다. 브라질 학생들은 몽펠리에로 와서 의학을 공부했다. 이집트의 통치자 무함마드 알리는 학생 마흔다섯 명을 1826년에 프랑스로 보냈다. 프랑스의 기관들을 본보기로 삼기도 했다. 예를 들어 저 자연사박물관을 괴팅겐에서 따라 했다.[56] 베를린 지리학회(1828년)는 파리 지리학회(1821년)를 선례로 삼았고, 런던의 왕립 아시아학회(1823년)는 2년 먼저 설립된 아시아학회가 선례였으며, 브라질 역사·지리 연구소(1838년)는 역사 연구소였다.

1840년 이후에도 프랑스의 학문 모형은 세계 몇몇 지역에서 계속해서 영향력을 가졌고, 파리 역시 중심지로 남아 있었다. 예를 들자면, 1889년과 1900년에 만국박람회가 열리면서 이 도시는 많은 국제 학술회의가 열리는 장소가 되었는데, 첫 박람회 때는 고고학, 화학, 피부학, 생리학, 심리학이었고, 두 번째 박람회 때는 식물학, 화학, 지질학, 수학, 기상학, 물리학, 심리학이었다. 상파울루 대학이 설립되는

1934년까지도, 많은 교수를 프랑스에서 뽑아 갔으며, 그중 몇몇은 앞에 눈부신 학문 인생이 놓여 있었으니, 사회학자 로제 바스티드나 역사학자 페르낭 브로델, 인류학자 클로드 레비스트로스 같은 사람들이었다.

하지만 1840년에서 1914년 사이에는 비센샤프트^{Wissenschaft}의 지배권이 독일인들에게 있었다. 프랑스 역사가 페르디낭 로트는 1892년에 "모든 분야에 걸친 독일의 학문적 지배"를 언급했다.[57] 독일의 연구 자원을 놓고 외국인들은 자주 부러움을 털어놓았다. 예를 들어, 동물학자 레이 랭케스터는 1883년에 이렇게 한탄하는데, 영국의 대학들은 "대학에 들어가는 돈의 액수나 교수진의 수, 실험실들의 효율성에서 독일에서 가장 작은 대학에 못 미치는 데 그치지 않고 독일의 상당수 기술 학교보다도 못하다."는 것이었다.[58]

변화의 큰 징후 하나는 독일어가 학문 공용어로 보급되는 것이었으니, 이제 스칸디나비아나 러시아, 일본 학자들이 자기네 논문에 독일어를 써서 더 광범위한 독자층에게 다가가려 했다.[59] 또 다른 징후는 독일 대학들에 외국 학생들이 몰려들었던 것인데, 다시 이 학생들 중에서 일부는 자기 나라에서 뛰어난 학자가 됐다. 가장 두드러지는 예가 미국의 사례로서, 바로 이 시기에 미국에서는 연구 중심 대학들이 출현했던 것이다. 미국 철학자 조사이어 로이스는 그 자신 1870년대에 라이프치히 대학에서 빌헬름 분트와 공부했거니와, "오로지 독일 대학만을 꿈꿨던 세대"에 관해 쓴 적이 있다. 화학자나 지질학자, 생리학자, 천문학자 외에도 심리학자 윌리엄 제임스나 정치학자 존 윌리엄 버지스, 사회학자 앨비언 스몰까지 모두 독일에서 공부했다. 1895~1896년에는 500명이 넘는 미국인이 독일 대학들에 공식적으로 입학했다.[60]

유럽 어느 나라에서도 이만한 수의 학생이 왔을 것 같지는 않지만, 그래도 프랑스 학생들 중에는 에밀 뒤르켐이 있었고, 벨기에는 역사가 앙리 피렌이, 네덜란드는 (유학 시절에는 언어를 공부하는 학생이던) 요한 하위징아가, 스위스는 언어학자 페르디낭 드 소쉬르가, 러시아는 지리학자 표트르 세묘노프가 들어 있었다. 영국을 놓고 보면, 화학자 윌리엄 퍼킨이 뮌헨에서 공부했으며, 피터 차머스 미첼은 19세기 말 자기가 젊었을 때는 "독일어를 읽고 독일 사람들을 아는 것이 동물학 교육과 연구에서 필수 불가결한 부분이었다."고 회고했다.[61]

많은 나라에서 학술 기관들이 독일의 모형들을 따라 했다. 예를 들어, 토론 수업이 프랑스, 잉글랜드, 이탈리아, 미국에 도입되는데, 독일에서 공부하고 온 학자들이 대체로 주도했다. 미국에서는, '볼티모어 괴팅겐 대학'이라는 별명이 붙었던 신생 존스 홉킨스 대학이 독일 모형을 따른 첫 대학으로 꼽힌다. 이 대학의 초대 총장 대니얼 코이트 길먼은 박사 학위를 도입했으며, 또 "사강사私講師라는 독일 방식의 …… 몇몇 요소를" 들여오고 싶어 했다.[62] 아르헨티나에서는 독일 과학자들을 반겨 받아들였으며, 1908년에 라플라타 대학의 학장은 교수 중 한 명으로 일찍이 라이프치히와 베를린에서 공부한 에르네스토 케사다에게 독일 대학들을 순방하고 거기서 역사를 가르치는 방식을 보고해 달라고 요청했다.[63]

영국 과학 증진 협회(1831년)는 독일 과학자 협회(1828년)의 선례를 따라 한 경우다. 액턴 경은 그 자신이 반은 독일 혈통이었으며,《역사학지Historische Zeitschrift》를《영국 역사학지》의 본보기로 삼았다. 프랑스에서는 교육부 장관이 파견한 시찰단이 먼저 독일을 다녀오고 나서 고등 실업 학교(1869년)를 설립했다. 이와 비슷하게, 1897년 영국의 한 시찰단이 독일에 가서 '독일 기술 교육의 최근 발전상'을 조사했고, 이것이 10년 뒤 제국 과학기술 대학의 설립으로 이어졌다. 과학 박사와 문학 박사가 런던 대학에 19세기 중반 도입됐고, 1882년에는 케임브리지 대학에서 첫 박사 학위가 생겼으며, 옥스퍼드 대학에서 첫 철학 박사 학위가 생기는 것은 1917년이나 돼서였다. "처음 도입되고 수십 년이 지나고 나서도, 철학 박사D. Phil 학위를 상당수 인문학 교수는 여전히 딱딱한 게르만적 현학주의의 역겨운 표현이라고 봤던 것이다."[64] 독일 모형이 누구에게나 매력적인 것은 아니었다.

1914년부터 1945년 사이에는 지식 분야에서 지배권을 행사한 나라가 설사 있다고 해도 어떤 나라인지 말하기는 쉽지 않은데, 차라리 프랑스나 영국을 비롯한 다른 나라들이 특정한 학문 분야나 지리적 영역을 지배하는 다중심적 상황을 말하는 편이 더욱 정확할 수 있다. 제2차 세계대전이 끝나면서는 미국과 소련의 차례였고, 다시 더 가까이로 와서는 자연과학과 함께 사회과학에서도 미국 한 나라의 차례가 된다. 이를테면 1939년 이후 정신분석학의 중심은 상당수 정신분석가 자신이 그러했던 것처럼 중부 유럽을 떠나서 미국으로 옮겨 왔다. 미국 사회학은 특히 1950년대와 1960년대에 이 학문 분과를 지배했다. 정치학 연구자들은 캐나다에서 핀란드에 이르기까지 1945년 이후 진행된 정치학의 '미국화'에 관해 썼다.[65] 1960년대 후반에는 오스트리아 태생의 한 심리학자가 "미국이 심리학의 세계 중심인 것처럼, 정신분석에서도 세계의 중심이 됐다."고 주장할 수 있을 정도였다.[66]

지역들에도 역시 나름의 중심지들과 주변부들이 있었고, 또 시간이 흐르면서 바뀌었는데, 더러는 소통 체계에서 일어난 변화들의 결과였다. 이를테면, 1800년 이후 부에노스아이레스와 산티아고 데 칠레가 지식의 중심지로 떠오르는데, 유럽과 남아메리카를 잇던 태평

양 항로가 대서양 항로로 대체되던 무렵에 일어난 일이었다.[67]

이 '하위자' 또는 주변부 국가들의 관점에서 보면, 이런 식의 지배 구조는 심각한 불이익을 가져다주었다. 사회학자 로버트 킹 머턴은 그가 (성서 마태복음의 "무릇 있는 자는 받아 충족하게" 된다는 구절을 인용해) '마태 효과'라고 부른 것을 제시했는데, 거기에 따르면 잘 알려진 과학자들이 덜 유명한 연구자들이 한 발견의 공을 가져갈 때가 많다는 것이다.[68]

이 머턴의 법칙에 지리적 차원을 더해서는, 약소국 학자들은 강대국 학자들보다 인정받지 못한다고 바꾸어 말할 수도 있을 것이다. 알렉산더 폰 훔볼트는 주변부를, 곧 남아메리카를 연구한 중심부 출신 학자였고, 그래서 파리와 베를린에서 자기 이름을 알렸다. 남아메리카 출신 천문학자 겸 박물학자 프란시스코 호세 데 칼다스는 훔볼트를 알고 있었거니와, 훔볼트가 연구했던 것과 똑같은 현상들 중 몇몇을 연구했지만, 과학사에서는 각주 정도밖에 되지 못했다.[69] 뛰어난 프랑스 역사학자 페르낭 브로델이 언젠가 말한 대로 그의 폴란드인 동료 비톨트 쿨라는 "더 명민"했지만, 그저 폴란드제 "확성기"만 이용할 수 있었고, 반면에 브로델 자신은 프랑스제 확성기의 이점을 누렸다.[70]

이를테면, '그림의 법칙'→138쪽이라고 알려진 것을 처음 정식화한 것은 덴마크 언어학자 라스크였지만, 독일인 야코프 그림의 이름을 따게 된다. 스웨덴 외교관 겸 동양학자였던 요한 다비드 오케르블라드는 상형문자 해독에 중요하게 기여했고, 마찬가지로 덴마크의 닐스 루드비 베스테르고르와 노르웨이의 크리스티안 라센은 설형문자 해독에서 비슷한 일을 했지만, 우리도 보았듯이 이 분야에서 기억하는 이름들은 프랑스의 장프랑수아 샹폴리옹과 잉글랜드의 롤린슨이다. 일본은 작은 나라가 아니지만, 비슷한 차별을 경험했는데, 아마 일본인들이 발견한 것들이 서구에서는 아는 사람이 별로 없는 언어에 갇혀 있었기 때문일 것이다. 어쨌든 자연면역 발견으로 1901년 노벨상을 받는 것은 독일 과학자 에밀 폰 베링이었으며, 여기서 이 연구를 일본인 동료 기타사토 시바사부로와 공동으로 수행했던 것은 중요하지 않았다.[71]

머턴의 법칙은 두 방향으로 연장될 수 있다. 거시적 수준에서 보면, 서구 바깥의 학자들이 여러 세대에 걸쳐 지식에 계속 보탠 것들은 충분히 인정을 받지 못했다. 이를테면, "지금까지 유럽의 과학으로, 또는 서구의 과학으로 통했던 것에서 상당 부분은 실제로는 다른 곳에서 만들어 낸 것이었다."는 지적이 있었다.[72] 비슷한 상황이 미시적 수준에서도 일어나는데, 물리학 분야에 관한 한 연구에 따르면 명문 대학 소속 학자들은 다른 명문대 소속 학자들을 비명문대 소속 학자들보다 더 많이 인용하는 것으로 나타났다.[73]

중심부에 있다 보면 이점들도 있지만, 치러야 할 비용도 있을 수 있다. 예를 들어 프랑스의 과학 분야 지배권이 쇠퇴했던 것을 프랑스 학문 체계의 중앙 집중을 가지고 설명들을 했는데, 경쟁 관계에 있는 독일이나 영국, 미국의 체계와 비교가 됐던 것이다. 곧 경쟁의 결여가 경직성으로, 다시 혁신에 대한 저항으로 이어졌다고 하겠다.[74] 거꾸로 지식 분야의 주변부들이라고 해서 순전히 부정적인 방식으로만 바라봐서는 안 된다. 주변부들은 대안적 지식들의 또는 혁신의 자리일 때가 있다. 예를 들어, 유럽에서는, 18세기 후반에 프랑스 내의 도서 제작이 교회와 권력 양쪽에서 검열을 받으면서 통제를 당하게 되자, 전복적 도서들은 이 왕국 국경 너머에서, 그러니까 스위스와 네덜란드에서 제작돼 밀수입됐다.[75] 20세기 초 프랑스에서는 학문 체계를 파리가 지배하고 있는데도, 보르도와 스트라스부르가 혁신의 중심지가 되는데, 전자는 사회학 쪽에서, 후자는 역사학 쪽에서였다.

주변부에서 일어나는 혁신들 가운데 가장 극적인 사례들은 서구와 세계 다른 지역들 사이의 경계 지대들에서 찾아볼 수 있다. 이 지역들은 '학문적 종속', '과학 제국주의' 또는 '과학 식민주의'라고 불렀던 것, 그러니까 정의하면 "그 나라에 관해 지식을 획득하기 위한 무게중심이 그 나라 자체의 바깥에 놓이게 되는 과정"을 겪었던 곳들이다.[76]

경제사와 지식사 사이의 유사점은 자주 지적됐는데, 말하자면 주변부가 원재료를 수출하고 이를 식민 본국에서 가공했던 것이다. 이론은 중심지에서 생산돼서 다른 곳에서 적용된다. 예를 들어, 사회 이론은 대체로 '지구 북부', 특히 서유럽과 미국에서 생산됐다.[77] 아르헨티나 출신 비평가 월터 미뇰로가 약간의 과장을 섞어 말한 대로라면, 학자들은 이렇게 전제하는데,

당신이 라틴아메리카 '출신'이라면 라틴아메리카에 '관해 이야기해'야만 하고, 이런 경우 당신은 당신 문화의 표현이어야만 한다. 이런 식의 기대를 저자가 독일이나 프랑스, 잉글랜드, 미국 '출신'일 때는 갖지 않는다. 우리가 아는 대로, 제1세계는 지식을 갖고 있고, 제3세계는 문화를 갖고 있으며, 아메리카 인디언들은 지혜를 갖고 있고, 미국 백인들은 과학을 갖고 있다.[78]

사실 '접촉 지대'라고도 하는 이 경계 지대들에서는 지식이 두 방향으로 모두 흐르는 경우가 많아서, 새로운 발견들로 이어지기도 했다. 그리스어와 라틴어가 산스크리트어에서 유래했다는 18세기 후반의 발견을 예로 들 수 있다. 서구 학자들은 이 혈통 관계를 인지하지

못하고 있었는데, 산스크리트어를 몰랐기 때문이고, 인도 학자들도 사정은 같았으니, 라틴어와 그리스어를 몰랐기 때문이었거니와, 하지만 윌리엄 존스가 현지 '학자'들과 산스크리트어를 연구하게 되면서 이 세 고대 언어 사이의 유사점들이 분명해졌다. 더 일반적으로는, 서구인들과 지식을 갖고 있는 현지인들 사이의 만남은 대화로 이어지고, 거기서 다시 '혼성적' 또는 '번역된' 지식들이 나왔다.[79]

이런 번역된 지식들의 주요한 사례들 가운데는 힌두교가 있는데, 서구인들이 사실상 18세기 후반에 발견했던 경우이고, 또 불교가 있는데, 한 세대 남짓 뒤에 발견됐다. 빅토리아 여왕 치세 말이 되면 불교에 관한 '관심의 엄청난 급증'이 있었고, 어느 정도의 개종자들을 낳기도 했다. 하지만 '발견된' 것은 서구 학자들이 어떤 지적 체계 속으로 각색 또는 번역해 넣은 일련의 교의들과 관례들이었으니, 정작 원래 신도들은 이것들을 알아보지 못했을 수 있다. 이런 의미에서는 불교를 서구의 창작물로도 볼 수 있을 것이다.[80]

동양식 사유를 서양식 사유로 번역하는 것이 더 나아간 단계를 러시아의 옐레나 블라바츠카야가 보여 준다고 하겠으니, 블라바츠카야는 자신이 불교도라고 선언했지만, 새로운 종교, 곧 신지학의 창시자라고 보는 편이 더 나을 텐데, 여기서는 불교와 함께 신플라톤주의에서 힌두교까지 여러 수원에 물길을 대고 있었기 때문이다. 이와 비슷하게, 루돌프 슈타이너가 만들어 낸 신지학의 경우, 이름을 인지학으로 바꾸게 되거니와, '동양의 지혜'와 함께 괴테에서 프리드리히 니체에 이르는 독일 쪽 전통들도 가져다 썼다.[81]

경계 지대들

비서구인으로서 지식에 공헌한 사례들을 발견하려면 서구의 출전들을 통상적인 방식과는 다르게 읽어 가면서 간략하고 중요하지 않게 언급되는 도움의 사례들을 찾아야 할 때가 자주 있다. 이런 식으로 서구 출전들을 읽은 결과 다음과 같은 사례들을 살려 낼 수 있었다. 제임스 쿡 선장은 폴리네시아인 항해사 투파이아의 안내를 받아 태평양을 항해했고, 메리웨더 루이스와 윌리엄 클라크가 미국 서부를 가로지를 때는 프랑스인과 결혼한 쇼쇼니족 여성 사카자웨아가 안내를 해 줬다. 말라야 원정길에서 박물학자 앨프리드 러셀 월리스는 자기 '급사' 또는 하인 알리의 도움을 받았는데, 곤충들과 식물들을 찾아 줬던 것이다.[82] 영국 동양학자 아우렐 스타인은 저 유명한 둔황 동굴들에 무엇이 있는지 발견한 것이 아니라, 도교 도사 왕위안루 때문에 알게 됐던 것으로, 왕이 스타인에게(또 그의 프랑스인 경쟁자 폴 펠리오에게) 거기서 나온 필사본들 일부를 팔았던 것이다. 미국 역사가 하이럼 빙엄을 잉카 유적지 마추픽추로 데려간 것은 현지 농부 멜초르 아르테아가였다.

원주민 정보 제공자들이(이들 중 일부는 자신도 학자였거니와) 없어서는 안 됐던 것은 '발견' 작업뿐만은 아니었다. 우리도 보았듯이, 영국 동양학자 윌리엄 존스는 현지 학자들에게서, 특히 타르카판차난에게서 배웠고, 마찬가지로 선교사 겸 중국학자 제임스 레제는 중국 고전들을 연구하면서 자기 조수 왕도에게 배웠다.[83] 이집트인들의 예설과 풍습을 연구하면서, →120쪽 에드워드 윌리엄 레인은 이집트인 친구 셰이크 아흐마드의 도움을 받았다. 인류학자 프란츠 보애스는 캐나다 북서부 콰키우틀족에 관한 정보의 대부분을 자신의 통역이었던 조지 헌트에게서 얻었다.(헌트의 아버지는 잉글랜드인이었고, 어머니는 틀링기트족이었으며, 헌트 자신은 결혼을 하면서 콰키우틀족 문화에 들어갔던 경우다.) 또 다른 인류학자 마르셀 그리올은 자기가 서아프리카 도곤족에 관해 갖고 있는 지식의 상당 부분은 도곤족의 일원으로 나이 든 시각장애인 사냥꾼이던 오코템멜리에게서 얻었다고 솔직히 밝혔다. 이 모든 개인을 문화 중개인들이라고 묘사할 수 있을 텐데, 이 집단에 관해서는 이제 막 연구가 시작되고 있을 따름이다.[84]

상대적으로 최근까지도 서구 역사가들은 과거에 대한 대안적 시각들에, 특히 '패배자들의 시야'에 주의를 기울이지 않았는데, 그렇지만 멕시코 역사가 미겔 레온포르티야 같은 경우는 이 '패배자의 시야'라는 제목으로 1961년에 사료들을 모아 펴내면서 에스파냐인들의 정복 이야기를 아즈텍족의 편에서 들려줬다. 이 표현은 마태 효과의 또 다른 사례라고 하겠으니, 지금은 프랑스 역사가 나탕 와크텔이 쓴 책의 제목으로 더 잘 알려졌기 때문이거니와, 와크텔의 『패배자의 시야Vision des vaincus』(1971년)는 식민지 시대 페루를 다루고 있다. 와크텔은 역사가 펠리페 과만 포마를 재발견한 학자들 가운데 하나로서, 포마는 원주민 지배 계층 출신으로서 1615년에 쓴 (하지만 1936년에야 출판된) 연대기에서 에스파냐의 정복 이전과 이후 페루 역사에 관해 같은 시대 에스파냐인들과는 아주 다른 관점을 제시했다. 포마의 재발견은 '일종의 탈식민화 행위'라고 묘사됐다.[85]

지금까지 제시한 사례들은 서구적 체계 안으로 통합된 토착 지식과 관계가 있으니, 다시 말하면 최근에 '경계적 사유'라고 묘사된 것의 실제 사례들이라고 하겠다.[86] 20세기에 들어, 설사 그전은 아니었을지언정, 우리는 주변부에서 최소한 대체로라도 서구의 규칙에 따라 게임을 하는 학자들이 이 체계에 중요한 공헌을 하는 사례들을 보게 된다.

가장 두드러지는 사례들은 과학에서 찾을 수 있다. 예를 들어 1930년에는 노벨 물리학상이 캘커타에 근거지를 둔 인도인 찬드라세카라 벵카타 라만에게 수여됐다. 1957년에는 두 중국 과학자 양전닝과 리정다오가 공동으로 수상하는데, 둘 다 미국에서 활동하고 있었다. 1983년에는 라만의 조카 수브라마니안 찬드라세카르가 수상하는데, 라호르 출신이었으나 연구를 한 곳은 시카고였다. 화학 분야에서는, 1981년 노벨상을 교토에서 연구하던 일본인 후쿠이 겐이치, 또 폴란드계 미국인 로알드 호프만이 공동으로 수상했다.

역사 기록의 경우를 보면, (1868년에 수립된) 메이지 체제가 일본을 근대화하려는 운동을 벌이면서, 후쿠자와 유키치 같은 학자들은 서구 모형을 따른 저작들을 내놓는데, 유키치의 경우 기조나 헨리 버클이 쓴 문명사들을 모형으로 삼았다. 일본 사관에서는 망명한 헝가리 외교관에게 의뢰해 서양의 역사 기록사를 쓰게 했고, 레오폴트 폰 랑케의 추종자인 독일인 루트비히 리스는 도쿄 대학의 첫 역사학 교수로 선임됐다.[87] 학문 분과별 학회들도 서구 방식으로 설립되는데, 도쿄 지리학회(1879년), 도쿄 인류학회(1884년), 일본 역사학회(1889년), 인류학회(1895년)가 있었다.

고고학의 역사에서 지배적인 주제가 비서구 지역들의 과거를 레이어드 같은 서구인들이 지휘하는 발굴단이 발굴하는 것이기는 했어도, 현지 학자들이 점차 더 큰 비중을 차지하게 된다. 초기 사례들을 보면, 일본의 하마다 고사쿠는 플린더스 피트리와 같이 공부했던 경우이고, 멕시코의 마누엘 가미오는 보애스와 공부했으며, 두 사람 다 1910년대에는 발굴을 하고 있었고, 중국의 리지는 하버드 대학에서 공부하고 나서 1920년대에 중국에서 발굴을 시작했다.[88]

사회학과 역사학의 경우, 페르난도 오르티스와 지우베르투 프레이리는 게임의 규칙 몇몇을 바꾼 학자들의 사례라 하겠으니, 현지 경험에 기초한 접근 방법들을 만들어 내고 같은 시대 유럽과 북아메리카 학자들이 이 접근 방법들에서 배워 갔기 때문이다. 오르티스는 쿠바 사람으로서, 이탈리아에서 공부했고, 자기 나라로 돌아가 이 경험에 관해 썼다. 오르티스는 문화적 접촉의 중요성을 강조했으며, 이것이 양방향적 과정이라고 봤다. 이런 이유로, 오르티스는 1940년에 출판한 연구 『쿠바의 대위법』에서 '통문화transculturación'라는 말을 만들어 내 당시 통용되던 용어 '문화 접변'을 대체했는데, 이 기존 표현은 피지배 문화에 대한 지배 문화의 영향에 초점을 맞췄기 때문이다. 이 새 용어는 중심지에서 빠르게, 브로니스와프 말리노프스키가 받아들였다.

프레이리의 경우, 브라질의 학자로서 미국에서 공부하면서 컬럼비아 대학에서 보애스의 강의를 들었다. 프레이리가 쓴 세 권짜리 브라질 사회문화사(1933~1959년)는 당시에는 대단히 혁신적이었으며, 브로델 같은 유럽 학자들에게서 이를 빠르게 인정받았다. 역사가이면서 사회학자였던 프레이리는 사회 이론의 '열대화'를 주장했는데, 그래야 그 자신이나 사회학에 대한 생태주의적 접근의 선구자인 인도의 라다케말 무케르지 같은 학자들의 소리를 서구에서도 듣게 할 수 있을 것이었기 때문이다. 하지만 프레이리는 자신이 문화들의 '상호 침투'라고 부른 것을 강조하고, 브라질의 정체성을 이런 상호 침투의 산물이라고, 말하자면 포르투갈인 정착민들과 아프리카 노예들, 또 원주민들이 모두 중요한 역할을 한 과정의 산물이라고 정의한 것 때문에 가장 많이 알려져 있다.[89]

주변부에서 일어난 혁신을 보여 주는 더 근자의 사례가 '탈식민주의' 연구라는 국제적 흐름으로서, 제3세계 출신이지만 학문 인생의 대부분을 유럽이나 미국에서 보냈던 학자들이 이끌었는데, 이를테면 비평가 사이드는 그 자신을 언제나 팔레스타인과 미국 사이에서 "어디에도 맞지 않는" 존재라고 표현했던 경우고, (구성舊姓은 차크라보르티인) 가야트리 스피박은 벵골 출신으로 세계를 돌아다니지만, 근거는 미국에 두고 있다.[90]

스피박은 '하위자 연구'라고 부르는 것에 종사하는 역사가 집단 또는 학파와 교유하고 있는데, 이 집단을 이끄는 것은 라나지트 구하로서, 이 벵골 출신 학자 역시 생애 대부분을 인도 바깥에서 보냈다. 이 집단은 지난 200년 동안의 인도 역사에 초점을 맞추고는, 자신들이 '민중의 정치'라고 부른 것을 천착하며 독특한 종류의 아래에서 본 역사를 제시한다. '하위자' 또는 피지배 계급들도 정치적 행위를 할 수 있다는 이들의 견해는 영국 역사학자들의 '식민주의적 엘리트주의'뿐만 아니라 구하가 다른 인도 역사가들의 '부르주아-민족주의적 엘리트주의'라고 부른 것과도 충돌한다.[91] 이 집단은 '탈식민주의' 문학 연구 쪽과도 최소한 한동안은 대화를 이어 갔으며, 이 집단의 접근 방법은 세계 다른 지역들, 특히 라틴아메리카에서 학자들에게 자극을 줬다.[92]

간단히 말해, 경계 지대들은 문화적 접촉·충돌·번역이 일어나는 현장이어서, 새로운 지식과 새로운 발상들을 만들어 낼 때가 많다. 이런 접촉들이나 충돌, 번역은 사람들의 이동, 곧 망명자들을 포함한 다른 이주자들의 이동에서 비롯되기도 한다.

이주자와 망명자들

이민자들은 주변적인, 곧 새 거주지에서 제자리를 찾지 못하는 사람들로 볼 수 있다. 이들의 위치는 불편한 것일 때가 많은데, 부분적으로는 현지 지식이 없기 때문이다. 다른 한편 이 사람들은 자신들과 함께 자기들 나름의 지식을 갖고 들어오는데, 거기에는 이네들이 새로운 삶을 시작하고 있는 장소에는 없는 암묵적·기술적 지식들이 포함돼 있다. 사실 이런 주장도 있었는데, "나라에서 나라로, 또는 기관에서 기관으로 일어나는 진정으로 가치 있는 지식의 양도는 편지나 잡지, 책의 이동으로는 쉽게 이루어질 수 없으며, 거기에는 인간들의 물리적 이동이 반드시 필요하다." 다시 말해, "생각들은 사람들 안에 담겨 돌아다니는 것이다."[93]

1752년에 프랑스 상공회의소 회장 다니엘샤를 트뤼덴은 이미 비슷한 지적을 했는데, "기술은 한 나라에서 다른 나라로 결코 글로 써서 옮겨지지는 않는다."는 것이었다. 왜 그럴까? 잉글랜드 숙련 수공인들을 프랑스로 데려오려던 계획에서 트뤼덴의 협력자였던 잉글랜드 직물 제조업자 존 홀커는 "좋은 정보라고 해도 직공에게는 별 영향을 주지 못할 것"이기 때문이라고 설명했다. "기술을 한 나라에서 다른 나라로 이전"하기 위해 필요한 것은 실질적인 본보기였던 것이다.[94]

근대 초기 유럽에서는, 특히 세 번의 이산 사례가 중요한 지적 결과들을 낳게 되는데, 15세기에 그리스 학자들이 비잔티움에서 이탈리아로 가고, 16세기에 이탈리아 신교도들이 영국과 네덜란드로, 또 17세기에 프랑스 신교도들이 영국, 네덜란드, 프로이센으로 갔던 것이다.

학자들의 이주는 1750년에서 2000년에 이르는 기간에도 계속 중요했다. 이런 이주들 가운데 일부는 '인력引力', 곧 새로운 환경에서 제공되는 매력적인 연구 환경을 가지고 설명할 수 있다. 예를 들어, 상트페테르부르크 과학원은 18세기에 많은 국외 거주 학자를 끌어들였으니, 이를테면 스위스 수학자 레온하르트 오일러나 스웨덴 광물학자 요한 야코브 페르베르, 독일 박물학자들인 자무엘 그멜린과 페터 지몬 팔라스, 독일 역사가 아우구스트 폰 슐뢰처를 들 수 있다. 20세기 후반에 미국으로 유럽과 아시아의 '두뇌 유출'이 있었는데, 그것이 역사에서 처음 있는 일은 아니었던 것이다.

다른 사례들에서는, 이주자들이 끌려왔다기보다는 자기 나라에서 받을 박해가 두려워 밀려나 왔다. 마르크스는 망명을 선택한 일단의 19세기 중반 혁명가들 가운데서 가장 유명한 경우다. 거꾸로 마르크스에게서 영향을 받은 1917년 러시아 혁명 이후에는 반마르크스주의 학자들의 이산이 있었는데, 대표적인 것이 역사가들인 미하일 로스톱체프와 게오르기 베르나츠키였다.

하지만 이런 집단들도 저 1930년대의 '대탈출' 앞에서는 왜소해지는데, 대부분 유대계로서 독일어를 쓰는 학자들이 독일이나 오스트리아에서 영국으로, 미국으로, (철학자 에른스트 카시러는) 스웨덴으로, (문학비평가 에리히 아우어바흐는) 터키로, (철학자 칼 포퍼는) 뉴질랜드로, 또 그 밖의 다른 곳들로 대거 탈출했기 때문이다.[95] 독일에 있던 두 중요한 기관도 이주했는데, 하나는 사회과학 쪽이었고, 다른 하나는 문화 연구 쪽이었으니, 사회 연구소Institut für Sozialforschung는 프랑크푸르트에서 뉴욕으로, 바르부르크 문화학 도서관은 함부르크에서 런던이었는데, 이 기관은 런던에서 바르부르크 연구소가 됐다.[96] 1930년대의 이산자들 중에는 (경제학자 피에로 스라파나 고대사학자 아르날도 모밀리아노처럼) 무솔리니의 이탈리아에서, 또 (3000명에 이르는 의

사와 법률가들, 150명의 학자처럼) 내전 중의 에스파냐에서 온 망명자들도 있었다.[97]

특히 이런 망명 과학자들이 지식에 한 공헌들은 많은 연구의 주제가 됐으며 새 기술 용어 '이주로 유발된 과학상의 변화[EISC]'가 생겨나게도 했다.[98] 이주자들이 인문학 분야에서 한 공헌들을 놓고도 말할 것이 많이 있다. 예를 들어, 아르헨티나의 중세 연구 전통은 에스파냐 역사학자 클라우디오 산체스-알보르노스가 망명하면서 생겨나고, 모밀리아노는 영국의 고대사 연구에 자신의 자취를 남겼다.

한층 더 세밀히 초점을 맞춰서, 이제부터 이어지는 부분에서는 이런 이산이 영국에 남긴 지적 결과들을, 특히 사회학과 미술사를 염두에 두고 살펴볼 텐데, 이 둘은 상대적으로 새롭고 작은 학문 분과들이어서 몇몇 두드러지는 이민자가 그 수와는 사뭇 어울리지 않게 지식에 큰 공헌을 할 수 있었다.

1930년대 초에 사회학은 영국 학계에서, 아주 작은 자리를 차지하고 있었다. 사회조사라는 전통이(다른 말로 하면 사회적 조건들에 대한 경험주의적·실용주의적 연구가) 있기는 했지만, 이론 전통은 없었다. 사회학회가 1903년에 설립됐고, 교수직이 (런던 정치경제대학에) 1907년에 생겼으며, 학술지가 1908년 창간됐지만, 이 학문 분과는 비직업 전문가들의 일로 남아 있었다. 1930년대에는, 옥스퍼드와 케임브리지 두 대학 모두 사회과학 연구에 자금 지원을 해 주겠다는 록펠러 재단의 제안을 거절한다. 하지만 1933년 이후 런던 정치경제대학은 카를 만하임에게 사회학 강사직을, 헤르만 만하임에게는 범죄학 강사직을 제안했다.(두 사람은 친척 관계는 아니었다.) 다른 독일 사회학자들이 버밍엄 대학과 맨체스터 대학에서 자리를 구했으며, 레스터의 유니버시티 학료는 러시아인 일리야 노이시탓트를 사회학 강사로 선임했는데, 노이시탓트는 이 과목을 처음에는 혼자서, 그러다 또 다른 망명자 동료가 생기면서 같이 가르쳤으니, 독일인 노르베르트 엘리아스였다.

한 세대 뒤인 1960년대 중반이면 레스터 유니버시티 학료에는 대략 180명의 사회학도가 있었다. 나중에 이름이 알려지는 상당수 영국 사회학자의 경우, 거기에는 브라이언 윌슨이나 존 골드소프, 앤서니 기든스가 들어 있거니와, 엘리아스와 노이시탓트의 후배 교수였거나 학생이었다. 카를 만하임은 라우틀리지 출판사를 위해 일련의 사회학 도서들을 편집했는가 하면, 그의 강의에 자극을 받아 두 학생이 사회학을 업으로 삼아서는 뛰어난 사회학자가 되는데, 바실 번스타인과 톰 보토모어였다. 또 다른 망명자였던 폴란드인 스타니스와프 안드레스키는 1939년 자기 나라가 침공을 당하자 영국으로 건너와 레딩 대학에서 사회학과를 설립했으며, 그러는 중에 영국 사람들이 발음할 수 있도록 (안제예프스키였던) 이름을 바꾸기도 했다. 한 세대 뒤에는 또 다른 폴란드 출신 사회학자 지그문트 바우만이 리즈 대학의 교수로 있으면서 국제적 명성을 얻었는데, 바우만의 경우는 반유대주의 움직임에 밀려 망명자가 돼서 1971년 영국으로 왔다.

지나치게 장밋빛 그림을 그리는 것은 잘못일 수 있다. 엘리아스는 쉰일곱이 돼서야 정규직에 선임됐다. 카를 만하임은 새 조국에서 자신이 제대로 대우를 받지 못한다고 생각했고, 영국인들에게 지식사회학을 설명하는 어려움을 두고 불평을 했다.[99] 그래도 여전히, 이 망명자들의 공헌은 이 시기에 영국에서 사회학이 제도화되는 데 없어서는 안 되는 것이었으며, 또 이 망명자들은 영국 사회학에 확실한 자국도 남겼다. 곧 영국 사회학자들이 역사가 사회학과 관련이 있다는 것을 더 깊이 인식하게 만들었던 것이다.

사회학과 마찬가지로, 1930년대 초 영국에서 미술사는 아주 작은 분야였다. 사회학에 대응해 사회조사가 있었던 것처럼, 미술사에 도 경험주의적이고 실용주의적인 감정鑑定의 전통이 있기는 했지만, 대학보다는 박물관이나 화랑, 예술 학교가 이 주제를 연구하는 자리 들이었다.[100] 이런 상황은 독일이나 오스트리아의 상황과는 아주 달 랐으니, 이런 곳들에서는 미술사가 이미 19세기 중반이면 대학들에 서 확실히 자리를 잡은 학문 분과였다.[101]

1930년대에는 변화가 막 시작되고 있었다. 1922년에는 슬레이드 예술 학교에 미술사 교수직이 설치됐고, 1932년에는 코톨드 연구원 이 설립됐다. 아돌프 히틀러가 권력을 잡고 나자, 이 연구원의 연구진 에 중부 유럽에서 망명한 프레더릭 안탈, 언스트 곰브리치, 오토 쿠르 츠, 오토 페히테, 요하네스 와일드 같은 사람들이 가세하게 된다. 또 다른 미술사가 프리츠 작슬은 1933년에 런던으로 옮겨 온 바르부르 크 연구소에서 자리를 얻었고, 건축사가 니콜라우스 페프스너는 버 밍엄 대학에서 특별 연구원으로 있다가 강사가 됐고, 더 나중에는 버 크벡 대학에서 최초의 미술사 교수가 됐다. 1949년 이후 슬레이드 예 술 학교의 미술사 교수직은 망명자였던 루돌프 비트코버가 보유하다 가 또 다른 망명자 레오폴트 에틀링거가 넘겨받았다. 옥스퍼드 대학 에서는 1950년대 중반에 미술사 교수직이 설치되는데, 특별히 또 다 른 망명자 에트가어 빈트를 위한 것이었다.

이 망명자들의 상대적으로 체계적이고 이론적인 접근 방법에 일 부 '원주민들'은 저항했는데, 이네들의 방법이 '게르만적'이라고 봤던 것이다. 작슬이 새 조국에 오고 나서 말했듯이 "이론을 영국인들 일 반이, 또 배운 사람들이 특히 혐오"했다.[102] 반면 몇몇 영국 학자는 새 로운 접근 방법들을 반겼는데, 그중 하나가 케네스 클라크로서, 클라 크는 영국의 감정이라는 전통은 "사실상 샅샅이 연구가 된" 상태라고 믿었던 경우였으며, 아비 바르부르크의 강의를 한 번 듣고는 관심 분야가 감정에서 도상학으로 옮겨 가면서 인생 자체가 바뀌었다고 털어놓기까지 했다. 미술사가들인 앤서니 블런트와 존 버거 모두 자신들의 지적 발전에 안탈이 중요했다고 공개적으로 밝혔으며, 곰브리치도 마이클 백센덜에게 비슷한 영향을 줬다.

학문적 사회학은 사회에 관한 실용적 지식의 번역물로 볼 수 있고, 학문적 미술사는 번역된 감정술로 볼 수 있을 것이다. 이렇게 잉글랜드 문화로 '번역'들이 일어나는 과정에서 중요한 인물들은 망명자들이었는데, 이네들 자신이 한 곳에서 다른 곳으로 옮겨 간다는 원래 의미에서 먼저 '번역'된 사람들이었다. 이 망명가들은 미술사와 사회학 두 분야 모두 영국에서보다 한층 고도로 발달하고 직업화된 환경에서 왔고, 그리하여 학문의 새로운 기준을 전해 줬다. 이 망명자들이 공헌한 것은 사회적 측면에서는 직업화였고, 지적 측면에서는 학문Wissenschaft 의식이었다고 말할 수도 있을 것이다. 이 망명자들은 또한 영국 학문 문화를 탈지방화하는 데도 도움을 줬다.

영향이 일방향적인 것만은 아니었다. 이 시기의 일부 중부 유럽 출신 물리학자들은 '다리 놓는 사람'들로 묘사되기도 하는데, 말하자면 독일의 이론 전통과 영국의 실험 전통을 종합했던 것이다.[103] 사회학과 미술사의 경우에는, 지적 혼성이 똑같이 뚜렷하다. 한편에서는 망명자들의 동화 또는 영국화를 보게 되는데, 페프스너 경이나 곰브리치 경을 비롯한 다른 사람들이 기사 작위를 받았던 것이다. 특히 페프스너는 영국 각 주의 건축물들에 관한 안내서 총서를 쓰면서 잉국에서는 명사가 됐다. 다른 한편에서는 이 학문 분과들의 직업화, 아니 심지어 독일화를 보게 된다. 이를테면 페프스너는 영국의 미술 분야에 존재하는 비직업 전통에 비판적이었다.[104]

물론 종합이 완벽한 것은 결코 아니었다. 보통 그러듯이 어떤 것은 "번역 중에 사라지"기도 했고, 다른 어떤 것은 의식적으로 거부당하기도 했다. 학생들이 망명 지식인들을 따라서 (말하자면 제자들을 끌어모으는 재능이 있던 엘리아스가 이런 경우로서) 추종자가 됐을 때, 그리고 학생들이 자기네 선생과는 의견이 달라서, 더 감지하기 어려운 방식으로 영향을 받았을 때를 구분해야 한다. 하지만 앞에서 다룬 학자들의 학문 인생은 하나같이 머턴이 "지적·사회적 발전을 촉진하는 망명자 또는 외부인의 역할"이라 부른 것을 예시해 준다고 하겠다.[105] 이런 측면에서 지리적 이주와 학문 분과 간 이주 사이에는 유사점이 있다. →284쪽

지식의 탈일국화

망명자들은 지식의 탈일국화에서, 곧 이 장의 앞에서 다룬 일국화에 반대되는 흐름에서 중요한 역할을 했다.[106] 아마 이 흐름에서 똑같이 중요했던 것이 새 제도, 그러니까 특정 학문 분과의 전문가들이 모이는 국제적 학술회의의 출현일 텐데, 이미 제6장에서 다룬 바 있다. 이런 종류의 학술회의들은 유럽에서 철도망이 퍼져 가면서 가능해졌으며, 19세기 중반에서 말로 가면서 점점 자주 열리게 된다. 기차와 선박 둘을 같이 묶어서 생각하면, 학식의 공화국에 '증기 시대'가 열리고, 그리하여 1500년에서 1850년까지는 말이 끌던 공화국을 대체했다고도 이야기할 수 있을 것이다.

19세기 중반 이후로는 지식의 '지구화'로 나아가는 흐름도 시작되는데, 증기선과 전신이 대륙들이 더 가까워지게 만들었기 때문이

다.[107] 이미 돛의 시대에 유럽 학식의 공화국은 그 국경을 넓혀 바타비아, 캘커타, 멕시코시티, 리마, 보스턴, 필라델피아, 또 리우데자네이루를 아울렀으니, 리우에 과학원이 설립되는 것은 1772년이었다. 증기선은 이 흐름이 한층 더 멀리까지 갈 수 있게 해 줬다.

우리도 봤듯이, 꽤 많은 미국인이 19세기 후반에 독일에서 공부했다. 증기선은 이제 미국 순회강연을 가능하게 만들어서, 라이엘이나 매슈 아널드, 토머스 헨리 헉슬리를 비롯해 영국의 여러 과학 대중화 저자가 강연길에 올랐다. 세인트루이스에서 만국박람회(1904년)가 열렸을 때는, 카를 람프레히트에서 페르디난트 퇴니스, 에른스트 트뢸치, 막스 베버, 베르너 좀바르트까지 이 독일 학자들이 모두 배를 타고 미국으로 왔다. 1907년에는 지그문트 프로이트와 카를 구스타프 융이 미국에서 강연을 할 차례였으며, 영국 과학 증진 협회는 1914년에는 오스트레일리아에서 회합을 열었다. 다시 저 1930년대의 대탈출은 앞 시대에 있었던 학자들의 이산 사례들과는 달랐는데, 일부 학자는 유럽을 넘어 미국이나 멕시코, 아르헨티나, 뉴질랜드, 또 다른 곳들로도 갔기 때문이다.

간단히 말해, 유럽 지식은 '서구'의 지식이 되어 가고 있었다. 동시에, 이 '서구의 지식'은 세계 다른 지역들로 전파됐고, 이렇게 전파되는 도중에 변경되는데, 언어적으로, 또 문화적으로 번역되는 두 과정을 같이 겪었던 것이다.

지식의 양방향 전파

이 전파라는 과정은 두 관점, 곧 공급과 수요의 관점에서 볼 필요가 있다. 몇몇 지역에서는 서구 지식의 보급을 서구인들이 제국주의 사업의 일환으로 주도하는데, 자기네들의 지식이 우월하다고 믿었기 때문이다. 이런 식의 믿음을 드러내는 가장 유명한 사례는 단연 토머스 매콜리의 '인도 교육에 관한 단상'(1835년)을 꼽을 수 있는데, 거기서 매콜리는 "훌륭한 유럽 도서관의 단 한 서가가 인도와 아라비아 전체 원주민 문학만큼의 가치가 있었다."고 선언했던 것이다. 토착 지식들에 대한 '폄하'라고 부르던 것의 생생한 본보기였다.[108] 이제 서구화 정책에 따라 1857년에는 대학들이 봄베이와 캘커타, 마드라스에 설립됐다. 옥스퍼드 대학과 케임브리지 대학을 모형으로 삼아서, 처음의 이름을 쓰면 '모함메드 앵글로-오리엔탈 대학'이 (인도인 사이이드 아마드 칸 경에 의해) 알리가르에 설립됐다.[109] 델리의 세인트스티븐 대학은 1881년에 개신교 선교사들이 세운 경우다.

하지만 서구화 정책이 전면화되기 전까지만 해도 일부 영국 관리와 선교사들은 현지 문화에 훨씬 동조적이었다.[110] 1800년에는 포트 윌리엄 대학을 총독이 캘커타에 세웠는데, 또 다른 총독의 표현을 쓰면 '동양의 지식과 과학'을 영국 관리들이 습득할 수 있게 해 주는 것이 목적이었다.[111] 1854년에(그러니까 이른바 세포이 반란 3년 전에) 문을 닫은 이 대학의 교수들에는 인도 거주 영국인들과 함께 벵골 출신 현지인 학자들도 포함돼 있었다. 거꾸로 1817년에는 힌두 대학이 이번에도 캘커타에 문을 여는데, 그 목적은 벵골 지배 계층 남자들에게 유럽 문화 전통과 인도 문화 전통 둘 다를 어느 정도 가르치는 것이었다.[112] 다른 말로 하면, 두 문화의 전통들을 융합하려는 시도들이 서구화 정책보다 먼저 있었던 것이다. 이런 시도들은 힘을 잃게 되는데, 19세기 중반의 인도는 "인도를 단순히 지배하고 통치하는 데서 그치지 않고, 구원해서 개선하고 싶어 하던 경건한 영국 복음주의자들이

채워 가고" 있었고, 그러는 한편 일부 인도 무슬림은 더욱 급진적이
돼 가고 있었기 때문이다.[113]

서구 지식에 대한 수요는 특히 세 경우에서 뚜렷한데, 이 수요를
서구인들 쪽에서 주도하지 않은 곳들이었으니, 이집트와 중국, 일본
이다. 이 각각의 사례에서 서구 지식에 대해 국가를 개방하는 것은 처
음에는 서구의 위협에 맞선 방어적 대응이었다. 이 정책은 아널드 조
지프 토인비가 말했듯이 '최소량의 서구화' 정책이었던 것이다. 이런
제한적 개방을 지지하던 사람들은 일단 외국 기술이 도입되면 "이어
서 점점 더 많은 것이 들어오다가 …… 그 외국 문화 전체를 받아들이
게 된다."는 것을 깨닫지 못했다.[114]

이집트는 (1805년에서 1849년까지 통치하는) 무함마드 알리 재위 중
에 명목상으로는 여전히 오스만 제국에 속해 있었으나, 실제로는 이
미 독립국이 돼 있었다. 알리는 군사학교를 세웠고, 이 학교에 이어
토목, 의학, 약학, 광물학, 농업을 가르치는 학교들이 생겼다. 알리는
1826년에 이집트 학생 마흔다섯 명을 프랑스로 보내 공부를 시켰으
며, 나중에는 번역 학교를 세워서 서구 지식이 자기 나라로 더 쉽게
들어올 수 있게 했다. 알리가 중점을 두었던 것은 기술, 아니면 조금
더 넓게 '실용적 지식'이었으나, 이 규칙에는 예외들도 있었다. 이 무렵
에 아랍어로 번역된 것들 가운데는 볼테르가 표트르 대제에 관해 쓴
저작도 (아마 서구화를 주도한 좋은 본보기로서 선택돼서) 들어 있었고, 윌
리엄 로버트슨이 쓴 『카를 5세 황제 치세사』, 몽테스키외가 로마인들
에 관해 쓴 저작도 있었다.[115] 프랑스로 파견됐던 저 학생 사절단의 인
솔자였던 리파아 알타타위는 돌아와서 이집트 역사를 쓰는데, 이집
트를 미화하기는 했으되 저작 자체는 서구 모형을 따랐다.[116]

인도에서처럼 중국에서도 선교사들은 문화 중개자로서 특히

1850년대 이후로는 그 역할이 중요했다. 기독교 선교사이면서 서양 문명의 선교사이기도 했던 이 사람들은 서양 과학 지식의 보급이 자기네 사명의 일부라고 보는 경우가 많았고, 그리하여 《사이언티픽 아메리칸》에 상응하는 역할을 하게 할 목적으로 기획한)《중국 과학 잡지格致彙編》(1876년) 같은 잡지들을 편집하고 천문학, 지질학, 특히 의학에 관한 도서들을 번역했다.[117] 한 선교사가 말했듯이 지식은 "생활상의 실제적 목적들을 충족하는"데 중요했다.[118] 중국 내 실용적 지식 전파를 위한 협회라는 것이 1834년에 설립되는데, 영국에서 같은 협회가 설립되고 얼마 지나지 않아서였고, 중국인들을 위한 기독교 지식 및 일반 지식 보급 협회라는 것도 1887년에 설립됐다.

수요 쪽을 보면, 서구 지식, 특히 군사 지식에 대한 관심은 이른바 자강운동의 한 부분이었는데, 말하자면 야만인들에 관해 배워 야만인들을 제압한다는 (사이제이師夷制夷) 원리를 따르고 있었던 것이다. 아편전쟁에서 패배하고 난 뒤 중국 정부는 중국에 거주하던 유럽인들의 도움을 받아 조병창들과 해군 공창들을 세웠다. 상해에 있는 강남 제조국은 번역을 담당하는 기관이 설치되는 자리도 됐는데, 이 기관에서는 과학이나 기술과 관련된 책들의 번역에 집중했다. 목표는 분명히 서로 달랐지만, 중국 정부와 선교사들은 협력했다. 실제로 몇몇 선교사는 관직에 오르기도 하는데, 대표적인 것이 존 프라이어로서, 강남 제조국에 있는 번역 부서에서 일했다.[119]

서구 지식에 대한 중국인들의 관심은 서서히 그 범위를 넓혀 갔다. 해군 장교 옌푸는 1877년 잉글랜드로 파견돼 그리니치에 있는 해군 사관학교에서 공부했으며, 나중에는 텐진에 있는 비슷한 기관에서 가르쳤다. 옌푸는 또한 헉슬리와 허버트 스펜서의 사상을 중국에 소개했으며, 존 스튜어트 밀의 『자유론』과 애덤 스미스의 『국부론』도 번역했다.[120] 차이위안페이는 베를린과 라이프치히에서 공부했으며, 새로 설립된 북경의 경사대학당京師大學堂 총장이 되어서 이 대학을 독일 모형을 따라 개혁했다.[121] 선쭈룽은 뉴욕 공립 도서관에서 사서학을 공부하고, 멜빌 듀이의 방식을 변형해 중국 서적들을 분류했다.[122]

이렇게 서구 지식이 침입한 결과, 전통적 중국 과학은 '위치 이동'을 겪었다.[123] 둘 사이에 경쟁도 있었고, 심지어 분리도 있었다. 20세기 초에 중국 의학 협회가 생겨나 서구 의학을 지원했고, 이어서 중국 의학 연구소가 만들어져 중국 전통 의술들을 뒷받침해 줬다. 두 지식 체계 사이에는 상호작용도 있었다. 그러니까 일종의 혼성도 일어나서, "한편에서는 서구 약학의 중국화가, 다른 한편에서는 침술의 현대화"가 있었던 것이다.[124]

일본의 경우에는, 1868년의 왕정복고와 뒤이어 일어난 근대화 운동의 결과로 서구 지식에 상당히 빠르게 문을 열어 주는데, 후쿠자와 같은 몇몇 개인은 그 이전에 이미 이 방향으로 움직이고 있기는 했다. '왕정복고' 이후 10년이 지나는 사이에 설립된 새 기관들을 보면 오사카 의과대학(1869년), 게이오 대학(1871년), 제국 토목 대학(1873년)이 있었고, 또 일본 최초의 상과 대학(1875년)이 문을 열었으며, 도쿄 대학(1877년)도 세워졌다.

시찰단들이 서양으로 파견되는데, 대표적으로 이와쿠라 사절단(1871~1873년)이 미국과 유럽을 다녀왔으며, 또 이 시기에는 몇몇 유명한 서구 저작이 일본어로 번역되는데, 그중에는 (중국에서처럼) 밀의 『자유론』이 들어 있었고, 새뮤얼 스마일스의 『자조론』도 있었다.[125] 일본 정부는 외국에 나가 있는, 특히 독일에 있는 많은 일본 학생을 후원했으니, 한 대신이 1897년에 말했듯이 "앞선 나라들에 학생들을 보내지 않으면 우리는 전진하지 못할 것"이라는 판단 아래서 이루어진 일이었다.[126] 대표적인 일본 과학자인 세균학자 기타사토는 일찍이 베를린에서 로베르트 코흐와 공부했던 경우로서, 코흐를 대단히 존경해서 코흐의 독특한 버릇들을 흉내 냈는가 하면, 자신이 책임자로 있던 도쿄의 전염병 연구소에 코흐에게 바치는 신사를 세우기도 했다.[127] 유학을 마치고 돌아와서, 이런 일본 학생들 가운데 일부는 프로이센 모형을 따라 새 대학들을 설립하는 데 도움을 줬다.[128] 공직 지망자들이 치르는 필기시험이 1880년대와 1890년대에 다시 프로이센의 모형을 따라 도입됐다. 얄궂은 것은 프로이센인들은 중국의 전통적인 시험 제도에서 발상을 얻었던 것인데, 일본은 이미 7세기에 이 제도를 모방했었다는 것이다.[129]

일본의 경우에는 중국의 경우보다도 한층 더, 외양으로는 서구의 지식 관행들을 단순히 모방했고, 그리하여 서구에 대한 '열광'이라고 묘사되기도 했던 것의 한 사례였던 것처럼 보인다. 하지만 외양은 우리를 속일 수 있다. 번역은 언어적인 만큼이나 문화적일 수밖에 없는데, 말하자면 외국 것의 토착화 또는 동화라고 할 수 있을 것이다. 한 언어에서는 주요 단어들인데 다른 언어에서는 거기 상응할 만한 단어가 없을 수 있는데, 이를테면 16세기 선교사들은 '신God'을 중국어로 번역하려고 하면서 이런 상황에 부딪혔고, 그리하여 문자 그대로의 의미는 '하늘'인 단어 '티엔天'을 선택했다. 충분히 얄궂게도, 19세기 번역가 옌푸가 스펜서의 저작을 중국어로 옮기면서 '자연 nature'의 역어로 썼던 것이 바로 이 단어였다.[130]

19세기 일본을 보면, 밀의 『자유론』, 특히 그 핵심어인 '자유liberty'의 번역 과정은 각별히 많은 것을 이야기해 준다. 번역자는 기존의 일본 단어들에서 해당 역어를 찾다가 '자유自由'라는 단어를 선택했다. 문제는 자유가 이기심 또는 자기 본위라는 의미도 갖고 있었던 것이다. 언어적 이유에서든 문화적 이유에서든 자유는 이런 부정적인 의미들을 완전히 털어 버릴 수 없었으며, 심지어 후쿠자와 같은 대표적인 서구화 주창자에게도 사정은 비슷했다.[131] 이 핵심어의 사례는 더욱 일반적인 문제를 생생하게 보여 준다고 하겠으니, 곧 일본에서는 "서구화의 알맹이를 규정하던 개념들은 번역이 잘 되지 않았는데, 일본어의 기존 개념들과 자연스럽게 들어맞지 않았던 것이다." 아니면 사실은 그 개념들이 채용된 사회-경제적 환경과 자연스럽게 들어맞지 않았던 것이다.[132] 일본의 개혁가들은 서구에서 발상들과 그 운용 방식들을 수입하려 했던 것일 수 있지만, 결과는 이번에도 일종의 문화적 혼성이었다.

다시 말해, 역사가들 앞에 놓인 중요한 문제는 아시아인들이 서구 모형들을 따랐느냐 아니냐를 결정하는 것이 아니며(따른 것 자체는 분명하기 때문이며), 이런 모형들과 현지 전통들 사이의 인지적 거리를, 그리하여 또 실제로 일어난 변경이나 동화의 정도를 평가하는 것이라고 하겠다.

문화적 접촉들의 결과는 설사 일방향적이었을 때가 있었다 하더라도 아주 드물게만 일방향적이었다. 우리도 보았듯이 서구 탐험가들이나 학자들이 한 상당수 '발견'들은 현지 협력자들의 지식에 의존했다. 다시 19세기 서구 문화에서 중요한 한 흐름은 '동양의 발견'이라 부를 만한 것이었다. 17세기와 18세기에는, 유럽인들이 오스만 제국에, 또 중국에 상당한 관심을 가진 바 있다. 이제는 페르시아와 이집트, 특히 인도의 차례였다.[133] 1783년에 벵골 아시아학회가 설립됐다. 1784년에는, 유명한 산스크리트어 문헌 『바가바드기타』의 첫 서구 언어 번역본이 영어로 출판됐다.[134]

산스크리트어와 고대 인도의 발견은 특히 중요했는데, 인도가 서구 문화의 탄생지 또는 출발지라는 인식이 퍼져 가던 중이었기 때문이다. 1808년에 독일어로 출판된 두 책의 제목을 보면 이제 일기 시작한 이 관심이 자못 뜨거웠음을 읽을 수 있는데, 프리드리히 슐레겔의『인도인들의 언어와 지혜에 관하여Über die Sprache und Weisheit der Indier』와 오트마어 프랑크의『동방의 빛Das Licht der Orient』이다.

　일부 서양인은 깨달음을 얻으려고 인도로 갔는데, 블라바츠카야 같은 경우는 1850년대에 인도와 티베트를 찾았고, 잉글랜드 여성운동가 애니 베전트는 1890년대에 인도에 갔으며, 독일 작가 헤르만 헤세는 1910년대에 인도를 방문했다. 거꾸로 몇몇 힌두교도는 서양에서(사실은 전 세계에 걸쳐) 성공적인 순회강연들을 했는데, 그중에는 라빈드라나트 타고르와 샤미 비베카난다도 있었다. 타고르는 청년 시절에는 잉글랜드에서 공부했고, 더 나중에는 거기서 강연을 했으며, 미국, 일본, 페루를 비롯한 다른 곳들로도 강연을 다녔다. 타고르는 많은 주제에 관해 이야기했으나, 타고르의 매력에서 꽤 큰 부분은 그가 동양의 지혜를 대변한다는 데 있었다. 비베카난다를 놓고도 같은 말을 할 수 있는데, 비베카난다는 1893년 시카고에서 열린 '세계 종교 회의' 인도 대표로 갔다가 미국에서 강연으로 성공을 거뒀고, 다음 해에는 뉴욕에 베단타학회를 세우게 된다. 서구에서 힌두교의 존재를 보여 주는 사례로 가장 두드러지는 것은 '크리슈나 의식 협회'로서, 1965년에 설립됐다.

　혼성이라는 주제는 또다시 등장한다. 1875년 뉴욕에 설립되는 신지학회의 초기 회원들은 신플라톤주의와 함께 동양 종교들에도 관심을 갖고 있었다. 이와 비슷하게, 거의 한 세기 뒤에 뉴에이지 운동은 동서양 두 원천 모두에서 자유롭게 발상들을 가져왔다. 앞에서 역사가로 인용한 토인비의 종교적 사상들은 20세기 이전이라면 상상하기 어려웠던 절충주의를 분명하게 보여 준다. 토인비는 1951년 런던의 국립미술관에서 했던 종교적 체험을 기록해 놓았는데, 거기서 토인비는 부처와 무함마드, "구세주 탐무즈, 구세주 아도니스, 구세주 오시리스"의 이름을 불렀다.[135] 우리는 어떤 때는 다른 지식들 사이의 종합을, 또 어떤 때는 일종의 분리를 보게 된다. 오늘날, 그러니까 요가나 침술 같은 요법들이 서구 문화에 아직 뿌리까지 내리지는 않았어도 일반화된 시대에, 그 이용자들은 다른 사항들에서는 대체로 서구적 태도들을 공유한다.

앞에서 다룬 아시아의 사례들에서는 외국 지식의 수용을 장려하면서 얼마간의 정치적 필요들이 작용했던 것을 볼 수 있다. 이 지식의 정치학은 지식의 경제학, 사회학과 함께 다음 장의 주요 주제가 될 것이다.

지식의 사회학

넓은 의미에서는 이 책 전체가 지식의 사회적 차원을 다루고 있기는 하지만, 이 주제에 관한 장은 그래도 필요할 텐데, 지식과 그 사회적 환경 사이의 관계를 특히 '지식 경제', '지식사회', '지식 국가'라는 여러 이름으로 불렸던 것의 시대를 배경으로 더 정밀하게 분석하기 위해서다.[1] 여기서도 다른 장에서처럼 강조점을 기관들에 둘 것이고, 그다음에 이 기관들을 이루는 사회적 집단들을 살펴볼 것이다.

지식의 경제학

지식의 수집과 분석, 전파는 비용이 많이 드는 활동들이며, 우리가 다루는 시대 중에는 그 비용이 점점 더 커졌으니, (독일어로는 Grosswissenschaft 또는 Grossforschung라고 하는) '큰 과학'의 경우(다른 말로 하면 큰 규모의 연구자 집단과 함께 값비싼 장비들이 동원되는 집단적 연구 계획들의 경우) 특히 그러했다. 이런 종류의 연구는 우리도 보았듯이 →297쪽 19세기 후반 독일로 거슬러 올라가며, 다만 이런 연구들이 더 가시적이 되고 한층 더 커지는 것은 제2차 세계대전 중이었다.[2] 이

때 이후로, 과학 장비는 계속 더 비싸졌다. 허블 우주 망원경은 설치 당시(1990년) 20억 달러로 세계에서 가장 비싼 과학 장비였으나, 강입자 충돌기가 두 배가 넘는 가격으로 이미 뛰어넘은 상태다. 이제 이런 데 들어가는 돈을 누가 냈는지를(다른 말로 하면 민간이든 공공이든 지식의 후원자가 누구인지를) 살펴보자.

주요한 후원자들 가운데 하나는 경제계였다. 요즘 말하는 '지식 경영'이 기업들에 경쟁 우위를 가져다준다는 생각은 비교적 최근에 정식화됐다.[3] 하지만 이 정식화는 많은 기업의 관행 속에 이미 내포돼 있었고, 또 근대 초기에도 대표적으로는 네덜란드 동인도회사와 영국 동인도회사의 관행 속에 내포돼 있던 것을 명확하게 표현한 것일 따름이었다. 이를테면 영국 동인도회사가 아랍어 문법서(1776년)의 출판을 후원하고, '벵골 아시아학회'(1784년)에 자금을 대 주고, 캘커타에 식물원(1787년)을 세우고, 왕립 연구소(1799년)를 지원했을 때, 이 회사는 더 오래전부터 있던 전통을 따르고 있었던 것이다.[4]

다시, 당연하다고도 할 텐데, 경영 관련 연구들을, 또 경제학 일반을 지원했던 것은 보통 경제계 쪽이었다. 파리의 저 상업 전문 학교는 세계 최초의 경영 대학이라고 많이 묘사되는데, 1820년에 비단 상인 두 명이 세웠다. 미국에서는, 필라델피아의 사업가로서, 광업과 철강 제조로 재산을 모은 조지프 휘턴이 펜실베이니아 대학에 10만 달러를 기증해 훗날 와튼 경영 대학원이 되는 것을 세우게 했다. 독일 최초의 상업 단과대학Handelhochschule은 1898년 라이프치히에 설립되는데, 그 지역 상공회의소의 지원을 받았다. 벨기에에서도 비슷한 학교를 1903년 사업가 에르네스트 솔베이가 브뤼셀에 설립했다.

산업에 응용할 수 있는 과학 연구들에 대한 경제계의 지원은 훨씬 더 두드러졌으며, 특히 19세기 후반 이후로 더욱 그러했다. 우리도

제4장에서 보았듯이, 20세기가 시작되고 나서는 많은 대기업이 자체 연구소들과 자체 '연구 및 개발' 계획들을 세우는데, 특히 미국에서, 또 더 나중에는 도시바와 캐논의 시대에 일본에서 눈에 띄는 흐름이 있었다. 이를테면, 1925년이면 벨 연구소는 1200만 달러의 예산을 갖고 있었다.[5]

대신 기업들은 학술 기관들에 돈을 줘서 자기들이 쓸모가 있을 것 같다고 생각하는 연구를 지원하기도 했다. 예를 들어, 독일에서는 전기 기술자 출신 산업가 베르너 폰 지멘스가 1883년 베를린 샤를로텐부르크의 기술 단과대학Technische Hochschule에 기계 건조 및 전기공학 교수직이 설치되도록 후원했으며, 이와 함께 1887년에 설립된 제국 물리 기술 연구소Physikalisch-Technische Reichsanstalt에 50만 마르크를 기부했다.[6] 다시 영국에서는 19세기 후반에 화학 기술자 출신 산업가 루트비히 몬트가 왕립 연구소에 데이비-패러데이 연구소를 기부했으며, 화학 기업가 존 브러너는 리버풀 대학의 물리화학 교수직을 지원했다.[7]

이런 종류의 자금 지원은 자연과학에 국한되지 않았다. 예를 들어, 브러너는 화학과 함께 경제학과 이집트학 교수직도 기부했다. 1875년 옥스퍼드 대학에 설치되는 중국어 교수직은 극동 지역과 교역하는 상인들이 자금을 지원했다. 이와 비슷하게, 1900년부터 리옹 대학에서 시작된 중국어 강좌는 이 지역 상공회의소가 개설했다. 로열더치 석유 회사가 위트레흐트 대학의 동양학 연구를 지원하면서 '석유 학부'라는 조롱조의 이름이 붙기도 했다.[8]

리옹 대학과 마르세유 대학 두 곳 다 식민지 역사와 식민지 지리 연구를 경제계에서 지원받았다. 영국에서는 1905년 킹스 학료 런던에 식민지사 교수직을 앨프리드 바이트가 설치하는데, 사업가였던 바이트는 남아프리카 공화국에서 금과 다이아몬드 교역으로 재산을 모은 경우였다. 독일에서는 1908년 함부르크에 설립되는 식민지 연구소Kolonialinstitut를 교역 확대에 이해를 가지고 있던 사업가들이 지원했다.[9] 더 가까이로 오면, '두뇌 집단'으로 알려진 연구 기관들을 경제계에서 자금 지원을 할 때가 많았는데, 미쓰비시 종합 연구소(1970년)처럼 지원이 직접적인 경우들도 있고, 카네기 재단을 비롯한 다른 재단을 경유하는 간접적인 경우들도 있었다.

어떤 연구자들은 이윤 목적의 자금 지원을 활용하는 쪽으로 능숙했다. 이를테면 사회학자 폴 라자스펠트는 1930년대에 뉴어크 대학에서 연구소를 지휘했는데, 대가를 지급하는 의뢰인들을 위해 연구를 수행하고, 자기 자신의 연구에 이런 연구 결과 일부를 가져다 쓸 수 있었다.[10] 하지만 어떤 사업가들은, 특히 미국에서는 엄청난 액수의 돈을 '순수' 또는 일반 지식을 지원하려고 기부했다. 예를 들어 존 제이컵 애스터는 모피 교역으로 재산을 모았고, 나중에 뉴욕 공립 도서관이 되는 것을 세울 돈을 남겼다. 존 데이비슨 록펠러는 석유 사업을 해서 부를 쌓아 시카고 대학을 설립했으며, 릴런드 스탠퍼드는 철도 부호로서, 스탠퍼드 대학을 세웠다. 프랑스의 금융가 에드몽 드 로칠드는 과학 연구를 위한 재단을 세웠다. 스웨덴의 알프레드 노벨은 군수산업에서 모은 돈으로 노벨상을 제정했다.

미국에서는 자연과학이나 사회과학과 함께 인문학 쪽에서도 상당히 많은 연구를 돈 많은 세 재단이 지원했는데, 록펠러, 카네기, 포드였다.[11] 록펠러 재단과 포드 재단은 다른 나라들에서도 연구를 지원했다. 두 재단 모두 옥스퍼드 대학 세인트앤터니 학료에 돈을 기부했고, 포드 재단은 베를린 자유 대학에도 설립 초기에 한동안 기부금을 줬다. 프랑스에서 록펠러 재단은 1930년대에 사회과학을 지원했으며, 1950년대에는 파리 고등 연구원 제6과에서 진행하던 프랑스판 지역 연구들에도 돈을 댔다. 포드 재단은 파리 인간 과학 연구소(1963년)를 세우는 데 필요했던 돈에서 3분의 1을 내놓았으며, 파리에 새로 설립된 유럽 사회학 연구소도 지원했다.[12] CIA는 시와 회화를 지원하는 외에도 스위스 역사가 헤르베르트 뤼티나 프랑스 학자 베르트랑 드 주브넬 같은 유럽 학자들이 지식에 이바지하도록 보조금을 지원했다.[13]

이런 두드러지는 사례들이 있기는 하지만, 연구에 대한 기업들의 자금 지원은 대체로 이윤을 가져올 것으로 기대하고 이루어지는 투자라고 말해야 온당할 것이다. 웨스턴일렉트릭 연구소의 책임자가 말하곤 했듯이 "실질적 문제는 '이런 종류의 과학 연구가 돈이 되느냐?'다."[14] 실제로 돈이 될 때가 많았다. 대학들과 기업들 간의 협력은 (군수에서 제약에까지 걸쳐 있으며) 한 세기를 넘게 거슬러 올라간다.[15] 하지만 이런 협력은 지난 몇십 년 사이에 점점 중요해지고, 점점 두드러졌으며, 점점 많은 비판을 받게 되는데, 곧 '기업적 대학'이라 불렸던 것의 시대에 일어난 일이었다.[16]

예를 들자면, 1974년에 하버드 의과대학은 농업 기업 몬산토와 2300만 달러짜리 계약을 맺었다. 더 가까이로 오면 대학들이 기업 담당 연락관을 선임하고 새로운 발견들에 특허를 내고 하는 정도가 됐으며, 컴퓨터 공학에서 분자생물학에 이르는 분야에서 일부 학자가 자기 회사를 세우기도 했다.[17] 1990년대에는, 물론 다른 기관들도 있었지만, 스탠퍼드 대학과 MIT의 경우 수입의 절반을 특허에서 얻었다.[18] 말할 필요도 없지만, 이런 재정적 도움들에는 다른 것들이 딸려왔다.

이런 식으로 딸려 왔던 것들 중 가장 두드러진 사례들을 미국에서 찾아볼 수 있는데, 이를테면 1900년에 스탠퍼드 대학 설립자의 미망인이자 이 대학의 유일한 이사였던, 릴런드 스탠퍼드의 부인은 좌파 경제학자 에드워드 올스워스 로스를 해고했으며, 이것이 격렬한 항의 사태로 이어졌다.[19] 록펠러 재단이 파리 고등 연구원의 연구에 돈을 대 주던 때에는 몇몇 연구에 대한 지원 요청에는 난색을 표했는데, 한 중국학 학자의 경우에는 프랑스 공산당 당원이었기 때문이고, 또 다른 중국학 학자는 록펠러 재단에서 현재와 너무 떨어져 있다고 봤던 송 왕조(960~1279년)를 연구했기 때문이었다.[20]

영국을 보면, 역사가 에드워드 파머 톰프슨의 유명한 '워릭 대학 주식회사' 비판(1970년)은 자동차 제조업체였던 루츠 그룹이 대학 운영에 영향력을 행사하던 상황을 겨냥한 것이었는데, 특히 루츠 그룹의 회장이 역사학과의 좌파 미국 학자를 해고해 추방하려 했던 일이 문제가 됐던 것이다.[21] 지식의 경제학은 지식의 정치학과 분리할 수 없는 것이라 하겠다.

지식의 정치학

지식의 연대기들을 다루는 장에서 분명히 보여 주겠지만, 프랑스 혁명이나 볼셰비키 혁명, 또 나폴레옹이나 히틀러의 등장, 제1·2차 세계대전처럼 우리가 다루는 기간에 일어났던 주요한 정치적 사건들은 모두 학식의 공화국에도, 그리고 또 다른 형태의 지식들에도 중요한 영향을 남겼다. 지식의 정치학은 단순히 연구와 통치 사이의 관계보다는 훨씬 더 폭넓은 주제로서, 미셸 푸코나 에드워드 사이드가 내놓은 유명한 연구들이(또 이 연구들이 촉발한 논쟁들이) 이 점을 환기해 준다고 하겠다. 푸코가 강조하고 싶어 했듯이, 권력은 미시적 수준에서 작동한다. 이런 이유로 지식의 정치학에는 국가, 곧 토머스 홉스의 '리바이어던'뿐만 아니라 케임브리지 대학 고전학자 프랜시스 맥도널드 콘퍼드가 말하는 미시적 대학 세계도 포함된다.[22]

정치가 대학과 충돌할 수 있는 여러 방식을 보여 주려면 학문적 자유를 예로 들 수 있을 텐데, '자유'라는 말을 각각 다른 의미로 이름에 쓴 세 대학이 구체적인 예시들을 제공한다. 브뤼셀 자유 대학(1834년)이 이 이름으로 불리게 된 것은 교회의 간섭으로부터 자유로워져야 한다는 취지 때문이었다. 암스테르담 자유 대학(1880년)은 칼뱅주의 대학으로서 국가의 간섭에서 자유로웠다. 베를린 자유 대학(1948년)은 냉전 기간 중에 설립됐으며, 공산주의에서 자유로워야 했다. 베를린 자유 대학은 그 대응 기관인 동베를린의 훔볼트 대학에 대비돼 정체성이 규정됐다.

민간 재단들은 지식의 경제학과 함께 지식의 정치학에서도 등장하는데, 두 프랑스 중국학 학자를 지원하는 데 난색을 표했던 록펠러 재단의 예를 생각해 볼 수 있다. 다시, 1950년대에 포드 재단은 유럽에서 미국에 대한 평가를 긍정적으로 만들고 공산주의와 싸우는 두 방면에 다 관심을 갖고 있었다.[23] 하지만 이어지는 내용에서는 국가에 집중할 텐데, 국가는 기업들처럼 연구의 주요한 후원자였으며, 이 점은 이를테면 과학 원정들이나 지식의 일국화를 다루는 부분들을 통해 우리도 이미 알고 있는 바다. 연구자들이 전술을 만들어 낸다면 전략을 짜는 것은 대체로 그 후원자들이며, 연구가 커질수록 계획하고 관리할 필요도 더 커진다. 이를테면 국세조사들은 상당한 비용이 특히 급여로 들어갔는데, 1913년 프로이센 통계국이 고용한 인원이 722명이었다.[24] 복지국가들이 특히 사회조사를 많이 의뢰했는데, 병

자나 노인, 실업자 등등에게 혜택이 돌아가게 하는 최선의 방법을 알아내는 것이 목적이었다.[25]

몇몇 정부, 특히 제국 정부들은 다른 정부들보다 훨씬 큰 역할을 했다. 18세기에 에스파냐 정부는 "어느 유럽 국가와도 비교할 수 없을 정도로 큰 과학 예산"을 갖고 있었는데, 아메리카 대륙의 제국 영토들에 수많은 원정대를 파견하는 데 돈을 썼던 것이다.[26] 19세기에는 이 역할을 영국과 프랑스, 러시아가 넘겨받게 될 것이었다.

작은 국가와 큰 국가

소련과 미국이 특히 20세기 중반에 보여 줬던 연구 조직상의 대비는 통치의 두 형태 사이에 존재하는 더 포괄적인 차이를 구체적으로 드러냈던 것이었는데, 곧 한편에 큰, 개입주의적 또는 '과학적 국가'가 있다면, 다른 한편에는 상대적으로 작은 국가, 또는 '국가 없는' 사회가 서 있는 것이다.[27]

소련에서는 과학원(그림 13)을 통해서 연구를 조직하고 거기에 자금을 댔던 것이 국가였다.[28] 제국 과학원이 한때는 학회였지만, 이미 1917년 이전부터 연구에 대한 지휘권을 쥐어 가고 있었거니와, 하지만 (1925년에 제국 과학원에서 바뀐) 소련 과학원은 이 방향으로 한층 더 밀고 나가 풀코프 천문대나 나중에 물질문화사 연구소가 되는 고고학 위원회 같은 기관들을 통합하게 된다. 1950년이면 과학원은 '과학 노동자' 6000명을 포함해 2만 명을 고용하고 있었으며, 이 사람들은 연구소 쉰여섯 곳, 실험실 열다섯 곳, 박물관 일곱 곳, 천문대 네 곳에서 일했다. 과학원의 제국은 인문학으로까지 넓어져, 역사학,

지식의 사회사 2

그림 13
상트페테르부르크의 러시아 과학원.

민족학, 동양학, 세계문학 연구소들을 아우르게 된다.

이렇게 연구를 조직하는 러시아식 모형은 동유럽의 공산주의 체제들로도 확대됐다. 이를테면 동독에서는 이전의 프로이센 과학원이 1946년 러시아 군정의 명령에 따라 다시 문을 열었다. 모스크바에 있던 자매기관과 마찬가지로, 이 과학원은 다른 연구 기관들을 장악했다. 그리하여 1989년이면 연구 기관 쉰일곱 곳에 고용인 2만 3675명을 두고 있었다. 이 과학원은 1990년에, 그러니까 독일민주주의공화국이 무너지기 바로 전에 해체됐다. 모든 고용인은 일자리를 잃었고, 오로지 일부만이 다시 고용됐다.[29]

다른 한편 미국에서는 개인주의와 자본주의의 땅이었던 만큼, 중앙정부가 수행할 역할이 분명히 있기는 했지만, 오랫동안 그 역할은 상대적으로 제한적이었다. 이를테면 토머스 제퍼슨 대통령은 메리웨더 루이스와 윌리엄 클라크의 원정대가 탐험길에 오르게 했다. →32쪽
19세기 중반에는 의회가 지질학 조사에 자금을 댔는가 하면, 미국 서

부를 탐험하며 아메리카 인디언 부족들을 연구한 결과들을 출판하기도 했다. 농무부 역시 연구를 지원했다. 하지만 제2차 세계대전 때까지는 연구의 주된 후원자는 민간 기업들이었다.

영국은 최소한 19세기 말까지는 '주저하는 국가'의 또 다른 사례를 보여 주면서, 인문학에서처럼 과학에서도 연구에 대한 자금 지원을 사개인들이나 자발적 결사들에 대체로 미뤄 놓고 있었다.[30] 조지프 뱅크스는 왕립학회 회장으로서, 또 정부에 친구들이 있는 사람으로서 일종의 과학부 장관 노릇을 했다. 농업과 식물학에 대한 관심을 조지 3세와 공유하고 있었기 때문에, 뱅크스는 또한 큐에 있는 왕립 식물원의 비공식 책임자이기도 했다.[31]

미국에서처럼, 해군부나 농업 위원회, 지질조사부, 육지 측량부 같은 공식 기관들은 연구에 자금을 지원했다. 존 배로 경은 1804년부터 1845년까지 해군부 부장관을 지내면서 수차례의 북극지방 과학 원정을 주도했고, 이것은 전통이 돼서 로버트 스콧과 어니스트 새클턴이 수행한 남극 원정(1901~1912년) 때까지 이어졌다.[32] 그래도 여전히, 발명가 찰스 배비지는 『잉글랜드 내 과학의 쇠퇴에 관한 고찰』(1830년)에서 과학 연구에 정부의 지원이 없는 것을 비판했다. 그리니치 천문대 관장이 1851년에 말한 것을 보면 "과학에서도 다른 거의 모든 것에서처럼 우리나라의 분위기는 우리로 하여금 어떤 종류든 국가에 의존하는 조직들보다 개인들의 자발적 결사를 우선시하도록 몰아간다."는 것이었다. 1881년에는 재무부 사무차관이 "과학 연구는 정부의 직접적 업무가 아니다."라고 매우 분명하게 선언하기도 했다.[33]

그래도 과학을 위한 로비가 출현했고, 로비스트들은 (그 대부분이 결사로 조직돼 있었으며) 몇 차례 성공을 거두기도 했다. 예를 들어, 영국 정부는 그때까지 선례가 없던 액수인 20만 파운드를 들여 챌린저호 원정(1872~1876년)을 지원했다. 영국 정부는 계속해서 (1902년에 문을 연) 국립 물리학 연구소도 지원하는데, 이 기관은 영국과 독일이 공공연히 경쟁을 하던 무렵에 독일 모형을 따라 세운 경우였다.[34] 이 와 거의 같은 시기에 인도 총독은 과학 자문 위원회(1902년)를 구성했고, 그리하여 식민지에서 영국 본국보다 먼저 과학 정책을 시행하게 된다.[35]

정치적 간섭

학자들에게 다른 주제들이 아니라 특정한 주제들을 연구하도록 압력을 가한 사례들은 정치적 신념을 문제 삼아 학자들을 해고했던 경우들과 마찬가지로 꽤 많은 나라에서 보게 된다. 미국에서 1950년 대 초에 조지프 매카시 상원의원이 주도해 좌파 성향 학자들을 탄압했던 일을 떠올려 볼 수 있다. 마르크스주의는 어떤 나라들에서는 의무적이었지만, 또 어떤 나라들에서는 (예를 들어 한국에서는 1980년대까지) 금지됐다. 우리가 다루는 시대에 일어난 정치적 압력들 가운데 가장 극단적인 사례들은 히틀러와 스탈린이 집권했던 체제들에서 찾아볼 수 있다.

소련에서는 1930년 이후부터 정부가 수립한 5개년 경제계획들의 일부분으로서 과학 연구에 대한 조직화가 논의됐다.[36] (이런 식의 학문적 '생산성'에 대한 관심은 불편하게도 오늘날 영국의 상황을 생각나게 한다.) 역사가들이 특히 어떤 것을 하라는 말을 많이 들었다. 예를 들어, 소련 최고 회의 간부회를 모형으로 삼아 구성된 과학원 간부회, 곧 이 사회는 1953년에 역사 연구소를 당대 세계와 거리가 있는, 이를테면 중세 시대 같은 주제에 관심을 갖는다는 이유로 비판하면서, 역사가들에게 공산당 지도 아래서 사회주의를 건설하려고 하는 소련 인민들의 영웅적 투쟁에 더 많은 주의를 기울이라고 지시했다.[37]

순응하지 않은 학자들은, 이를테면 공산당에 가입하지 않은 경우들은 (설사 살아남았다 하더라도) 어려운 삶을 살았다. 농학자 트로핌 리센코가 스탈린 시대에 소련 과학원 유전학 연구소 책임자로 있을 때는 리센코의 반멘델주의적 관점을 비판했던 사람들을 노동 수용소로 보내거나 심지어 처형하기도 했다.[38] 니콜라이 콘드라티예프는 스탈린의 숙청에 희생된 또 다른 학자였으니, 1938년 총살당했다. 인문학에서는 위험이 이렇게까지 크지는 않았지만, 여전히 심각했는데, 문학 이론가 미하일 바흐친이나 중세 연구가 아론 구레비치 같은 잘 알려진 사례들을 생각해 볼 수 있다.

바흐친은 금지된 정교회를 지지했다는 혐의를 받고 6년 동안 카자흐스탄으로 추방됐다. 바흐친은 지금은 유명해진 박사 논문을 썼으나, 박사 학위를 받지는 못했다. 바흐친이 가르치는 것은 허용을 했지만, 오로지 주변부에서, 곧 사란스크의 모르도바 교육대학에서만이었다.[39] 유대인에다 반공주의자였던 구레비치의 학문 인생도 비슷한 양상을 따랐다. 구레비치는 공식적으로 추방을 당하지는 않았으나, 오랫동안 구레비치가 찾을 수 있는 자리는 모스크바에서 멀리 떨어진 칼리닌 국립 교육대학뿐이었다. 구레비치의 연구가 서방에 많이 알려지게 되면서 여러 국제 학술회의에 초청을 받았지만, 1980년대 후반까지는 나라 밖 여행이 허용되지 않았다.[40]

소비에트식 지식 체제는 학자들에게 정치적으로 압력을 가해 특정 주제를 연구하게 하는, 또 심지어는 특정한 결론까지 내놓게 하는 극적인 한 사례를 보여 준다. 나치 독일은 또 다른 사례를 제공한다. 독일계 미국 인류학자 프란츠 보애스가 인종주의를 비판한 책은 1933년에 보애스의 모교 킬 대학에서 분서를 당하는데, 제3제국 치하에서 불에 타는 많은 책 중 한 권이었다. 금서들의 목록이 (마르크스주의 서적들이나 유대인들이 쓴 책들, '비독일적'인 책들, 비술 관련 책들을 포함해) 1935년에 (얄궂게도 가톨릭교회의 금서 목록을 본떠) 만들어지는데, 다른 많은 책과 함께 카를 만하임의 책도 한 권이 들어 있었다.[41]

저자들의 운명은 자기 책들의 운명과 그렇게 다르지 않았다. 우리도 보았듯이 유대계 학자들은 독일 대학들에서 가지고 있던 자리들에서 쫓겨났거나, 아니면 독일을 떠나는 편이 낫겠다고 생각들을 했다. 1939년에 독일이 폴란드를 침공했을 때, 크라쿠프 대학에서 교수 183명이 체포돼 한 집단 수용소로 보내지는데, 그중 10분의 1만이 살아남았다. 1941년 독일인들은 (당시에는 폴란드에 속해 있던) 리비프 또는 르보프 대학에서 교수단 전체를 사살했다.[42]

인종이나 우생학에 관한 연구는 국가의 지원을 받았다. →257쪽 역사가들이 동유럽에 관한 연구Ostforschung에 나서도록 독려를 하기도 했는데, 이 지역에 대한 독일의 권리 주장을 정당화하려는 목적이었다.[43] 어떤 학자들에게는 독려 같은 것이 필요 없었다. 몇몇 유명한 역사가는 나치당에 가입했는데, 그중에는 오스트리아의 오토 브루너나 독일의 귄터 프란츠 같은 사람들이 있었으며, 프란츠의 경우 독일 농민전쟁을 다룬 자신의 책을 히틀러에게 헌정했고, 나중에는 나치 친위대원이 됐다.[44]

하인리히 히믈러는 자신이 아리아 인종의 문화사라고 본 것에 빠져 있었고, 그리하여 이 주제, 곧 '선조들의 유산Ahnenerbe'을 연구할 학회를 설립했다.[45] 이와 비슷한 방식으로, 독일 민족 전승에 관한 연구를 체제가 유도했다.[46] 1933년 히틀러가 독재자가 되기 이전에, 독일에는 민족 전승Volkskunde 교수직이 함부르크 대학에 오직 하나가 설치돼 있었으나, 1933년에서 1935년 사이에 네 자리가 더 생겼다. 정통파들을 높은 자리에 앉히는데, 이를테면 튀빙겐 대학에 생긴 새 연구소의 책임자는 열렬한 나치였다. 비정통파들은 반대로 박해를 받게 됐으니, 빌-에리히 포이케르트는 브레슬라우 대학의 민간 전승학자였는데, 1935년 "정치적 이유로" 가르치거나 저작을 발표하는 것을 금지당했다.[47]

1945년 이후에도 나치 지식 체계의 연속성은 예상할 수 있었던 것보다 더 컸다. 나치 체제에 협력했던 주요 역사가들, 그러니까 프리츠 뢰리히나 프리츠 하르퉁, 헤르만 아우빈은 전쟁 이후에도 자기네 자리를 그대로 유지했다. 베르너 콘체는 청년으로서 나치당에 입당했다가 전쟁이 끝나고 나서 하이델베르크 대학에서 교수가 됐다. 심지어 프란츠조차도 한동안 공백기를 보낸 다음 학자로 복귀할 수 있었다. 이와 비슷하게, 철학자 마르틴 하이데거는 프라이부르크 대학 총장이던 1933년 나치 지지 연설을 했던 것 때문에 전쟁 이후 가르치는 것을 금지당했다가 1950년에 강의실로 돌아왔다.

연구의 중앙집권화

소련과 나치의 사례들이 공히 보여 주듯이, 연구의 후원자 또는 관리자로서 국가의 역할은 많은 나라에서 우리가 다루는 시대를 지나는 중에 늘어났다. '과학 정책'이라는 표현은 상대적으로 새로운 것이지만, 거기 담긴 발상 자체는 연구 일반으로 확대될 수 있으며,

훨씬 더 오래되기도 했다. 독일어 표현 Wissenschaftspolitik은 이미 1900년에 사용되고 있었다.[48]

이를테면 막 통일된 독일제국에서 새로 설립된 기관들은 제국 물리-기술 연구소(1887년), 프로이센 전염병 연구소(1891년), 빌헬름 황제 연구소(1912년) 같은 것이 있는데, 국가가 전적으로 자금을 댄 것은 아니지만, 국가 통제를 받았고 모두 베를린에 있었다. 1933년이면 화학, 생물학, 물리학, 법학을 비롯한 다른 학문 분과들에 걸쳐서 이런 연구소가 서른한 곳이 있었다.[49]

이 사례에서는, 이 기관들의 뒤에 서 있는 한 개인의 역할과 기획을 분명하게 감지할 수 있다. 프리드리히 알토프는 전직 법학 교수로서 사반세기 동안(1882~1907년) 독일 문화부에서 국장을 지낸 인물인데, 새로운 인간 유형, 곧 지식 관리자의 대표적 본보기였다. 뱅크스와 배로 또한 이렇게 묘사할 만하다고 주장할 수 있을 것이기는 하다.

새로 설립된 대학들이나 새로 생긴 연구소들에 돈을 대 준 것도,(아니면 사업가들이 돈을 대도록 설득한 것도) 또 오래된 기관들이 특정 분야의 최고 연구 기관이 되도록(예를 들면 괴팅겐 대학이 수학 분야 최고 연구 기관이 되도록) 지도했던 것도, 또 베를린 대학과 하버드 대학 사이의 정기적인 학술 교류를 조직했던 것도 알토프였다.[50] 알토프는 또한 정부의 과학 정책을(사실은 '지식 정책'을) 짰는데, 알토프의 지원은 과학을 넘어서, 새 학문 분과인 심리학에, 산스크리트어 연구에, 또 논란을 일으켰던 문화사가 카를 람프레히트에까지 가닿았기 때문이다. 알토프의 후원은 선배 교수들이 람프레히트의 연구에 대체로 적대적이었던 상황에서 "람프레히트의 앞날을 보장해" 줬다.[51]

프랑스에서는 국가 지원이 이보다는 늦게 이루어졌다. 나폴레옹 집권 당시 정부의 과학 후원은 "무언가를 알고 이루어지는 것은 거의 없고, 이따금씩만 너그럽다."고 묘사됐다.[52] 나라 밖 지식 수집 원정의 경우에는 정부 지원 전통이 이집트 침공 때부터 있었던 것이 사실인데, 이를테면 '과학 파견단'이 알제리(1840~1842년), 멕시코(1864년), 모로코(1904년)로 갔던 것을 꼽을 수 있다.

다른 한편으로 프랑스 안에서는 진정한 전환점은 20세기 중반에 찾아온다. 그러니까 과학 연구를 위한 국가 평의회CNRS(1939년)가 더 특화된 전문적인 연구 기관들을 통합한 기관으로서 사회주의자 과학자 장 바티스트 페랭이 과학 연구 차관으로 있을 때 러시아의 모형을 따라 (거기서 연구자들에 대한 정치적 압력을 빼고) 설립되었던 것이다. 1944년 이후 이 기관의 책임자였던 물리학자 장프레데리크 졸리오는 평의회가 소련 과학원과 같은 역할을 해서, 연구를 조직하고 또 연구가 가르치는 일과는 구별되는 직업이 되게 해야 한다고 생각했다.[53] 1966년이면 평의회는 1만 4000명이 넘는 사람을 고용하고 있었다.[54] 제2차 세계대전이 끝날 무렵에는 집권화된 연구 기관들이 모두 설립되는데, 이런 기관들에는 응용경제학 연구소ISEA(1944년)가 있었고, 국립 인구학 연구소INED(1945년), 또 (둘 다 1946년에 설립되는) 국립 농학 연구소INRA, 국립 통계 및 경제학 연구소INSEE가 있었다.

지식과 전쟁

전쟁이 연구에 대한 정부의 후원에 미쳤던 영향은 자주 논의됐다. 많은 나라에서 패전 경험은 정부로 하여금 지식 정책을 재검토하고 승자에게서 배우도록 자극했다. 예를 들어, 중국에서 청 체제가 서구의 지식을 특히 과학 영역에서 조심스럽지만 또 반갑게 받아들이는 것은 이른바 아편전쟁(1839~1842년)에서 영국에 지고 난 다음이었다. 이 과정은 1894~1895년의 전쟁에서 중국이 일본, 그러니까 중국보다 서구화돼 있던 나라에게 졌을 때도 되풀이됐다.

다시, 프로이센이 나폴레옹에게 패배를 당한 경험은 베를린 대학(1810년)의 설립으로 이어졌다. 거꾸로 1870~1871년의 프랑스-프로이센 전쟁에서 지면서 프랑스인들은 자기네 적을 따라 하게 됐다. 곧 가스통 티상디에가 그 자신의 표현을 빌리면 "우리의 재앙 직후에" 대중적인 과학 잡지 《라 나튀르》(1873년)를 《디 나투아》를 본떠 창간했던 것이다.[55] 프랑스 학자 에르네스트 르낭은 이 전쟁에서 이긴 것은 독일 대학들이었다고 주장했고, 19세기 말에는 우리도 보았듯이 점점 많은 프랑스 학생이 독일에서 교육을 받았다.

제4장에서 본 것처럼, 제1차 세계대전은 지식의 조직화에 한층 더 큰 영향을 미치는데, 그러니까 새로운 기관들이 설립됐고, 어떤 것들은 상설 기관이 되기도 했다. 영국에서 과학 및 산업 연구부가 설치되는 것은 전쟁 중인 1917년이었다. 미국에서는 국가 연구 평의회가 1916년에 설립됐다.[56]

미국을 주저하는 국가에서 적극적 국가로 바꾸는 것은 제2차 세계대전이었다. 이 전쟁 중에 연방 정부는 과학 연구에 연간 5억 달러를 썼으며, 이것은 평시의 열 배에 이르는 수치였다.[57] '큰 과학'과 '큰 정부'의 출현은 같이 일어났던 것이다.

이 이야기에서 가장 잘 알려진 일화는 물론 원자탄 개발을 위한 이른바 맨해튼 계획이며, 이 계획의 내력은 많은 사람이 서술했다.[58] 하지만 25만 명의 인원이 동원되고 20억 달러가 넘게 들어간 이 계획은 이보다 더 큰 이야기에서 그저 가장 유명한 (동시에 가장 비쌌던) 한 부분이었을 따름이다. 전기공학자였다가 지식 관리자가 된 바네바 부시가 루스벨트 대통령을 설득해서 (더 나중에는 과학 연구 개발국이 되는) 국가 방위 연구 위원회를 설치했고, 이제 이 기관에서 전쟁 수행에 대한 과학자들의 지원 활동을 감독했던 것이다.

미국 정부의 연구 지원

잠정적인 조치들은 항구적인 제도들로 자리 잡는 경향을 보일 때가 많다. 연구에 대한 정부 자금 지원의 경우, 부시는 대통령에게 제출한 자신의 유명한 보고서 『과학, 끝없는 미개척지』(1945년)를 통해서 이 경향을 촉진했다. 부시의 노력은 냉전이 시작되면서 더 힘을 받게 되는데, 한 학자는 냉전이 "대학들이 전례가 없을 만큼 폭발적으로 팽창하는 원인"이었다고 지적하기도 했다.[59] 미 육군과 해군, 특히 (1946년 연구 조직인 RAND를 설립한) 공군까지 모두 자기들 자신의 목적을 위해, 아니 심지어는 연구 그 자체를 위해 과학 연구를 지원하게됐다. 나중에 그 저자가 미국 군수산업을 비판하는 것을 생각하면 충분히 얄궂게도, 언어학자 놈 촘스키의 연구서 『통사 구조』(1957년)는이 세 조직에서 받은 지원에 고맙다는 인사를 전하고 있었다.[60]

연구를 지원하는 일반적인 방법은 대학과 계약을 맺는 것이었는데, 중요한 것은 "이 새 방식이 연방 정부 직원이 너무 많다거나 하는미국 의회의 잔소리를 깔끔하게 피해 갔다."는 것이었다.[61] 작은 국가라는 신화가 큰 국가의 시대에도 살아남았던 것이다.

그래도 여전히, 1940년대에서 현재까지 미국 지식사에서 군의 역할은 과장해서 말하기가 어려울 정도로서, 인류학이 확대되고 컴퓨터 시뮬레이션 방법이 개발되고 인공지능 연구가 출현하는 데까지 그 역할이 걸쳐 있었다. 심지어 인터넷도 "핵전쟁 시 소련이 미국 통신 체계를 장악 또는 파괴하는 것을 막기 위한" 통신망 분산책으로 출발한 것이었다.[62]

국가 방위가 이 시기에 정부가 과학을 후원한 한 이유였다면, 국가 간 경쟁은 또 다른 이유였다. 소련이 1957년 스푸트니크호를 발사했고, 이에 대한 미국의 대응이 다음 해에 NASA(곧 미국항공우주국)를 설립하는 것이었다. 비용도 많이 들어갔던 것으로 알려져서, 달 착륙 사업인 아폴로 계획은 70억 달러가 필요할 것으로 예상됐었다. 이런 경우 자주 그러듯이, 실제 비용은 훨씬 높아서 1700억 달러였다. 이에 비해 무인 탐사들은, 그러니까 화성을 탐사하는 바이킹 계획(1975년~)이나, 보이저 1호와 보이저 2호로 천왕성과 그 너머를 탐사하는 계획(1977년~) 같은 경우들은 싼 편으로 각각 10억 달러와 6억 달러의 비용이 들어갔다.[63]

사회과학 쪽으로 간 정부 자금은 상대적으로 적어서, 1956년에는 3000만 달러였던 것이 1980년에 4억 2400만 달러로 올라가는데, 열일곱 배가 늘어난 것이었지만, 우주 계획과 비교하면 미미한 변화였을 따름이다.[64] 냉전 기간 중에는 돈이 특히 '지역 연구'들에 집중적으로 흘러들어 가면서 정부가, 그중에서도 특별히 CIA가 관심을 갖고 있던 지역들에 대한 학제적 연구들을 지원했다. →217쪽

지역 연구들에 들어간 돈의 상당한 부분을 민간 재단들이(주로 카네기, 포드, 록펠러 재단이) 내놓았지만, 여기에 정치적 필요들이 작용하고 있었던 것은 충분히 분명하다. 소련 연구에, 대표적으로 하버드 대학 러시아 연구소(1947년)에서 하던 연구에 우선권이 주어졌으며, 연구소 자체도 한 군 장성의 제안으로 설립된 것이었다. 그다음이 중동이었으며, 중동 연구소(1954년)에서 연구했고, 공산주의 중국도 있었

는데, 동아시아 연구소(1955년)에서 연구했으며, 두 연구소 모두 하버드 대학에 있었다. 그다음이 베트남이었으며, 베트남 전쟁 중에 미국 정부에 전략 자문을 하던 새뮤얼 필립스 헌팅턴이 베트남 연구 협의회 회장으로 있었던 것이다. 라틴아메리카 연구에 재단 자금과 함께 정부 자금이 들어가는 것은 쿠바에서 일어난 카스트로 혁명에 대한 대응이었으니, 라틴아메리카 연구 위원회가 세워지는 것이 1959년이었다.[65]

지역 연구들은 '냉전의 발명품'으로서 "미국의 정치적 이해를 반영했다."고 묘사되기도 했다.[66] 하지만 "당시까지 사회과학 연구 계획에 제공된 최대의 단일 보조금"으로 묘사됐던 카멜롯 계획(1964년)에 대한 지원금 600만 달러를 내놓은 것은 특수작전 연구국이었다.[67] 특수작전 연구국의 목적은 대對반란을 연구하는 것이었으며, 많은 사회과학자에게 자금을 지원해 주기도 했지만, 그러면서 연구와 정치적 개입을 섞은 것 때문에, 또 "자유롭게 연구하고, 자유롭게 사유하고, 자유롭게 쓸 권리"를 위협한 것 때문에 비판을 받았다.[68] 이런 비판들에 따라 이 계획은 취소됐다.

두뇌 집단들 역시 많은 직업적 연구자를 고용하고 있는 만큼 후원의 정치학을 잘 보여 준다. 예를 들어, 스탠퍼드 대학의 후버 연구소(1919년)는 처음에는 전쟁과 혁명에 집중했던 일종의 '공공 정책 연구소'로 출발했는데, 나중에 미국 대통령이 되는 허버트 후버가 설립했다. 헤리티지 재단(1974년)의 경우는 레이건 행정부와 긴밀한 관계를 갖고 있었다. 전직 국무 장관들과 대사들이 퇴직 후에 두뇌 집단에 들어가는 경우도 많다.

간단히 말해, 1940년대 이후의 미국은 자금 지원을 통해 학자들의 학문적 행로들이, 또 (학자들이 내리는 결론까지는 아니더라도) 연구의 큰 방향들이 정해지는, 다시 이 자금 지원은 외교정책을 수립하는 과정에서 정부가 설정한 우선순위에 따라 결정되는 실례를 예외적으로 분명하게 보여 준다.

이제 더 좁은 의미에서 본 지식의 사회학에 초점을 맞출 텐데, 이어지는 내용에서는 먼저 제도들, 특히 혁신에 유리한 환경을 제공하는 제도들을 살펴보고, 이와 함께 여러 사회집단을 이 집단들이 드러나든 드러나지 않든 지식에 공헌을 하고, 지식을 얻고, 지식에서 배제되고 하는 양상을 중심으로 다루게 될 것이다.

다양한 지식 노동자들

우리도 보았듯이, 직업화와 전문화의 출현은 우리가 다루는 시대의 주요한 흐름들이었다. 많은 종류의 직업적 지식 노동자가 앞선 장들에서 이미 등장했는데, 탐험가나 교사, 탐정, 기자, 첩자, 출판인, 실험실 조수, 지식 관리자를 꼽아 볼 수 있다. 이런 직업인의 수는 계속해서 늘어났다.

하지만 다양한 비직업 전문가들의 공헌도 잊어서는 안 되는데, 시간이 흐르면서 이들이 보태는 것들이 중요도에서는 쇠퇴했지만, 흔히 생각하는 것보다는 더 오래, 그러니까 20세기 초까지도 상당한 비중을 차지했으며, '위키백과'에서, 또 '시민 과학' 운동에서 볼 수 있듯이 우리 시대에 부활하기도 했다.[69] 이어지는 내용에서는 여섯 가지 유형의 비직업 지식 노동자들에 집중할 텐데, 신사, 의사, 성직자, 군인, 외교관, 여성이다.

유럽 여러 곳에서 신사, 특히 시골에 살던 신사들은 혼자서, 아니면 학회에서 집단으로 연구를 하면서 지역의 역사학, 지리학, 식물학, 민족 전승, 고고학, 인류학을 비롯한 다른 주제들에서 중요한 공헌들을 했다. 이 신사들은 잉글랜드에서 예외적으로 중요한 공헌들을 했다고 할 텐데, 아마 비직업 전문가 전통 심지어 숭배 때문이었을 것이다.[70] 비직업 학자들은 표본들을, 아니면 자기들의 연구 결과에 대한 설명을 과학원이나 그 분야의 직업적 학자들에게 보냈고, 또 직접 지방 학술지들에 논문을 쓰기도 했다. 더러는《젠틀맨스 매거진》같은 전국적 규모의 잡지일 때도 있었는데, 이 잡지의 경우는 1731년부터 1907년까지 발행됐으나, 19세기 후반에는 상대적으로 영향력이 약해졌다. 몇몇 비직업 전문가는 중요한 책들을 출판하기도 했는데, 에드워드 윌리엄 레인의『이집트인들의 예절과 풍습』을 들 수 있다. 과학이 소명이기는 했지만, 찰스 다윈 역시 이 집단에 속했다. 어떤 비직업 전문가들은 집단적으로 연구하기도 했는데, 브리튼섬에 대한 민족학적 조사(1892년)를 했던 민족 전승학회 회원들이 이런 경우였다.

이 '신사'라는 범주는 다른 언어로는 쉽게 번역이 되지 않는다. 어찌 됐든 이 범주를 너무 협소하게 정의해서는 안 될 일이다. 여기서는 이 범주를 사용해 사업가들도 포함하는데, 이를테면 존 러벅은 은행가였으며 생물학자와 선사시대 역사가로 활동했고, (리버풀의 선주였던) 찰스 부스와 (초콜릿 제조업자였던) 벤저민 시봄 라운트리는 둘 다 사회조사들을 조직했다. 두드러지는 개인들 가운데 루이 마기올로를 보면 퇴직 교사로서 수행한 프랑스인들의 문해 능력 조사가 유명한 경우이며, 앙드레 시그프리드는 재산이 많아서 기관에 속하지 않은 학자로서 작업할 수 있었고, 지질학과 정치학 쪽에서 공히 중요한 공헌을 했다.

전문직을 가진 사람들이 자기 직종이 아닌 영역에서 지식에 크게 이바지하는 사례도 많았다. 예를 들어 지질학자 찰스 라이엘은 법률가였고, 마이클 벤트리스는 선형 문자 B →98쪽를 해독해 냈는데, 직업은 건축가였다.[71] 고전 연구 쪽에서 공헌한 경우들을 보면, 은행가 조지 그로트는 그리스 역사를 썼고, 윌리엄 글래드스턴은 영국 총리를 지냈던 것이 더 유명하지만, 호메로스의 권위자였다. 내과의나 외과의 같은 의사들은 보통은 공중위생에 관심이 있어서 자기 연구를 시작했지만, 의학이 아닌 분야들에 공헌을 해서 이름을 알리기도 했다. 예를 들어, 영국을 보면, 윌리엄 파는 자신이 '위생 통계'라 불렀던 것에 관심을 갖게 됐다가 통계학회 회장까지 됐다. 프랑스에서는 루이 르네 빌레르메가 직물 공장 노동자들을 조사하는데, 노동자들의 건강뿐만 아니라 이들의 복지 일반에도 주목했다. 잉글랜드의 외과 의사 기디언 맨텔은 자기 직업상의 관심 분야로부터 훨씬 더 멀리까지 가서, 공룡 연구로 유명해지게 된다.

성직자들이, 그러니까 구교와 신교, 또 더 드물게는 정교회 성직자들 역시 학문에 중요한 공헌들을 했다. 성직자이면서 신학이나 종교를, 아니면 수사학에서 심리학에 이르는 다른 분야들을 가르치는 직업적 학자였던 경우들을 빼도 사정은 마찬가지다.(1870년대까지 옥스퍼드 대학과 케임브리지 대학의 사실상 모든 교수가 성공회 성직자였다.) 에이브러햄 리스는 웨일스 유니테리언 교파 목사로서 혼자서 백과사전을 제작했다. 아일랜드 시골의 자기 집에서 목사 에드워드 힝크스는 아시리아 설형문자 해독에 크게 도움을 주는 연구를 했다. 독일의 요한 페터 쥐스밀히에서 잉글랜드의 토머스 맬서스까지 여러 성직자가 앞에서 소개한 의사들처럼 통계에 관한 저작들을 내놓았는데, 다만 이 의사들과는 관점이 달라서 인구 동향과 신의 섭리 사이의 관계를 다뤘다.

프랑스에서는, 사제 장브누아 코셰가 중세 초기 고고학 분야에서 대표적인 전문가였으며, 앙리 브뢰이는 구석기시대를 연구했다. 전직 예수회 수사였던 프랑수아 무아뇨 같은 다른 사제들은 과학을 대중화했는데, 자연신학이 작동하는 방식을 보여 주는 것이 목적일 때가 많았다.[72] 벵골에 있던 윌리엄 캐리나 중국에 나가 있던 존 프라이어 같은 선교사들은 기독교와 함께 서구 과학 지식도 퍼뜨렸다. 다른 선교사들은 자기들이 들어가 선교하던 사람들의 문화를 연구했다. 러시아 정교회 수사 니키타 비추린은 북경에 선교사로 파견됐다가 저명한 중국학 학자가 됐다. 제임스 레제의 경우는 스코틀랜드 회중 교회 소속 중국 선교사로서 중국 고전들을 번역했고, 모리스 린하르트는 누벨칼레도니에 파견된 프랑스 개신교 선교사였는데, 거기서 카나크족의 풍습을 연구했다. 레제는 옥스퍼드 대학에서 중국어 교수로 학문 인생을 마쳤고, 린하르트의 경우는 파리 대학 민족학 교수로 끝을 맺었다.[73]

군대에 (해군도 포함해서) 소속돼 있던 사람들도 복무 중이거나 전역한 신분으로 지식에 여러 가지 공헌을 했다. 영국의 장군 헨리 크레스위킷 롤린슨은 설형문자 비문들을 해독했고, 또 다른 장군이었던 오거스터스 레인 폭스는 (나중에는 오거스터스 레인 폭스 피트리버스로 이름이 바뀌며) 고고학자가 돼서 자기 소유 토지에 대한 발굴들을 조직했다. 미국 해군 장교 매슈 폰테인 모리는 해양학자가 됐다.

외교관들 또한 여가 시간에는(최소한 19세기에는 이런 여가 시간이 많았으며) 학자였던 경우들이 있다. 요한 다비드 오케르블라드는 로제타석에 새겨져 있던 이집트 속용문자들을 해독했다. 오스틴 헨리 레이어드는 니느베에서 했던 발굴들로 유명해졌고, 오스만 제국 주재 대사로 직업 인생을 마쳤다. 더 가까이로 와서는, 네덜란드 외교관 로버르트 판휠릭은 20세기 중반에 가장 유명한 중국학 학자 가운데 하나였고, 지금 브라질에서 대표적인 역사가에 들어가는 두 명인 이바우두 카브라우 지 멜루와 아우베르투 다 코스타 이 시우바는 퇴직한 외교관들로서 아직 현직에 있을 때 학문 인생을 시작한 사람들이다.

다른 종류의 지식 노동자들도 잊어서는 안 되는데, 곧 지식 관리자들이나 출판인들 같은 촉진자들이다. 지식 관리자들에 대해서는 특정 국가에서, 또 특정 분야에서 수행되는 연구의 방향과 함께 양에까지 영향을 주는 사람들로서 앞선 장들에서 가끔씩 언급했는데, 이를테면 뱅크스는 런던 왕립학회 회장이었고, 알토프는 베를린의 교육부에서 일했으며, 로버트 심프슨 우드워드는 카네기 재단에 있었고, '현대 최초의 학술 관리자'로 묘사됐던 경우였으며, 워런 위버는 록펠러 재단, 셰파드 스톤은 포드 재단에서 일했다.[74]

지식의 전파가 일차적 관심사인 출판사들의 대표들도 이 집단에 추가해야 한다. 일부 상업 출판사, 이를테면 파리의 갈리마르나 토리노의 에이나우디, 레이던의 브릴 같은 곳들이 학문에 초점을 맞췄던 경우였고, 옥스퍼드나 케임브리지, 하버드, 예일 같은 대학들의 출판국들은 학문의 대중화와 함께 학술적 전문서들의 제작에 집중했다. 저 '가정 대학 현대 지식 도서관'은 옥스퍼드 대학에서 출판한 총서였으며, '나는 무엇을 아는가?' 총서는 프랑스 대학 출판사Presses universitaires de France에서 발행한다.

이 비직업인과 직업인의 중간에 지식인이라는 정의하기 어려운 존재가 서 있다. 이 지식인이라는 용어는 20세기 시작 무렵으로 거슬러 올라가며, 간첩 혐의를 받고 있던 프랑스 육군 장교 드레퓌스 대위가 유죄냐 무죄냐를 놓고 프랑스에서 벌어진 대규모 논쟁이 이 용어가 만들어지는 배경이었다. 이 논쟁에 참여했던 작가들과 학자들이 지

식인intellectuel으로 알려지게 됐던 것이다.[75]

하지만 이 용어를 학자들 일반을 가리키는 데 쓰면 분명히 중세 시대의 대학교수들이나 르네상스 때의 인문주의자들도 포함하도록 의미가 확장돼야 할 것이다. 설사 이 용어를 언론이나 다른 매체를 통해 정치적 견해를 밝히는 학자나 작가들로(다른 말로 하면 '공적 지식인'들로) 한정한다고 해도, 이 집단의 역사는 최소한 프랑스 계몽사상가들로(곧 볼테르로, 아니면 드니 디드로까지) 올라간다. 18세기 중반에 이렇게 공적 지식인들이 출현하는 것은 문학 시장의 발달로 저술가들이 후원자들에 대한 의존 상태에서 벗어나게 되면서 가능했으며, 지식의 사회사에서는 중요한 한 순간이었다.[76] 이런 공적 지식인들은 '전문가'들 또는 '기술 관료'들과는 구별해야 하는데, 이 사람들은 정부에 자문을 하거나 스스로 직접 결정을 내려서 도시 경제나 국가 경제의 개발을 계획하기 때문이다.

노동계급과 지식

지금까지 제시한 지식을 가진 사람들의 예들은 모두 상류층 또는 중산층 남성들의 예여서, 다른 사회집단들은 지식에 어느 정도의 접근권을 갖고 있었느냐는 문제를 제기하게 한다. 지식을, 특히 과학 지식을 노동계급들 사이에 전파하려던 시도들은 영국과 미국에서 기계공 학교들이, 또 스칸디나비아반도에서 평민 고등학교를 비롯한 비슷한 기관들이 출현하던 흐름과 묶어서 제4장에서 다뤘다. 20세기에는 고등교육의 문을 가능한 한 넓게 열어 보려는 시도들이 있었다. 이를테면 소련에서는 대학들이 프롤레타리아나 농민 계급 출신 학생들을 일정 수 입학시키도록 한도를 배정받았고, 영국에서는 1920년 국가 장학금 제도가 설립돼 부모들이 고등교육 비용을 댈 수 없는 학생들의 학비를 내줬다.

대중의 지식 접근을 막는 장애물들은 여전히 남아 있었다. 이를테면 영국에서는 기술공 학교들이 노동계급보다는 중하류 계층을 더 많이 끌어들였던 것으로 보이는데, '수공 교육기관들의 중산층화'라고 묘사됐던 것의 구체적인 사례였다.[77] 이 과정은 다른 교육기관들이 중산층을 위한 전통적인 대학으로 서서히 변해 가는 과정에서 되풀이됐는데, 이런 기관들에는 맨체스터의 오언스 단과대학(1851년)이나 뉴캐슬 물리학 대학(1871년), 리즈 요크셔 과학 대학(1874년), 버밍엄 메이슨 과학 대학(1875년)이 있었고, 또 셰필드 퍼스 대학(1879년)도 있었는데, 이 대학은 수공인들에게 실기 교육을 제공할 목적으로 설립된 경우였다. 한편 옥스퍼드 대학 러스킨 학료는 1899년에 세워졌으며, 계속해서 노동계급 출신 학생들을 받는다.

18세기 후반부터는 도서관이나 미술관, 박물관을 대중에게 공개하고(곧 루브르 박물관과 코펜하겐의 왕립 도서관은 1793년, 밀라노 브레라 미술관은 1809년, 상트페테르부르크 제국 도서관은 1814년, 마드리드 프라도 박물관은 1818년 등등이었으며), 동시에 이런 종류의 기관들을 새로 설립하는 움직임이 있었다. 앤드루 카네기는 자선사업 경비의 상당 부분을 들여 약 3000개의 공공 도서관을 설립했다. 당시에 논쟁이 됐던 질문은 '대중'이 누구냐 하는 것이었다.

공공 도서관을 지지하던 사람들에게 이런 기관들은 지식의 민주화를 이루는 수단이었다. 젊은 시절의 멜빌 듀이는 일기에 썼던 대로 "만인에게 개방된 도서관들"을 꿈꿨다. 하지만 원칙적으로는 누구나 볼 수 있는 장서들도 실제에서는 충분히 지위가 있어 보이지 않는 사람들에게는 공개되지 않는 경우들이 있었다. 급진적 언론인 윌리엄 코빗은 영국 박물관이 "호기심 있고 부유한 계층의 오락만을 위한 장소"라고 비난했다.[78] 영국 하원의 한 위원회는 급진적인 것과는 한참 거리가 있었는데도 1836년에는 "자유롭게 개방된 공중 미술관들이 부재"하고, 여기서 비롯됐던바 "근면한 우리 국민들 사이에 디자인 교육이 부족한 상황"을 개탄했는데, 이 문제를 해결하려고 계획됐던 것이 저 사우스켄싱턴 박물관→156쪽의 설립이었다.[79]

미술관들이나 박물관들이 실제로 문을 더 넓게 열자, 중산 계급의 구성원들은 여기에 항의하고 나섰다. 이를테면 1830년대에는 파리 왕립 도서관에 "집 없는 부랑자들이나 놈팡이들"이 드나드는 것을 문제 삼는 사람들이 있었고, 영국 박물관 도서관장 헨리 엘리스는 개관 시간 연장에 반대했는데, 그렇게 하면 "매우 비천한 부류의" 사람들을 불러들일 것이고, 또 부활절 주간에 문을 열면 "더 천박한 사람들이 박물관으로 몰려들 것"이며, 야간에 도서관을 개방하면 '법률사무소 직원'과 소설 독자들이나 끌어들일 것이라는 것이 그 근거였다.[80]

런던 국립미술관은 19세기에도 지금처럼 입장료를 내지 않고 들어갈 수 있었지만, 노동계급에 속한 사람들이 들어왔다고 불평하는 경우들이 있었으며, 특히 비가 오는 날에는 더 심해졌다. 사우스켄싱턴 박물관은 우리도 본 것처럼→156쪽 야간에도 개장을 했다는 점에서 예외적이었는데, 늦게까지 일하는 관람객들의 편의를 생각한 것이었다. 프랑스에서도 접근권은 논쟁적 주제였다. 1890년대에는, 루브르 박물관에서 입장료를 받아야 하느냐는 문제가 공개적 논쟁거리가 됐다.(무료입장을 지지하던 사람들 중에는 화가 카미유 피사로도 있었다.) 어린이들의 박물관 입장을 놓고도 논쟁이 있었다. 이를테면, 독일에서는 이 문제를 논의하는 과정에서 박물관을 과학의 사원으로 보는 관점과 박물관을 대중 교육의 한 형태로 보는 관점이 충돌했다.[81] 보통 승리를 거두는 것은 후자 쪽의 생각이었다. 영국에서는 1902년 교육법이 제정되면서 어린아이들이 교사와 함께 박물관에서 보낸 시간이 수업 시간으로 인정받게 됐다.[82]

여성과 지식

지식에 대한 접근권이라는 이 논쟁적 문제는 사회 계급 차원과 함께 성별의 차원으로도 연장됐다.[83] 여성의 처지에서 보면, 배울 기회, 또 독자적으로 지식에 기여할 기회는 우리가 다루는 시대에 서서히 확대됐으며, 그 시작은 1754년 독일에서(구체적으로는 할레 대학, 의학 분야에서) 여성에게 최초로 박사 학위를 수여하면서였다.

여성들을 위한 대학들이 19세기 초 이후로 많이 설립되는데, '일곱 자매'라고 알려지는 북미 지역의 교양 학부 중심 대학 일곱 곳 (1837~1889년)이 있었고, 런던 베드퍼드 대학(1849년), 케임브리지 거튼 학료(1869년), 도쿄 쓰다주쿠 대학(1900년), 라호르 여대(1922년)가 있었다. 일부 신생 단과대학과 종합대학들은 처음부터 남녀공학이었는데, 오하이오주 오벌린 대학(1833년)이나 클라크 대학(1888년), 시카고 대학(1890년), 런던 정치경제대학(1895년)이 이런 경우였다. 다른 대학들은 나중에 여성들에게 개방되는데, 취리히 대학은 (1864년과 1872년 사이에 러시아 여성 148명을 포함해) 1860년대 이후로 많은 여성을 받아들였으며, 코넬 대학(설립 7년 뒤인 1872년), 괴팅겐 대학 (1893년), 브레슬라우 대학(1895년), 하이델베르크 대학(1901년)도 있었다.[84] 프랑스에서는 여대생 비율이 1902년에 3.6퍼센트였던 것이

1914년에는 10퍼센트로 늘어났다. 독일에서는 여대생들의 비율이 1913년에 6퍼센트 미만이었다가 1931년에는 19퍼센트로 올라갔다. 러시아에서는 1928년 28퍼센트에서 1937년 41퍼센트로 증가했다.[85] 하지만 2000년이 되면 고등교육을 받는 학생 중 영국에서는 53퍼센트가, 미국에서는 58퍼센트가 여성이었다.[86]

박사 학위는 할레 대학이 보여 준 선례가 있기는 했지만, 보통은 이보다 더 늦게, 교수직은 한층 더 늦게 여성들에게 주어졌다. 의학 분야에서 다음 여성에게 박사 학위가 수여되는 것은 1867년이었고, 미국에서 여성에게 첫 박사 학위를 주는 것은 (보스턴 대학에서) 1877년이었으며, 첫 여성 지리학 박사는 1908년, 네덜란드 최초의 물리학 여성 박사는 1909년, 과학 분야에서 나온 일본 최초의 여성 박사는 1927년이었다. 노벨상이 처음으로 여성에게 수여되는 것은 1903년이었다.(수상자는 마리 퀴리였다.) 소르본 대학에서 첫 여성 교수가 선임되는 것은 1906년이며(다시 퀴리였으며), 캐나다와 노르웨이는 두 나라 다 1912년, 네덜란드는 1917년, 케임브리지 대학에서는 (옥스퍼드 대학보다 11년 앞선) 1937년이었다. 왕립학회에서 첫 여성 회원들을 뽑는 것은 1945년이었다.

이렇게 여성들에게 문이 열리는 사례들을 보면 승리가 두드러질 수 있지만, 그 이전까지 여성들에게 주어지지 않았던 것들을 보여 주는 증거로도 이 사례들은 읽힐 수 있다. 얼마 안 되는 기회들을 최대한 이용해 몇몇 여성은 과학 대중화 저자로서 중요한 역할을 했는데, 특히 우리가 다루는 시대 초기에 프리실라 웨이크필드가 『식물학 입문』(1796년)을, 또 제인 마싯이 『화학에 관한 대화』(1805년)를 썼던 것을 꼽을 수 있다.[87] 더 고급 수준에서는, 스코틀랜드의 박식가 메리 서머빌이 종합적 저작들을 썼는데, 이를테면 『물상 과학들의 연관성에 관하여』(1834년) 같은 시론이 있다. 이런 출판물들을 보면 그 저자들은 천문학자 캐럴라인 허셜에게 주어졌던 것 같은 기회가 있었다면 연구의 길을 갔으리라는 생각도 하게 되는데, 캐럴라인 허셜은 자기보다 더 유명한 오빠 윌리엄 허셜의 조수로 시작했으나, 연구를 계속해 독자적인 발견들을 했던 것이다.

나중에, 연구의 길을 갔던 여성들도 제대로 인정을 받지 못하거나 "없는 사람 취급"을 받는 경우가 있었다.[88] 잘 알려지지 않은 과학자들의 업적을 후세 사람들이 뉴턴이나 알베르트 아인슈타인처럼 훨씬 많이 알려진 거물들의 것으로 돌릴 때가 많다는 로버트 킹 머턴의 '마태 효과'는 특히 여성들에게 적용된다. 이런 이유로 한 여성주의 과학사가는 우리가 '마틸다 효과'에 관해 이야기를 해야 한다고 주장하기도 했다.[89] 예를 들어, 오토 한은 협력 연구자 리제 마이트너와 같이한 방사화학 연구로 1944년 노벨상을 받았다. 비슷하게, 저 유명한 DNA 구조 발견의 공로는 프랜시스 크릭과 제임스 왓슨에게 돌아갔고, 로절린드 프랭클린은 이 집단적 연구에 기여했지만, 같은 대우를 받지 못했다.[90] 다시 미국의 앨리스 코버는 고전 연구 분야의 프랭클린이었으니, 최소한 한동안은 '선형 문자 B' 문서 해독 관련 기록에서 사실상 사라졌었고, 또 린다 셸도 마야 상형문자 해독 기록에서 빠졌었다.[91] 또다시, 러시아 고어 사전을 언어학자 이즈마일 스레즈넵스키가 시작했고, (그가 죽고 나서 30년이 넘는 기간에 걸쳐) 딸인 올가 스레즈넵스카야가 완성했지만, 사전에서는 스레즈넵스카야가 작업한 사실이 언급되지 않았다.[92] 충분히 얄궂게도 마태 효과라는 개념 자체도 마틸다 효과의 한 사례인데, 머턴이 (나중에 자신과 결혼하게 되는) 연구 조수 해리엇 주커먼의 공로를 제대로 인정하지 않았기 때문이다. 훗날 머턴은 이렇게 고백하는데, "지금(1973년) 뒤늦게나마 확실하게 깨

닿게 된 것은 내가 주커먼의 연구에서 면담 결과며 다른 자료들을 어느 정도나 빌려다 썼느냐 하면, 당연히 내 논문이 공동 저자의 이름으로 출판됐어야 할 수준이었다는 것이다."[93]

몇몇 학문 분과는 몇몇 나라와 마찬가지로 다른 학문 분과들보다 일찍 여성들에게 기회를 줬거나, 아니면 여성들을 더 끌어들였다. 예를 들어, 1914년에 옥스퍼드 대학 영문학과에서는 남자 열두 명, 여자 스물다섯 명이 학기 말 시험을 치렀다.[94] 식물학은 19세기에는 여성 비직업 연구자들을, 20세기에는 여성 직업 연구자들을 불러 모았으며, 캐나다의 첫 여성 교수였던 맥길 대학의 캐리 머틸다 더릭은 식물학자였다.[95] 정신분석학도 거의 시작할 때부터 재능 있는 여성들을 끌어들였는데, 멜러니 클라인이나 카렌 호나이 같은 사람들이 있었고, 가업을 이어 갔던 안나 프로이트도 당연히 빼놓을 수 없다. 요즘이라면 사회사에서 다룰 분야들까지 포함하고 있던 경제사라는 새 학문 분과도 마찬가지였다. 릴리언 놀스는 1921년 런던 정치경제 대학에서 최초로 설치된 이 과목의 교수직들 중 하나에 선임되었고, 놀스보다 더 많이 알려진 아일린 파워가 10년 뒤에 이 자리를 넘겨받았다.[96]

고고학과 인류학도 상대적으로 일찍 몇몇 여성에게 문을 열어 줬다. 케임브리지 대학 최초의 여성 교수는 고고학자 도러시 개로드였고, 거트루드 케이턴-톰프슨과 캐슬린 케니언은 각각 그레이트 짐바브웨 발굴과 예리코 발굴로 이름을 알렸다.[97] 인류학을 놓고 보면, 루스 베니딕트며 마거릿 미드, 오드리 리처즈, 메리 더글러스 같은 이름들 하나하나는 이 분야에서 여성들이 두드러졌음을 상기하게 해 준다고 하겠으며, 최소한 미국에서는 1900년을 막 지나면서 여성들이 이렇게 두드러지기 시작했다. 베니딕트는 컬럼비아 대학 인류학 교수진에 1923년 합류했고, 엘시 클루스 파슨스는 대학에 소속되지 않은 학자로서 이보다 훨씬 일찍 이 분야에서 활동했다.[98]

19세기 후반에 여성들이 사회조사관이 되는 것도 미국이었다. 사회학이 갈수록 직업화되면서, 사회조사관들은 밀려나거나 아니면 이등 지위로 떨어졌지만, 다시 지위를 회복해서 이제 2000년이 되면 미국 사회학회 회원의 절반 이상을 차지하고 있었다.[99] 다른 곳들에서도 여성들은 사회학이 발달하는 데 중요한 역할을 했다. 비어트리스 웹은 결혼 전 아직 비어트리스 포터였던 1880년대에 사회조사를 수행하고 있었으며, 독일에서는 하이델베르크 대학에 다닌 최초의 여성들 중 하나였던 마리 베르나이스가 한 직물 공장의 노동조건에 대한 사회학 연구를 1910년에 발표했다.

기관들과 혁신

우리가 방금 본 것처럼, 클라크 대학이나 시카고 대학, 런던 정치경제대학은 모두 처음부터 여성들을 받아들였다. 이 대학들의 사례는 중요한 일반적 논점을 제기하는데, 특히 지식 분야에서는 새로 생긴 기관들이 혁신을 촉진하는 역할을 한다는 것이다. 여기에는 앞 장에서 다뤘던 변방들의 창의적 역할과도 유사한 점이 분명히 있다고 할 텐데, 새로 생긴 기관들은 그중 일부는 나중에 중심으로 진입한다고 하더라도 설립 당시에는 대체로 주변적이기 때문이다.

원론적으로, 이 점은 충분히 분명해 보이는데, 새로 생긴 기관들은 여러 세대에 걸쳐 재생산되는 전통들의 무게에서 자유롭기 때문이다. 새로 생긴 기관들에는 사회학자들이 '구조적 관성'이라고 부르는 것을 만들어 낼 만한 시간이 없었다.[100] 오래된 기관들에 들어오는 개인들은 이 기관들의 전통을 존중할 것을 요구받으며, 이 전통들에 투자를 하게 된다. 혁신은 이런 투자들에 대한 위협이며, 따라서 저항해야 한다. 이런 이유로, 역설적으로 보일지 몰라도, 오래된 기관을 개혁하는 것보다 새 기관을(이를테면 대학을) 새로 설립하는 편이 힘이 덜 들 수 있다.

근대 초기에는 이 원론에 들어맞는 사례들을 찾기가 어렵지 않은데, 알칼라나 비텐베르크, 레이던, 할레, 괴팅겐 같은 신생 대학들의 교과과정은 더 오래전에 설립된 대학들의 교과과정보다 실제로 덜 전통적이었고, 우리가 '연구'라고 부르는 것에서 볼 수 있는 다른 혁신들은 아예 대학 밖에서, 그러니까 천문대나 실험실, 자연철학 연구 학회 같은 곳들에서 일어났다.[101]

이와 비슷하게, 우리가 다루는 시대를 보면, 독일학Germanistik이라는 새 학문 분과를 도입한 최초의 세 독일 대학인 베를린, 브레슬라우, 본은 모두 설립된 지 얼마 지나지 않은 상태였고, 잉글랜드에서 최초의 영문학 교수직은 새로 설립된 런던 대학에서 1827년에 설치됐다. 다시 런던 정치경제대학은 1895년에 설립되고 빠르게 사회학과(1904년)를, 또 민족학 교수직(1913년)을 신설했다. 거꾸로, 가장 오래된 축에 드는 대학들, 그러니까 옥스퍼드와 케임브리지에서는 영국의 다른 어떤 대학들에서보다 사회학이라는 새 학문 분과에 대한 저항이 심했다.[102] 다시 1930년대의 독일어 사용 망명자들이 미국 사회 이론에 한 공헌이 가장 눈에 띄었던 곳은 "제도적 환경이 새로웠던 곳들"로서, 이를테면 1919년에 설립된 뉴욕 신사회 연구 대학New School for Social Research 같은 경우였다는 지적도 있었다.[103] 새로 생긴 세 대학을 사례 연구로 살펴보면 이 주장을 뒷받침할 수 있을 텐데, 볼티모어

그림 14
서식스 대학의 팔머관(1962년).

의 존스 홉킨스 대학(1876년), 스트라스부르 대학(1871, 1919년), 브라이턴 근처 서식스 대학(1961년, 그림 14)이다.

　존스 홉킨스 대학은 시카고 대학이나 코넬 대학을 포함하는 미국의 신생 대학군에 속해 있었으면서 동시에 연구 중심 대학이라는 새로운 종류의 기관을 대표하기도 했다. 하버드나 예일, 프린스턴 같은 오래된 대학들은 작은 단과대학이던 시절에 그랬던 것처럼 학부생들을 가르치는 데 집중했다. 이와는 대조적으로 저 신생 대학들은 대학원생들에 대한 교육과 교수진의 연구 활동을 강조했다. 새로운 과목들도 도입됐는데, 예를 들어 시카고 대학은 미국 최초로 지질학과와 이집트학과를 설치했으며, 이와 함께 아직 신생 학문 분과였던 시절의 사회학도 지원했다.

　존스 홉킨스 대학이 연구 중심 대학으로서 성공하는 데는 이 대학이 처음에 "미국 고등교육기관에 내놓았던 최대의 단일 유증 재산"

인 350만 달러를(그러니까 1870년대에는 상당한 액수를) 받았던 것이 도움이 됐다.[104] 이 대학의 첫 15년은 "자유를 누리며 동시에 강렬하게 몰입했던" "특별한 순간"이었다고 묘사되기도 했다.[105] 그 기간이 특별할 수 있었던 것은 어느 정도는 이 대학의 규모가 작았던 데서 비롯된 것일 수 있는데, 정교수 여섯 명과 교수진 열여덟 명만으로 시작하면서 공동체 의식을 가질 수 있었던 것이다. 실제로 설립 초기에 교수들은 서로 청강을 하곤 하면서 어떤 공동의 작업을 한다는 인식을 더 고취했다. 비공식적인 학술 조직들도 활발했는데, 학자들이 대학 밖 자신들의 집에서 만나 다른 분야의 주제들을 번갈아 가며 발표하는 모임 같은 것들이 대표적이었다.[106]

엄밀히 말해 스트라스부르 대학은 신생 대학은 아니었는데, 17세기에 설립됐기 때문이다. 그래도 실제로는, 스트라스부르에 두 신생 대학이 있었으니, 먼저 독일계 스트라스부르 대학으로서, 1871년에 재설립되는데, 프랑스-프로이센 전쟁에 따라 알사스가 독일에 반환되면서였고, 프랑스계 스트라스부르 대학의 경우는 1919년에, 곧 알사스가 다시 한 번 프랑스 땅이 되던 무렵에 재설립됐다. 두 경우 모두에서, 재설립은 혁신을 촉진했다. 1871년에는, 재설립을 기회로 사회과학이 독일의 다른 어느 곳에서보다 스트라스부르 대학에서 큰 자리를 얻게 됐고, 또 언어학, 역사학, 정치학을 비롯한 다른 과목들에서 토론 수업들이 개설됐으며, 이 선례를 다른 독일 대학들에서 빠르게 따라 하게 된다. 1919년 이후에는, 더 오래된 프랑스 대학들에서 통상적이었던 것보다 연구를 더 많이 강조했으며, 또 여러 연구 기관이 설립되면서 서로 다른 학문 분과를 가르치던 교수들 사이에서 당시의 프랑스에서는 보기 어려웠던 공동 연구를 가능하게 해 줬다. 이를테면 심리학자 샤를 블롱델, 사회학자 모리스 알박스, 역사학자

뤼시앵 페브르와 마르크 블로크 사이의 공동 연구가 있었다.[107]

저 '특별한 순간'의 경험은 여기서도 되풀이됐다. 독일계 대학에서는, 더 나중의 교수들은 그들 중 하나가 '설립 시기의 열정 Gründungszeit'이라고 불렸던 것을 그리워하게 된다. 프랑스계 대학에서도 역시 초기에 일종의 협동 정신이 있었다. 존스 홉킨스 대학에서처럼 스트라스부르 대학의 교수들도 서로 청강을 하기도 했다.[108] 몇 년 뒤 스트라스부르 대학에서 가장 뛰어났던 교수들 중 일부가 페브르와 블로크도 포함해 파리에 자리가 생겨 옮겨 가게 됐다. 하지만 이미 이 무렵이면 스트라스부르의 환경 덕에 페브르와 블로크는 이른바 아날 학파 →400쪽와 맞물려 있는 역사에 대한 학제적 접근 방법을 발전시킨 터였다.

서식스 대학의 경우, 영국의 전쟁 후 첫 신생 대학은 아니었다. 그러니까 먼저 1949년에 스탠퍼드셔 킬에 일종의 교육적 실험으로서 대학이 하나 설립됐던 것인데, 당시 영국 고등교육의 특징이었던 전문화에 대한 반작용이었다. 이 대학에서는 학생들이 첫 해, 곧 '기초 학년'을 보내면서 아주 다양한 주제를 배우게 했고, 동시에 '보조' 강좌들을 도입해 조만간 '두 문화'라고 알려지게 되는 것들 사이의 거리를 좁혀 보려고도 했다.[109]

서식스 대학은 1960년대 초에 잉글랜드에서 설립된 일곱 개 신생 대학 중 첫 번째 대학이었으며, 킬 대학과 비슷한 방향으로 한 걸음 더 나아갔는데, 처음부터 밝혔던 대로 "학문의 지도를 다시 그리"려고 했던 것이다.[110] 통상적 학과들 대신 이 대학에서는 '연구 대학'들이(곧 유럽 연구 대학, 사회 연구 대학 등등이) 있었으며, 적어도 인문학에서는 공동 강좌들이 개설돼 두 명의 교수진이, 이를테면 하나는 문학 분야의 교수가, 다른 하나는 역사학 분야의 교수가 가르쳤다.

저 특별한 순간에 관한 한 나는 그것의 존재를 증언할 수 있는데, 내가 1962년에 서식스 대학으로 왔기 때문이다. 이 특별한 순간은 젊은 열정, 또 전통이 없는 데서 오는(또는 조금 더 긍정적으로 표현하면 전통을 세워 나가는 우리의 집단적 능력에서 나오는) 들뜬 마음, 또 우리가 무언가 가슴 설레고 중요한 공동 작업에 참여하고 있다는 믿음이 결합된 것이었다. 존스 홉킨스 대학이나 스트라스부르 대학에서처럼 교수들은 수시로 다른 교수들의 강의를 찾아가 들었다. 위계 의식 같은 것은 거의 없었다. 어떤 경우였든, 교수들은 자기네 새 강의들을 기획하느라 바빴던 나머지, 설사 후배 교수들이 원한다고 해도 무엇을 어떻게 하라고 말해 줄 시간이 없었다.

이런 특별한 순간들은 기성 대학의 기성 학과에서 되풀이되기도 하는데, 1940년대 컬럼비아 대학 사회학의 경우로서, 이 학문 분과의 대표적인 두 인물 라자스펠트와 머턴을 교수로 선임한 다음의 일이었다. "라자스펠트-머턴 시대 초기에 컬럼비아 대학 사회학과를 그토록 흥미진진하게 만들었던 것은" 1949년 거기서 박사 학위를 받은 사회학자 시모어 마틴 립셋에 따르면 "세계까지는 아니더라도 사회과학을 개조할 것으로 확신하고 있던 어떤 기획의 첫 단계에 자신들이 관여하고 있다고 학생들이 생각했던 것"이었다.[111]

이들 신생 기관들이 초기에는 규모가 작았던 것이 공동의 기획을 수행한다는 이런 인식을 강화했다. 킬 대학은 학생 140명으로, 서식스 대학은 마흔 명으로 시작했다. 교수들이 상대적으로 젊어서 열정이 더 뜨거울 수 있었다. 킬 대학이 문을 열면서 선임한 교수 열세 명은 모두 쉰 살이 넘지 않았다. 1873년과 1882년 사이에 스트라스부르 대학에서 선임한 정교수 스물네 명의 평균 나이는 37세였다.[112] 시카고 대학 초대 총장인 윌리엄 레이니 하퍼가 그 자리에 올랐을 때는 서른네 살이었다. 아사 브리그스는 서식스 대학 사회 연구 대학에서, 사실은 이 대학 전반에 걸쳐서 결정적인 역할을 했던 경우인데, 역사학 교수로 이 대학에 왔을 때 나이가 마흔이었으며, 이 대학 설립 초기에 선임된 상당수 조교수는 대략 25세쯤이었다.

이 특별한 순간들이 오래가지는 않는다. 한 역사가는 존스 홉킨스 대학의 역사를 기록하면서 "첫 15년 정도가 지나면서 존스 홉킨스 대학에서는 흥분이 잦아들기 시작했다."고 지적했다.[113] 서식스 대학에서는 설립 초기 어디서나 볼 수 있던 텔레비전 카메라들이 이제 꺼졌고, 학생들의 질은 떨어졌으며, (마거릿 대처 총리 시절의 예산 삭감으로) 확장 국면은 그 끝에 이르렀고, 교수 일부는 나를 포함해서 옥스퍼드 대학이나 케임브리지 대학으로 떠났다. 한 신생 기관의 작은 규모는 그 참신함이나 교수진들의 젊음처럼 감가상각이 빠른 자산이다. 무언가를 처음으로 한다는 흥분은 일상이 대체한다. 혁신을 이어가기 위해서는 대학의 형태를 띤든 아니든 새로운 기관들이 계속 필요하다고 하겠다. 예를 들어 100년 전에 독일 화학자 빌헬름 오스트발트는 대학 바깥의 연구소 같은 '새로운 기능적 형태들'을 주창했는데, 그래야 과학자들이 가르치는 일 때문에 방해받지 않고 자기네 연구를 수행할 시간을 가질 수 있을 것이었다.[114] 더 가까이로 와서는, 민간 기업이 대학들과 성공적으로 경쟁하고 있다는 지적도 있었는데, 민간 기업은 낡은 학문 분과적 구조들에 의해 제약을 받지 않기 때문이라는 것이다.[115]

학파들

지성사를 다룬 역사서들은, 특히 19세기와 20세기에 관한 역사서들은 '학파'를 자주 언급하며, 일부 사회학자 역시 이 주제를 연구 대상으로 삼았다.[116] 이 학파들은 어떤 경우는 개인들과 관련이 있다. 이를테면 화학에는 리비히 학파가 있고, 지리학은 라첼 학파, 심리학은 분트 학파가 있으며, 영문학비평 분야에는 프랭크 레이먼드 리비스와 '리비스 추종자들'에서 출발한 학파가 있다. 학파들은 특정 장소, 대체로 도시들과도 관계가 있는데, 사회학과 경제학에 각각 시카고학파가 있고, 비판이론의 프랑크푸르트학파, 기호학의 타르투학파, 경제학의 빈학파가 있으며, 또 역사학과 수학, 화학 분야에 각각 괴팅겐학파 등등이 있다.[117] 학파의 대안적 표현으로는 교우 집단^{circle}이 있는데, 예를 들어 철학에는 빈 교우 집단이 있었고, 언어학에는 모스크바 교우 집단과 프라하 교우 집단이 있었으며, 또 학제적인 라이프치히 교우 집단의 경우 1890년에서 1914년 사이에 활발히 활동했는데, 이 집단에는 문화사가 람프레히트, 화학자 오스트발트, 지리학자 프리드리히 라첼, 심리학자 빌헬름 분트가 포함돼 있었다.[118]

이런 식의 표현이 많이 만들어졌던 것은 선도자와 후학들로 이루어진 비공식적인 교류망들이 대학이나 클럽, 실험실 어디에서 형성되든 지식의, 특히 암묵적 지식의 전파에, 심지어 그 생산에서도 결정적이라는 것을 보여 준다고 하겠다.[119] 이런 교류망들 가운데 어떤 것들은(가령 리비히 학파는) 학과에 기초했으며, 교수의 권력을, 특히 독일 교수의 권력을 반영하고 있었다.[120] 다른 교류망들은 기관의 경계를 가로질렀으며, 또 다른 교류망들은 새로운 기관의 형태를 띠었으니, 국제 정신분석 협회(1910년)가 이런 경우였다.[121]

칼 린나이우스와 그 '사도들' 사이의 관계를 보면 이 현상이 더욱 오래된 것임을 알 수 있기는 해도, 앞에서 제시한 사례들이 모두 1850년에서 1950년에 이르는 기간에 들어 있는 것은 중요한 의미가 있을 수 있다.[122] 이런 상황에서 (대사제며 제자들, 복음, 교회, 분파 같은) 종교의 언어를 사용하는 것은 중요한 의미가 있으며, 또한 되풀이되는 일이기도 하다. 학파들은 종파에 비유됐다.[123] 1861년에 스승 프란츠 노이만에게 보내는 편지에서 물리학자 오스카어 에밀 마이어는 스스로를 '당신 복음의 사도'라고 묘사했다.[124] 분자생물학 쪽에서 쓰는 '파지phage 교회'라는 말은 웃자고 하는 것일 수도 있지만, 이 말은 심각한 어떤 것을 드러내고 있다.[125]

이단자들을 자주 색출했고, 출교黜教도 자주 일어났다. 이를테면, 인생이 끝나 갈 무렵이면 부인 퀴니와 함께 리비스는 많은 리비스 추종자를 출교시킨 상태였다. 정신분석 운동이 비공식적 '종파'에서 공식적 '교회'로 변해 가던 무렵에 지그문트 프로이트가 알프레트 아들러와 카를 구스타프 융을 출교시켰던 일은 이 일반적인 경향을 보여주는 또 다른 유명한 사례다. 사실 정신분석 운동의 역사에서는 너무나 많은 이교離教 사례들이 이어져서, 그중에서 호나이와 자크 라캉의 이탈이 대표적이거니와, 종교사가가 다뤄야 할 정도라고 하겠다.[126]

'학파' 모형을 지나치게 단순하게 세워서, 가령 제자들이 언제나 자기네 스승을 맹목적으로 따랐다거나, 모든 구성원이 똑같은 지적 범주를 받아들였다거나 하는 식으로 전제하고 생각하지 않는 것이 중요하다.[127] 스승이 제자들한테서 배우기도 하는데, 이를테면 프로이트는 융, 오이겐 블로일러, 샨도르 페렌치를 비롯한 다른 제자들에게서 배웠다. 다시, 어떤 집단이나 학회가 클럽처럼 고정 회원을 갖고 있다고 생각해도 안 된다. 길버트 머리나 콘퍼드 같은 고전학자들이 참

여했던 저 '케임브리지 모임'은 사실은 회고의 산물이라고 평가되는
만큼, "제인 해리슨이라는 핵 주위를 돌던 원자 무리로 보는 편이 나
을" 것이다.[128] 어떤 학자들은 '준제자'라고 표현해야 할 텐데, 스승을
존경했으나 항상 따랐던 것은 아니기 때문이다. 어떤 선도자들은 다
른 선도자들보다 더 권위적이었다. 어떤 학파들은 상대적으로 위계적
이고 다른 학파들은 ('교우 집단'이라는 이름에서 알 수 있듯이) 더 평등주
의적이다. 어떤 학파들은 꽤 다양한 의견을 인정했다는 의미에서 더
자유주의적이었고, 반면 다른 학파들은 정설에서 벗어나는 것을 막
는 데 신경을 썼다.

저 하위자 연구 집단은 지금은 해체됐지만, 거기에 참여했던 개인
들 중에는 경험주의자라고 할 수 있는 경우들도, 또 마르크스주의자
라고 할 사람들도, 구조주의나 후기구조주의에 얼마간 관심이 있는
사람들도 있었다. 사실 거의 모든 학파가 밖에서 보면 그 구성원들의
눈으로 봤을 때보다 더 단결돼 있는 것처럼 보이는데, 구성원들은 내
부의 차이들과 갈등들을 더 예민하게 인식하기 때문이다.

이 마지막 지적은 (1929년 그 선도자들이 창간한 학술지의 이름을 따라
서) '아날 학파'라고 알려진 프랑스 역사가들에게 특히 들어맞는다고
할 텐데, 그 구성원들 가운데 일부는 학파의 존재를 아예 공개적으로
부인까지 했던 것이다.[129] 사실 역사 연구와 역사 쓰기를 개혁해서, 역
사학을 정치적 사건들에 관한 이야기를 강조하는 경향에서 해방하
고, 경제사, 사회사, 문화사까지 포함하도록 확대하려는 어떤 운동을
이야기하는 편이 더 정확할 것이다.

보기 드물게도, 이 운동은 한 사람이 아니라 페브르와 블로크 두
학자가 처음을 이끌었다. 똑같이 보기 드물게, 이 운동은 세 세대, 아
니면 심지어 네 세대 동안 지속되었다.(여기에 가장 비견할 만한 것이 아

마 사회학의 시카고학파일 텐데, 이 학파는 1920년대 로버트 에즈라 파크에서 1980년대 어빙 고프먼과 에버렛 휴스에까지 이어졌다.) 아날이 가장 학파와 비슷했던 것은 제2세대 중이었을 텐데, 이때 이 운동을 이끌었던 페르낭 브로델은 자기 후학들을 가부장적 가족의 구성원들처럼 다뤘던 것이고, 또 이 운동이 파리 고등 연구원 제6과와 인간 과학 연구소 같은 신생 기관들을 통해 구현되기도 했던 것이다. 다만 심지어 이 무렵에도 주변적 구성원들이 있었고, 또 내부적 갈등들이 있었으니, 이를테면 이론의 활용을(특히 마르크스주의 이론의 활용을) 더 강조하고 덜 강조하는 차이가 있었던 것이다.

이 운동이 장수하고 이 운동의 핵심에 있는 집단이 연속성을 가졌던 사실은 상당 부분 그 선도자들이 자기 후학들에게 어떤 정설을 강요하려 하지 않았던 것으로 설명할 수 있는데, 사실 후학들 중 몇몇은 '주관 강한 제자들'이었다고 묘사할 수 있을 것이다.[130] 페브르는 역사에서 자유의지를 크게 강조했으나, 페브르는 아날이라는 기획의 지휘권을 브로델에게 넘겼고, 브로델의 입장은 결정주의에 가까웠다. 브로델은 이 집단을 경제사회사 쪽으로 이끌었으나, 그 후계자들은 "지하 저장실에서 다락방으로" 그러니까 문화사 쪽으로 옮겨 갔다. 리비스의 경우, 정설의 강요가 학파의 파괴로 이어졌다. 거꾸로, 아날의 경우, 학파가 지속되면서 정설의 제거까지는 아니더라도 희석으로 이어졌다고 하겠다.

핵심적인 사회학적 질문 하나가 아직 제기되지 않고 남아 있다. 우리는 '지식사회'에서 살고 있는가? 이런 사회는 앞선 사회들과 어떻게 다른가? 이런 사회는 언제 생겨났는가? 이어지는 장에서는 다른 연대기적 문제들을 같이 살펴보면서, 이 질문에 대한 대답을 시도할 것이다.

지식의 연대기들

9

지식의 지리학들과 사회학들을 거쳐, 이제 마지막으로 그 연대기들을, 곧 이 책이 다루는 두 세기 반 사이에 일어난 주요한 변화들을 살펴볼 시간이다. '연대기들'이라고 이렇게 복수 표현을 쓸 필요가 있는 것은 일어난 일들을 보는 가능한 다른 관점들이 있기 때문이기도 하고, 더 긴 흐름들과 더 짧은 흐름들 사이에 차이가 있기 때문이며, 또 구체적인 지역이나 학문 분과가 밟은 궤적이 저마다 다르기 때문이다.

이 장에서는 변화를 집중적으로 다루는 만큼, 연속성의 중요성을 상기하면서 시작하면 균형이 잡힐 것이다. 단절 사례들은 알아보기가 쉬운 반면, 아니 최소한 그런 사례들을 보고 있다고 생각하기가 쉬운 반면, 연속성은 이보다는 잘 드러나지 않는다. 우리 자신이 살고 있는 시대의 '정보혁명'을 검토하기 전에, 역사가들이 17세기에 '과학혁명'이 일어났는지, 아니면 18세기 후반에 '산업혁명'이 일어났는지에 대해 점점 더 회의적이 돼 왔다는 것을 떠올려 볼 만하다. 두 경우 모두에서, 변화를 어떤 갑작스러운 사건이라기보다 중기적 과정이었던 것으로 보는 경향이 강해지고 있다.[1]

때로 '정보 시대'라고 부르는 것을(곧 우리 시대를) 더 긴 역사적 시야 속에 놓으려는 시도가 최근에 많이 있었다. 그중 한 경우에서는 '빙하기의 정보 폭발'을 이야기하기도 한다. 그렇게 멀리까지 가지 않고, 전통들이 계속 지속되는 현상에 주의를 기울여도 여전히 도움이 될 것이다.[2]

기술, 제도, 심성, 관습은 바뀌는 속도가 서로 다르다. 기술은 특히 '혁신의 제도화'라고 부르는 것의 시대에 들어서서는 급속히 바뀐다.[3] 사회와 그 제도들은 더 느리게 바뀌는데, 제도적 '관성'이라 부르는 것에서 비롯된 것이다.[4] 심성과 관습들이 가장 나중에 바뀌면서, 오늘날의 세계에 존재하는 과거를 보여 준다.

예를 들어, 1960년대에 연구 활동을 시작한 내 세대 학자들에게는 새로운 기술들이 지금도 도전을 던진다. 그 무렵에 '잘라 붙이기'는 컴퓨터에서 아이콘을 누른다는 의미가 아니었고, 가위와 가끔씩은 새서 (나무로 된) 탁상desktop에 묻기도 하는 튜브에 담긴 풀을 쓴다는 뜻이었다. 과학자들은 사이클로트론을 썼을 수 있지만, 인문학으로 와 보면 우리는 보통 5×3인치 기록 카드들을 보관하는 데 신발 상자를, A4 크기 복사지들에는 셔츠 상자를 쓰고 있었다.[5] 아직도 우리는 연구를 하면서 색인 카드를 쓰는데, 이 물건은 그 자체가 역사적 유물이 된 터라, "디지털 매체들에 둘러싸여" 성장한 'N세대'에 속하는 대학원생들이 와서 보면 경이로워하곤 한다.[6]

1960년대에서 멈출 이유는 없다. 구체적 자리를 갖는 지식situated knowledge에 관한 요즘의 관심은 이 흐름에 참여한 사람들 중 최소한 일부는 인식하지 못할 수 있지만, 1920년대로 또 카를 만하임의 지식 사회학으로 되돌아가는 것이다. 큰 과학은 더 커진 과학이라고 표현하는 것이 나을 텐데, 과학이 규모와 비용 면에서 커지는 것은 단기적이라기보다 장기적 경향이었기 때문이다. 정보 공개를 쉽게 하는 법률들이 제정되는 요즘의 흐름은 스웨덴 사람들에게는 시대에 뒤떨어진 것처럼 보일 수 있는데, 스웨덴의 언론 자유법 Tryckfrihetsförordningen 은 1766년까지 거슬러 올라가기 때문이다. 최근에 '시민 과학'이라고 이름이 붙은 운동은 그 뿌리를 18세기에 두고 있는데, 이 무렵에 많은 비직업 관찰자가 자신들의 식물학적 또는 지질학적 발견들을 해당 학회들로 이미 보내고 있었기 때문이다.

이 과거 여행에서 1766년이나 1750년에 멈출 이유도 역시 없다. 예를 들어, 노버트 위너가 사이버네틱스의 '수호성인'은 라이프니츠라고 선언했던 일은 잘 알려져 있다.[7] 근대 초기 유럽 역사에 대해서는 이 책의 앞선 장들에서도 자주 언급했다. 이보다 더 멀리 거슬러 올라갈 수도 있지만, 할 이야기는 이미 충분히 했다. 또 급속히 시작된 변화들이라도 모든 사람에게 영향을 미치기까지는 꽤 오랜 시간이 필요할 수 있다.

지식 폭발

가장 두드러지는 장기적 경향은 이른바 지식의 폭발이다. '폭발'이라는 표현은 한때는 낙관적으로 지식의 진보 또는 성장이라고 불렀던 것을 비관적으로 그리고 있지만, 어쨌든 이 새 은유는 두 개념을 (곧 급속한 팽창과 파편화를) 솜씨 있게 결합했다.

'정보 불안증'에 시달리는 소비자의 처지에서는 빠져 죽는다는 전통적인 은유나 '잡음', '자료 공해', '정보 과잉' 같은 새로운 은유들이 한층 더 적절하다고 느껴질 것이다. 예를 들어 우리는 "문명 세계의 해안을 강타하는" '자료 폭주' 또는 '자료 해일'에 관해 읽곤 한다.[8] 조금 더 구체적으로 말하면,《워싱턴 포스트》가 최근에 추정하기로는 무려 700만 개의 웹페이지가 매일 인터넷에 추가된다.[9]

미국의 박식가 허버트 사이먼은 핵심을 찌르는 경구적 표현을 내놓았는데, "정보가 풍요해지면 주의력은 빈곤해진다."는 것이다.[10] "입력이 일정 수위에 이르면" 최근의 한 학자에 따르면, 정보의 과잉 때문에 "불안, 혼란, 심지어 무지"를 낳게 된다. 클린턴 대통령을 인용하면 "사람들 머릿속에 너무 많은 것을 쑤셔 넣는 것은 이해하는 능력의 측면에서 보면 이해할 것이 너무 부족한 것만큼이나 사람들에게 좋지 않다는 문제가 있다."[11]

중요한 문제는 정보 이론가 클로드 섀넌이 쓸모없는 '잡음'이라 부른 것을 유용한 정보와 구별하는 것이다. 미국 정부가 정보기관들의 경고가 있었는데도 9·11 사태에 미리 대비하지 못했던 이유 하나는 자료들의 잡음 또는 자료들이 부딪히는 소리에 이런 경고들이 묻혀 버렸기 때문이다. →제5장 다른 평자들은 '인지 과부하' 또는 '정보 불안증'을 말한다.[12] 이 불안증은 새로운 것은 아니다. 책들의 '홍수' 또는 '폭주'를 불평하는 소리들은 인쇄술 발명 첫 세기로 거슬러 올라간다.[13] 그래도 여전히, 이 문제는 지식의 생산과 전파 둘 다가 빨라지면서 갈수록 심각해졌다.

전업 연구자로서든 시간제 연구자로서든 과학자들과 다른 학자들의 수가 늘어나면서 전에 없이 빠른 속도로 발견과 발표가 이루어지게 됐는데, 특히 전문 학술지들에 실리는 자연과학 논문들의 경우에서 이런 현상이 두드러졌다. 라디오와 텔레비전, 인터넷과 경쟁을 해 오는 가운데서도, 인쇄되는 책의 수 역시 꾸준히 늘어나서 1955년에는 27만 종이 출판됐지만, 1995년에는 77만 종, 2007년에는 97만 6000종에 이르렀다.[14] 벨기에의 서지학자 폴 오틀레는 1934년이면 대략 1200만 장의 기록 카드를 모아 놓고 있었다. 1981년이면 FBI는 6500만 장이 넘는 5×3 인치 크기 기록 카드들을 보관하고 있었고, 2003년에는 온라인에 있는 파일이 10억 개에 이르렀다.

생산과 전파 모두 지식의 기술화가 진행되면서, 곧 정보를 관측, 측량, 기록, 검색, 배포하는 장비들이 출현하면서 도움을 받았다. 알렉산더 폰 훔볼트가 남아메리카로 저 유명한 원정을 떠날 때, 앞선 한 장에서 지적한 대로, 이미 상당히 광범위한 종류의 장비들을 같이 가져갔다. 훔볼트 시대와 1950년 사이에 발명된 많은 장비 가운데는 다음과 같은 것들이 있다.(앞으로 보게 되겠지만, 1950년 이후로 기술적 혁신은 한층 더 속도가 붙었다.)

1816년: 청진기

1830년: 리스터의 복합현미경

1859년: 분광기

1874년: 레밍턴 타자기

1881년: 딕터폰

1889년: 홀러리스의 전기 도표화 기기

1907년: 사진복사기

1928년: 자기테이프

1932년: 사이클로트론

1944년: 하버드 마크 1 컴퓨터

1947년: 트랜지스터

지식 폭발보다 극적이지는 않지만, 그래도 여전히 중요했던 것이 지식의 표준화, 아니면 최소한 지식을 수집, 분석, 시험, 전파하는 방식의 표준화로 나아가던 장기적인 흐름이었다. 과학 장비들은 점점 더 동형同形이 돼 갔고, 그리하여 실험들을 되풀이하기가 쉬워지게 해 줬다. 도서관 도서 목록들이나 이용자들이 기입하던 도서 대출 양식들 또한 표준화됐다.(영국 박물관 열람실에는 인쇄된 대출 양식이 1837년에 도입됐다.) 구술시험에서 필기시험으로 옮겨 가던 흐름도 표준화의 또 다른 사례였는데, 모든 사람에게 주어지는 똑같은 질문지가 교수를 상대로 하는 일대일 대화를 대체했던 것이다. 설문지들을, 또 사람들의 응답을 기록하는 양식들을 인쇄해 사용했던 것은 사회학 연구를 표준화하는 데 도움이 됐고, 또 국제 학술회의들은 최소한 몇몇 학문 분과에서라도 같은 명명법, 정의, 분류 체계를 만들어 낼 수 있게 해 줬다.

세속화와 반세속화

장기간이 문제가 되는 한, 우리는 반대되는, 또는 상쇄하는 흐름들이 공존하고 상호작용하면서, 반대 경향들의 어떤 평형 상태를 만들어 낸다는 것을 염두에 둘 필요가 있다. 우리도 보았듯이 지식의 일국화는 국제화와 공존했고, 전문화가 심화되는 가운데 학제적 연구를 하려는 움직임들이 있었던 것이다.

이 책에서 아직 다루지 않은 반대 경향들의 또 다른 사례로 세속화와 반反세속화의 경우가 있다.[15] 일반적인 관점은, 특히 19세기 후반에 유행하던 관점은 종교 세력과 세속 세력 사이의 충돌을, 그러니까 저 새 독일 국가가 구교의 영향력에 맞서 전개하던 문화 투쟁 Kulturkampf 같은 사례를 강조했다.[16]

종교와 세속 지식 간의 관계를 이렇게 바라보는 시각은 1875년과

1876년에 영어로 발표된 두 역사서가 잘 보여 준다고 할 수 있다. 이 두 역사서 중 첫 번째 책은 과학자 존 드레이퍼가 쓴 『종교와 과학 간 갈등의 역사』였다. 두 번째 책은 코넬 대학 초대 총장인 앤드루 딕슨 화이트의 『과학 대 신학의 전쟁사』였다. 이 두 서사 모두에서 이를테면 갈릴레오 갈릴레이는 과학의 대의에 자신을 바친 순교자로 제시됐다. 이 둘을 비롯한 다른 저자들에 따르면, 과학이 전쟁에서 승리했고, 그러면서 한때는 종교적이었던 세계관이 세속적으로 바뀌게 됐다. 예를 들어, 오귀스트 콩트에 따르면 인문학의 역사에서 나타났던 종교적 국면을 점점 더 세속적 성격이 강해져 갔던 두 단계, 곧 형이상학과 과학이라는 단계들이 필연적으로 이어받았던 것이다. 이 시기 이후로, 특히 바로 앞 세대에서는, 세속화를 단선적 흐름으로 보는 것이 지나치게 단순한 견해라는 주장을 서로 다른 이유들을 들어 내놓았다. 종교적 세계관들은 사라지지 않았고, 반대로 기독교, 이슬람교, 유대교, 힌두교 근본주의들의 시대에 들어서면서 더욱 중요해지고 있다. 이런 이유로 '반세속화'라는 용어의 사용도 늘어나고 있다.

어쨌든 단순한 형태의 세속화 명제는 과학자들을 비롯한 다른 학자 상당수가 종교를 가졌고, 지금도 갖고 있으며, 자기네 신앙과 직업 사이에서 어떤 충돌도 느끼지 않는 경우가 많다는 사실은 보지 못한다. 사실 우리도 보았듯이, 19세기에는 많은 성직자가 구교나 신교를 가리지 않고 과학 대중화 운동에 적극적으로 나섰다. 기독교인이라도 성서를 문자적으로 해석하지 않았던 사람들에게는 이를테면 다윈의 발상들이 충분히 받아들일 만했던 것이다.

지식의 지성사가 논쟁들에 초점을 맞추는 것이라면, 그 사회사는 성직자 같은 사회집단들이나 도서관, 대학 같은 기관들에 관심을 갖는다. 이 사회사 쪽에서는 이야기가 더 단순하다. 우리가 다루는 시대를 지나는 동안 성직자들은 지식의 생산자와 전파자로서 갈수록 덜 중요한 역할을 맡게 됐다. 도서관들은 18세기 후반 이후로 계속 세속화되는데, 그 운영권이 예수회 학료들 같은 종교 기관들에서 대학들 같은 세속 기관들로 넘어갔다는 의미에서였다.

대학들 안에서는, 신학부 학생의 수가 줄어들었는데, 특히 19세기 후반 독일에서 이 현상이 두드러졌다. 1830년에는 독일 대학들에서 30퍼센트가 넘는 학생들이 신학을 공부하고 있었으나, 1908년이면 오직 8퍼센트뿐이었다. 근대 초기에는 거의 대부분의 대학교수가 성직자였다.(1870년대까지도 옥스퍼드 대학과 케임브리지 대학에서는 교수가 되려면 성직자여야 했다.) 이와는 대조적으로, 우리가 다루는 시대에는 이 직종의 점진적 세속화를 이야기할 수 있게 된다. 런던 대학(1826년) 같은 일부 신생 기관은 학생들에게 종교 선서를 거치도록 요구하지 않았다는 의미에서 세속적 기관들이었다.

세속주의적 운동이 19세기 중반이면 생겨나게 됐고, 또 지금도 존재하는데, 토머스 헨리 헉슬리 같은 반성직주의 학자들과 리처드 도킨스 같은 전투적 무신론자들이 이 운동으로 연결이 되거니와, 이 운동은 노르웨이 인문주의자 연맹Human-Etisk Forbund(1956년), 영국 세속적 인문주의 회의, 또 이와 비슷한 조직들을 통해 기관의 형태를 띠고 있기도 하다.

세속화의 역설적 측면 하나는 종교의 언어를 세속적 용도에 전용한 것인데, 몇몇 사례는 이미 앞에서 언급했다. →399쪽 콩트의 후학들은 실증주의 '교파'들을 세웠고, 빅토리아 여왕 시대의 반성직주의 과학자 프랜시스 골턴은 자신이 '일종의 과학 성직자'라 부른 것이 생겨야 한다고 주장했다. 파리 대학 의학부의 학장은 1836년 연설에서 학생들에게 의사들은 성직자들의 진정한 동시에 정당한 계승자들이라고 말했다. 정신과 의사들은 성직자들과 마찬가지로 '위안'을 베풀었으니, 성직자들한테서 개념을 빌려 와 성직자들과 경쟁했던 것이다.[17] 그러니까 카를 구스타프 융이 심리 치료사들을 '성직자'로 묘사했을 때, 융은 전통을 따르고 있었던 것이다.

지식 기관들 쪽에서는 세속화가 지배적인 흐름인 것은 맞는 것 같다. 그래도 여전히 반세속화 사례들을 찾기는 어렵지 않다. 노스캐롤라이나주의 듀크 대학(1838년)은 감리교도들과 퀘이커교도들이 세웠고, 암스테르담의 자유 대학(1880년)은 칼뱅교도들이었고, 시카고 대학(1890년)은 침례교도 존 데이비슨 록펠러가, 나바르 대학(1952년)은 오푸스 데이의 수장이 세웠다.

우리가 다루는 기간 내내, 학자들이 받았던 압력은 정치적이기도 했고 종교적이기도 했다. 예를 들어, 에르네스트 르낭은 예수의 생애를 다룬 책(1863년)을 출판하고 나서 콜레주 드 프랑스 히브리어 교수직에서 해임되는데, 이 책에서 르낭은 예수를 인간에 지나지 않는 존재로 제시했던 것이다. 윌리엄 로버트슨 스미스 역시 히브리어 교수직에서 해임됐는데, 스미스의 경우는 애버딘에 있는 자유 교회 대학(1881년)으로서, 스코틀랜드 자유 교회가 스미스를 이단자로 선언한 데 따른 것이었다. 이 이단 혐의는 스미스가 한 항목을 기고한 『브리태니커 백과사전』의 출판이 계기가 됐는데, 여기서 스미스가 성서의 진술들을 문자 그대로 받아들여서는 안 된다고 암시한 것이 문제였다. 1925년 테네시주에서는 고등학교 생물 교사 존 스콥스가 수업에서 인간이 동물의 후손이라고 말했다가 재판을 받게 됐는데, 일찍이 테네시주에서는 이런 주장을 불법화했던 것이다. 창조론은 미국을 비롯한 다른 곳들에서 건재하다.

다른 한편으로, 1975년에서 2005년 사이에 미국에서는 공립학교 과학 수업에서 세계를 하느님이 창조했다고 가르치는 것이 위헌이라는 법원 판결들이 잇따라 나왔다. 세속화의 역사도 역사 일반과 마찬가지로 직선보다는 이쪽저쪽으로 왔다 갔다 하는 움직임이었다고 보는 편이 더 정확하다고 하겠다.

지식의 단기적 경향들

장기적 경향들은 단기적 경향들에 의해 강화되거나 아니면 상쇄될 수 있다. 또 한 명의 역사가로서 내가 보기에는 50년이라는 기간이 '단기적'이라고 할 수 있다. 우리가 다루는 시대의 주요한 전환점들은 무엇인가? 어떤 역사가들은 과거를 세대로 나누기를 좋아한다. 하지만 만하임이 지적했듯이, 어떤 세대를 하나로 묶어 주는 것은 전쟁이나 혁명, 위기 같은 어떤 전환점에 대한 공동 경험이다.[18]

학자들은 지식사에는 여러 차례의 위기와 혁명이 있었다고 주장했다. 이를테면 철학자 에드문트 후설은 지식들 또는 학문 분과들Wissenschaften은 1900년 무렵에 한 차례 위기를 겪었다고 생각했으며, 과학사가 토머스 새뮤얼 쿤은 한 묶음의 과학혁명들을 찾아냈다.[19] 구체적인 시기를 놓고는, 서로 다른 학자들이 많은 모순되는 주장을 내놓았으니, 보통 특정 지역이나 학문 분과에서 일어난 변화들을 놓고 지나치게 일반화를 한 결과였다.

이런 이유로, 가장 좋은 것은 가능한 한 열린 마음을 유지하려고 하면서, 동시에 50년씩 다섯 개 기간을 나눠 살펴보는 것일 텐데, 이 기간들은 대략 1750년, 1800년, 1850년, 1900년, 1950년에 시작하거니와, 이 연도들은 반드시 중요한 때라기보다는 어림수로 생각해야 할 것이다.(그러니까 마지막 기간의 경우, 1950년보다는 1940년이 실제로 더 중요한 전환점이 된다.) 이 제9장은 지난 30년 남짓한 기간에 일어난 변화들을 생각해 보는 것으로 끝을 맺을 것이다.

이 50년씩 묶은 기간들은 러시아 경제학자 니콜라이 콘드라티예프가 자본주의의 정기적 위기들을 설명하면서 밝혀낸 (역사가들이 보기에는 아니지만, 다른 경제 순환 주기들에 비교하면 '장기'였던) 경제의 장기 파동들을 생각나게 한다. 오스트리아의 조지프 슘페터 같은 후대 학자들은 콘드라티예프의 가설을 뒤바꿨는데, 그러니까 '뇌파'라고 부를 만한 것이 경제 파동들에 선행한다고 주장했다. 이 견해에 따르면, 결정적인 역할을 지금은 정보 기술이라고 알려진 것이 수행했으니, 곧 파동들을 '전달'했던 것이다.[20]

이어지는 내용에서는 지식 체계상의 전반적 변화들을 기술하면서 이따금씩 이 파동들을 다시 언급하게 될 것이다. 독자들이 기억하고 있어야 할 것은 각각의 기간 중에 일어난 아주 많은 사건을 몇 개의 중요한 흐름으로 환원할 수밖에 없었다는 것과 정확한 전환점들을 놓고는 다툼의 여지가 있다는 것이다. 어찌 됐든, 중요한 것은 연대들 자체라기보다 사건들의 순서라고 할 텐데, 마치 로켓이 상승할 때 필요한 여러 단처럼 한 사건이 다른 사건이 일어날 때 발판 구실을 했기 때문이다.

지식의 개혁,
1750~1800

먼저 나온 제1권은 『백과전서』(1751~1766년)의 출판으로 끝났다. 한편 여기서는 이 『백과전서』를 기준치로 삼아 여기서부터 변화를 측정하게 될 것이다. 이 참고서를 먼저 나온 참고서들과(또 나중에 나오는 참고서들 거의 대부분과도) 다르게 만들었던 것은 그 편찬자들의 정치적 구상이었다고 하겠으니, 곧 지식을 이용해 개혁에 복무하려던 것이었다.

지금 다루는 이 50년 기간 전체는 지식에 기초한 사회 개혁들이 일어났을 뿐만 아니라, 지식의 조직 자체를 개혁하려는 시도들도 있었다는 이중의 의미에서 '지식 개혁'의 시대였다고 부르는 것이 온당할 것이다. '개혁'은 '진보'와 '향상'과 마찬가지로 이 기간의 핵심어였으며, 이 세 단어에 해당하는 다른 언어들의 단어들도 마찬가지였다.(그러니까 프랑스어에는 réforme과 amélioration이 있었고, 이탈리아어에는 riforma, miglioramento나 perfezionare, 에스파냐어에는 reforma나 arreglo, 독일어에는 Reformation, Ausbesserung이나 Verbesserung, 덴마크어에는 opkomst와 forbedring 등등이 있었다.)

이 '개혁'이라는 말은 종교적 개념이었던 것을 세속적인 용도에 적용한 것으로서, 이 기간 중에 농업에서 교육에 이르는 다양한 환경 또는 분야에서 차용하게 된다. 칼 린나이우스는 스스로를 두고 자기 이전의 누구보다도 "큰 개혁을 식물학에서" 일으켰노라 묘사했다.[21] 앙투안 로랑 라부아지에는 화학의 언어를 개혁해야 할 필요에 관해 썼다. 프랑스 생리학자 피에르 카바니는 '의학 개혁'이라는 것을 주창했으며, 여기에는 의학 용어들도 포함돼 있었다.

지식은 경제적·사회적 개혁 또는 정치적 개혁을 수행할 때의 보조 수단으로 인식하는 경우가 많았다. 지식을 여러 통치자가 이런 식으로 바라봤는데, 이를테면 에스파냐 카를로스 3세나 마리아 테레지아를 꼽을 수 있으며, 『백과전서』를 자기가 이끄는 개혁의 조력자로

표현했던 프리드리히 대왕도 있었다. 이런 통치자들의 대신 일부도
이런 태도를 공유했다. 이를테면, 프랑스에서는 안 로베르 자크 튀르
고가 인구학 연구를 통해, 행정개혁에 수학을 적용하는 데 관심을 갖
고 있었다. 튀르고는 또한 전염병을 조사하는 위원회를 만들어 의료
개혁을 돕게 했다.[22] 에스파냐로 가 보면, 새로 생긴 마드리드 식물원
(1781년)은 "계몽주의 의료 개혁의 도구"라 부르기도 했다.[23]

　　포르투갈에서는 폼발 후작의 교육개혁이 그의 경제개혁과 연결
돼 있었다. 다른 곳에서는 교육개혁을 위한 포괄적 계획들이 수립됐
는데, 마리아 테레지아의 '교육 계획Ratio Educationis'(1777년)이 대표적이
었다. 이런 계획들은 보통 실용적 지식을 강조했다. 예를 들어, 독일어
사용권에서는 새로운 종류의 학교로서, 직접적인 실용성을 갖는 과
목들을 가르치는 레알슐레가 라틴어와 그리스어에 집중하는 전통적
인 문법학교와 별도로 설립됐다. 18세기 중반 이후로는 기성 대학들
을, 그러니까 코임브라나 코펜하겐, 크라쿠프, 마인츠, 프라하, 로마,
살라망카, 세비야, 빈 대학들 같은 곳을 개혁하려는 시도들이 이어지
는 것을 보게 된다.[24] 예를 들어, 폼발 후작 시대에 코임브라 대학에서
있었던 개혁에 따라 수학이나 철학 같은 새 학부들과 화학 실험실,
물리학 실험실, 식물원, 천문대가 설립됐다. 이 시기에 응용 과목들이
대학으로 진입하는 사례들이 있었는데, 1762년에 프라하 대학에 설
치된 광업 교수직이 이런 경우였다. 교과과정 개혁에는 그 확대도 포
함됐는데, 그 결과 나폴리 대학과 괴팅겐 대학을 비롯한 다른 대학들
에서 정치경제학이 교과과정에 편입됐다. 다양한 실용적 또는 실제
적 지식을 전문으로 가르치는 새로운 기관들도 정부들이 장려하는
가운데 이 기간에 많이 늘어났다. 특히 세 분야의 실제적 지식에 대
한 공식적인 교육이 이 시기에 제도화되는데, 곧 전쟁(포병학교들), 통

신(공학 학교들), 자원(농업, 광업, 통상)이었다.

지금 우리가 '과학 원정'이라고 부르는 것들은 우리도 보았듯이 18세기 하반기에 점점 더 흔해지고 있었으며, 실제적 동기들 때문에 정부들이 후원하는 경우가 많았다. 실제적 지식의 확산을 목표로 하는 자발적 결사체의 수도 특히 농업 분야에서 빠르게 늘어났는데, 대표적으로 에스파냐와 에스파냐령 아메리카에서 조직된 애국 협회였던 아미고스 델 파이스Amigos del País를 들 수 있다.[25]

백과사전들이 이제 늘어나는 새로운 정보들을 반영하려고 개정, 재집필, 재조직됐다. 심지어 저 유명한『백과전서』자체도 출판되고 얼마 지나지 않아 정보 갱신의 의미에서 개혁할 필요가 있었다. 경쟁 서들도 곧 출판되는데, 그중에서 대표적인 것으로『브리태니커 백과 사전』(1768년 이후)이 있었고,『인간 지식의 합리적 백과사전Dictionnaire raisonné des connaissances humaines』(1770~1780년, 총 쉰여덟 권),『체계적 백 과사전Encyclopédie méthodique』(1782~1791, 총 210권)도 있었다.

백과사전들의 개혁은 체계화를 포함하는 더 포괄적인 지식 개혁에 대한 반응이거나 그 표현이었다고 봐야 할 것이다. 이 기간의 또다른 핵심어는 '향상', '연구'와 함께 '체계'였다. 린나이우스의 식물학 개혁은 식물들을 분류하는 새로운 체계의 창조였으며, 린나이우스의 가장 유명한 책 가운데 하나는 '자연의 체계Systema Naturae'라고 불렸다. 영어에서 동사 '체계화하다systematize'가 만들어지는 것은 1760년대였다.『브리태니커 백과사전』(1771년)은 학문들과 기술들의 체계를 다뤘는데, 그러면서 체계를 이런 식으로 정의했으니 "원칙들과 판단들의 집합체 또는 연쇄이거나, 어떤 교의 전체로서 그것의 여러 부분이 서로 묶여서 하나가 하나에서 비롯되거나 서로 의존하는 것을 말하며, 이런 의미에서 우리는 철학의 체계, 신학의 체계 등등을 언급하는 것이다."

스코틀랜드 계몽주의 운동을 이끌던 사람들 중에서 애덤 스미스가 '정치경제학의 체계'들을, 데이비드 흄이 '유럽의 전반적 체계'를 이야기했다. 애덤 퍼거슨은 '기사도의 체계'와 '예절의 체계'에 관해, 윌리엄 로버트슨은 철학의 스콜라적 '체계'와 봉건 체계, '복합적이면서 복잡한 이탈리아의 정치 체계'에 관해 썼다. 독일어 사용권을 보면, 요한 요아힘 빙켈만은 이 개념을 '고대 미술 체계System der antiken Kunst'로까지 확대했고, 요한 크리스토프 가테러는 역사를 "체계적으로systemweise" 연구하는 것이 중요하다고 강조했다.

이러는 한편으로 지식은 이제 농업, 운송, 특히 제조업에서 실제적 목적에 갈수록 많이 적용되기 시작하는데, 거기서만 그런 것은 아니지만, 특별히 영국에서, 또 역사가들이 아직도 산업혁명이라 부르는 것의 시대에 일어난 일로서, 앤드루 미클의 탈곡기나 리처드 아크라이트의 소면기 같은 기계들이 잇따라 발명됐던 것이다.

지식 혁명,
1800~1850

1750년 이후로 일어났던 변화들은 혁명이라기보다는 지식의 재조직으로 표현해야 할 것이다. 혁명 자체는 1790년대에 모습을 드러낼 것이었다. 정치적 혁명에 뒤이어 지식 체계에서 급진적 변화들이, 특히 1789년에서 1815년 사이의 프랑스에서 일어났는데, 곧 (나폴레옹 시대가 열리기 전까지 몇 년 동안) 대학이며 학술원들이 없어져 버렸고, 국립학교école centrale들이 단과대학들을 대체했으며, 공과대학이

설립됐고, 또 기록 보관소들을 개방하라는 법령이 통과되고 했던 것이다.[26]

더 일반적인 수준을 보면, 지식의 구체제가 무너지고 새로운 체제가 이를 대체했다고 말할 수 있을 것이다. 이 구체제는 위계적 체제였으니, 여기서는 신학이 여왕이었고, 그 아래에 법학과 의학이, 그 밑에 인문학이나 학예 과목들이, 이제 맨 아래에 농업이나 선박 제조 같은 기예들이 있었다. 하지만 19세기가 시작되면서 전통적인 인문학의 지배는 자연과학과 기술을 지지하던 쪽으로부터 도전을 받게 됐다.

과학사가들은 1800년을 전후한 무렵을 '제2차 과학혁명'의 시대로 보고 있으며, 이 표현도 이 시대 자체로, 곧 1819년 새뮤얼 콜리지에게로 거슬러 올라간다.[27] 1830년대에 영어에서 '과학자'라는 단어가 출현하는 것은 (독일어의 해당 단어 Naturforscher도 마찬가지였는데) 이 혁명의 일부를 구성하는 전문화와 직업화를 보여 주는 징표였다. 이와 비슷하게, 탐험을 연구하는 역사가들은 이 기간을 '두 번째 대발견의 시대'라고 이름을 붙였다.[28]

이 기존 위계질서의 붕괴는 지식의 수다성, 곧 학문적 지식과 함께 서민적 지식이 있고, 어떤 것을 아는 것과 함께 어떻게를 아는 것도 존재한다는 것을 새삼 인식하게 되는 것과 맞물려 있었다. 대안적 지식들, 특히 유럽 학문 전통 바깥에 있는 지식원知識源들을 인지하게 되는 과정을 약간 과장해서 '타자'의 발견이었다고 묘사할 수 있을 텐데, 이 타자는 (역사주의에서처럼) 시간상에, (동양처럼) 공간상에도, (중상류계급들이 서민들을 발견하는 경우처럼) 사회 속에도 존재했다.

'시간의 발견'이라는 말은 역사주의의 출현을 가리키는 한 방법으로서, 여기서는 변화를, 또 과거와 현재 사이에 존재하는 문화적 거리를 더 예민하게 인식하면서, "과거를 일종의 외국으로" 보게 됐다는 의미에서 발견이라고 했던 것이다.[29] 역사주의 운동이 초점을 맞췄던 것은 중세 문화로서, 오랫동안 무시 또는 경멸을 받다가 이제 재평가를 받게 됐던 것이다. 발전에 대한 관심이 커지는 데 따라 다른 여러 가지 중에서도 박물관 소장품들의 연대순 재조직이 먼저 이루어졌다.

역사주의는 프랑스 혁명의 단순한 산물은 아니었으나, 분명히 프랑스 혁명에서, 또 이 혁명 이후에 역사가 가속화됐다는 인식에서 자극을 받았다고 하겠다.[30] 과거에 대한 새로운 이해는 미래에 대한 새로운 이해와 맞물려 있었는데, 특히 혁명가들은 미래를 가변적인 것으로, 곧 인간의 통제 아래 있는 것으로 보게 됐다. 이런 이유로 몇몇 독일 역사가는 1800년 무렵을 분수령 또는 안착기Sattelzeit라고 묘사했다.[31]

'동양의 발견'은 이집트며 페르시아, 특히 인도에 대한 관심이 높아지는 현상을 묶어서 부르는 유용한 표현이다.(오스만 제국이나 중국에 대한 관심은 근대 초기로 거슬러 올라간다.) 우리도 보았듯이, →49쪽 1798년 나폴레옹의 이집트 원정으로 고대 이집트가 유행이 됐다. 인도에 대한 독일인들의 관심은 특히 강렬했는데, 한편으로는 유럽 문화의 기원에 대한 탐구에서, 다른 한편으로는 고전 전통에 대한 대안의 모색에서 자극을 받았던 것이다.[32]

중세에 대한, 또 '동양의 지혜'에 대한 열광의 경우에서처럼, 계몽주의 운동에 대한 반발은 중산층이 서민 문화에 열광하던 현상의 바탕에도 깔려 있었다. 1800년을 전후한 무렵은 '서민의 발견'이라 불렀던 것의 시대로서, 유럽의 독일어 사용권에서만 그런 것은 아니지만, 주로 이 지역에 해당하는 말이라고 하겠다.[33] 동양의 발견에서처럼, 서민 문화가 그 발견자들에게 가졌던 매력의 상당 부분은 그 타자성에서 나왔다. 서민들은 이해하기 힘든 존재들로 여겨졌으며, 그 발견자들이 갖고 있지 않은(또는 갖고 있지 않다고 생각하는) 속성들로써 표현됐다. 곧 자연 그대로이며, 단순하고, 본능적이며, 비이성적이고, 개인적 개성이 없으며, 자기 사는 곳의 땅에 뿌리를 박고 있듯이 전통에 뿌리를 박고 있다는 것이었다. 민요며 민간설화, 민예품, 민속 음악, 또 1846년 이후로 영국인들이 '민족 전승'이라고(독일어에서는 Volkskunde라고) 불렀던 것을 수집하는 운동은 부분적으로는 서민들이 지식과 지혜의 원천이라는 믿음에서 자극을 받았다.

학문 분과들의 출현, 1850~1900

1850년 무렵은 개혁의 시대나 혁명의 시대만큼 뚜렷하게 구별되지는 않는다. 하지만 우리도 보았듯이 19세기 후반은 전문화의 역사에서 결정적인 기간이었다. "1850년에서 1900년 사이에" 한 학자의 주장에 따르면 "서구 과학은 지역 학회들이나 연구소들, 대학 강좌들이 느슨하게 묶여 있던 집합체였다가 각 나라 안에서 고도로 집중화되고, 또 정부와 기업들의 직접적인 자금 지원을 보장 받는 경우도 많으며, 또 상당한 수준의 직업화가 이루어진 일련의 학문 분과들로 변모했다."[34] 영어에는 이 흐름을 한 단어로 딱 가리킬 만한 말이 없지만, 독일어에서는 이 흐름이 학문 분과화Disziplinierung로 알려져 있다.

박사 학위가 일종의 학문적 자격으로서 제정됐으며, 그러는 사이 독립적 학과라는 틀로 자리를 잡는 학문 분과들이 늘어 갔다. 실증주의 시대에는 자연과학이 모든 지적 탐구의 본보기로 여겨지면서, 역사학에서 심리학에 이르는 많은 학문 분과의 학자들이 자기네 연구가 '과학적'이라고(아니면 최소한 학적^{wissenschaftlich}이라고) 주장했다.

이 흐름은 독일이 선도하는데, 1850년에서 1914년까지 독일이 학문적 지배권을 갖고 있었음을 실증하는 사례들 가운데 하나였으며, →328쪽 이런 독일을 미국이 특히 열심히 따라 하고 있었다. 예를 들어, 1852년 뮌헨 대학에 화학 연구소가 설립됐고, 유스투스 폰 리비히에게 이곳 책임자가 돼 달라는 요청이 들어왔다.(이와는 대조적으로, 리비히가 1820년대 이후 연구를 하고 있었던 기센 대학에서는 약제사들을 길러 내던 연구소에서 화학을 가르쳤다.) 1862년에는 베를린 대학에 물리학과^{Physikalische Institut}가 생겼고, 1869년에 화학과가 뒤를 이었다. 신생 존스 홉킨스 대학에서는 물리학과와 화학과가 1876년에 같이 설립됐다.

다시 미술사는 한동안 독일어 사용권의 독점물이다시피 했는데, 이 과목의 교수직이 베를린 대학(1844년), 빈 대학(1852년), 본 대학(1860년)에 있었고, 또 바젤 대학에도 있었는데, 여기서는 야코프 부르크하르트가 1858년에 역사와 미술사 두 과목의 교수가 됐다.[35] 프린스턴 대학에서는 1859년 첫 미술사 강사를 선임하는데, 그렇지만 미술학과는 거의 사반세기 뒤인 1883년에야 문을 열었다.

이 기간을 정의하는 데 도움이 되는 두 번째 주요한 주제는 대중화다. 우리도 보았듯이 꽤 많은 출판물이 나오면서 보통 사람들에게 과학을 설명했는데, 이러한 목적으로 출판되었던 많은 학술지가 대표적이었다. 지식을 전파하는 또 다른 효과적인 수단으로 1851년의 대박람회가 있었고, 또 그 뒤에 이 박람회를 흉내 내거나 이와 경쟁하려고 열리는 다른 박람회들이 있었는데, 파리에서 열린 만국박람회(1855, 1867, 1878, 1889년), 런던 국제박람회(1862년), 빈 국제박람

회(1873년), 필라델피아 100주년 박람회(1876년), 시카고 세계 박람회
(1893년)가 있었다.

이 박람회들에서, 특히 1851년 박람회에서 기술상의 혁신들을 중
요하게 취급했던 것은 콘드라티예프의 두 번째 경제 파동이 '기계 시
대'에, 곧 1840년대 중반 이후에 시작된다는 것을 새삼 상기하게 한
다.[36] 우리도 보았듯이, 증기 시대의 기술은(특히 철도와 증기선 둘은) 학
자들과 대중화 저자들이 대서양을 넘나들며 순회강연들을 하고, 여
러 학문 분과에서 국제적인 학술회의들이 정기적으로 열릴 수 있게
해 줌으로써 학식의 공화국을 크게 바꾸어 놓았다. 철도의 보급은 또
다른 혁신들이 일어나도록 자극했다. 안전과 효율상의 이유로 철도
관리자들은 기차 차량들이 언제 어디에 있는지 알 필요가 있었고, 이
것이 철도 회사들이 천공카드와 이 카드들을 읽을 홀러리스류의 기
계들을 빠르게 도입하게 만들었던 것이다.[37]

이 기간은 박물관들의 역사에서도 중요한 시기였다. 이 기간에 새
로 설립된 박물관들 중에는 다음과 같은 곳들이 있다.

1852년: 뉘른베르크, 게르만 국립박물관

1857년: 런던, 사우스켄싱턴 박물관

1864년: 하를럼, 식민지 박물관

1865년: 웰링턴, 식민지 박물관

1866년: 뉴헤이븐, 피바디 자연사박물관

1868년: 파리, 인류학 박물관

1868년: 뮌헨, 국립 민족학 박물관

1869년: 라이프치히, 민족학 박물관

1870년: 뉴욕, 메트로폴리탄 미술관

그림 15

스톡홀름의 북방 민족 박물관(1873년). 사진: © Greg Carter, 2006

1872년: 빈, 미술사 박물관

1873년: 베를린, 인류학 박물관

1873년: 스톡홀름, 북방 민족 박물관(그림 15)

1881년: 런던, 자연사박물관

1885년: 런던, 과학박물관

앞의 박물관들 중에 식민지 박물관 두 곳이 들어 있는 것에서 '과학적 식민주의'가 이 시기에 그 정점에 있었다는 것을 다시 떠올리게 된다.[38] 독일의 인류학 또는 민족학 박물관 네 곳과 마찬가지로, 이 두 박물관에서는 유럽인들이 아시아, 아프리카, 아메리카 대륙, 오세아니아에서 가져온 인공유물들을 전시했다. 이 기간 중에 과학적 식민주의를 위해 생긴 제도나 기관들을 보면, 소르본 대학의 식민지 지리 교수직(1893년)이 있었고, 파리 식민지 학교(1889년)나 브뤼셀 국제 식민 학교(1894년) 같은 교육기관들이 있었으며, 베를린 식민지 전시회(1896년) 같은 전시회들도 있었고, 인도 지질 조사(1851년)나 네덜란드 식민부의 네덜란드령 동인도제도 측량(1857년) 같은 조사들도 있었다. 러시아가 1860년대에 투르키스탄으로까지 진출하고 나서 중앙아시아 지역에 대한 일련의 지리학, 고고학, 인종학 원정들이 이어지기도 했다.

식민지들 바깥을 보면, 이 기간은 서구의 지식이 동아시아에 침투하는 때였다. 중국에서 이 목적에 일조했던 기관들로는 북경 외국어학교(1861년), 강남 제조국 번역부(1879년), 상해 격치서원(1876년), 상해 중국인들을 위한 기독교 지식 및 일반 지식 보급 협회(1887년), 북경 경사대학당(1898년)이 있었다. 일본에서는 새로 수립된 메이지 체제가 제국 토목 대학(1873년)과 도쿄 대학(1877년), 교토 제국 대학(1897년)을 설립했다. 독일 모형을 따른 박사 학위가 생기는 것은 1880년대였다.

지식의 위기,
1900~1950

이 제9장의 앞에서 인용했던 후설이 1900년 무렵을 여러 학문 분과가 위기를 맞은 때라고 봤던 유일한 개인은 아니었거니와, 이 위기는 '실증주의에 대한 반란'으로 표현되기도 한다.[39] 이 반란 흐름이 가장 두드러졌던, 아니면 가장 먼저 두드러졌던 것은 철학이었으니, 대표적으로 먼저 프리드리히 니체의 '관점주의'를 들 수 있는데, 여기에 따르면 세계를 바라보는 하나의 정확한 방식 같은 것은 없고 오직 다양한 시각 또는 관점들이 있으며, 또 후설 자신의 '현상학'도 있는데, 여기서는 외부 세계와 이 세계에 대한 우리의 가정들은 지적 괄호들 안에 묶어 놓고 대신 이 세계를 산 경험을 분석했다. 1914년 이전에 정식화되기는 했지만, 이런 사상들이 퍼지는 데는 시간이 걸렸고, 가장 큰 영향력을 가졌던 것은 제1차 세계대전이라는 집단적 트라우마를, 또 제1차 세계대전에 따른 구체제의 붕괴를 겪고 난 이후였다.

정설이었던 것의 전복은 물리학에서 가장 분명했다. 정확하게 이해됐든 아니든, 아인슈타인의 유명한 일반 상대성원리(1915년)는 상대주의에 힘을 실어 줬으며, 베르너 하이젠베르크의 불확정성원리는 양자역학과 관련해서 (1927년에) 정식화됐지만, 확실성 일반을 약화했다. 객관성을 띠고 있다고 전제하는 이론들은 한 분야 한 분야에서 차례로 기반을 잃어 갔고, 일반적 법칙들이나 보편적으로 적용할 수 있는 방법론에 대한 신뢰 역시 약해져 갔다.[40]

직업적인 역사가들 사이에서는, (아일랜드 역사가 J. B. 베리가 주장했듯이) "역사학은 과학이며, 그 이상도 그 이하도 아니"라는 확신은 역사학은 예술의 일종으로서, 곧 개인적 관점의 개입이 불가피한 문학의 한 분야라는 관점에 밀려났다. 객관성에 대한 유명한 두 비판이 미국 역사학회 회장 연설의 형식으로 제기됐는데, 칼 베커는 "모든 인간이 자기 자신의 역사가"(1931년)라고 했고, 찰스 비어드는 "기록된 역사는 신앙고백"(1933년)이라고 했던 것이다.[41]

사회학에서도, 이 학문 분과의 과학성을 둘러싸고 비슷한 논쟁이 벌어졌는데, 이 논쟁은 새로운 하위 분야 Wissenssoziologie, 곧 '지식

사회학'의 출현과 관련돼 있었으니, 막스 셸러와 만하임에서 시작된 이 지식사회학에서는 서로 다른 사회집단들, 특히 사회 계급들의 세계관에 존재하는 차이들을, 또 여러 형태의 지식들과 사회적 상황 사이의 밀접한 관계를 강조했다.[42] 지식사회학 자체를 사회 속에 놓고 보자면, 전후의 환멸감이 만하임 같은 지식인들이 그때까지는 자연스럽게 받아들여지던 문화적 가치들로부터 거리를 두도록 자극했던 것이라고 말할 수 있겠다.

제1차 세계대전은 기존의 확실성들을 약화하는 데 일조한 것 말고도 지식에서 많은 변화가 일어나게도 했다. 많은 학문적 기술이 양쪽의 전쟁 수행을 지원하는 데 관련 학자들과 함께 동원됐다. 물리학자들은 선박들이 잠수함을 탐지하는 방법들을 개발했다. 심리학자들이 조종사들의 숙련도를 평가했고, 200만 명의 미국 병사가 지능 검사를 받았다. 1920년에 한 학자는 "제1차 세계대전이 남긴 가장 주목할 만한 결과 하나는 과학과 연구가 국가적 중요성을 갖는다는 점을 부각했다는 것"이라고 말했다.[43] 우리도 보았듯이, 연구 평의회들이며 위원회, 부서가 프랑스, 영국, 러시아, 미국에서 생겨났고, 그리하여 연구의 양도 확대됐다.

첩보 기관들 역시 확대됐거니와, 다만 많이 알려진 몇몇은 제1차 세계대전보다 몇 년 먼저 설립되는데, FBI는 1908년이었고, MI5는 1909년, (나중에 MI6가 되는) 영국비밀정보부[SIS]는 1912년이었다. 정부들 역시 전쟁 수행을 위한 자원을 동원하기 위해 국민들에 관해 평소보다 더 많은 정보가 필요해졌고, 이렇게 중앙집권화와 통제가 심화하는데도 평시에 그랬을 것보다는 이에 대한 저항이 강하지 않았다.[44] 예를 들어, 영국에서는 국민 등록법(1915년)에 따라 전체 국민의 이름과 주소 따위를 기록한 등록부가 만들어졌고, 또 개인들이 신분증을 갖고 다녀야 했으며, 이 조치는 1919년 해지됐다. 여권이 영국, 프랑스, 독일에서 재도입됐고, 다른 몇몇 전시 조치처럼 상시화됐다.[45]

전쟁은 학문 세계도 갈라놓았다. 미국 사회학자 앨비언 스몰은 이전의 친구이자 동료였던 게오르크 지멜과 관계를 끊었고, 벨기에 역사가 앙리 피렌은 카를 람프레히트와 절교했다. 피렌은 독일인들이 벨기에에 세워 놓은 체제에 저항하다가 1916년 독일인들에게 잡혀 투옥되기도 했다. 하지만 전쟁이 끝나면서, 또 전쟁에 대한 반작용으로서, 국제연맹을 통해 제도적 형태로 나타났던 국제적 협력 흐름은 학식의 공화국으로도 확대됐다. 이제 피렌은 국제 역사학 회의를 부활시키려고, 또 독일 학자들을 역사가들의 공동체에 다시 들어오게 하려고 돌아다녔다. 피렌은 1923년에 브뤼셀에서 열린 국제 역사학 회의를 주재했고, 여기서 비교사를 민족주의에 대한 해독제로서 제시했다.[46] 이러는 한편 국제 연구 협의회가 1919년에 이번에도 브뤼셀에서 열린 회의에서 발족됐다. 이 새로운 공화국에서 독일 학자들은 1850년에서 1914년까지 그랬던 것과는 달리 더는 지도자들이 아니었다.

세 번째 콘드라티예프 파동은 이미 1890년대에 시작돼 있었는데, 이 기간은 '전기 혁명'의 시대였고, 동시에 계산기 같은 정보 기술적 혁신들의 시대였다.[47] 독일과 미국의 기업들은 연구, 곧 'R&D'에 투자하기 시작했고, 19세기 끝에 가서는 이것이 '제2차 산업혁명'이라고 불렸던 것으로 이어졌다.[48] 하지만 전쟁이야말로 산업에는, 그리하여 특정 형태의 지식들에도 주요한 자극이었다. 사실 일부 학자는 1914년이 '제3차 산업혁명'의 시작이었다고 주장하기도 했는데, 우리도 보게 되지만, 이 혁명을 보통은 더 나중의 시점으로 잡는다.[49]

지식의 기술화,
1940~1990

　제2차 세계대전은 지식사에서 제1차 세계대전보다 한층 더한 전환점이라고 할 텐데, 비록 큰 과학이 원자탄과 함께 시작된 것은 아니었지만, 맨해튼 계획과 거기에 참여해 같이 작업한 저 많은 과학자는 첨단 기술과 정부 지원이라는 새로운 시대의 상징이었기 때문이다.[50] 전쟁 경험은 다른 혁신들도 촉발했다. 미국 과학자 위너가 사이버네틱스를 발전시키는 것은 대공포에 고속 비행 물체들을 추적하는 법을 '가르치는' 문제를 연구하던 중이었다.

　지식의 기술화는 전쟁 뒤에 꽤 빠른 속도로 계속됐는데, 콘드라티예프의 네 번째 파동이, 곧 '전기 시대'[51]의 파동이 이를 끌고 간 것으로서, 다음과 같은 이정표들을 거쳐 갔다.

　　1951년: UNIVAC 컴퓨터

　　1956년: U-2 첩보기

　　1957년: 스푸트니크

　　1958년: 복사기

　　1959년: 최초의 기상위성 뱅가드 2호

　　1961년: 환등기

　　1961년: 마이크로피시

　　1969년: ARPANET

　　1970년: 미국 방위 지원 계획 위성들

　　1971년: 마이크로프로세서

　　1977년: 보이저 1·2호

1978년: 시샛Seasat 위성

1981년: 개인용 컴퓨터

1984년: 콤팩트디스크

1987년: 홍채 인식 기술

1987년: 파워포인트

기술 혁신이 빨라지면서 지식상의 진보들을 낳았고, 이것이 다시 또 혁신으로 이어졌다는 것은 더없이 분명하다. 구식화가 이전 어느 때보다도 더 두드러졌으니, 1980년대와 1990년대에 유행한 마이크로피시와 팩스 기계의 등장과 퇴장이 이런 경우였다. 하지만 이 기간의 지식사에서 가장 주목할 만한 변화는 생각하고, 알고, 배운다고 말할 수 있는 기계들이 출현한 것으로서, 이 기계들은 체스를 두고, 미사일을 조준하고, 멀리 떨어진 행성들의 사진을 찍는 데 이용됐다. 위성을 이용한 군사 용도와 민간 용도의 관측은 (기상과 해양 연구가 대표적이거니와) 1950년대 이후 계속 확대됐다.

제1차 세계대전의 경우에서처럼, 여러 나라가 휘말렸던 전쟁이 끝나면서 1945년에는 국제적 협력을 제도화하려는 시도들이 이어졌다. UNESCO(1946년)는 국제연맹 지적 협력 위원회(1922년)가 바뀐 기관이기는 했지만, 이번에는 더 많은 자원을 받았다. 영국인 과학자 조지프 니덤과 미국인 지식 관리자 바네바 부시는 원래는 문화 및 교육 기구로 계획됐던 UNESCO에 '과학science을 가리키는 S'가 들어가는 데 이바지한 사람들 가운데 대표적인 인물들이었으며, 또 다른 영국 과학자 줄리언 헉슬리는 이 기구의 초대 사무총장이 됐다.

학식의 공화국을 보면, 증기 시대에 이어 제트 시대에 접어들었으니, 이제 더 빠른 이동 수단이 출현하면서 구체적인 주제들을 다루는 소규모 국제 학술회의가 많아지게 됐다. 큰 규모로 열리는 학문 분과별 국제 학술회의들은 이미 앞에서 언급했거니와, 이 기간 중에도 살아남았으며,(사실은 점점 더 커졌으며) 하지만 바로 이 때문에 실질적인 결과는 갈수록 다른 데서 만들어 내고 있었다.

과학에 대한 정부의 자금 지원은 1945년 이후에도 계속되는데, 냉전, 특히 미국과 소련 간 경쟁의 결과였다. 이런 자금 지원이 없었다면 '세 번째 발견의 시대'라고 알려지고 있는 것, 곧 우주탐사나 대양 심해 탐사의 시대는 불가능했을 것이다.[52] 비슷한 이야기를 '제3차 과학혁명'을 놓고도 할 수 있을 텐데, 이렇게 이름을 붙이는 데는 컴퓨터 과학과 분자생물학 두 분야에서 일어난 급속한 발전들이 크게 작용했다.[53] 전기통신의 발달은 '정보 이론' 또는 '정보 과학', 그러니까 통신 과정을(곧 부호화, 전송, 복호화 과정을) 분석해서 메시지가 '잡음'에 오염되지 않게 하는 작업과 연결돼 있었다.

제3차 과학혁명과 연결돼 있는 것이 '제3차 산업혁명'으로서, 이 표현은 20세기 하반기에 일어난 변화들과 관련해서 사용하는 경우가 가장 일반적이다.[54] 서구 국가들, 또 더 나중에 일본, 한국, 대만은 서비스산업, 특히 지식산업의 출현으로 일변하게 되는데, 전통적인 제조업이 이러면서 희생됐다.[55] 가장 극적인 사례로 들 수 있는 것이 캘리포니아 베이에어리어 '실리콘밸리'의 발달로서, 여기서는 이미 1950년대에 IT 산업이 자리를 잡았는데, 지금은 유명한 홈브루 컴퓨터 클럽이 생기기 20년 전의 일이었다. 고등교육기관들의 존재가(곧 (전기공학과가 대표적이었던) 스탠퍼드 대학이나 버클리 대학의 존재가) 중요 산업의 위치를 결정지었던 것은 역사상 이것이 최초의 사례였다.[56]

'지식 경제'가, 또 애플이나 마이크로소프트 같은 지식 기반 기업들이 등장하면서 생산이 연구에 의존하게 되고, 이것이 이번에는 '후기 산업사회', 다른 말로는 '정보사회' 또는 '지식사회'의 출현으로 이어졌으며, 여기서는 일상생활에 새로운 형태의 지식들이 침투하게 된다. 일부 독자는 지식사회가 21세기의 현상이라고 생각할 수도 있을 것 같아서, 지식사회라는 말은 이 말을 둘러싼 논쟁과 마찬가지로 1970년대까지 거슬러 올라간다는 것을 강조해 둘 필요가 있다. 그러니까 미국의 경제학자 케네스 애로가 정보를 "지금까지 경제 이론가들로부터 많은 주목을 받지 못했던 경제적으로 흥미로운 재화 범주"라고 묘사하는 논문을 발표하는 것이 1973년이었던 것이다.[57]

이 무렵은 지식 노동자의 수나 다양성이 공히 늘어나던 때였다. 이런 노동자군에 포함됐던 것으로는 교수, 기록 보관인, 학예사, 언론인, 지식 관리자, 컴퓨터 노동자가 있었고, 또 독립적으로, 아니면 집단으로 작업하거나 다른 사람들의 연구 조수로 일하는 여러 종류의 연구자들도 있었다.

지식사회의 출현은 지식 생산의 중심지로서 대학들의 중요도가 하락하는 것과 맞물려 있었다. 지식들의 수다성을 생각해 보면, 대학들이 지식 생산을 독점한 적이 없다는 것은 분명하지만, 대학들의 '시장 점유율'이 이 기간 중에 줄어들었는데, 이것은 (우리도 보았듯이, 19세기 후반부에 출현하는) 기업 연구소들과 경쟁하고, 또한 20세기 하반기에 수가 점점 늘어나고 점점 더 많은 나라로 퍼져 갔던 두뇌 집단들과도 경쟁을 하게 된 결과였다.[58]

이 기간의 또 다른 주요한 흐름은 지식 영역에서 일어난 서구의 쇠퇴였는데, 이 쇠퇴는 정치나 경제 영역의 경우에서보다는 점진적이었으나, 그래도 여전히 지각할 수는 있을 정도였다. 서구 안에서 서구의 자기중심주의 또는 유럽 중심주의를 비판하는 견해는 특히 인류학자들이 많이 내놓았다. 1950년은 상징적인 해였는데, 클로드 레비스트로스가 고등 실업 학교에서 교수직에 선임되면서 이 교수직의 이름을 '미개한 사람들'의 종교에서 '문자 없는 사람들'의 종교로 바꿨던 것이다. 레비스트로스는 계속해서『인종과 역사』(1952년),『슬픈 열대』(1955년),『야생의 사고』(1962년)를 통해 자신의 문화적 상대주의를 자세히 제시했다.

아시아 과학자들이 노벨상을 타기 시작하는 것이 이 기간 중이었으며, 역사학과 사회과학 쪽에서는 유럽과 미국 밖의 목소리들이 들리기 시작했다. 예를 들어, 역사학의 경우에는 인도 외교관 카발람 파니카르가 쓴『아시아와 서구의 지배』(1953년)는 파니카르가 '바스쿠 다 가마의 시대'(1498~1945년)라고 부르는 것에 대한 서구의 해석에 도전했다.『블랙 자코뱅』은 생도밍그 혁명(1791년)에 관한 연구서로서, 트리니다드 출신 역사가 시릴 라이어널 로버트 제임스가 썼으며, 출판된 것은 이 기간보다 앞선 1938년이었지만, 제2차 세계대전 이후에 주목을 받게 됐다. 멕시코 역사가 미겔 레온포르티야의『패배자의 시야La vision de los vencidos』는 원주민들의 시각에서 멕시코 역사를 들려주는데, 1961년에 출판됐다.

식민주의 자체는 마르티니크 출신 시인 에메 세제르가『식민주의에 대한 담론』(1950년)에서, 또 역시 마르티니크 출신인 정신분석학자 프란츠 파농이『대지의 저주받은 사람들Les Damnés de la terre』(1961년)에서 분석했다. 이런 책들은 '탈식민주의 연구' 운동을 자극했으며, 이 운동은 에드워드 사이드의『오리엔탈리즘』(1978년)이 출판되면서 많이 알려지게 된다.[59]

1950년대와 1960년대는 또한 발전 경제학이 등장하는 때였고, 여기서는 선진국들과 '저개발'(나중의 '개발도상') 국가들을 구별했으며, 또 '종속이론'이 출현하는 때이기도 했는데, 이 이론에서는 선진국들이 다른 나라들에 원재료를 수출하고 제조품을 수입하도록 강요함으로써 이 나라들을 "저개발시켰"다고 주장했다. 한편 종속이론 자체는 라틴아메리카 경제학자들과 미국 경제학자들의 합작물이었다.

1960년대가 되면 전통적인 사회 해석과 역사 해석에 대해(곧 지배계급, 서구, 남성 중심적이라고 비판받던 해석들에 대해) 페미니스트들, 또 아래에서, 그리고 주변에서 본 관점들을 지지하는 쪽들에서 가하는 삼중의 공격을 눈으로 확인할 수 있게 된다. 학회들이나 대학 강좌들이 (여성, 아메리카 원주민, 아프리카계 미국인 같은 주제를 중심으로) 생겨나고 《히스토리 워크숍》이나 《사인스Signs》 같은 학술지들이 이런 새로운 접근 방법들을 확산하게 하기 위해 창간되면서, 전통에 대한 이 공격은 다시 지식사회학의, 또 지성사의 일부가 됐다.

20세기 중반에는 정도를 더해 가는 전문화에 대한 반발도 보게 되는데, 영국에서 찰스 퍼시 스노가 (1959년에) 했던 '두 문화' 강연→270쪽을 놓고 논쟁이 벌어지고, 학부 수준에서 학제적 연구가 제도화됐던 킬(1950년)이나 서식스(1961년) 같은 대학들이 설립되고 한 것이 그 예라고 하겠다. 하지만 두 문화를 두고 벌어진 국제적 논쟁이 보여 주듯이, 이 문제에 대한 우려와 이런 상황을 최소한 서로 관련이 있는 학문 분과군 안에서라도 고쳐 보려는 시도들은 영국이라는 경계를 훌쩍 벗어나 있었다. 직업적인 학자들의 수준에서 보면 팔로알토에 행동과학 고등 연구소(1954년)가 설립되고 파리에 인간 과학 연구소(1963년), 빌레펠트 대학에 학제적 연구 센터(1968년)가 생긴 것을 이런 시도들로 꼽을 수 있다.

재귀성의 시대,
1990~

되돌아보면, 바로 앞 세대는 어떤 면에서는 지식사에서 새로운 한 시대였으며, 1989~1990년은 그 상징적인 개막일이었다. 베를린 장벽이 무너지고 소련을 비롯한 다른 공산주의 체제들이 붕괴되면서 큰 변화들이 줄을 이었고, 여기서 소련 과학원과 그 위성 기관들이 일변하는 것은 오로지 작은 부분일 따름이었다. 월드와이드웹은 이제 이름을 갖게 됐고, 1990년 유럽 입자 물리 연구소 안에서 작동하기 시작했다.(월드와이드웹은 미국의 군사 통신 체계였던 ARPANET에서 발달해 나왔지만, ARPANET보다 많은 사람이 접근할 수 있었고, 그 안에서 돌아다니기도 더 쉬웠다.) 경제사가들은 다섯 번째 콘드라티예프 파동이 마이크로일렉트로닉스를 근간으로 해서 1980년대 말에 시작된 것으로 본다.[60]

지식의 기술화는 계속해서 빨라졌다. 주요한 이정표들로 1990년(허블 우주 망원경), 1994년(넷스케이프), 1995년(자바), 1998년(구글)을 꼽을 수 있다. 위성사진은 측량과 감시 두 분야에 공히 도움을 준다. 화성 전역 탐사선은 1997년 궤도에 진입했고, 구글 어스는 2005년 일반인들이 이용할 수 있게 됐다. 반드시 지식의 폭발은 아닐지언정, 정보의 폭발은 계속된다. 디지털 자료들은 이제 기가바이트, 테라바이트, 페타바이트, (100경 바이트 또는 10억 기가 바이트인) 엑사바이트로 측정한다. 2005년에는 인류가 150엑사바이트의 자료를 만들어 낸 것으로 추정되지만, 시장조사 회사 인터내셔널 데이터 코프가 실시한 조사에 따르면 2010년에는 대략 1200엑사바이트의 디지털 자료가 생산될 것이었다.[61]

이러다 보니 '지식 관리'가 필요하다는 소리가 특히 경제계에서 나오는 것도 당연하다고 하겠고, 이제는 '지식 관리 용역'을 광고하는 전문 업체들도 생겨났다. 최초의 최고 지식 경영자CKO가 선임되는 것은 1994년이었다. 이 이후로 꽤 많은 기업이 최고 지식 경영자들을 선임했다.[62] 경영자들이 지식에 전보다 더 많이 관심을 갖게 됐다면, 대학 같은 지식 기관들은 경영에 더 많은 관심을 갖게 됐는데, 충분히 이해할 만한 일로서, 대학들은 갈수록 경쟁이 심화되는 세계에서 대학들끼리만 경쟁하는 것이 아니라 두뇌 집단이나 기업체 연구소들 같은 연구 기관들과도 경쟁을 하면서 자기 자리를 지키느라 분투하고 있기 때문이다.[63]

소스타인 베블런이 오늘날 살아 있다면, 대학들과 기업들 사이의 유사점이 자기 때보다 훨씬 더 많아졌다는 생각을 하며 아마 냉소를 지을 것이다. 베블런은 심지어 '지식의 맥도날드화'(곧 맥날리지Mcknowledge)에 관해 그러니까 대량생산(학생 수의 증가), 또 측량을 통해 효율성을 향상하려는 시도(교수 평가, 인용 색인, 연구 실적 평가), 또 (저 광적인 효율성 추구자였던 멜빌 듀이가 19세기에 주장했던) 표준화, 또 (예를 들어, 어학 실습실에서처럼) 일부 학습 과정에서 기계가 사람을 대체하는 현상의 결합에 관해 쓸 수도 있을 것이다. 몇몇 대학은 경영 자문가들을 불러다 효율성을 증진할 수 있도록 도움을 받기도 했다.[64]

많은 학생과 학자들의 일상적 연구 생활은 개인용 컴퓨터의 보급과 '제5의 권력'이라고 부르기도 하는 인터넷의 출현으로 크게 변했다.[65] 논문의 발췌 인쇄본은 사본 형태의 '출판 전 논문'과 마찬가지로 직접 전달하거나 우편으로 부치던 것이 이제 발표 논문이든 미발표 논문이든 전자우편으로 대체되고 있다. 종이 신문의 판매 부수는 계속 줄어들고 있다. 비록 전자책의 미래는 여전히 불투명하지만, 종이 기반 지식 분야에서 일하는 서적 판매상들과 출판업자들을 비롯한 다른 노동자들에 대한 위협은 확실히 감지할 수 있는 정도가 됐다.[66] 자구책으로서, 규모가 더 작은 출판사들은 서로 힘을 합쳤고, 그렇지 않은 경우는 더 규모가 큰 다국적 조직들에 합병됐는데, 그리하여 아셰트는 더는 프랑스어책만 내지 않으며, 네덜란드 회사인 엘세비르는 여전히 본사는 암스테르담에 있지만, 영어로 아주 다양한 종류의 과학 서적들을 만들고 있으며, 존와일리앤선즈는 미국 출판사로서 2007년 블랙웰 출판사를 인수했다.

몇몇 측면에서는, 책이나 학술지들이 전자책과 종이책 두 가지 형태가 공존하는 지금의 상황은 유럽에서 최초로 인쇄된 책들이 나오던 15세기 후반을 생각나게 한다. 이 새로운 소통 매체는 필사본들을 몰아내지 않았다. 이 두 매체는 공존하며 상호작용했고, 일종의 노동 분업이 둘 사이에서 일어났다. 내가 예상하는 미래대로라면 종이책들과 전자책들이 이와 비슷한 방식으로 공존할 것이며, 다만 책의 축소도 같이 일어날 것이다. 책의 중요성이 줄어든다는 의미에서는 은유적 축소이고, 점점 많은 정보를, 심지어는 지식도 다른 매체들에서 얻는 독자들에게 맞춰 책이 더 작아지고 더 짧아진다는 문자적 의미의 축소이기도 하다.

지식의 지구화 추세도 뚜렷해졌다. 랩톱컴퓨터와 인터넷 사용이 늘어나면서 지식의 주변부, 곧 '지방들'과 파리, 런던, 뉴욕 같은 주요 도시들에 있는 중심지들 사이의 전통적 구별이 무너지고 있다. 마셜 매클루언의 유명한 표현 '지구촌'은 여전히 과장이지만, (1980년에 세상을 떠난) 매클루언이 활동하던 때보다 지금 훨씬 더 정확하다고 하겠다.

1989년 이후로는 '국제적 공동 작업의 엄청난 성장'이 두드러졌

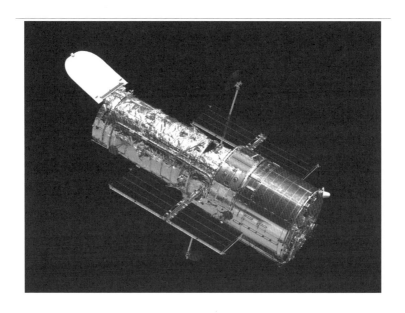

그림 16
허블 우주 망원경.

다.[67] 이런 성장에는 경제적 이유도, 문화적 이유도 있다. 큰 과학의 특정 단계에서는 국가의 지원이 필수적이었고, 국제적 경쟁, 무엇보다도 미국과 소련 사이의 경쟁은 대규모 지출로 이어졌다. 하지만 결국 큰 과학은 어떤 나라든 한 나라가 지원하기에는 너무 커지게 된다. 이를테면 저 허블 망원경(1990년, 그림 16)에는 20억 달러가 들었다.[68] 우주를 무대로 한 국제적 경쟁이 국제 우주정거장(1998년)을 중심으로 한 협력 작업으로 대체되는 것도 이렇게 보면 당연했다. 유럽에서는 핵물리학 연구를 유럽 입자 물리 연구소를 통해 유럽연합이 지원한다. 이 지원 사업 역시 재정상의 필요 때문에 기획됐는데, 입자가속기(그림 17)들이 결코 싸지 않기 때문이다.(저 강입자 충돌기는 대략 90억 달러

그림 17

유럽 입자 물리 연구소의 강입자 충돌기(2008년). © Cern

가 들었다.) 그래도 여전히, 유럽 입자 물리 연구소의 존재는 과학자들의, 아니 최소한 입자물리학자들의 유럽 공동체라 할 것이 만들어지는 데 도움을 주고 있다.

이 지구화 흐름은 정치적 빙하기가 해빙되는 것뿐만 아니라 영어가 새로운 라틴어로 등극한 것 때문에도 더 빨라졌으니, 이제 영어는 학식의 공화국 공용어로서 발행지가 어디든 학술지들에서, 또 네덜란드에서 싱가포르까지 세계 상당수 지역의 대학 강의들에서도 점점 많이 사용되고 있다. 세계 공통 영어 또는 '글로비시globish'의 출현은 '문헌들의 불평등 교환'도 낳았는데, 영어로 쓴 연구들이 번역되는 경우가 다른 언어에서 영어로 번역되는 연구들보다 훨씬 많기 때문이다.[69] 사실 영어로 된 학술 서적들이나 논문들을 보면 다른 언어들로 쓴 문헌들을 영어로 된 문헌들보다 훨씬 적게 인용한다. 스웨덴에서 브라질에 이르기까지 일부 국가에서 학자들은 대학 책임자들로부터 자기 기관의 국제적 위신을 높이기 위해 자기 나라 말보다 영어로 연구 결과를 발표하라는 압력을 받고 있다.[70] 구글 같은 영어 검색엔진들, 또 주로 영어로 된 책들을 보여 주는 구글 도서 검색이 등장하면서 이 경향은 더욱 강화되고 있으며, 프랑스가 주도하는 콰에로(2005년)처럼 대안들을 내놓으려는 움직임들이 있기는 해도 별다른 영향을 주지는 못하고 있다.[71]

또 다른 주요한 흐름은 지식의 민주화로서, 특히 더 많은 지역의 더 많은 사람이 지식에 접근할 수 있게 돼 갔다는 의미에서 그렇다고 하겠으며, 앞서 다뤘던 19세기의 변화들, 대표적으로 공공 도서관들과 기술공 학교들의 출현이라는 흐름을 이어 가는 것이라고 볼 수 있다. 도서관들과 그 소장 도서들이 희귀본들과 소책자들까지 포함해 갈수록 많은 독자가 이용할 수 있게 돼 가는 것은 구글 도서 검색 같은 제도들이 생겨난 결과로서, 구글 도서 검색의 경우 수백만 권에 이르는 책을 디지털화해 온라인으로 볼 수 있게 해 준다.[72] 기록 보관소들을 더 쉽게 접근할 수 있도록 만들려는 움직임들도 있었는데, 디지털 기록 보관소는 '일반인들의 기록 보관소', 곧 일반 대중에게 정보를 제공하는 '벽이 없는 기록 보관소'가 될 가능성을 갖고 있다.[73] 박물관들은 휠체어를 탄 방문객들이 이전보다 더 쉽게 접근할 수 있게 됐으며, 지적인 차원에서도 거의 설명을 해 주지 않던 전통적인 이름표들 대신 전시물들에 대한 충분한 설명과 해설을 제공함으로써 대중이 접근하기가 더 편해졌다. →385쪽

데이터베이스 또는 데이터 은행들은 연구가 더 빨라지게 만들어 준다. 이런 기관들은 (단백질 정보은행(1971년)을 생각해 보면) 이 기간 이전으로 거슬러 올라가지만, 지난 20년 사이에 많이 늘어났으며, 규모도 커졌다. 종류도 다양해서 레지프랑스Legifrance 같은 경우는 프랑스 법률들을 모아 놓았고, 해양 생물 조사Census of Marine Life도 있으며, 또 슬론 디지털 전천 조사Sloan Digital Sky Survey는 "첫 몇 주 사이에 천문학 역사 전 기간에 걸쳐 쌓인 자료보다 많은 자료를 수집"한 것으로 알려졌다.[74] 구글 어스(2005년)는 세계 각지의 영상과 정보를 빠른 속도로 볼 수 있게 해 준다.

구글의 '독점적 성향'은 우려할 만한데, 한때는 공개된 지식이었던 것을 특허를 통해 사유화하면서, 앞선 한 장에서 다뤘듯이 '정보 봉건주의'로 갔던 경향과 비슷하기 때문이다.[75] 검색엔진들은 광고를 통해 일반적으로 사용자보다는 소유자가 이익을 얻도록 작동한다. 그래도 여러 학술 사업이 전개되면서 독점이 어느 정도는 상쇄됐는데, 이를테면 JSTOR(1995년)는 미국에 근거를 둔 비영리사업으로서, 학술지들을 온라인으로 볼 수 있게 해 주며, 구텐베르크〈e〉 사업

(1999년)은 전문 연구서들을 공개하고 있는데, 미국 역사학회와 컬럼비아 대학 출판부가 운영하고 있으며, 전자 역사책 사업(1999년)은 미국 학술 단체 협의회와 열 개 대학 출판사가 시작한 경우다.[76]

새로운 매체를 활용한 덕에 '개방' 또는 원격 대학들은 전통적 대학들이 이제껏 할 수 있었던 것보다 훨씬 더 많은 학생에게 다가갈 수 있었다. 2000년이 되면 학생 수가 영국에서는 대략 200만 명, 미국에서는 1400만 명이 돼 있었고, 중국에서는 텔레비전 대학電視大學 한 곳만 해도 학생이 58만 명에 이르렀다.[77] 인터넷은 '시민 과학'을 통해 (다른 말로 하면 "흩어져 있는 비전문가 자원자들이 자료를 수집하도록" 하는 것을 통해) 이를테면 기후변화나 새들의 이동 같은 것을 관찰하도록 자극했다. 이런 인터넷 기반의 집단적 사업들을 추진할 목적으로 시민 과학 연맹이라는 것이 결성돼 있다.[78]

인터넷은 또한 민주주의의(곧 '사이버 민주주의'의) 동력으로 묘사되기도 하는데, 정치와 관련된 정보를 더 많은 사람이 얻을 수 있게 해 주고, 정치적 운동들을 조직하는 사람들이 지지자들을 규합하고 전자우편을 통해 집회나 시위를 조직하는 데 도움을 주고 하기 때문이다.[79] 블로그는 개인들이 신문들에 기고를 하는 것 같은 전통적인 수단들을 쓸 때보다 더 쉽게 자신들의 주장을 펼 수 있게 해 준다. 이른바 블로그스피어blogsphere는 새로운 형태의 공적 공간 sphere이라고 하겠다.

하지만 우리는 상쇄적 경향을 또다시 목격하고 있다. 반체제 운동가들이 자기네 목적을 이루는 데 활용할 수 있는 인터넷의 잠재적 용도들을 먼저 발견했다면, 권위주의 체제들을 포함하는 정부들 역시 뒤지지 않았다. 어떤 정부들은 인터넷을 이용해 반체제 운동가들을 추적하고, 또 어떤 정부들은 일종의 인민의 아편으로서 인터넷을 오락 용도로 사용하도록 부추긴다.[80] 인터넷을 검열하려는 시도들을 보게 되는 것은 결코 놀랄 일은 아닌데, 가장 유명한 사례가 중국의 '황금 방패' 사업(2003년)으로서, 어떤 사람들은 이 사업을 '중국의 만리 방화벽'이라고도 부른다.

전적으로까지는 아니더라도 특히 이전 공산권에서, 이전의 국가 기밀들이 이제 공개된 지식이 된 시대인 만큼 권위주의 체제들로서는 분명히 긴장할 만하다. 글라스노스트가 고르바초프 시절 러시아에서 공식적인 구호가 되는 것은 1980년대 후반이었다. 이때 이후로 비밀경찰 기록들을 열람할 수 있게 됐으며, 이제 핵 연구 시설이나 노동 수용소의 위치를 러시아 지도들에서 확인할 수 있다.

다른 곳에서는, 공권력 행사가 더 투명해져야 한다는 요구가 점점 많아지게 됐다. 정보공개법이 지금까지 많은 나라에서 통과됐다.(영국의 경우는 2000년이었다.) 정부들은 이제 공식 기록들을 인터넷으로도 볼 수 있게 했는데, 이를테면 미국(2009년)에 이어 영국(2010년)에서도 data.gov.uk 웹사이트를 통해 정보를 공개했다. 기밀 정보들도 장관들이 주고받는 전자우편 같은 것들을 포함해 비공식적으로 언론에 유출되는 경우가 점점 늘고 있는데, 개인들도 있지만, 위키리크스(2007년) 같은 조직들도 이런 정보를 유출하고 있다.

지식의 민주화는 백과사전들에도 영향을 줬는데, 대표적인 것이 (지미 웨일스가 2001년에 설립한) 온라인 '위키백과'다.[81] '누피디아'라는 것을 염두에 두고 세웠던 애초의 계획은 전통에 더 가까웠는데, 이를테면 편집자들이 특정 집필자들에게 주제를 할당하는 방식이었다. 하지만 이 계획이 바뀌면서 "누구나 아무 때라도 어떤 페이지든 편집할 수 있"게 되는데, 이 계획 수정은 MIT를 비롯한 다른 대학들의 '컴퓨터 문화'에 자리 잡게 되는 공유와 공개 정신과 맞물려 있었다.[82]

이 새 계획으로 '위키백과'는 '과학'이라는 말이 광의로 쓰인 시민 과학의 주력이 됐고, 동시에 '비직업화'로 나아가는(더 정확하게는 우리가 앞에서 살펴본 비직업 학자로 돌아가는) 흐름의 대표적인 사례가 됐다. 이 비직업화로 부정확성이 커지는 대가를 치르고는 있으나, 그렇다고 사람들이 예상했던 정도까지는 아니다. 2005년 《네이처》에 발표된 한 논문은 과학을 주제로 한 마흔두 개 항목을 전문가들이 평가하게 했는데, 그 결과 '위키백과'에서는 오류가 162개 발견됐고(또 이 오류들은 며칠 안쪽으로 수정됐으며), 온라인 『브리태니커 백과사전』의 경우에는 오류가 123개였다. 이런 종류의 과학 관련 항목들만으로도 '위키백과' 전체의 신뢰성을 놓고 지나치게 낙관적인 인상을 가질 수 있겠으나, 한 직업 역사가가 미국사에서 스물다섯 명의 인물을 골라 일대기들을 확인했더니 네 명의 경우에서만 오류들이 발견됐고, 이 오류들 또한 중요한 것은 아니었다.[83]

'위키백과'는 인쇄본 백과사전들과는 여러 면에서 다르다. 우선 더 큰데, '위키백과'에는 2010년이면 영어로 350만 개가 넘는 항목에 10억 개 이상의 단어가 들어 있었다. 또 더 많은 언어로(그러니까 최소한 스물다섯 개 언어로) 볼 수 있다. 또 끊임없이 수정 또는 재집필되는데, 『브리태니커 백과사전』이나 라루스 백과사전, 『브로크하우스 백과사전』 등등의 백과사전들이 한 판에서 다른 판이 나올 때까지 지체가 있는 것과 대비가 된다. 이 백과사전은 "아래에서부터", 곧 (『백과전서』의 집필진 140명을 터무니없이 적은 수로 만들어 버리는 약 20만 명에 이르는 일부) 독자들에 의해 제작된다는 점에서 더욱더 다르다. 이 사전은 검색도 빠르다.('위키'는 하와이말로 '빠르다'는 뜻이다.)

자주 그러는 것처럼, 혁신은 문제들을 낳았는데, 이를테면 그 목적이 개인들이나 기관들에 관해 불리한 언급들을 삭제 또는 삽입하는 것이든, 광고를 끼워 넣는 것이든, 조작 또는 '파괴'라는 문제가 생겨난 것이다. 이 기획은 비직업 전문가에 대한 무비판적 숭배의 사례로 비판을 받았다.[84] 웨일스 스스로도 "직업적 학문 분과로서 역사학을 경멸하는 유감스러운 경향"에 관해 이야기한 적이 있다. 웨일스와 초기에 같이 일했던 사람들 중 하나인 래리 생어는 '전문성에 대한 존중'이 없는 '위키백과'의 풍토에 불편함을 느끼게 됐고, 그리하여 '위키백과'에 대항하는 하향식 사업인 '시티젠디엄'(2006년)을 조직했다.[85] 항목들을 익명으로 쓰기 때문에, 이런 비판들이 적절한지를 평가하는 것은(또 '위키백과'의 사회사를 쓰는 것은) 어려운 작업이다. 상대적으로 소수의 기고자가 그 수에 비해 훨씬 큰 비율의 항목들을 집필했다는 것은 알려져 있는 반면, 상당수 저자가 남성으로서, 북미에 살며, 컴퓨터광이거나 직업적 학자들이리라는 것은 추정해 볼 수 있는 정도라고 하겠다.

'위키백과'는 또 의인화의 위험을 무릅쓰고 말하자면 '자기비판'이라고 부를 만한 것을 한다는 점에서도 구별되는데, 이를테면 "다음 항목의 중립성은 이론의 여지가 있습니다."나 "다음 항목은 사실 입증을 위해 추가 인용이 필요합니다. 신뢰할 만한 참고 문헌을 추가해 이 항목을 개선할 수 있게 도와주십시오. 출처를 밝히지 않은 내용은 이의 제기를 받을 수 있으며 삭제될 수도 있습니다." 같은 지적 경고문을 들 수 있다.[86] 이런 점에서는 인쇄본 백과사전 편집자들이 온라인 '위키백과'를 보고 배울 일이다.

'위키백과'는 최근에 나타난 또 다른 중요한 흐름의 생생한 사례가 된다. 바로 재귀성이다. 지식사회에 관한 논의들에서는 "사회가 스스로에게 영향을 줄 수 있는 능력의 증가"를, 곧 끊임없이 "사회적 관습들을 이 관습들에 관한 지식에 비추어 수정"하는 것을 강조한다.

"정보적 발전 양식에서 특징적인 것은 생산성의 주요 원천으로서 지식 자체에 대한 지식의 작용이다."[87]

사업을 위한 정보관리는 그 자체가 성공적인 사업이 됐다. 사회학자들로 하여금 자신들의 사회적 위치가 자신들이 사회를 해석하는 방식에 미치는 영향을 더 예민하게 인식하도록 자극하는 피에르 부르디외의 '재귀적 사회학'은 우리 시대의 특징이다.[88] 역사가들 역시 역사 속에서 자기들 자신의 자리를 갈수록 더 인식하게 됐다. 과학자들 쪽으로 가 보면, 팀 버너스리는 정보에 관한 정보의 출현을 "새로운 계몽주의 운동의 시작"이라고 불렀다.[89]

지식이 사회 속에 "자리를 잡고 있다."는 만하임의 생각이 부활했다.[90] 이런 이유로 역사 기술의 역사, 또 사회학의 사회학, 또 과학의 인류학, 지리학, 사회사 같은 오래된 기획들에 대한 관심이 커졌으며, 특히 독일에서는 심지어 (지식사회학Wissenssoziologie, 과학사Wissenschaftsgeschichte 또는 지식사Wissensgeschichte같이) 지식 자체의 연구들에 대해서도 관심을 갖게 됐다.[91] 연구 자체도 연구 평가자들과 함께 사회학자들이나 역사가들에게 연구의 대상이 돼 갔다.

이런 관심의 증가는 교수직이나 대학 강좌, 학술지, 결사를 비롯한 다른 조직이 생겨나고 하는 익숙한 방식들로 표현됐는데, 1969년에 캘리포니아 로스앨터스에 생긴 인간 지식 연구소를 예로 들 수 있다. 학술지들로는 《과학 연구지Zeitschrift für Wissenschaftsforschung》(1981년), 《상황 속의 과학Science in Context》(1987년), 《인간 과학들의 역사History of the Human Sciences》(1988년), 《지식 조직화Knowledge Organization》(1993년), 《지식과 사회Knowledge and Society》(1998년), 《유럽 과학 문화 연감Jahrbuch für europäische Wissenschaftskultur》(2005년) 등이 있다. 결사들을 보면 과학의 사회적 연구를 위한 학회(1975년), 국제 지식 조직화 학회(1989년)

등이 있다. 지식 조직화의 경우는 사서들에게(또 몇몇 철학자에게) 맡겨 놓던 것이었으나, 이제는 그 자체로 하나의 학문 분과로 취급하게 되면서 프랑스어로는 sciences de l'information(정보학), 독일어로는 Informationwissenschaft(정보학)라는 이름이 붙었다.

이 책의 서두에서 나는 지식의 역사들에 대한 관심이 늘어나고 있다고 지적했다. 이 지식사 진영에 넣어야 할 신병이 갈수록 많아지고 있다. 막스-플랑크 과학사 연구소가 1994년 베를린에서 설립됐다. 또 경제사가들이 지식을 자본의 한 형태로 연구한다.[92] 유럽 연구위원회European Research Council는 동서양에서 일어난 물질적 진보의 역사에서 '실용적이고 신뢰할 만한 지식'을 만들어 낸 지역들을 연구하는 사업에 최근 자금을 지원했다. '지식 문화Wissenskultur' 또는 '학문 문화Wissenschaftskultur' 같은 표현들을 써서 많은 연구 계획을 가리킬 정도가 됐다. 이를테면 이런 연구 하나가 옥스퍼드 대학에서, 또 다른 연구가 프랑크푸르트에서 진행되는데, 후자의 경우는 '지식 문화와 사회 변화'에 초점을 맞추고 있다.[93] 거꾸로, 아우크스부르크 대학은 Nichtwissenskulturen, 곧 '무지의 문화'라는 연구 계획(2005년)을 지원한다. 근대 초기 유럽의 '지식 문화' 교수직이 최근 에르푸르트 대학에 설치됐다. 간단히 말해, 앞 권인 『지식의 사회사 1: 구텐베르크에서 디드로까지』와 마찬가지로, 이 책도 어떤 한 흐름의 일부를 구성하는 것이다. 다음 세대에서 이 연구를 더 밀고 나가기를 바란다.

주

서문

1 Drucker (1993), 30.

2 Brown (1989); Ringer (1992); Cohn (1996).

3 Mannheim (1952). cf. Kettler et al. (1984).

4 Davenport and Prusak (1998), ix.

5 북극 탐험에 관해서는, Bravo and Sörlin (2002).

6 Otterspeer (1989); Berkel et al. (1999); Jong (2004).

7 Pickstone (2000), 21.

8 Blair (2010), 1~10.

9 cf. Konvitz (1987); Brown (1989); Waquet (2003, 2008).

10 Rueschemeyer and Skocpol (1996), 3.

11 Znaniecki (1940); McNeely and Wolverton (2008); McNeely (2009); Thackray and Merton (1972), 473.

12 Fabian (2000), 25.

13 Hudson (1981); Kuklick (1993); Harley (2001); Lanc (2001). cf. Ringer (2000).

14 Oleson and Voss (1979), 440~455.

15 Knorr-Cetina (1999).

16 Young (2004), 369에서 재인용.

17 Naisbitt and Aburdene (1990); Mittelstrass (1992). cf. Davenport and Prusak (1998), 1~24.

18 Drucker (1993), 41. cf. Messer-Davidow et al. (1993); Foucault (1997); Worsley (1997).

19 Burke (2000), 18.

20 Ryle (1949); Thelen (2004).

21 Foucault (1997), 8.

22 Furner and Supple (1990), 46. 글래스고 정치 경제 클럽에 관해서는, Phillipson (2010), 40, 129.

23 Raj (2007); Short (2009).

1 ___ 지식을 수집하다

1 Treverton (2001).

2 Fabian (2000), 198.

3 Geertz (1973), 15.

4 Raj (2007), 20~21.

5 Ginzburg (1989).

6 Fabian (2000), esp. 180~208.

7 Goetzmann (1959).

8 Hemming (1998), 8.

9 Driver (2004).

10 Nicolson (1987); Ette et al. (2001); Rupke (2005).

11 Essner (1985)는 19세기의 독일인
아프리카 여행자 109명에 관한
연구로서, 이 연구에 따르면 이들 중
서른두 명이 과학자였다. cf. Fabian
(2000). 뒤베리에에 관해서는,
Heffernan (1989); Trumbull (2009),
56~64.

12 Cutright (1969); Moulton
(1986~2001).

13 Short (2009), 59~66.

14 Masterson and Brower (1948);
Reinhartz (1994); Tammiksaar and
Stone (2007).

15 Brower and Lazzerini (1997); Knight
(1999).

16 Spary (2000).

17 Kury (1998).

18 Díez Torre et al. (1991), 22n, 51,
131. cf. Pino (1988); Solano (1988);
González Bueno and Rodriguez
Noval (2000); Bleichmar (2008).

19 Fernández-Armesto (2006), 381에서
재인용.

20 McCannon (1998), 18에서 재인용.

21 Kunzig (2000).

22 Goetzman ([1986] 1995), 4.

23 Pyne (2010).

24 Rasmussen (1990); Carhart (2007),
27~68.

25 Godlewska (1988); Gillispie (1989);
Laurens (1989).

26 Broc (1981); Bourguet et al. (1998),
71~95, 97~116; Droulia and
Mentzou (1993), 81~90.

27 Cole (1985), 287에서 재인용.

28 Malinowski (1922), xv.

29 Toulmin and Goodfield (1965);
Rudwick (2005).

30 Richet (1999); Lewis (2000).

31 Glass (1973); Anderson (1988).

32 Rigaudias-Weiss (1936).

33 Allwood (1957).

34 Gillispie (1989), 455; Spary (2000).

35 Stanton (1975), 291.

36 Murray (1897).

37 Coombes (1994), fig. 73.

38 Glob ([1969] 2004), 18~36.

39 Mitchell (1991); Coombes (1994),
85~108.

40 Cole (1985), 123.

41 Ibid., 2.

42 Boyle (1972).

43 Boyer (1973); Rudwick (2005),
255n, 360; Pieters (출간 예정).

44 Spary (2000), 92.

45 St Clair ([1967] 1998), 63에서
재인용.

46 Penny (2002), 71. cf. Coombes

(1994), 9~28.

47 Carrington (2003).

48 Penny (2002), 110에서 재인용.

49 Marchand (2009), 416~417.

50 Müntz (1894~1896).

51 Larsen ([1994] 1996), 262.

52 Marchand (2009), 159.

53 Carrington (2003).

54 Cañizares-Esguerra (2001),
170~203.

55 Pesce (1906).

56 Battles (2003), 4, 8, 86.

57 Livingstone (2003), 40~48.

58 Jardine et al. (1996), 249~265;
Rudwick (2005), 41~44.

59 Stocking (1983). cf. Gupta and
Ferguson (1997).

60 Stocking (1983).

61 Clifford (1982).

62 Stocking (1983).

63 Thompson (1996), 566에서 재인용.

64 Rivers (1913). cf. Urry (1972);
Stocking (1996), 122~124.

65 Stocking (1983), 70, 109; Young
(2004), 161~164.

66 Gooding et al. (1989), 226~227.

67 Holmes (2008), 55.

68 Urry (1972).

69 Payne (1951).

70 Malinowski (1922), 7.

71 Crary (1990); Daston and Lunbeck
(2011).

72 Foucault (1963).

73 Moore (1969); Moravia (1970),
80~85, 223~238; Chappey (2002).

74 Holmes (2008), 116.

75 Ginzburg (1989).

76 Madan (1920), 70.

77 Oberschall (1965), 60.

78 Summerfield (1985), 441; Hubble
(2006).

79 Becker and Clark (2001), 169~195.

80 Foucault (1963); Urry (1990); Pratt
(1992); Screech (1996).

81 Nord (1985), 165에서 재인용.

82 Malinowski (1922), 7~8.

83 Platt (1996), 47.

84 Nord (1985).

85 Göhre (1891).

86 제임스 클리퍼드(James Clifford).
Stocking (1983), 121~156.

87 제럴드 카(Gerald Carr). McNamara
(2001), A-28에서 재인용.

88 Burke ([1978] 2009), ch. 1.

89 Ó Giolláin (2000), 132~143; Briody
(2007).

90 클리퍼드. Stocking (1983).

91 Labov (1966).

92 Mayhew (1851). cf. Thompson and
    Yeo (1971), 54~64.

93 Zola (1986).

94 Bulmer et al. (1991), 300에서
    재인용.

95 Certeau (1975); Ozouf (1981).

96 Oberschall (1965), 19.

97 Robinson (1982).

98 Pyenson (1993), 17, 19.

99 Smith (1960).

100 Yorke (2007).

101 Clifford (1983); Bravo and Sörlin
    (2002), 218~222.

102 Briody (2007).

103 Blair (2010).

104 Winchester (2003).

105 Hopkins (1992).

106 Dieckmann (1961), 84에서 재인용.

107 Pesce (1906), 34에 따르면, 이탈리아
    국가 기록 보관소는 열아홉 곳에
    나뉘어 있었다.

108 유네스코 통계연감(UNESCO
    statistical yearbook). Gibbons et al.
    (1994), 94에서 재인용.

109 http://liswiki.org/wiki/History_of_
    the_card_catalog

2 지식을 분석하다

1   Marchand (2009), 174.

2   Pickstone (2000), 84. cf. Pickstone
    (2007).

3   Merton (1949); Gellner (1973),
    88~106.

4   Clarke (1973).

5   Foucault (1966). cf. Pratt (1977).

6   Pickstone (2000), 30. cf. Daudin
    (1926a).

7   Daudin (1926a); Jardine et al. (1996),
    145~162; Koerner (1999).

8   Daudin (1926b). cf. Ritvo (1997).

9   Flint (1904); Tega (1984); Porter
    (2003), 241~266.

10 Flint (1904), 142~144; Dieckmann
    (1961), 99; Darnton (1984),
    194~201.

11 Flint (1904), 175~191, 227~238;
    Ellen and Reason (1979), 167~193.

12 Wiegand (1996), 21~23, 74~75,
    113~114; Levie (2006), 54, 58, 67,
    329.

13 Caplan and Torpey (2001), 181ff.

14 Levie (2006), 98; Weinberger (2007),
    20.

15 Weinberger (2007), 19, 78, 165, and
    passim.

16 Pope (1975); Parkinson (1999).

17 Cathcart (1994), 30~57; Larsen (1994).

18 Chadwick (1958); Coe (1992).

19 Robinson (2002), 110~111.

20 Kahn (1967), 286.

21 Kahn (1967); Hinsley and Stripp (1993).

22 Daudin (1926b); Outram (1984).

23 Jokilehto (1999), 155에서 재인용.

24 Nora (1986), 613~649; Jokilehto (1999), 137~156.

25 Larsen (1994), 263.

26 Renfrew (1987); Clackson (2007). cf. Davies ([1992] 1998).

27 Timpanaro ([1963] 2003), 73. cf. Pasquali ([1934] 1952).

28 Madan (1920), 68~87.

29 Timpanaro ([1963] 2003).

30 Grafton (1990).

31 Gaskill (1991).

32 Meyerstein (1930), 104~125.

33 Baines (1999), 177~186.

34 Weiner (2003).

35 Kreuger (2007); Lopez (2008).

36 Grafton (1990), 35.

37 Larsen (1994), 166~176.

38 Gräslund (1974).

39 Frängsmyr (1976); Rossi ([1979]

1984); Rudwick (2005).

40 Trigger ([1989] 1996), 187, 196.

41 Baillie (1995).

42 Lewis (2000).

43 Renfrew (1973).

44 Latour (1987).

45 Frängsmyr et al. (1990), 315~342; Scott (1998), 14.

46 Cannon (1978), 75~80.

47 Gould ([1981] 1984); Kaluszynski (2001).

48 Murphy (1981).

49 Lazarsfeld (1961); Stigler (1986), 161~220, esp. 169~174; Hacking (1990), 105~114.

50 Zande (2010).

51 Perrot and Woolf (1984); Bourguet (1988); Brian (1994).

52 Cullen (1975).

53 Kenny (1982).

54 Teng (1942~1943); Montgomery (1965); Roach (1971); Hoskin and Macve (1986); MacLeod (1982, 1988); Clark (2006), 93~140; Stray (2005); Whitley and Gläser (2007).

55 Desrosières (1993).

56 Tooze (2001), 62~63, 137, 256.

57 Cortada (1993), 44~63.

58 Kullmann (2004), 63, 81, 113ff.,

120.

59 Ette et al. (2001), 58; Rudwick (2005), 75.

60 Ahmed (1978); Thompson (1996).

61 Huizinga ([1919] 1996), 43~44.

62 Thompson and Yeo (1971), 108~109.

63 Lepenies (1988), 19~90.

64 Auerbach ([1947] 2003), 447~455; Mitterand (1987), 37~55; Kullmann (2004).

65 Lepenies (1988).

66 Cunha ([1902] 1944), 89~90.

67 Geertz (1973), 3~30.

68 Leach (1965).

69 Renfrew (1973); Binford (1978).

70 Mill (1843).

71 Gooding et al. (1989).

72 Coleman and Holmes (1988); Pickstone (2000), 141~145.

73 Coles (1979); Morton and Williams (2010).

74 Popper (1945), 349.

75 Zelený ([1962] 1980).

76 Wright (1971), 4.

77 Lévi-Strauss ([1955] 1962), 44.

78 Hughes (1959), esp. 33~66.

79 Collingwood ([1946] 1993), 214.

80 Marmor (1995).

81 Panofsky ([1939] 1962), 3~32.

82 Ast (1808); Mannheim (1952), 43~63. cf. Hart (1993).

83 Ricoeur (1965).

84 Collingwood ([1946] 1993), 266~282, at 281. cf. Ginzburg (1989).

85 Rudwick (2005); Hodder ([1986] 2003).

86 Wright (1971), 8.

87 Godlewska (1988), 38~87.

88 Burke (1991).

89 Beer (1983); Dear (1991).

90 Ricoeur (1983).

91 Lyotard ([1979] 1984). cf. Berkhofer (1995).

92 Revel (1996); Burke (2008b).

93 Stone (1979). cf. Burke (1991), 233~248; Fox and Stromqvist (1998).

94 Delgado (1989); Brooks and Gewirtz (1996).

95 Brody (1987); Hunter (1991).

96 Franzosi (1998).

97 Weinberg (1993); Gribbin (1998).

98 Neumann and Morgenstern (1944).

99 Hacking (1990), 1.

100 Merton (1949); Mills (1959).

101 Chadarevian (2002), 136~160, at

136.

102 Watson (1968), 83~85, 172~179, 194, 200, 206; Olby (1974); Chadarevian (2002), 164~165.

103 Chadwick (1979); Lenhard et al. (2006).

3 ___ 지식을 전파하다

1 Hayek (1945); Sunstein (2006), 9.

2 Brown and Duguid ([2000] 2002), 123에서 재인용.

3 Halavais (2009), 125에서 재인용.

4 1770년, 윌리엄 거스리(William Guthrie), 1790년, 윌리엄 영(William Young). Sher (2006), 1, 593에서 재인용.

5 Brown and Duguid ([2000] 2002).

6 과학의 '대중화'에 관해서는, Andries (2003); Lightman (2007), 14~17.

7 Shinn and Whitley (1985), viii.

8 Irwin and Wynne (1996), 152; Secord (2000), 3, and passim.

9 Davenport and Prusak (1998), 29~30.

10 Raj (2007), 9, 13, 225.

11 Ibid., 223.

12 Briggs and Burke ([2002] 2009), 19, and passim.

13 Shinn and Whitley (1985); Bensaude-Vincent and Rasmussen (1997); Daum (1998); Kretschmann (2003).

14 과학의 언어에 관해서는, Montgomery (1996), 1~69.

15 Holmes (2008), xix.

16 옥스퍼드 영어 사전(Oxford English Dictionary). Lightman (2007), 11n에서 재인용. Bensaude-Vincent and Rasmussen (1997), 13n.

17 Béguet (1990), 20.

18 Harrison (1961).

19 Waquet (2003); Secord (2007).

20 Waquet (2003), 97~100; Stray (2005), 81, and passim; Clark (2006), 93~140.

21 Cooter (1984), 151~158.

22 Bakhtin ([1979] 1986).

23 Waquet (2003), 100~112; Smith (1998), 103~116; Clark (2006), 141~182.

24 헨리 브룩스 애덤스(Henry Brooks Adams). Hawkins (1960), 224에서 재인용.

25 논문 요약 전시에 관해서는, Waquet (2003), 125~129.

26 Béguet (1990), 133.

27 Secord (2007).

28 Secord (1994).

29 Castells (1996), 55; Russell (2010), 192.

30 Waquet (2003), 161, 295~317.

31 Inkster and Morrell (1983), 91~119; Van Wyhe (2004), 58.

32 Schaffer (1983); Fyfe and Lightman (2007), 336~370.

33 O'Connor (2007), 75, 80.

34 데이비에 관해서는, Holmes (2008), 285~304. 선정적 과학에 관해서는, Lightman (2007), vii, 177. 페퍼에 관해서는, Secord (2002).

35 이전의 사례들에 관해서는 Kusamitsu (1980)에서 소개하고 있다.

36 Auerbach (1999), 105에서 재인용.

37 Physick (1982), 35에서 재인용.

38 Montijn (1983); Rydell (1984); Aimone and Olmo (1990); Meyer (2006).

39 Mitchell (1991).

40 Penny and Bunzl (2003), 127~155.

41 Forgan (1994).

42 Schwarcz (1988).

43 Mullan and Marvin (1987), 68~88; Drayton (2000).

44 1887년, 존 조지 우드(John George Wood). Lightman (2007), 196에서 재인용.

45 Penny (2002), 141~151.

46 보애스. Stocking (1985), 101에서 재인용.

47 Irwin and Wynne (1996), 152~171.

48 Cole (1985), 110~118; Stocking (1985), 77~81.

49 Kohn (1995), 11.

50 Hawkins (1960), 123.

51 Chandler and Cortada (2000), 76.

52 Hansen (2007); Dauser (2008).

53 Holl (1999); Ette et al. (2001), 279.

54 Mugglestone (2005), 210.

55 Weber (1956), 151~166; McNeely (2003).

56 Yates (1989), xv, 95~98; Chandler and Cortada (2000), 110, 112.

57 Kenna (2008); Salmi-Niklander (2004).

58 Moureau (1993), 143~165.

59 Feldbrugge (1975), 18.

60 Fontana (1985), 112~146.

61 Béguet (1990), 31.

62 Ibid., 84.

63 Lightman (2007), 295~352; 독일에 관해서는, Shinn and Whitley (1985), 209~227.

64 Russell (2010), 70~74.

65 Ibid., 190~201.

66 유네스코에서 발표한 수치. Gibbons et al. (1994), 94에서 재인용.

67 Jardine et al. (1996), 145.

68 Rudwick (2005), 141.

69 Secord (2000), 18, 34.

70 Shinn and Whitley (1985), 209~227; Daum (1998).

71 Lightman (2007), 66, 175.

72 Béguet (1990), 61.

73 Glasgow (2001).

74 Béguet (1990), 26. (여기서는 주로 프랑스에 관해 다루고 있으나, 이런 흐름은 더 넓은 지역에서 나타났다.)

75 Kohler (1991), 287. cf. Bowler (2009), 98~103.

76 Werskey (1978), 165. cf. Bowler (2009), 107~113.

77 시각적 보조물들에 관해서는, Tufte (1983); Baigrie (1996).

78 Hacking (1990), 18.

79 Rudwick (2008), 166~167.

80 Tilling (1975).

81 Headrick (2000), 124, 129.

82 Gilbert (1958); Tufte (1983), 40.

83 Kolers et al. (1979), 135.

84 Thompson (2005), 394.

4 지식을 이용하다

1 Foucault (1975, 1980).

2 Certeau (1980).

3 Rossi ([1960] 2000); Yates (1966).

4 Middleton (1885)은 더 깊이 파고드는 연구가 있어야 할 이 주제를 간략하게 다룬 경우다.

5 Frasca-Spada and Jardine (2000), 402.

6 Miller (1969).

7 Higgs (2004), 96.

8 Yates (1989), 37.

9 Levie (2006).

10 Cravens et al. (1996), 24.

11 Porter (1977); Gascoigne (1998).

12 Baber (1996), 151에서 재인용.

13 Kuznets ([1955] 1965), 61, 87, and passim.

14 cf. Inkster (2006).

15 Kevles ([1977] 1995), 47에서 재인용.

16 Abelson (1996), 28에서 재인용.

17 Kevles ([1977] 1995), 248에서 재인용.

18 Werskey (1978), 144, 1/3에서 재인용.

19 Johnson (1990), 153에서 재인용.

20 Bush (1945).

21 Stokes (1997).

22 Mokyr (2002), 28~77.

23 Glamann (2003); Conot (1979), 133.

24 Porter (1997), 449~450.

25 Reich (1985).

26 Johnson (1990), 154~155.

27 Shiva (1997); Drahos (2002), 2, 15, 45, 51, 201, and passim; Johns (2010).

28 Chandler and Cortada (2000), 82, 86.

29 Chandler (1977), 102에서 재인용. cf. Chandler and Cortada (2000), 83~85.

30 Chandler (1977).

31 Nelson (1980).

32 Ibid., 131~136; Price (1999).

33 Nelson (1980), 179.

34 Converse (1986), 89, 112.

35 Dandeker (1990), 63.

36 Nonaka (2005).

37 Foss (2007); Foss and Michailova (2009).

38 Stewart (1997), x.

39 Davenport and Prusak (1998), 114~122; Frappaolo (2006).

40 Nonaka and Takeuchi (1995).

41 Keegan (2003), 3~6, 26~65, 184~220.

42 Godlewska and Smith (1994), 41.

43 Livingstone (1992), 241에서 재인용.

44 Pearton (1982), 230.

45 Price (2008), 8~14. 보애스의 주장은 12쪽에서 재인용.

46 독일 쪽에 관해서는, Simon (1947); Schramm (1974). '캠퍼스'에 관해서는, Winks (1987), 441; cf. Katz (1989). 이 젊은 역사학자들에는 필릭스 길버트(Felix Gilbert)와 칼 쇼스케(Carl Schorske)가 포함된다.

47 Winks (1987). cf. Barnes (2006).

48 Price (2008), 91~116, 172~177.

49 Cravens (2004), 67~77.

50 Scott (1998), 2.

51 Caplan and Torpey (2001), 57.

52 Emerson (1968), esp. 57~99.

53 Andrew and Gordievsky (1990), 4.

54 Ibid., 19.

55 Childs and Popplewell (1996).

56 Andrew and Gordievsky (1990), 173~174, 255~257, 260~261, 312~313, 322~325.

57 Richelson (1999).

58 Macrakis (2010).

59 Bernard (1991), 201~221.

60 Monas (1961); Bernard (1991), 128, 149~150.

61 Childs and Popplewell (1996).

62 Jeffreys-Jones (2007), 11, 72, 160, 204, 228.

63 Ibid., 185, 236.

64 Gould ([1981] 1984); Kaluszynski (2001).

65 Caplan and Torpey (2001), 164ff., 184ff.

66 Kevles ([1977] 1995), 270에서 재인용.

67 Torpey (2000), 57~110; Piazza (2004).

68 Rueschemeyer and Skocpol (1996), 3, 5, 90~113, 117ff.

69 Heclo (1974), 43.

70 Rueschemeyer and Skocpol (1996), 233~263.

71 Ketelaar (2003).

72 Pearton (1982); Hevia (1998); Higgs (2004).

73 Leclerc (1979), 83.

74 Bourguet (1988), 98. cf. Perrot and Woolf (1984); Woolf (1989).

75 Patriarca (1996), 7.

76 Monas (1961), 103; Matthews (1993).

77 Caplan and Torpey (2001), 83~100.

78 Tooze (2001), 24.

79 Aly and Roth ([1984] 2004), 2, 121.

80 Torpey (2000), 111ff. cf. Caplan and Torpey (2001).

81 Gambi (1992); Godlewska and Smith (1994); Marshall (1998), 231~252.

82 Marshall (1970), 189.

83 '읽을 수 있는 상태'에 관해서는, Scott (1998), passim.

84 Andrews ([1975] 2002), 119~126; Carter (1987); O'Cadhla (2007). 프리엘의 희곡은 시대착오적이라고 비판받았다. Bullock (2000).

85 Hewitt (2010), 44, 49, 99, 110ff., 127, 150, 171.

86 Hinsley (1981).

87 Knight (1999).

88 Bell et al. (1995), 80~92.

89 Droulia and Mentzou (1993); Bourguet et al. (1998), 71~95; Trumbull (2009).

90 Cohn (1996), 7. cf. Bayly (1996); Edney (1997).

91 Cohn (1996), 8; Dirks (2001), 48~50, 198~228, 207~212.

92 Dirks (2001), 48에서 재인용.

93 Sibeud (2002), 9~17, 121~152.

94 네덜란드의 사례에 관해서는, Otterspeer (1989), 187~203; Ellen (2006).

95 Sheets-Pyenson (1988); MacKenzie

(2009).

96 Arnold (1988).

97 Coombes (1994), 109에서 재인용.

98 Kuklick (1993), 182~241; Young (2004), 376.

99 Winkelmann (1966); Asad (1973); Stocking (1991); Kuklick (1993); Goody (1995).

100 Veysey (1965), 149에서 재인용.

101 Crick (1960), 19에서 재인용.

102 Diamond (1992), 10에서 재인용.

103 Ibid., 55.

104 놈 촘스키. Schiffrin (1997), 181.

105 Szanton (2002), 148~152.

106 Saunders (1999), 135.

107 Menand (2010), 54.

108 Redlich (1957), 35.

109 Stone et al. (1998), 28에서 재인용.

110 경기 정세 연구소에 관해서는, Tooze (2001), esp. 103~148.

111 Stone et al. (1998); Stone and Denham (2004).

112 브로엄. Rueschemeyer and Skocpol (1996), 181에서 재인용. cf. Goldman (2002). 미국 사회과학 협회에 관해서는, Calhoun (2007), 74~77. 사회정책 학회에 관해서는, Rueschemeyer and Skocpol (1996), 117~162.

113 Andrew and Dilks (1984), 13.

114 Shapin (2008), 146~147, 152~156, 160.

115 Gibbons et al. (1994); Slaughter and Leslie (1997); Bok (2003); Shapin (2008).

116 Veblen (1918), 78~79.

117 Vucinich (1956), 13~14.

118 Ibid., 56; Graham (1967), 49.

119 Johnson (1990), 9.

5 지식을 잃다

1 Fabian (2000), 10; Wax (2008), 3.

2 Proctor and Schiebinger (2008), 24.

3 더 오래된 연구들로는 Moore and Tumin (1949); Goody (1968); Smithson (1989). 근자의 연구들로는 Böscher et al. (2004); Galison (2004); Wehling (2006); Brüsemeister and Eubel (2008).

4 Wallis (1979). cf. Porter (2003), 485~507.

5 Crystal (2000).

6 Horgan (1996), 229에서 재인용.

7 Burke (2008a).

8 Harris (1998).

9 Mokyr (2002), 37n.

10   Paul (1985), 205.

11   Drahos (2002); Shapin (2008).

12   Fung et al. (2007), 9~10; Proctor and Schiebinger (2008), 11~18, 37~54, 90, 267~280.

13   Andrew and Dilks (1984), 5.

14   Godlewska (1988); Bourguet et al. (1998), 108.

15   Jacob (2007), 1226~1249.

16   Stark (2009).

17   Cooter (1984), 39~40.

18   Rueschemeyer and Skocpol (1996), 246.

19   Tooze (2001), 209, 216~217. 영국에 관해서는, Bulmer (1979), 132~157.

20   Bulmer (1979), 141~142.

21   Vincent (1998).

22   Engerman (2009), 9.

23   Mugglestone (2005), 82.

24   Brown and Duguid ([2000] 2002), 201. NASA에 관해서는, Borgman (2007), 137.

25   Jeffreys-Jones (2007), 232에서 재인용.

26   Stanton (1975), 292, 296, 302, 323.

27   Penny (2002), 183, 193~194.

28   Kransdorff (1999); Delong (2004).

29   Coles (1979), 6ff.

30   Crystal (2000), 14~19.

31   Raven (2004).

32   Renfrew and Bahn ([1991] 2008), 571; Larsen ([1994] 1996), 24, 115, 156, 234.

33   Hochschild (1998), 294.

34   Stebelski (1964).

35   Quatremère de Quincy (1989), 44, 48, 192, 239. cf. Schneider (1910), 166, 182, 184n; Maleuvre (1999).

36   Cole (1985).

37   Kidd (1989), 104.

38   Foss and Michailova (2009), 83.

39   Burke (2000); Blair (2010).

40   Galera Gomez (1981); Handler (2000); Frigessi (2003).

41   Gottfried (1990), 1~4; Mouffe (1999), 1~2.

42   Foucault (1969). cf. Wehling (2006); Rupnow et al. (2008).

43   Moore (2008), 25에서 재인용.

44   Yeo (2001), 90~91; Blair (2010), 5.

45   Yeo (2001), 68, 186.

46   Hughes (1951~1953).

47   Baker (2008).

48   Dogan and Pahre (1990), 45~46.

49   Shillingsburg (2006), 151~154.

50   Foucault (1997), 9; Rupnow et al. (2008), 7.

51   Bynum and Porter (1987), 1~3.

52 '사이비 과학'에 관해서는, Rupnow et al. (2008), 24.

53 Gieryn (1983), 781. cf. Gieryn (1995).

54 Bivins (2000), 153, 159, 176, 186.

55 Penny and Bunzl (2003), 47~85.

56 Thomas (1971), 283~385; Curry (1989).

57 Curry (1992), 61~108; 125~128.

58 Ibid., 138, 145, 151~152.

59 Oppenheim (1985), 159~197.

60 Curry (1992), 168.

61 Cooter (1984), 120. cf. Giustino (1975); Van Wyhe (2004).

62 Van Wyhe (2004), 17.

63 Cooter (1984), 4.

64 Ibid., 2; Davies (1955), 11, 157.

65 Cooter (1984), 28ff., 90.

66 Shapin (1975), 231.

67 Oppenheim (1985), 208; Cooter (1984), 256.

68 Weinberger (2007), 48.

69 Cooter (1984), 258~260.

70 Wallis (1979), 237~271; Oppenheim (1985); Rupnow et al. (2008), 100~126.

71 이탈리아에 관해서는, Gallini (1983); Cazzaniga (2010), 521~546.

72 Stepan (1982)에서는 영국을 염두에 두고 이 시기를 1800~1960년으로 본다.

73 1907년, 칼 피어슨이 골턴에게 한 말. Kevles ([1985] 1995), 57에서 재인용. cf. Mackenzie (1976).

74 1909년, 피어슨. Kevles ([1985] 1995), 104에서 재인용.

75 Adams (1990), 170.

76 Weindling (1985); Weingart (1989); Turda and Weindling (2007).

77 Stocking ([1968] 1982), 195~233.

78 Werskey (1978); Stepan (1982), 147ff., 153.

79 Proctor (1988).

80 Rupnow et al. (2008), 241.

81 Kohn (1995), 7. cf. Hammer (2001).

82 Barkan (1992); Kohn (1995).

83 분자생물학자 로버트 신스하이머(Robert Sinsheimer). Kevles ([1985] 1995), 267에서 재인용.

84 Rupnow et al. (2008), 241~250.

85 Jeggle (1988); Fischer (1990).

6   지식을 나누다

1 Price (1963), 8; Crane (1972), 13n.

2 Hufbauer (1982), 41에서 재인용.

3 Ziman (1995), 99~115.

4 Weber (1956), 311~339.

5 Collini (1991), 199~50.

6 Montgomery (1996), 7.

7 Polanyi (1958), 216.

8 Oleson and Voss (1979), 3~18, at 4.
cf. Stichweh (1977, 1984, 1992).

9 Oleson and Voss (1979), 3~18, at 6.

10 De Terra (1955); Rupke (2005).

11 Cantor (2004); Robinson (2005).
'모든 것을 알았던 마지막 인간'의
더 후대 사례에 관해서는, Warren
(1998).

12 Yeo (1993), 57.

13 1797년, 조지프 코틀(Joseph
Cottle)에게 보낸 편지.

14 Quoted Yeo (2001), 249. cf. Yeo
(1993), 58.

15 Hill (1964), 3~48.

16 Snow ([1959] 1993). 많은 논의
중에서 꼽아 보자면 Lepenies (1988);
Kreuzer (1987); Olcese (2004);
Eldelin (2006); Halfmann and
Rohbeck (2007); Ortolano (2009).

17 Snow ([1959] 1993), 3, 9, 11,
14~15.

18 Roos (1977); Lepenies (1988),
164~171.

19 Lepenies (1988).

20 Stichweh (1977).

21 Becher (2001), 66에서 재인용.

22 Holmes (2008), 393.

23 Fox (1980); Chaline (1995), 32.

24 Augello and Guidi (2001).

25 Boockman et al. (1972), 1~44.

26 Hufbauer (1982), 62~82, 93. cf.
Stieg (1986).

27 Abbott (2001), 68n.

28 Forbes (1978), 115~125.

29 Kevles ([1977] 1995), 26, 78, 202,
275.

30 Backhouse and Fontaine (2010), 18.

31 Jencks and Riesman (1968), 523. cf.
Peckhaus and Thiel (1999).

32 Thompson (2005), 177.

33 1834년, 휘웰. Smith and Agar
(1998), 184에서 재인용.

34 cf. Hagstrom (1965), 192~193; Elias
(1982), 62.

35 Smith (1998), 103~116; Clark
(2006), 141~182.

36 McClelland (1980), 281, 285;
Oberschall (1965), 13.

37 Ash (1980). cf. Ben-David and
Collins (1966).

38 Geiger (1986), 16, 37.

39 Graff (1987), 57에서 재인용.

40 Thelen (2004), 35.

41 Clark (2006), 183~238.

42 Veysey (1965), 321; Abbott (2001), 122.

43 Graham (1967, 1975).

44 Thackray and Merton (1972), 474.

45 Lenoir (1997), 76; Mucchielli (1998), 527.

46 Hagstrom (1965), 215.

47 Perkin (1989); Cocks and Jarausch (1990); Malatesta (1995).

48 MacLeod (1988), 256.

49 MacLeod (1988), 19, 49, 90, 116.

50 Evans (2001).

51 Sabato (1981).

52 Milne (2008).

53 Bourdieu (1975).

54 Yeo (2001), 140과 Smith and Agar (1998), 184에서 재인용.

55 디드로의 1748년 12월 16일 편지. cf. Gelfand (1976).

56 Gelfand (1976), 511.

57 Huerkamp (1985), 177~185; Rosen (1944); Gelfand (1976), 511.

58 Ganz (1997).

59 Ziman (1987), 6.

60 Rosen (1944), 59~63.

61 Pascal (1962).

62 Darwin ([1876] 1958).

63 Sherif and Sherif (1969), 328~348.

64 Ziman (1987).

65 Sampson (1962), 204. 논문의 저자인 데니스 베델(Denis Bethell)은 저명한 중세 연구가가 되었다.

66 Gombrich (1970).

67 Reisch (1994).

68 Gallie (1960); Daiches (1964).

69 Chomsky (1997), 2~11.

70 Yeo (1993)에서 재인용.

71 Kogan (1958), 168; Turi (2002), 57.

72 Mugglestone (2005), 17.

73 Price (1963), 87~89.

74 Ziman (1987), 23~24; Smith et al. (1989); Szöllösi-Janze and Trischler (1990); Galison and Hevly (1992); Shapin (2008), 169~178.

75 Weinberg (1961).

76 Price (1963), 3. cf. Szöllösi-Janze and Trischler (1990); Galison and Hevly (1992).

77 Morrell (1972).

78 Schaffer (1988).

79 Todes (2002).

80 Johnson (1990), 34.

81 Ó Giolláin (2000), 135; Briody (2007).

82 Vucinich (1956), 13~14.

83 Mucchielli (1998), 213에서 재인용.

84 Cole and Crandall (1964).

7 지식의 지리학

1 Mannheim (1952).

2 Crampton and Elden (2007).

3 Livingstone (2003); Agnew (2007).

4 Golinski ([1998] 2005); Livingstone (2003).

5 Clifford and Marcus (1986).

6 Böröcz (1997); Connell (2007), 34; Burke and Pallares-Burke (2008), 191~192.

7 Chakrabarty (2000).

8 Certeau (1975), 65.

9 Said (1978)와 Irwin (2006)을 대조해 보라.

10 Foucault (1963); Crampton and Elden (2007), 151.

11 Latour and Woolgar (1979); Kohler (2008).

12 Kohler (1982), 50.

13 Ibid., 45~46, 69.

14 Smith and Agar (1998).

15 Dierig et al. (2003).

16 Kuklick (1980); Bulmer (1984); Lindner ([1990] 1996).

17 Johns (1998), 178~179, 553~555; Clark (2000).

18 Fleming and Bailyn (1969), 631.

19 Hall and Preston (1988), 124~137.

20 Chaline (1995), 38, 160.

21 Josephson (1997), xiii, 3.

22 Harwood (1987); Geison and Holmes (1993), 30~49; Barth et al. (2005); Macrakis (2010).

23 Helmholtz (1893), 24. cf. Meinecke ([1907] 1970).

24 Berger et al. (1999); Berger and Lorenz (2008); Baár (2010).

25 Sagredo and Gazmuri (2005), xxxix.

26 Weber (1976).

27 Patriarca (1996), 8; Hooson (1994), 117.

28 Ganz (1973); Müller (1974).

29 Spiering (1999).

30 Kamusella (2009).

31 Poulot (1997).

32 Hamilakis (2007), 81.

33 Diaz-Andreu and Champion (1996), 33.

34 Sklenářř (1983); Trigger ([1989] 1996), 248~261; Diaz-Andreu and Champion (1996), 123, 166, and passim.

35 Diaz-Andreu and Champion (1996), 176, 203.

36 Driessen (1993), 147.

37 O'Giolláin (2000).

38 Bravo and Sörlin (2002), 76.

39 Jensen (1992); Bohman (1997); Jong (2004).

40 Miller (1969), 117, 134, 275.

41 Kamusella (2009), 407.

42 Turi (2002), 18, and passim.

43 Larsen (1994), 67, 95, 310.

44 아돌프 폰 하르나크. Marchand (2009), 421에서 재인용.

45 Rocke (2001), 292, and passim.

46 MacLeod (2001), 109.

47 Bravo and Sörlin (2002), 101.

48 Holmes (2008), 103에서 재인용.

49 Pyenson (1989) 65~66.

50 Hufbauer (1982), 2, and passim.

51 에드워드 제너(Edward Jenner). Beer (1960)에서 재인용. cf. Pinkney and Ropp (1964), 37~51; Frängsmyr et al. (1990), 95~119.

52 Felsch (2010), 63.

53 Cadbury (2000), 93~94, 168에서 재인용.

54 Olby (1966).

55 Ben-David (1970).

56 Spary (2000), 9 n22.

57 Pyenson (2002), 244에서 재인용.

58 Gizycki (1973), 485~486에서 재인용.

59 Wiegand (1999), 669~670.

60 Veysey (1965), 130.

61 Allen (2001), 93에서 재인용.

62 Hawkins (1960), 207에서 재인용.

63 Pyenson (1989), 139~246; Pyenson (2002), 241~245.

64 Harris (1998), 218.

65 Easton et al. (1991), 46.

66 마리 야호다(Marie Jahoda). Fleming and Bailyn (1969), 420.

67 Maiguashca (2011).

68 Merton (1968).

69 Ette et al. (2001), 170~176.

70 1977년 뉴욕의 빙엄턴 대학에서 브로델을 기리는 학회가 열렸는데, 브로델이 폐회 연설을 하면서 이런 말을 하는 것을 들었다.

71 Bartholomew (1989), 5.

72 Raj (2007), 11.

73 Cole and Cole (1973).

74 Ben-David (1970), 175.

75 Darnton (1995).

76 Horowitz (1967), 296. cf. Alatas (2003); Fan (2004), 4, 89, 138.

77 Connell (2007), 50.

78 Mignolo (2009), 159.

79 Pratt (1992); Fan (2004); Raj (2007).

80 Marshall (1970), 1~44; Almond

(1988), 7~32. cf. Goodwin (1994), 307~331.

81 Campbell (1980), 2~6, 21~28, 31~52, 55~60, 76~81; Goodwin (1994), 277~306; Zander (2007); Rupnow et al. (2008), 77~99. 러시아에 관해서는, Rosenthal (1997).

82 Kuklick and Kohler (1996), 44~65.

83 Cohen (1974), 58~61.

84 Ares Queija and Gruzinski (1997); Schaffer et al. (2009).

85 Adorno (1986), preface.

86 Mignolo (2000), 12~14.

87 Sato (1991); Iggers et al. (2008), 137~143.

88 Trigger ([1989] 1996), 262~266, 277.

89 Burke and Pallares-Burke (2008).

90 Young (2001).

91 Guha and Spivak (1988), 37~44.

92 Guha and Spivak (1988); Mallon (1994).

93 Ziman ([1974] 1981), 259.

94 Harris (1998).

95 Fleming and Bailyn (1969); Timms and Hughes (2003).

96 사회 연구소에 관해서는, Jay (1973). 바르부르크 연구소에 관해서는,

Scazzieri and Simili (2008), 151~160.

97 Kamen (2007), 260~321.

98 Ash and Söllner (1996). cf. Hoch (1985).

99 Kettler et al. (1984), 118~119에서 재인용. cf. Timms and Hughes (2003), 205.

100 Carlebach et al. (1991), 255~274; Timms and Hughes (2003), 52.

101 Dilly (1979); Beyrodt (1991), 313~333.

102 Timms and Hughes (2003), 42에서 재인용.

103 Hoch (1985).

104 Jackman and Borden (1983), esp. 111~120.

105 Merton (1972).

106 Crawford et al. (1992).

107 Fumian (2003).

108 Kopf (1969), 243~252.

109 Baber (1996), 226~228.

110 Kopf (1969); Raj (2007), 159~180, esp. 161~162.

111 Kopf (1969), 6, 47, 147.

112 Ibid., 154, 179~180, 254.

113 Ibid., 180~183; Dalrymple (2006), 58~84, 인용문은 61.

114 Toynbee (1953), 25, 55.

115 Abu-Lughod (1963), 158.

116 Crabbs (1984), 67~86; Iggers et al. (2008), 88~91.

117 Elman (2006), 127.

118 Wright (1998), 659에서 재인용.

119 Wright (2000), 100~127.

120 Schwartz (1964).

121 Schwinges (2001), 299.

122 Cheng (1991).

123 Elman (2006), 198. cf. Buck (1981).

124 Ibid., 109, 210~211.

125 Howland (2001a, 2001b).

126 Bartholomew (1989), 68에서 재인용.

127 Ibid., 76.

128 Schwinges (2001), 321.

129 Spaulding (1967), 48~49, 54~55; Teng (1942~1943).

130 Wright (2000), 200.

131 Howland (2001a, 2001b, 2005).

132 Howland (2001a), 2.

133 Schwab ([1950] 1984); Halbfass ([1981] 1988).

134 Marshall (1970).

135 Toynbee (1934~1961), vol. 10, 143.

8 __ 지식의 사회학

1 Pearton (1982); Böhme and Stehr (1986); Neef (1998); Sörlin and Vessuri (2007).

2 Price (1963); Bunge and Shea (1979), 29~41; Johnson (1990); Szöllösi-Janze and Trischler (1990); Ritter (1992).

3 Nonaka and Takeuchi (1995).

4 Raj (2007), 98, 121, 153, 156.

5 Shapin (2008), 100.

6 Borscheid (1976); Cahan (1989); Vierhaus and Brocke (1990), 657~672.

7 MacLeod (1971); Alter ([1982] 1987), 38.

8 Otterspeer (1989); Wilson and Cayley (1995), 95.

9 Marchand (2009), 353.

10 Lautman and Lécuyer (1998).

11 Fosdick (1952); Oleson and Voss (1979), 313~341; Lagemann ([1989] 1992); Berghahn (2001).

12 Mazon (1988).

13 Saunders (1999), 245.

14 Reich (1985), 193에서 재인용.

15 Porter (1997), 449~450.

16 Slaughter and Leslie (1997).

17 Gibbons and Wittrock (1985); Etzkowitz and Leydesdorff (1997); Geiger (2004).

18 Geiger (1993), 318.

19 Furner (1975) 229~259.

20 Mazon (1988), 123, 127, 158.

21 Thompson (1970).

22 Cornford (1908). cf. Bailey (1977).

23 Gemelli (1998), 91, 137~164.

24 Tooze (2001), 61.

25 Wagner (1990); Wagner et al. (1991).

26 Fernández-Armesto (2006), 305.

27 Gilpin (1968); Rueschemeyer and
    Skocpol (1996), 104~107.

28 Vucinich (1956); Graham (1967);
    Kasack (1974).

29 Kocka and Mayntz (1998),
    435~460; Kocka (2002).

30 고전학에 관해서는, Stray (2010).

31 Alter ([1982] 1987); Gascoigne
    (1998).

32 Alter ([1982] 1987), 66; Fleming
    (1998); Daunton (2005).

33 Daunton (2005), 20과 Alter ([1982]
    1987), 72에서 재인용.

34 MacLeod (1971); Turner (1980);
    Alter ([1982] 1987), 76~118;
    Deacon et al. (2001), 49~55.

35 MacLeod (1975), 356.

36 Graham (1967), 49. 정치적 맥락에
    관해서는, Kojevnikov (2008).

37 Vucinich (1956), 67, 88.

38 Soyfer (1994).

39 Clarke and Holquist (1984).

40 Mazour-Matusevich and Korros
    (2010), 11~40.

41 Aigner (1971); Fischer (1990),
    191~192.

42 Brentjes (1992), 8, 83.

43 Burleigh ([1988] 2002); Haar (2000).

44 Schönwälder (1992, 1996); Berger et
    al. (1999), 176~188.

45 Emmerich (1968), 155~157; Kater
    (1974).

46 Bausinger (1965); Emmerich (1968);
    Gerndt (1987); Jeggle (1988).

47 Emmerich (1968), 14~17.

48 Brocke (1991), 18.

49 Burckhardt (1975); Johnson (1990);
    Schafft (2004), 46~47.

50 Brocke (1980). 괴팅겐 대학에
    관해서는, cf. Rupke (2002).

51 Brocke (1991), 307~336; Marchand
    (2009), 304; Chickering (1993),
    85~87.

52 Fox (1973), 444.

53 Gilpin (1968), 151~187; Nye
    (1975); Claval (1998), 228.

54 Verger (1986), 375.

55 Béguet (1990), 92에서 재인용.

56 Lagemann ([1989] 1992), 42에서

재인용.

57 Kevles ([1977] 1995), 341.

58 Hughes (2002).

59 Schiffrin (1997), 2.

60 Shweder (2010), 5.

61 Edwards (1996), 115~125; Cravens (2004), 5.

62 Castells (1996), 6. cf. Edwards (1996), 123~124, 264~273.

63 Pyne (2010), 322.

64 Turner and Turner (1990), 134.

65 Berger (1995); Szanton (2002); Lockman (2004); Feres (2005).

66 Szanton (2002), vii.

67 Horowitz (1967), 4, 285.

68 Horowitz (1967), 6~7, 71, 283, 296에서 재인용.

69 Irwin (1995).

70 Morrell and Thackray (1981); Levine (1986).

71 Robinson (2002).

72 잉글랜드의 예로는 Lightman (2007), 39~94.

73 Clifford (1982). cf. Stocking (1996), 17~34; Etherington (2005), 238~260.

74 Kohler (1991), 16.

75 Charle (1990).

76 Masseau (1994).

77 O'Connor (2007), 227.

78 Miller (1969), 136에서 재인용.

79 Physick (1982), 13에서 재인용.

80 Miller (1969), 139.

81 Penny (2002), 141~151.

82 Coombes (1994), 123.

83 이 주제에 관한 2차 문헌들은 계속 늘어나고 있는데, 그중 몇을 꼽자면, Feyl ([1981] 1999); Rossiter (1982); Abir-Am and Outram (1987); Schiebinger (1989); Bonta (1991); Huerkamp (1996); Shteir (1996); Bellamy et al. (2000); Krais (2000); Gianquitto (2007).

84 Nye (2003), 62~63.

85 Weisz (1983), 245; Cocks and Jarausch (1990), 270~288; Valkova (2008), 160.

86 영국 대학들의 여학생에 관해서는, Dyhouse (1995).

87 Lightman (2007).

88 Oreskes (1996).

89 Rossiter (1993).

90 Feyl ([1981] 1999), 199~214; Maddox (2002).

91 코버에 관해서는, Robinson (2002), 60~72.

92 Valkova (2008), 142~143.

93 Merton (1973), 439n; Rossiter

지식의 사회사 2

(1993).

94 Palmer (1965), 148.

95 Shteir (1996).

96 Berg (1992, 1996).

97 Díaz-Andreu and Stig Sørensen
    (1998).

98 Gacs et al. (1988); Kuklick (2008),
    277~292.

99 Calhoun (2007), 112. cf. Deegan
    (1988); Bulmer et al. (1991),
    111~147.

100 Hannan and Freeman (1989),
    66~90.

101 Burke (2000).

102 Halsey (2004), 99~104.

103 Jackman and Borden (1983), 113.

104 Hawkins (1960), 4.

105 Veysey (1965), 164.

106 Hawkins (1960), 90, 115, 213, 237.

107 Craig (1984), 44, 227~230;
    Schwinges (2001), 376, 378.

108 Craig (1984), 80, 230, 232.

109 Gallie (1960).

110 Daiches (1964).

111 Lautman and Lécuyer (1998), 262.

112 Gallie (1960), 106; Craig (1984), 70.

113 Veysey (1965), 164.

114 Johnson (1990), 47.

115 Gibbons et al. (1994).

116 Harvey (1987); Collins (1998), 64ff.

117 프랑크푸르트학파에 관해서는, Jay
    (1973); Wiggershaus ([1986] 1995).

118 Rupke (2005), 69.

119 일반적인 논의는 Snizek (1979),
    211~233; Harvey (1987); Geison
    and Holmes (1993); Platt (1996),
    230~239; Steiner (2003). 암묵적
    지식을 강조하는 것으로는 Geison
    and Holmes (1993), 11; Olesko
    (1993), 17.

120 Morrell (1972).

121 Harvey (1987), 245.

122 스승과 제자들에 관해서는, Steiner
    (2003); Waquet (2008).

123 Crane (1972).

124 Geison and Holmes (1993), 24에서
    재인용.

125 Fleming and Bailyn (1969), 179에서
    재인용.

126 Makari (2008), 255, 260, 267~269,
    480, 485.

127 Harvey (1987), 255~259.

128 Stray (2007).

129 Burke (1990).

130 나는 이 표현을 헤럴드
    블룸(Harold Bloom)의 '자기주장
    강한 오독들'에서 따왔는데,
    원래는《코먼 놀리지(Common

Knowledge)》의 편집자 제프리
펄(Jeffrey Pearl)이 알려 준
것이었다.

9   지식의 연대기들

1   Fried and Süssmann (2001), 7~20.

2   Hobart and Schiffman (1998);
Chandler and Cortada (2000); Vogel
(2004); Wright (2007), 39.

3   Mokyr (2002).

4   Hannan and Freeman (1989).

5   신발 상자에 관해서는, Darnton
(2009), 60.

6   Tapscott (1998).

7   Wiener (1948), 12.

8   Shenk (1997). cf. The Economist,
25 February 2010; Wurman (1989,
2001).

9   Weinberger (2007), 16.

10   Greenberger (1971), 41.

11   Shenk (1997), 15, 17.

12   Collins (1998), xvii; Wurman (2001).

13   Burke (2001); Blair (2010).

14   유네스코 통계연감. Thompson
(2005), 47에서 재인용. Darnton
(2009), xiv.

15   개괄적인 연구들로는, Chadwick

16   Clark and Kaiser (2003).

17   Goldstein (1987), 4~5, 273.

18   Mannheim (1952), 276~320.

19   Kuhn (1962); Oexle (2007).

20   Hall and Preston (1988).

21   Gourlie (1953), 147.

22   Hannaway (1972); Brian (1994).

23   Puerto (1988), 41, 66ff.

24   McClelland (1980).

25   Shafer (1958).

26   Fischer (1988); Dhombres (1989);
Gillispie (2004).

27   Kuhn (1961); Holmes (2008), xvi.
cf. Cunningham and Jardine (1990);
Breidbach and Ziche (2001).

28   Goetzmann ([1986] 1995).

29   Meinecke ([1936] 1972); Toulmin
and Goodfield (1965); Lowenthal
(1985).

30   프랑수아르네 드
샤토브리앙(François-René de
Chateaubriand Hartog). Hartog
(2003), 92에서 재인용.

31   Koselleck ([1979] 1985).

32   Schwab ([1950] 1984); Halbfass
([1981] 1988).

33   Burke ([1978] 2009), ch. 1.

34   Montgomery (1996), 364.

(1977); Burke (1979); Gorski (2000).

35 Dilly (1979); Beyrodt (1991).

36 Hall and Preston (1988), 19, 39~54.

37 Chandler (1977); Yates (1989).

38 Reingold and Rothenberg (1987).

39 Hughes (1959). cf. Bruch et al. (1989); Burrow (2000).

40 Daston and Galison (2007).

41 Novick (1988).

42 Merton (1949); Kettler et al. (1984).

43 조지 엘러리 헤일(George Ellery Hale). Lagemann ([1989] 1992), 33에서 재인용.

44 Szölösi-Janze (2004), 303~304.

45 Torpey (2000).

46 Berger and Lorenz (2010), 404~414.

47 Hall and Preston (1988), 19, 57~58, 73~83.

48 Mokyr (1998).

49 Mokyr (2002), 105~112.

50 Szöllösi-Janze and Trischler (1990), 13.

51 Hall and Preston (1988), 19, 151~261.

52 Pyne (2010).

53 Grmek (1999).

54 Finkelstein (1989), 219~232; Kaplinsky and Cooper (1989); Greenwood (1996).

55 Machlup (1962).

56 Galison and Hevly (1992), 351~353; Hall (1998), 426~428.

57 Drucker (1969); Arrow ([1973] 1984); Bell (1973); Porat (1977)를 포함해 더 나중에도 꽤 많은 저자가 이 주제를 다뤘다. cf. Rubin and Huber (1986).

58 Stone et al. (1998).

59 Young (2001).

60 Hall and Preston (1988), 284~288; Edwards (1996), esp. 260ff.; Hafner and Lyon (1998); Rosenzweig (1998).

61 The Economist, 25 February 2010.

62 Nonaka and Takeuchi (1995).

63 McNeely (2009).

64 Ritzer (1993)에서는 지식에 관해서는 다루지 않았으며, '맥도날드화'라는 개념이 지식에까지 확장되는 것은 Hayes and Wynyard (2002)에서였다. cf. Wouters (2006); Whitley and Gläser (2007).

65 Dutton (2007).

66 Darnton (2008, 2009); Grafton (2009a); Grafton (2009b), 288~326.

67 Crawford et al. (1992), 4.

68 Smith et al. (1989).

69 Swaan (2001), 41~59.

70 Hannerz (2010), 113~130.

71 Jeanneney (2005). 충분히 얄궂게도, 이 책은 프랑스어 원서보다 영어 번역서가 더 많이 돌아다닌다.

72 Darnton (2009), 3~20, 43~58; Grafton (2009b), 299~307.

73 Ketelaar (2003).

74 www.legifrance.gouv.fr; The Economist, 27 February 2010, special report, 3; Snelgrove (2010).

75 Drahos (2002); Darnton (2009), 33, 44~48. cf. Shiva (1997).

76 Thompson (2005), 356~360; Darnton (2009), 79~102.

77 Brown and Duguid ([2000] 2002), 25.

78 Allen (2001), 368~369; Irwin (1995).

79 Stehr (2008); Noveck (2009); Veld (2010).

80 Morozov (2010).

81 Weinberger (2007), 97~100, 134~143; Baker (2008); Lih (2009). cf. Wikipedia 자체 사이트: http://en.wikipedia.org/wiki/Wikipedia (2011년 1월 10일 최종 접속).

82 Lih (2009), 14, 24.

83 Carr (2006); Rosenzweig (2006), 128; Dalby (2009), 56~58. 위키백과를 좀 더 포괄적으로 다룬 것들로는, Rosenzweig (2006); Baker (2008); Runciman (2009).

84 Keen ([2007] 2008), 37~46.

85 Lih (2009), 190과 Rosenzweig (2006), 141에서 재인용. cf. Keen ([2007] 2008), 185~189.

86 2009년 10월 5일, 영어 위키백과에서 'Stalin'으로 검색.

87 Böhme and Stehr (1986), 20; Giddens (1990), 40; Castells (1996), 17. cf. Beck et al. (1994).

88 Bourdieu and Wacquant (1992).

89 Tapscott (1998), 33에서 재인용.

90 Haraway (1988), cf. Mannheim (1952).

91 Latour and Woolgar (1979); Mendelsohn and Elkanah (1981), 1~76; Latour (1987); Livingstone (2003).

92 Landes (1998).

93 cf. Arnold and Dressel (2004).

참고문헌

Abbott, A. (2001) *Chaos of Disciplines.*
Chicago.

Abelson, D. E. (1996) *American Think
Tanks and their Role in US Foreign
Policy.* Basingstoke.

Abir-Am, P., and D. Outram (eds) (1987)
*Uneasy Careers and Intimate Lives:
Women in Science, 1789-1979.* New
Brunswick, NJ.

Abu-Lughod, I. (1963) *The Arab
Rediscovery of Europe: A Study in
Cultural Encounters.* Princeton, NJ.

Adams, M. B. (ed.) (1990) *The Wellborn
Science: Eugenics in Germany, France,
Brazil and Russia.* New York.

Adorno, R. (1986) *Guaman Poma: Writing
and Resistance in Colonial Peru.* Austin,
TX.

Agnew, J. (2007) 'Know-Where:
Geographies of Knowledge of World
Politics', *International Political Sociology*
1, 138~148.

Ahmed, L. (1978) *Edward W. Lane.*
London.

Aigner, D. (1971) 'Die indizierung
"schädlichen und unerwünschten

Schrifttums" im Dritten Reich', *Archiv
für Geschichte des Buchwesens* 11,
933~1034.

Aimone, L., and C. Olmo (1990) *Le
esposizioni universali, 1851-1900.*
Turin.

Alatas, S. F. (2003) 'Academic
Dependency and the Global Division of
Labour in the Social Sciences', *Current
Sociology* 51, 599~614.

Allen, D. E. (2001) *Naturalists and Society:
The Culture of Natural History in
Britain, 1700-1900.* Aldershot.

Allwood, M. S. (1957) *Eilert Sundt:
A Pioneer in Sociology and Social
Anthropology.* Oslo.

Almond, P. (1988) *The British Discovery of
Buddhism.* Cambridge.

Alter, P. ([1982] 1987) *The Reluctant
Patron: Science and the State in Britain,
1850-1920.* Eng. trans., Oxford.

Aly, G., and K. H. Roth ([1984] 2004)
*The Nazi Census: Identification and
Control in the Third Reich.* Eng. trans.,
Philadelphia.

Anderson, M. J. (1988) *The American
Census: A Social History.* New Haven,
CT.

Andrew, C. M., and D. Dilks (eds) (1984)

The Missing Dimension: Governments and Intelligence Communities in the Twentieth Century. London.

Andrew, C. M., and O. Gordievsky (1990) *KGB: The Inside Story of its Foreign Operations from Lenin to Gorbachev*. London.

Andrews, J. H. ([1975] 2002) *A Paper Landscape: The Ordnance Survey in Nineteenth-century Ireland*. 2nd edn, Dublin.

Andries, L. (ed.) (2003) *Le Partage des savoirs, 18e-19e siècles*. Lyon.

Ares Queija, B., and S. Gruzinski (eds) (1997) *Entre dos mundos: fronteras culturales y agentes mediadores*. Seville.

Arnold, D. (ed.) (1988) *Imperial Medicine and Indigenous Societies*. Manchester.

Arnold, M., and G. Dressel (eds) (2004) *Wissenschaftskulturen, Experimentalkulturen, Gelehrtenkulturen*. Vienna.

Arrow, K. J. ([1973] 1984) 'Information and Economic Behaviour', repr. in *Collected Papers of Kenneth J. Arrow*, 4, Oxford, 136~152.

Asad, T. (1973) *Anthropology and the Colonial Encounter*. Ithaca, NY.

Ash, M. G. (1980) 'Academic Politics in the History of Science: Experimental Psychology in Germany, 1879-1941', *Central European History* 13, 255~86.

Ash, M. G., and A. Söllner (eds) (1996) *Forced Migration and Scientific Change: Emigré German-Speaking Scientists and Scholars after 1933*. Washington, DC, and Cambridge.

Ast, F. (1808) *Grundlinien der Grammatik, Hermeneutik und Kritik*. Landshut.

Auerbach, E. ([1947] 2003) *Mimesis: The Representation of Reality in Western Literature*. Eng. trans., new edn, Princeton, NJ.

Auerbach, J. A. (1999) *The Great Exhibition of 1851: A Nation on Display*. New Haven, CT.

Augello, M., and M. E. L. Guidi (eds) (2001) *The Spread of Political Economy and the Professionalization of Economists: Economic Societies in Europe, America and Japan in the Nineteenth Century*. London.

Baár, M. (2010) *Historians and Nationalism: East-Central Europe in the Nineteenth Century*. Oxford.

Baber, Z. (1996) *The Science of Empire: Scientific Knowledge, Civilization and Colonial Rule in India*. Albany, NY.

Backhouse, R. E., and P. Fontaine (eds) (2010) *The History of the Social Sciences since 1945.* Cambridge.

Baigrie, B. S. (ed.) (1996) *Picturing Knowledge.* Toronto.

Bailey, F. G. (1977) *Morality and Expediency: The Folklore of Academic Politics.* Oxford.

Baillie, M. G. L. (1995) *A Slice through Time: Dendrochronology and Precision Dating.* London.

Baines, P. (1999) *The House of Forgery in 18th-Century Britain.* London.

Baker, N. (2008) 'The Charms of Wikipedia', *New York Review of Books,* 20 March.

Bakhtin, M. ([1979] 1986) *Speech Genres and Other Late Essays.* Eng. trans., Austin, TX.

Barkan, E. (1992) *The Retreat of Scientific Racism: Changing Concepts of Race in Britain and the United States between the World Wars.* Cambridge.

Barnes, T. J. (2006) 'Geographical Intelligence: American Geographers and Research and Analysis in the Office of Strategic Services 1941-1945', *Journal of Historical Geography* 32, 149~168.

Barth, F., A. Gingrich, R. Parkin and S. Silverman (2005) *One Discipline, Four Ways: British, German, French and American Anthropology.* Chicago.

Bartholomew, J. R. (1989) *The Formation of Science in Japan: Building a Research Tradition.* New Haven, CT.

Battles, M. (2003) *Library: An Unquiet History.* London.

Bausinger, H. (1965) 'Volksideologie und Volksforschung: Zur nationalsozialistischen Volkskunde', *Zeitschrift für Volkskunde* 61, 177~204.

Bayly, C. A. (1996) *Empire and Information: Intelligence Gathering and Social Communication in India, 1780-1870.* Cambridge.

Becher, T. (2001) *Academic Tribes and Territories: Intellectual Enquiry and the Cultures of Disciplines.* Milton Keynes.

Beck, U., A. Giddens and S. Lash (eds) (1994) *Reflexive Modernization: Politics, Tradition and Aesthetics in the Modern Social Order.* Cambridge.

Becker, P., and W. Clark (eds) (2001) *Little Tools of Knowledge: Historical Essays on Academic and Bureaucratic Practices.* Ann Arbor.

Beer, G. de (ed.) (1960) *The Sciences Were*

Never at War. London.

Beer, G. (1983) *Darwin's Plots: Evolutionary Narrative in Darwin, George Eliot and Nineteenth-Century Fiction*. Cambridge.

Béguet, B. (ed.) (1990) *La Science pour tous: sur la vulgarisation scientifique en France, de 1850 à 1914*. Paris.

Bell, D. (1973) *The Coming of Post-Industrial Society: A Venture in Social Forecasting*. New York.

Bell, M., R. Butlin and M. Heffernan (eds) (1995) *Geography and Imperialism, 1820-1940*. Manchester.

Bellamy, J., A. Laurence and G. Perry (eds) (2000) *Women, Scholarship and Criticism: Gender and Knowledge, c1790-1900*. Manchester.

Ben-David, J. (1970) 'The Rise and Decline of France as a Scientific Centre', *Minerva* 8, 160~179.

Ben-David, J., and R. Collins (1966) 'Social Factors in the Origin of a New Science: The Case of Psychology', *American Sociological Review* 31, 451~465.

Bensaude-Vincent, B., and A. Rasmussen (eds) (1997) *La Science populaire dans la presse et l'édition: XIXe et XXe siècles*. Paris.

Berg, M. (1992) 'The First Women Economic Historians', *Economic History Review* 45, 308~329.

Berg, M. (1996) *A Woman in History: Eileen Power, 1889-1940*. Cambridge.

Berger, M. T. (1995) *Under Northern Eyes: Latin American Studies and US Hegemony in the Americas, 1898-1990*. Bloomington, IN.

Berger, S., and C. Lorenz (eds) (2008) *The Contested Nation: Ethnicity, Class, Religion and Gender in National Histories*. Basingstoke.

Berger, S., and C. Lorenz (eds) (2010) *Nationalizing the Past: Historians as Nation Builders in Modern Europe*. Basingstoke.

Berger, S., M. Donovan and K. Passmore (eds) (1999) *Writing National Histories: Western Europe since 1800*. London.

Berghahn, V. R. (2001) *America and the Intellectual Cold Wars in Europe*. Princeton, NJ.

Berkel, K. van, A. van Helden, and L. Palm (eds) (1999) *A History of Science in the Netherlands*. Leiden.

Berkhofer, Robert F. (1995) *Beyond the Great Story: History as Text and*

Discourse. Cambridge, MA.

Bernard, P. P. (1991) *From the Enlightenment to the Police State: The Public Life of Johann Anton Pergen*. Urbana, IL.

Beyrodt, W. (1991) *Kunst und Kunsttheorie*. Wiesbaden.

Binford, L. R. (1978) *Nunamiut Ethnoarchaeology*. New York.

Bivins, R. (2000) *Acupuncture, Expertise and Cross-Cultural Medicine*. Basingstoke.

Blair, A. (2010) *Too Much to Know: Managing Scholarly Information before the Modern Age*. Cambridge, MA.

Bleichmar, D. (ed.) (2008) *Science in the Spanish and Portuguese Empires, 1500-1800*. Stanford, CA.

Bohman, S. (1997) *Historia, museer och nationalism*. Stockholm.

Böhme, G., and N. Stehr (eds) (1986) *The Knowledge Society*. Dordrecht.

Bok, D. (2003) *Universities in the Marketplace: The Commercialization of Higher Education*. Princeton, NJ.

Bonta, A. M. (1991) *Women in the Field: America's Pioneering Women Naturalists*. College Station, TX.

Boockman, H., et al. (1972) *Geschichtswissenschaft und Vereinswesen im 19 Jahrhundert*. Göttingen.

Borgman, C. L. (2007) *Scholarship in the Digital Age: Information, Infrastructure and the Internet*. Cambridge, MA.

Böröcz, J. (1997) 'Sociology is Elsewhere', *Budapest Review of Books* 7, 118~123.

Borscheid, P. (1976) *Naturwissenschaft, Staat und Industrie in Baden 1848-1914*. Stuttgart.

Böscher, S., M. Schneider and A. Lerf (eds) (2004) *Handeln trotz Nichtwissen: Vom Umgang mit Chaos und Risiko in Politik, Industrie und Wissenschaft*. Frankfurt.

Bourdieu, P. (1975) 'Le Champ scientifique', repr. in *Actes de la recherche en sciences sociales* 2 (1976), 88~104, Eng. trans., 'The Specificity of the Scientific Field', *Social Science Information* 14, 19~47.

Bourdieu, P., and L. Wacquant (1992) *An Invitation to Reflexive Sociology*. Cambridge.

Bourguet, M.-N. (1988) *Déchiffrer la France: la statistique départementale à l'époque napoléonienne*. Paris.

Bourguet, M.-N., B. Lepetit, D. Nordman and M. Sinarellis (eds)

(1998) *L'Invention scientifique de la Méditerranée.* Paris.

Bowler, P. J. (2009) *Science for All: The Popularization of Science in Early Twentieth-Century Britain.* Chicago.

Boyer, F. (1973) 'Le MHN et l'Europe des sciences sous la Convention', *Revue d'histoire des sciences* 26, 251~257.

Boyle, L. (1972) *A Survey of the Vatican Archives.* Toronto.

Bravo, M., and S. Sörlin (eds) (2002) *Narrating the Arctic: A Cultural History of Nordic Scientific Practices.* Canton, MA.

Breidbach, O., and P. Ziche (eds) (2001) *Naturwissenschaften um 1800: Wissenschaftskultur in Jena-Weimar.* Weimar.

Brentjes, B. (ed.) (1992) *Wissenschaft unter dem NS Regime.* Berlin.

Brian, E. (1994) *La Mesure de l'état: adminstrateurs et géomètres au 18e siècle.* Paris.

Briggs, A., and P. Burke ([2002] 2009) *A Social History of the Media from Gutenberg to the Internet.* 3rd edn, Cambridge.

Briody, M. (2007) *The Irish Folklore Commission, 1935-70: History, Ideology,*

Methods. Helsinki.

Broc, N. (1981) 'Les Grandes Missions scientifiques françaises au 19e siècle', *Revue d'histoire des sciences* 34, 319~358.

Brocke, B. vom (1980) *Hochschul- und Wissenschaftspolitik in Preussen und im Deutschen Kaiserreich 1882-1907: Das 'System Althoff'.* Stuttgart.

Brocke, B. vom (ed.) (1991) *Wissenschaftsgeschichte und Wissenschaftspolitik im Industriezeitalter: Das 'System Althoff' in historischer Perspektive.* Hildesheim.

Brody, H. (1987) *Stories of Sickness.* London.

Brooks, P., and P. Gewirtz (1996) *Law's Stories: Narrative and Rhetoric in the Law.* New Haven, CT.

Brower, D., and E. Lazzerini (eds) (1997) *Russia's Orient: Imperial Borderlands and Peoples, 1700-1917.* Bloomington, IN.

Brown, J. S., and P. Duguid ([2000] 2002) *The Social Life of Information.* Rev. edn, Boston.

Brown, R. D. (1989) *Knowledge is Power: The Diffusion of Information in Early America, 1700-1865.* New York.

Bruch, R. vom, F. W. Graf and G.

Hübinger (eds) (1989) *Kultur und Kulturwissenschaften um 1900: Krise der Moderne und Glaube an die Wissenschaft*. Stuttgart.

Brüsemeister, T., and K.-D. Eubel (eds) (2008) *Evaluation, Wissen und Nichtwissen*. Wiesbaden.

Buck, P. (1981) 'Science and Modern Chinese Culture', in E. Mendelsohn and Y. Elkanah (eds), *Sciences and Cultures*. Dordrecht, 133~160.

Bullock, K. (2000) 'Possessing Wor(l)ds: Brian Friel's Translations and the Ordnance Survey', *New Hibernia Review* 4: 2, 98~115.

Bulmer, M. (ed.) (1979) *Censuses, Surveys and Privacy*. London.

Bulmer, M. (1984) *The Chicago School of Sociology*. Chicago.

Bulmer, M., K. Bales and K. Sklar (eds) (1991) *The Social Survey in Historical Perspective, 1880-1940*. Cambridge.

Bunge, M., and W. R. Shea (eds) (1979) *Rutherford and Physics at the Turn of the Century*. New York.

Burckhardt, L. (1975) *Wissenschaftspolitik im wilhelminischen Deutschland*. Göttingen.

Burke, P. ([1978] 2009) *Popular Culture in Early Modern Europe*. 3rd edn, Basingstoke.

Burke, P. (1979) 'Religion and Secularization', *New Cambridge Modern History* vol. 13, 293~317.

Burke, P. (1990) *The French Historical Revolution*. Cambridge.

Burke, P. (ed.) (1991) *New Perspectives on Historical Writing*. Cambridge.

Burke, P. (2000) *A Social History of Knowledge from Gutenberg to Diderot*. Cambridge.

Burke, P. (2001) 'Gutenberg bewältigen: Die Informationsexplosion im frühneuzeitlichen Europa', *Jahrbuch für Europäische Geschichte* 2, 237~248.

Burke, P. (2008a) 'Paradigms Lost: From Göttingen to Berlin', *Common Knowledge* 14, 244~257.

Burke, P. (2008b) 'The Invention of Micro-History', *Rivista di storia economica* 24, 259~273.

Burke, P., and M. L. G. Pallares-Burke (2008) *Gilberto Freyre: Social Theory in the Tropics*. Oxford.

Burleigh, M. ([1988] 2002) *Germany turns Eastwards: A Study of Ostforschung in the Third Reich*. Repr. London.

Burrow, J. W. (2000) *The Crisis of Reason:*

European Thought 1848-1914. London.

Bush, V. (1945) *Science, the Endless Frontier*. Washington, DC.

Bynum, W. F., and R. Porter (eds) (1987) *Medical Fringe and Medical Orthodoxy, 1750-1850*. London.

Cadbury, D. (2000) *The Dinosaur Hunters*. London.

Cahan, D. (1989) *An Institute for an Empire: the Physikalisch-Technische Reichsanstalt, 1871-1918*. Cambridge.

Calhoun, C. (ed.) (2007) *Sociology in America: A History*. Chicago.

Campbell, B. (1980) *Ancient Wisdom Revived*. Berkeley, CA.

Cañizares-Esguerra, J. (2001) *How to Write the History of the New World: Histories, Epistemologies and Identities in the 18th-Century Atlantic World*. Stanford, CA.

Cannon, S. F. (1978) *Science in Culture: The Early Victorian Period*. New York.

Cantor, G. (2004) 'Thomas Young', *Oxford Dictionary of National Biography* vol. 60. Oxford, 945~949.

Caplan, J., and J. Torpey (eds) (2001) *Documenting Individual Identity*. Princeton, NJ.

Carhart, M. (2007) *The Science of Culture in Enlightenment Germany*. Cambridge, MA.

Carlebach, J., G. Hirschfeld, A. Newman, A. Paucker and P. Pulzer (eds) (1991) *Second Chance: Two Centuries of German-Speaking Jews in the United Kingdom*. Tübingen.

Carr, N. (2006) '*Nature*'s Flawed Study of Wikipedia's Quality', www.roughtype. com/archives/2006/02/community_ and_h.php.

Carrington, M. (2003) 'Officers, Gentlemen and Thieves: The Looting of Monasteries during the 1903/4 Younghusband Mission to Tibet', *Modern Asian Studies* 37, 81~109.

Carter, P. (1987) *The Road to Botany Bay*. London.

Castells, M. (1996) *The Rise of the Network Society*. Oxford.

Cathcart, K. J. (ed.) (1994) *The Edward Hincks Lectures*. Dublin.

Cazzaniga, G. M. (ed.) (2010) *Storia d'Italia: annali*, vol. 25. Turin.

Certeau, M. de (1975) *L'Écriture de l'histoire*. Paris.

Certeau, M. de (1980) *L'Invention du quotidien*. Paris.

Chadarevian, S. de (2002) *Designs for Life:*

Molecular Biology after World War II.
Cambridge.

Chadwick, A. J. (1979) 'Settlement
Simulation', in C. Renfrew and K.
L. Cooke (eds), *Transformations:
Mathematical Approaches to Culture
Change.* New York.

Chadwick, J. (1958) *The Decipherment of
Linear B.* Cambridge.

Chadwick, W. O. (1977) *The
Secularization of the European Mind in
the 19th Century.* Cambridge.

Chakrabarty, D. (2000) *Provincializing
Europe.* Chicago.

Chaline, J.-P. (1995) *Sociabilité et
érudition: les sociétés savantes en France.*
Paris.

Chandler, A. D. (1977) *The Visible Hand:
The Managerial Revolution in American
Business.* Cambridge, MA.

Chandler, A. D., and J. W. Cortada
(eds) (2000) *A Nation Transformed by
Information.* New York.

Chappey, J.-L. (2002) *La Société des
observateurs de l'homme (1799-
1804): des anthropologues au temps de
Bonaparte.* Paris.

Charle, C. (1990) *Naissance des
'intellectuels' 1880-1900.* Paris.

Cheng, H. (1991) 'The Impact of
American Librarianship on Chinese
Librarianship (1840-1949)', *Libraries
and Culture* 26, 374~387.

Chickering, R. (1993) *Karl Lamprecht:
A German Academic Life.* Atlantic
Highlands, NJ.

Childs, D., and R. Popplewell (1996) *The
Stasi.* London.

Chomsky, N. (ed.) (1997) *The Cold War
and the University.* New York.

Clackson, J. (2007) *Indo-European
Linguistics.* Cambridge.

Clark, C., and W. Kaiser (eds) (2003)
*Culture Wars: Secular-Catholic Conflict
in Nineteenth-Century Europe.*
Cambridge.

Clark, P. (2000) *British Clubs and Societies
1580-1800.* Oxford.

Clark, W. (2006) *Academic Charisma and
the Origins of the Research University.*
Chicago.

Clarke, D. L. (1973) 'Archaeology: The
Loss of Innocence', *Antiquity* 47, 6~18.

Clarke, K., and M. Holquist (1984)
Mikhail Bakhtin. Cambridge, MA.

Claval, P. (1998) *Histoire de la géographie
française de 1870 à nos jours.* Paris.

Clifford, J. (1982) *Person and Myth:*

Maurice Leenhardt in the Melanesian World. Berkeley, CA.

Clifford, J., and G. E. Marcus (eds) (1986) *Writing Culture: The Poetics and Politics of Ethnography*. Berkeley, CA.

Cocks, G., and K. Jarausch (1990) *German Professions, 1800-1950*. London.

Coe, M. (1992) *Breaking the Maya Code*. London.

Cohen, P. A. (1974) *Between Tradition and Modernity: Wang T'ao and Reform in Late Ch'ing China*. Cambridge, MA.

Cohn, B. S. (1996) *Colonialism and its Forms of Knowledge*. Princeton, NJ.

Cole, A. H., and R. Crandall (1964) 'The International Scientific Committee on Price History', *Journal of Economic History* 24, 381~388.

Cole, D. (1985) *Captured Heritage: The Scramble for Northwest Coast Artifacts*. Seattle.

Cole, J. R., and S. Cole (1973) *Social Stratification in Science*. Chicago.

Coleman, W., and F. L. Holmes (eds) (1988) *The Investigative Enterprise: Experimental Physiology in 19th-Century Medicine*. Berkeley, CA.

Coles, J. M. (1979) *Experimental Archaeology*. New York.

Collingwood, R. G. ([1946] 1993) *The Idea of History*. Rev. edn, Oxford.

Collini, S. (1991) *Public Moralists: Political Thought and Intellectual Life in Britain 1850-1930*. Oxford.

Collins, R. (1998) *The Sociology of Philosophies: A Global Theory of Intellectual Change*. Cambridge, MA.

Connell, R. (2007) *Southern Theory: The Global Dynamics of Knowledge in Social Science*. Cambridge.

Conot, R. E. (1979) *A Streak of Luck*. New York.

Converse, J. M. (1986) *Survey Research in the United States: Roots and Emergence 1890-1960*. Berkeley, CA.

Coombes, A. E. (1994) *Reinventing Africa: Museums, Material Culture and Popular Imagination in Late Victorian and Edwardian England*. New Haven, CT.

Cooter, R. (1984) *The Cultural Meaning of Popular Science: Phrenology and the Organization of Consent in 19th-Century Britain*. Cambridge.

Cornford, F. M. (1908) *Microcosmographia Academica: Being a Guide for the Young Academic Politician*. Cambridge.

Cortada, J. W. (1993) *Before the Computer*.

Princeton, NJ.

Crabbs, J. A. (1984) *The Writing of History in Nineteenth-Century Egypt*. Cairo and Detroit.

Craig, J. E. (1984) *Scholarship and Nation Building: The Universities of Strasbourg and Alsatian Society, 1870-1939*. Chicago.

Crampton, J. W., and S. Elden (eds) (2007) *Space, Knowledge and Power: Foucault and Geography*. Basingstoke.

Crane, D. (1972) *Invisible Colleges: Diffusion of Knowledge in Scientific Communities*. Chicago.

Crary, J. (1990) *Techniques of the Observer: On Visions of Modernity in the Nineteenth Century*. Cambridge, MA.

Cravens, H. (ed.) (2004) *The Social Sciences go to Washington: The Politics of Knowledge in the Postmodern Era*. New Brunswick, NJ.

Cravens, H., A. I. Marcus and D. M. Katzman (eds) (1996) *Technical Knowledge in American Culture*. Tuscaloosa, AL.

Crawford, E., T. Shinn and S. Sörlin (eds) (1992) *Denationalizing Science*. Dordrecht.

Crick, B. (1960) *The American Science of Politics*. London.

Crystal, D. (2000) *Language Death*. Cambridge.

Cullen, M. J. (1975) *The Statistical Movement in Early Victorian Britain*. London.

Cunha, E. da ([1902] 1944) *Rebellion in the Backlands*. Eng. trans., New York.

Cunningham, A., and N. Jardine (eds) (1990) *Romanticism and the Sciences*. Cambridge.

Curry, P. (1989) *Prophecy and Power: Astrology in Early Modern England*. Cambridge.

Curry, P. (1992) *A Confusion of Prophets: Victorian and Edwardian Astrology*. London.

Cutright, P. R. (1969) *Lewis and Clark: Pioneering Naturalists*. Urbana, IL.

Daiches, D. (ed.) (1964) *The Idea of a New University: An Experiment in Sussex*. London.

Dalby, A. (2009) *The World and Wikipedia*. Draycott, Somerset.

Dalrymple, W. (2006) *The Last Mughal: The Fall of a Dynasty, Delhi 1857*. London.

Dandeker, D. (1990) *Surveillance, Power and Modernity: Bureaucracy and*

Discipline from 1700 to the Present Day.
Cambridge.

Darnton, R. (1984) *The Great Cat Massacre*. New York.

Darnton, R. (1995) *The Forbidden Bestsellers of Pre-Revolutionary France*. New York.

Darnton, R. (2008) 'The Library in a New Age', *New York Review of Books*, 12 June.

Darnton, R. (2009) *The Case for Books: Past, Present and Future*. London.

Darwin, C. ([1876] 1958) *Autobiography*. Rev. edn, London.

Daston, L., and P. Galison (2007) *Objectivity*. New York.

Daston, L., and E. Lunbeck (2011) *Histories of Scientific Observation*. Chicago.

Daudin, H. (1926a) *De Linné à Jussieu: mé thodes de la classification et idé e de sé rie en botanique et en zoologie (1740-1790)*. Paris.

Daudin, H. (1926b) *Cuvier et Lamarck: les classes zoologiques et l'idé e de sé rie animale (1790-1830)*. Paris.

Daum, A. W. (1998) *Wissenschaftspopularisierung im 19 Jahrhundert: bürgerliche Kultur,*

naturwissenschaftliche Bildung und die deutsche Öffentlichkeit, 1848-1914. Munich.

Daunton, M. (ed.) (2005) *The Organization of Knowledge in Victorian Britain*. Oxford.

Dauser, R. (ed.) (2008) *Wissen im Netz: Botanik und Pfl anzentransfer in europäischen Korrespondenznetzen des 18. Jahrhunderts*. Berlin.

Davenport, T. H., and L. Prusak (1998) *Working Knowledge: How Organizations Manage What They Know*. Boston.

Davies, A. M. ([1992] 1998) *Nineteenth-Century Linguistics*. Eng. trans., London.

Davies, J. D. (1955) *Phrenology, Fad and Science: A 19th-Century American Crusade*. New Haven, CT.

Deacon, M., T. Rice and C. Summerhayes (eds) (2001) *Understanding the Oceans: A Century of Ocean Exploration*. London.

Dear, P. (1991) 'Narratives, Anecdotes and Experiments', in Dear (ed.), *The Literary Structure of Scientific Argument*. Philadelphia, 135~163.

Deegan, M. J. (1988) *Jane Addams and the Men of the Chicago School, 1892-1918*.

New Brunswick, NJ.

Delgado, R. (1989) 'A Plea for Narrative', *Michigan Law Review* 87, 2411~2441.

Delong, D. W. (2004) *Lost Knowledge: Confronting the Threat of an Aging Workforce*. Oxford.

Desrosières, A. (1993) *La Politique des grands nombres: histoire de la raison statistique*. Paris.

De Terra, H. (1955) *Humboldt*. New York.

Dhombres, N. (1989) *Les Savants en revolution, 1789-1799*. Paris.

Diamond, S. (1992) *Compromised Campus: The Collaboration of Universities with the Intelligence Community, 1945-55*. New York.

Diaz-Andreu, M., and T. Champion (eds) (1996) *Nationalism and Archaeology in Europe*. London.

Diaz-Andreu, M., and M. L. Stig Sørensen (eds) (1998) *Excavating Women*. London.

Dieckmann, H. (1961) 'The Concept of Knowledge in the *Encyclopédie*', in Dieckmann, *Essays in Comparative Literature*. St Louis, MO, 73~107.

Dierig, S., J. Lachmund and J. A. Mendelsohn (eds) (2003) *Science and the City*. Chicago.

Díez Torre, A., et al. (1991) *La ciencia española en ultramar*. Madrid.

Dilly, H. (1979) *Kunstgeschichte als Institution*. Frankfurt.

Dirks, N. B. (2001) *Castes of Mind: Colonialism and the Making of Modern India*. Princeton, NJ.

Dogan, M., and R. Pahre (1990) *Creative Marginality: Innovation at the Intersections of Social Sciences*. Boulder, CO.

Drahos, P. (2002) *Information Feudalism: Who Owns the Knowledge Economy?* London.

Drayton, R. (2000) *Nature's Government: Science, Imperial Britain and the Improvement of the World*. New Haven, CT.

Driessen, H. (ed.) (1993) *The Politics of Ethnographic Reading and Writing: Confrontations of Western and Indigenous Views*. Saarbrücken.

Driver, F. (2004) 'Travel, Exploration and Knowledge in the 19th Century', *Transactions of the Royal Historical Society* 14, 73~92.

Droulia, L., and V. Mentzou (eds) (1993) *Vers l'Orient par la Grèce*. Paris and Athens.

Drucker, P. F. (1969) *The Age of Discontinuity: Guidelines to our Changing Society*. London.

Drucker, P. F. (1993) *Post-Capitalist Society*. Oxford.

Dutton, W. H. (2007) 'The Fifth Estate - Through the Network of Networks', www.ox.ac.uk/media/news_stories/2007/071016.html.

Dyhouse, C. (1995) *No Distinction of Sex? Women in British Universities, 1870-1939*. London.

Easton, D., J. Gunnell and L. Graziano (eds) (1991) *The Development of Political Science*. London.

Edney, M. (1997) *Mapping an Empire: The Geographic Construction of British India, 1765-1843*. Chicago.

Edwards, P. N. (1996) *The Closed World: Computers and the Politics of Discourse in Cold War America*. Cambridge, MA.

Eldelin, E. (2006) *'De två kulturerna' flyttar hemifrån: C. P. Snows begrepp I svensk idédebatt, 1959-2005*. Stockholm.

Elias, N. (1982) 'Scientific Establishments', in Elias, H. Martins and R. Whitley (eds), *Scientific Establishments and Hierarchies*.

Dordrecht, 3~69.

Ellen, R. Y. (2006) 'The Development of Anthropology and Colonial Policy in the Netherlands: 1800-1960', *Journal of the History of the Behavioral Sciences* 12, 303~324.

Ellen, R. Y., and D. Reason (eds) (1979) *Systems of Classification and the Anthropology of Knowledge*. New York.

Elman, B. A. (2006) *A Cultural History of Modern Science in China*. Cambridge, MA.

Emerson, D. E. (1968) *Metternich and the Political Police: Security and Subversion in the Hapsburg Monarchy (1815-1830)*. The Hague.

Emmerich, W. (1968) *Germanistisches Volkstumsideologie: Genese und Kritik der Volksforschung im Dritten Reich*. Tübingen.

Engerman, D. C. (2009) *Know your Enemy: The Rise and Fall of America's Soviet Experts*. Oxford.

Essner, C. (1985) *Deutsche Afrikareisende im 19. Jahrhundert*. Stuttgart.

Etherington, N. (ed.) (2005) *Missions and Empire*. Oxford.

Ette, O., U. Hermanns, B. M. Scherer and C. Suckow (eds) (2001) *Alexander von*

Humboldt: Aufbruch in die Moderne.
Berlin.

Etzkowitz, H., and L. Leydesdorff (eds)
(1997) *Universities and the Global
Knowledge Economy: A Triple Helix
of University-Industry-Government
Relations*. London.

Evans, R. J. (2001) *Lying about Hitler:
History, Holocaust and the David Irving
Trial*. New York.

Fabian, J. (2000) *Out of our Minds: Reason
and Madness in the Exploration of
Central Africa*. Berkeley, CA.

Fan, F. T. (2004) *British Naturalists in Qing
China: Science, Empire and Cultural
Encounter*. Cambridge, MA.

Feldbrugge, F. J. M. (1975) *Samizdat and
Political Dissent in the Soviet Union*.
Leiden.

Felsch, P. (2010) *Wie August Petermann
den Nordpol erfand*. Munich.

Feres, J. (2005) *A história do conceito de
'Latin America' nos Estados Unidos*.
Bauru, São Paulo.

Fernández-Armesto, F. (2006) *Pathfi nders:
A Global History of Exploration*. Oxford.

Feyl, R. ([1981] 1999) *Der lautlose
Aufbruch: Frauen in der Wissenschaft*.
2nd edn, Cologne.

Finkelstein, J. (ed.) (1989) *Windows on a
New World*. New York.

Fischer, H. (1990) *Völkerkunde im
Nationalsozialismus*. Berlin.

Fischer, J. (1988) *Napoleon und die
Naturwissenschaften*. Wiesbaden.

Fleming, D., and B. Bailyn (eds) (1969)
*The Intellectual Migration: Europe and
America, 1930-1960*. Cambridge, MA.

Fleming, F. (1998) *Barrow's Boys*. London.

Flint, R. (1904) *Philosophy as Scientia
Scientiarum and a History of the
Classification of the Sciences*. London.

Fontana, B. M. (1985) *Rethinking the
Politics of Commercial Society: The
Edinburgh Review, 1802-1832*.
Cambridge.

Forbes, E. G. A. (ed.) (1978) *Human
Implications of Scientific Advance*.
Edinburgh.

Forgan, S. (1994) 'The Architecture of
Display: Museums, Universities and
Objects in 19th-Century Britain',
History of Science 32, 139~162.

Fosdick, R. B. (1952) *The Story of the
Rockefeller Foundation*. London.

Foss, N. J. (2007) *The Emerging Knowledge
Governance Approach: Challenges and
Characteristics*. Oslo.

Foss, N. J., and S. Michailova (eds) (2009) *Knowledge Governance: Processes and Paradigms*. Oxford.

Foucault, M. (1963) *Naissance de la clinique: une archéologie du regard medical*. Paris.

Foucault, M. (1966) *Les Mots et les choses*. Paris.

Foucault, M. (1969) *L'Archéologie du savoir*. Paris.

Foucault, M. (1975) *Surveiller et punir*. Paris.

Foucault, M. (1980) *Power/Knowledge: Selected Interviews and Other Writings, 1972-1977*. Brighton.

Foucault, M. (1997) *Il faut défendre la société*. Paris.

Fox, J., and S. Stromqvist (eds) (1998) *Contesting the Master Narrative: Essays in Social History*. London.

Fox, R. (1973) 'Scientific Enterprise and the Patronage of Research in France, 1800-1870', *Minerva* 11, 442~473.

Fox, R. (1980) 'Learning, Politics and Polite Culture in Provincial France: The *sociétés savantes* in the Nineteenth Century', *Historical Reflections* 7, 543~564.

Frängsmyr, T. (1976) *Upptäckten av istiden*. Stockholm.

Frängsmyr, T., J. H. Heilbron and R. H. Rider (eds) (1990) *The Quantifying Spirit in the Eighteenth Century*. London.

Franzosi, R. (1998) 'Narrative Analysis: Or Why (and How) Sociologists Should Be Interested in Narrative', *Annual Review of Sociology* 24, 517~554.

Frappaolo, C. (2006) *Knowledge Management*. London.

Frasca-Spada, M., and N. Jardine (eds) (2000) *Books and the Sciences in History*. Cambridge.

Fried, J., and J. Süssmann (eds) (2001) *Revolutionen des Wissens: Von der Steinzeit bis zur Moderne*. Munich.

Frigessi, D. (2003) *Cesare Lombroso*. Turin.

Fumian, C. (2003) *Verso una società planetaria*. Rome.

Fung, A., M. Graham and D. Weil (2007) *Full Disclosure: The Perils and Promise of Transparency*. Cambridge.

Furner, M. O. (1975) *Advocacy and Objectivity: A Crisis in the Professionalization of American Social Science, 1865-1905*. Lexington, KY.

Furner, M. O., and B. Supple (eds) (1990)

The State and Economic Knowledge. Cambridge.

Fyfe, A., and B. Lightman (eds) (2007) *Science in the Marketplace: 19th-Century Sites and Experiences.* Chicago.

Gacs, U., A. Khan, J. McIntyre and R. Weinberg (eds) (1988) *Women Anthropologists: A Biographical Dictionary.* New York.

Galera Gomez, A. (1981) *Ciencia y delincuencia: el determinismo antropoló gico en la Españ a del siglo XIX.* Seville.

Galison, P. (2004) 'Removing Knowledge', *Critical Inquiry* 31, 229~243.

Galison, P., and B. Hevly (eds) (1992) *Big Science: The Growth of Large-Scale Research.* Stanford, CA.

Gallie, W. B. (1960) *A New University: A. D. Lindsay and the Keele Experiment.* London.

Gallini, C. (1983) *Magnetismo e ipnotismo nell'800 italiano.* Milan.

Gambi, L. (1992) *Geografia e imperialismo in Italia.* Bologna.

Ganz, D. (1997) 'Latin Paleography since Bischoff', www.kcl.ac.uk/content/1/c6/04/42/91/inaugural-lecture-1997.pdf.

Ganz, P. (1973) *Jacob Grimm's Conception of German Studies.* Oxford.

Gascoigne, J. (1998) *Science in the Service of Empire: Joseph Banks, the British State and the Uses of Science in the Age of Revolution.* Cambridge.

Gaskill, H. (ed.) (1991) *Ossian Revisited.* Edinburgh.

Geertz, C. (1973) *The Interpretation of Cultures.* New York.

Geiger, R. L. (1986) *To Advance Knowledge: The Growth of American Research Universities, 1900-1940.* New York.

Geiger, R. L. (1993) *Research and Relevant Knowledge: American Research Universities since World War II.* New York.

Geiger, R. L. (2004) *Knowledge and Money: Research Universities and the Paradox of the Marketplace.* Stanford, CA.

Geison, G. L., and F. L. Holmes (eds) (1993) *Research Schools: Historical Reappraisals.* Chicago.

Gelfand, T. (1976) 'The Origins of a Modern Concept of Medical Specialization', *Bulletin of the History of Medicine* 50, 511~535.

Gellner, E. (1973) *Cause and Meaning in*

the Social Sciences. London.

Gemelli, G. (ed.) (1998) The Ford
Foundation and Europe (1950s-1970s).
Brussels.

Gerndt, H. (ed.) (1987) Volkskunde und
Nationalsozialismus. Munich.

Gianquitto, T. (2007) 'Good Observers
of Nature': American Women and the
Scientific Study of the Natural World,
1820-1885. Athens, GA.

Gibbons, M., and B. Wittrock (eds)
(1985) Science as a Commodity: Threats
to the Open Community of Scholars.
London.

Gibbons, M., C. Limoges, H. Nowotny,
S. Schwartzman, P. Scott and M.
Trow (1994) The New Production of
Knowledge. London.

Giddens, A. (1990) The Consequences of
Modernity. Cambridge.

Gieryn, T. F. (1983) 'Boundary-Work
and the Demarcation of Science from
Non-Science: Strains and Interests in
Professional Ideologies of Scientists',
American Sociological Review 48,
781~795.

Gieryn, T. F. (1995) 'Boundaries of
Science', in S. Jasanoff et al. (eds)
Handbook of Science and Technology

Studies. Thousand Oaks, CA: 115~139.

Gilbert, E. W. (1958) 'Pioneer Maps
of Health and Disease in England',
Geographical Journal 124, 172~183.

Gillispie, C. G. (1989) 'Scientific Aspects
of the French Egyptian Expedition',
Proceedings of the American Philosophical
Society 133, 447~474.

Gillispie, C. G. (2004) Science and Polity
in France: The Revolutionary and
Napoleonic Years. Princeton, NJ.

Gilpin, R. (1968) France in the Age of the
Scientific State. Princeton, NJ.

Ginzburg, C. (1989) Clues, Myths, and
the Historical Method. Eng. trans.,
Baltimore.

Giustino, D. de (1975) Conquest of Mind:
Phrenology and Victorian Social Thought.
London.

Gizycki, R. von (1973) 'Centre and
Periphery in the International Scientific
Community: Germany, France and
Great Britain in the Nineteenth
Century', Minerva 11, 474~494.

Glamann, K. (2003) The Carlsberg
Foundation: The Early Years.
Copenhagen.

Glasgow, E. (2001) 'Origins of the Home
University Library', Library Review 50,

95~98.

Glass, D. V. (1973) *Numbering the People: the 18th Century Population Controversy and the Development of Census and Vital Statistics in Britain.* Farnborough.

Glob, P. U. ([1969] 2004) *The Bog People: Iron Age Man Preserved.* New edn, New York.

Godlewska, A. (1988) 'The Napoleonic Survey of Egypt: A Masterpiece of Cartographic Compilation and Early Nineteenth-Century Fieldwork', *Cartographica* 25, 1~171.

Godlewska, A., and N. Smith (eds) (1994) *Geography and Empire.* Oxford.

Goetzmann, W. H. (1959) *Army Exploration in the American West, 1803-1863.* New Haven, CT.

Goetzmann, W. H. ([1986] 1995) *New Lands, New Men: America and the Second Great Age of Discovery.* 2nd edn, Austin, TX.

Göhre, P. ([1891] 1895) *Three Months in a Workshop.* Eng. trans., London.

Goldman, L. (2002) *Science, Reform and Politics in Victorian Britain: The Social Science Association 1857-1886.* Cambridge.

Goldstein, J. (1987) *Console and Classify:* the French Psychiatric Profession in the 19th Century. Cambridge.

Golinski, J. ([1998] 2005) *Making Natural Knowledge.* 2nd edn, Cambridge.

Gombrich, E. H. (1970) *Aby Warburg: An Intellectual Biography.* London.

González Bueno, A., and R. Rodriguez Noval (2000) *Plantas americanas para la España ilustrada.* Madrid.

Gooding, D., T. Pinch and S. Schaffer (eds) (1989) *The Uses of Experiment.* Cambridge.

Goodwin, J. (1994) *The Theosophical Enlightenment.* Albany, NY.

Goody, J. (ed.) (1968) *Literacy in Traditional Societies.* Cambridge.

Goody, J. (1995) *The Expansive Moment: Anthropology in Britain and Africa, 1918-1970.* Cambridge.

Gorski, P. S. (2000) 'Historicizing the Secularization Debate: Church, State and Society in Early Modern Europe', *American Sociological Review* 65, 138~167.

Gottfried, P. (1990) *Carl Schmitt: Politics and Theory.* New York.

Gould, S. J. ([1981] 1984) *The Mismeasure of Man.* Rev. edn, Harmondsworth.

Gourlie, N. (1953) *The Prince of Botanists:*

Carl Linnaeus. London.

Graff, G. (1987) *Professing Literature: An Institutional History*. Chicago.

Grafton, A. (1990) *Forgers and Critics*. London.

Grafton, A. (2009a) 'Apocalypse in the Stacks? The Research Library in the Age of Google', *Daedalus*, winter, 87~98.

Grafton, A. (2009b) *Worlds Made by Words*. Cambridge, MA.

Graham, L. R. (1967) *The Soviet Academy of Sciences and the Communist Party, 1927-1932*. Princeton, NJ.

Graham, L. R. (1975) 'The Formation of Soviet Research Institutes', *Social Studies of Science* 5, 303~329.

Gräslund, B. (1974) *Relativ datering: om kronologisk metod i nordisk arkeologi*. Uppsala.

Greenberger, M. (ed.) (1971) *Computers, Communication, and the Public Interest*. Baltimore.

Greenwood, J. (1996) *The Third Industrial Revolution*. Rochester, NY.

Gribbin, J. (1998) *In Search of Susy*. London.

Grmek, M. D. (1999) 'La Troisième Revolution scientifique', *Revue médicale de la Suisse romande* 119, 955~959.

Guha, R., and G. Spivak (eds) (1988) *Selected Subaltern Studies*. Delhi.

Gupta, A., and J. Ferguson (eds) (1997) *Anthropological Locations: Boundaries and Grounds of a Field Science*. Berkeley, CA.

Haar, I. (2000) *Historiker im Nationalsozialismus: deutsche Geschichtswissenschaft und der 'Volkstumskampf' im Osten*. Göttingen.

Hacking, I. (1990) *The Taming of Chance*. Cambridge.

Hafner, K., and A. Lyon (1998) *Where the Wizards Stay up Late: The Origins of the Internet*. New York.

Hagstrom, W. O. (1965) *The Scientific Community*. New York.

Halavais, A. (2009) *Search Engine Society*. Cambridge.

Halbfass, W. ([1981] 1988) *India and Europe*. Eng. trans., London.

Halfmann, J., and J. Rohbeck (eds) (2007) *Zwei Kulturen der Wissenschaft, Revisited*. Göttingen.

Hall, P. (1998) *Cities in Civilization*. London.

Hall, P., and P. Preston (1988) *The Carrier Wave: New Information Technology and the Geography of Innovation, 1846-

2003. Boston.

Halsey, A. H. (2004) *A History of Sociology in Britain*. Oxford.

Hamilakis, Y. (2007) *The Nation and its Ruins: Antiquity, Archaeology and National Imagination in Greece*. Oxford.

Hammer, O. (2001) *Claiming Knowledge: Strategies of Epistemology from Theosophy to the New Age*. Leiden.

Handler, R. (ed.) (2000) *Excluded Ancestors, Inventible Traditions: Essays Towards a More Inclusive History of Anthropology*. Madison.

Hannan, M. T., and J. Freeman (1989) *Organizational Ecology*. Cambridge, MA.

Hannaway, C. C. (1972) 'The Société Royale de Médecine and Epidemics in the Ancien Régime', *Bulletin of the History of Medicine* 46, 257~273.

Hannerz, U. (2010) *Anthropology's World: Life in a Twenty-First Century Discipline*. London.

Hansen, L. (ed.) (2007) *The Linnaeus Apostles*. London.

Haraway, D. (1988) 'Situated Knowledge', *Feminist Studies* 14, 575~599.

Harley, J. B. (2001) *The New Nature of Maps: Essays in the History of Cartography*. Baltimore.

Harris, J. R. (1998) *Industrial Espionage and Technology Transfer: Britain and France in the Eighteenth Century*. Aldershot.

Harrison, J. F. C. (1961) *Learning and Living, 1790-1860: A Study in the History of the Adult Education Movement*. London.

Hart, J. (1993) 'Erwin Panofsky and Karl Mannheim: A Dialogue on Interpretation', *Critical Inquiry* 19, 534~566.

Hartog, F. (2003) *Régimes d'historicité*. Paris.

Harvey, L. (1987) 'The Nature of "Schools" in the Sociology of Knowledge: The Case of the Chicago School', *Sociological Review* 35, 245~278.

Harwood, J. (1987) 'National Styles in Science', *Isis* 78, 390~414.

Hawkins, H. (1960) *Pioneer: A History of the Johns Hopkins University, 1874-89*. Ithaca, NY.

Hayek, F. A. (1945) 'The Use of Knowledge in Society', *American Economic Review* 35, 519~530.

Hayes, D., and R. Wynyard (eds) (2002)

The McDonaldization of Higher Education. Westport, CT.

Headrick, D. R. (2000) *When Information Came of Age: Technologies of Knowledge in the Age of Reason and Revolution, 1700-1850*. New York.

Heclo, H. (1974) *Modern Social Politics in Britain and Sweden*. New Haven, CT.

Heffernan, M. (1989) 'The Limits of Utopia: Henri Duveyrier and the Exploration of the Sahara in the Nineteenth Century', *Geographical Journal* 155, 349~352.

Helmholtz, H. von (1893) *Popular Lectures on Scientific Subjects*. New edn, London.

Hemming, J. (1998) *The Golden Age of Discovery*. London.

Hevia, J. L. (1998) 'The Archive State and the Fear of Pollution from the Opium Wars to Fu-Manchu', *Cultural Studies* 12, 234~254.

Hewitt, R. (2010) *Map of a Nation: A Biography of the Ordnance Survey*. London.

Higgs, E. (2004) *The Information State in England: The Central Collection of Information on Citizens, 1500-2000*. Basingstoke.

Hill, K. (ed.) (1964) *The Management of Scientists*. Boston.

Hinsley, C. M. (1981) *Savages and Scientists: The Smithsonian Institution and the Development of American Anthropology 1846-1910*. Washington, DC.

Hinsley, F. H., and A. Stripp (eds) (1993) *Codebreakers: The Inside Story of Bletchley Park*. Oxford.

Hobart, M. E., and Z. Schiffman (1998) *Information Ages: Literacy, Numeracy and the Computer Revolution*. Baltimore.

Hoch, P. K. (1985) 'Migration and the Generation of New Scientific Ideas', *Minerva* 25, 209~237.

Hochschild, A. (1998) *King Leopold's Ghost: A Story of Greed, Terror and Heroism in Colonial Africa*. Boston.

Hodder, I. ([1986] 2003) *Reading the Past: Current Approaches to Interpretation in Archaeology*. 3rd edn, Cambridge.

Holl, F. (ed.) (1999) *Alexander von Humboldt: Netzwerke des Wissens*. Berlin [exhibition catalogue].

Holmes, R. (2008) *The Age of Wonder*. London.

Hooson, D. (ed.) (1994) *Geography and*

National Identity. Oxford.

Hopkins, J. (1992) 'The 1791 French Cataloging Code and the Origins of the Card Catalogue', *Libraries and Culture* 27, 378~404.

Horgan, J. (1996) *The End of Science: Facing the Limits of Knowledge in the Twilight of the Scientific Age*. London.

Horowitz, I. L. (ed.) (1967) *The Rise and Fall of Project Camelot: Studies in the Relationship between Social Science and Practical Politics*. Cambridge, MA.

Hoskin, K. W., and R. H. Macve (1986) 'Accounting and the Examination: A Genealogy of Disciplinary Power', *Accounting, Organizations and Society* 11, 105~136.

Howland, D. R. (2001a) *Translating the West*. Honolulu.

Howland, D. R. (2001b) 'Translating Liberty in Nineteenth-Century Japan', *Journal of the History of Ideas* 62, 161~181.

Howland, D. R. (2005) *Personal Liberty and Public Good: The Introduction of John Stuart Mill to Japan and China*. Toronto.

Hubble, N. (2006) *Mass-Observation and Everyday Life*. New York.

Hudson, K. (1981) *A Social History of Archaeology*. London.

Huerkamp, C. (1985) *Der Aufstieg der Ärzte im 19. Jahrhundert*. Göttingen.

Huerkamp, C. (1996) *Bildungsbürgerinnen: Frauen im Studium und in akademischen Berufen, 1900-1945*. Göttingen.

Hufbauer, K. (1982) *The Formation of the German Chemical Community (1720-1795)*. Berkeley, CA.

Hughes, A. (1951-3) 'Science in English Encyclopaedias, 1704-1875', *Annals of Science* 7, 340~370; 8, 323~367; 9, 233~264.

Hughes, H. S. (1959) *Consciousness and Society: the reorientation of European social thought, 1890-1930*. New York.

Hughes, J. (2002) *The Manhattan Project: Big Science and the Atom Bomb*. Cambridge.

Huizinga, J. ([1919] 1996) *Autumn of the Middle Ages*. Eng. trans., Chicago.

Hunter, K. (1991) *Doctor's Stories: The Narrative Structure of Medical Knowledge*. Princeton, NJ.

Iggers, G. G., E. Wang and S. Mukherjee (2008) *A Global History of Modern Historiography*. London.

Inkster, I. (2006) 'Potentially Global: "Useful and Reliable Knowledge" and Material Progress in Europe, 1474-1914', *International History Review* 28, 237~286.

Inkster, I., and J. Morrell (eds) (1983) *Metropolis and Province: Studies in British Culture, 1780-1950*. Philadelphia.

Irwin, A. (1995) *Citizen Science: A Study of People, Expertise and Sustainable Development*. London.

Irwin, A., and B. Wynne (eds) (1996) *Misunderstanding Science? The Public Reconstruction of Science and Technology*. Cambridge.

Irwin, R. (2006) *For Lust of Knowing: The Orientalists and their Enemies*. London.

Jackman, J., and C. M. Borden (eds) (1983) *The Muses Flee Hitler: Cultural Transfer and Adaptation, 1930-45*. Washington, DC.

Jacob, C. (ed.) (2007) *Les Lieux de savoir*. Paris.

Jardine, N., J. Secord and E. Spary (eds) (1996) *Cultures of Natural History*. Cambridge.

Jay, M. (1973) *The Dialectical Imagination: A History of the Frankfurt School and the Institute of Social Research, 1923-1950*. Boston.

Jeanneney, J. N. ([2005] 2008) *Google and the Myth of Universal Knowledge*. Expanded Eng. trans., Chicago.

Jeffreys-Jones, R. (2007) *The FBI*. New Haven, CT.

Jeggle, U. (1988) 'L'Ethnologie dans l'Allemagne nazie', *Ethnologie française* 18, 114~119.

Jencks, C., and D. Riesman (1968) *The Academic Revolution*. New York.

Jensen, J. (1992) *Thomsens Museum: historien om nationalmuseet*. Copenhagen.

Johns, A. (1998) *The Nature of the Book: Print and Knowledge in the Making*. Chicago.

Johns, A. (2010) *Piracy: The Intellectual Property Wars from Gutenberg to Gates*. Chicago.

Johnson, J. A. (1990) *The Kaiser's Chemists: Science and Modernization in Imperial Germany*. Chapel Hill, NC.

Jokilehto, J. (1999) *A History of Architectural Conservation*. Oxford.

Jong, A. de (2004) *De dirigenten van de herinnering: musealisering en nationalisering van de volkscultuur in*

Nederland 1815-1940. Amsterdam.

Josephson, P. R. (1997) *New Atlantis Revisited: Akademgorodok, the Siberian City of Science.* Princeton, NJ.

Kahn, D. (1967) *The Code-Breakers: The Story of Secret Writing.* New York.

Kaluszynski, M. (2001) *La République à l'épreuve du crime, 1880-1920.* Paris.

Kamen, H. (2007) *The Disinherited: The Exiles who Created Spanish Culture.* London.

Kamusella, T. (2009) *The Politics of Language and Nationalism in Modern Central Europe.* Basingstoke.

Kaplinsky, R., and C. Cooper (eds) (1989) *Technology and Development in the Third Industrial Revolution.* London.

Kasack, W. (1974) *Die Akademien der Wissenschaften der sowjetischen Unionsrepubliken.* Bonn.

Kater, M. (1974) *Das Ahnenerbe der SS 1935-45: Ein Beitrag zur Kulturpolitik des Dritten Reiches.* Stuttgart.

Katz, B. M. (1989) *Foreign Intelligence: Research and Analysis in the Office of Strategic Services, 1942-5.* Cambridge, MA.

Keegan, J. (2003) *Intelligence in War: Knowledge of the Enemy from Napoleon to Al-Qaeda.* London.

Keen, A. ([2007] 2008) *The Cult of the Amateur: How Today's Internet is Killing our Culture and Assaulting our Economy.* Rev. edn, London.

Kenna, M. E. (2008) 'Conformity, Humour and Parody: Handwritten Newspapers from an Exiles' Commune, 1938-45', *Modern Greek Studies* 26, 115~157.

Kenny, A. (1982) *The Computation of Style: An Introduction to Statistics for Students of Literature and the Humanities.* Oxford.

Ketelaar, E. (2003) 'Being Digital in People's Archives', *Archives and Manuscripts* 31, 8~22.

Kettler, D., V. Meja and N. Stehr (1984) *Karl Mannheim.* Chichester.

Kevles, D. J. ([1977] 1995) *The Physicists: The History of a Scientific Community in Modern America.* 2nd edn, Cambridge, MA.

Kevles, D. J. ([1985] 1995) *In the Name of Eugenics: Genetics and the Uses of Human Heredity.* 2nd edn, Cambridge, MA.

Kidd, D. (1989) 'The History of the Early Modern European Collections in the

British Museum', *Journal of the History of Collections* 1, 103~107.

Knight, N. (1999) 'Science, Empire and Nationality: Ethnography in the Russian Geographical Society, 1845-1855', in Jane Burbank and David L. Ransel (eds), *Imperial Russia*. Bloomington, IN.

Knorr-Cetina, K. (1999) *Epistemic Cultures: How the Sciences Make Knowledge*. New York.

Kocka, J. (ed.) (2002) *Die Berliner Akademien der Wissenschaften im geteilten Deutschland, 1945-1990*. Berlin.

Kocka, J., and R. Mayntz (eds) (1998) *Wissenschaft und Wiedervereinigung*. Berlin.

Koerner, L. (1999) *Linnaeus: Nature and Nation*. Cambridge, MA.

Kogan, H. (1958) *The Great EB: The Story of the Encyclopaedia Britannica*. Chicago.

Kohler, R. E. (1982) *From Medical Chemistry to Biochemistry: The Making of a Biomedical Discipline*. Cambridge.

Kohler, R. E. (1991) *Partners in Science: Foundations and Natural Scientists, 1900-45*. Chicago.

Kohler, R. E. (2008) 'Lab History', *Isis* 99, 761~768.

Kohn, M. (1995) *The Race Gallery: The Return of Racial Science*. London.

Kojevnikov, A. (2008) 'The Phenomenon of Soviet Science', *Osiris* 23, 115~135.

Kolers, P. A., M. E. Wrolstad and H. Bouma (eds) (1979) *The Processing of Visible Language*, Vol. 1. New York.

Konvitz, J. W. (1987) *Cartography in France, 1660-1848: Science, Engineering, and Statecraft*. Chicago.

Kopf, D. (1969) *British Orientalism and the Bengal Renaissance: The Dynamics of Indian Modernization, 1773-1835*. Berkeley, CA.

Koselleck, R. ([1979] 1985) *Futures Past: On the Semantics of Historical Time*. Eng. trans., Cambridge, MA.

Krais, B. (ed.) (2000) *Wissenschaftskultur und Geschlechtordnung*. Frankfurt.

Kransdorff, A. (1999) *Corporate Amnesia: Keeping Know-How in the Company*. Oxford.

Kretschmann, C. (ed.) (2003) *Wissenspopularisierung*. Berlin.

Kreuger, F. H. (2007) *A New Vermeer: Life and Work of Han van Meegeren*. Rijswijk.

Kreuzer, H. (ed.) (1987) *Die zwei Kulturen*. Munich.

Kuhn, T. S. (1961) 'The Function of Measurement in Modern Physical Science', *Isis* 52, 161~190.

Kuhn, T. S. (1962) *The Structure of Scientific Revolutions*. Chicago.

Kuklick, H. (1980) 'Chicago Sociology and Urban Planning Policy: Sociological Theory as Occupational Ideology', *Theory and Society* 9, 821~845.

Kuklick, H. (1993) *The Savage Within: The Social History of British Anthropology, 1885-1945*. Cambridge.

Kuklick, H. (ed.) (2008) *A New History of Anthropology*. Oxford.

Kuklick, H., and R. E. Kohler (eds) (1996) *Science in the Field*. Chicago.

Kullmann, D. (2004) *Description: Theorie und Praxis der Beschreibung im französischen Roman von Chateaubriand bis Zola*. Heidelberg.

Kunzig, R. (2000) *Mapping the Deep: The Extraordinary Story of Ocean Science*. New York.

Kury, L. (1998) 'Les Instructions de voyage dans les expéditions scientifiques françaises, 1750-1830', *Revue d'histoire des sciences* 51, 65~91.

Kusamitsu, T. (1980) 'Great Exhibitions before 1851', *History Workshop Journal* 9, 70~89.

Kuznets, S. ([1955] 1965) 'Toward a Theory of Economic Growth', repr. In Kuznets, *Economic Growth and Structure*, New York, 1~81.

Labov, W. (1966) *The Social Stratification of English in New York City*. Washington, DC.

Lagemann, E. C. ([1989] 1992) *The Politics of Knowledge: The Carnegie Corporation, Philanthropy and Public Policy*. 2nd edn, Chicago.

Landes, D. S. (1998) *The Wealth and Poverty of Nations: Why Some are So Rich and Some So Poor*. London.

Lane, J. (2001) *A Social History of Medicine: Health, Healing and Disease in England, 1750-1950*. London.

Larsen, M. T. ([1994] 1996) *The Conquest of Assyria: Excavations in an Antique Land, 1840-1860*. Eng. trans., London.

Latour, B. (1987) *Science in Action*. Cambridge, MA.

Latour, B., and S. Woolgar (1979) *Laboratory Life*. Beverly Hills, CA.

Laurens, H. (1989) *L'Expédition d'Égypte:*

1798-1801. Paris.

Lautman, J., and B.-P. Lécuyer (eds) (1998) *Paul Lazarsfeld (1901-1976)*. Paris.

Lazarsfeld, P. (1961) 'Quantification in Sociology', *Isis* 52, 277~333.

Leach, E. (1965) 'Frazer and Malinowski', *Encounter* 25: 5, 24~36.

Leclerc, G. (1979) *L'Observation de l'homme: une histoire des enquêtes sociales*. Paris.

Lenhard, J., G. Küpper and T. Shinn (eds) (2006) *Simulation: The Pragmatic Construction of Reality*. Dordrecht.

Lenoir, T. (1997) *Instituting Science*. Stanford, CA.

Lepenies, W. (1988) *Between Literature and Science: The Rise of Sociology*. Cambridge.

Levie, F. (2006) *L'Homme qui voulait classer le monde: Paul Otlet et le mundaneum*. Brussels.

Levine, P. (1986) *The Amateur and the Professional: Antiquarians, Historians and Archaeologists in Victorian England*. London.

Lévi-Strauss, C. ([1955] 1962) *Tristes tropiques*. 2nd edn, Paris.

Lewis, C. (2000) *The Dating Game*. Cambridge.

Lightman, B. (2007) *Victorian Popularizers of Science: Designing Nature for New Audiences*. Chicago.

Lih, A. (2009) *The Wikipedia Revolution: How a Bunch of Nobodies Created the World's Greatest Encyclopaedia*. London.

Lindner, R. ([1990] 1996) *The Reportage of Urban Culture: Robert Park and the Chicago School*. Eng. trans., Cambridge.

Livingstone, D. N. (1992) *The Geographical Tradition*. London.

Livingstone, D. N. (2003) *Putting Science in its Place: Geographies of Scientific Knowledge*. Chicago.

Lockman, Z. (2004) *Contending Visions of the Middle East: The History and Politics of Orientalism*. Cambridge.

Lopez, J. (2008) *The Man who Made Vermeers*. New York.

Lowenthal, D. (1985) *The Past is a Foreign Country*. Cambridge.

Lyotard, J. F. ([1979] 1984) *The Postmodern Condition: A Report on Knowledge*. Eng. trans., Manchester.

McCannon, J. (1998) *Red Arctic: Polar Exploration and the Myth of the North in the Soviet Union, 1932-1939*. New York.

McClelland, C. E. (1980) *State, Society and University in Germany, 1700-1914*. Cambridge.

Machlup, F. (1962) *The Production and Distribution of Knowledge in the United States*. Princeton, NJ.

MacKenzie, D. A. (1976) 'Eugenics in Britain', *Social Studies of Science* 6, 499~532.

MacKenzie, J. M. (2009) *Museums and Empire*. Manchester.

MacLeod, R. M. (1971) 'The Support of Victorian Science', *Minerva* 4, 197~230.

MacLeod, R. M. (1975) 'Scientific Advice for British India', *Modern Asian Studies* 9, 343~384.

MacLeod, R. M. (ed.) (1982) *Days of Judgement: Science, Examinations and the Organization of Knowledge in Late Victorian England*. Driffield.

MacLeod, R. M. (ed.) (1988) *Government and Expertise: Specialists, Administrators and Professionals, 1860-1919*. Cambridge.

MacLeod, R. M. (ed.) (2001) *Nature and Empire: Science and the Colonial Enterprise*. Chicago.

McNamara, B. (2001) *Into the Final Frontier: The Human Exploration of Space*. Orlando, FL.

McNeely, I. F. (2003) *The Emancipation of Writing: German Civil Society in the Making, 1790s-1820s*. Berkeley, CA.

McNeely, I. F. (2009) 'Current Trends in Knowledge Production: An Historical-Institutional Analysis', *Prometheus* 27, 335~355.

McNeely, I. F., with L. Wolverton (2008) *Reinventing Knowledge: From Alexandria to the Internet*. New York.

Macrakis, K. (2010) 'Technophilic Hubris and Espionage Styles during the Cold War', *Isis* 101, 378~385.

Madan, F. (1920) *Books in Manuscript*. Oxford.

Maddox, B. (2002) *Rosalind Franklin: The Dark Lady of DNA*. London.

Maiguashca, J. (2011) 'Historians in Spanish South America: Cross-References between Centre and Periphery', *Oxford History of Historical Writing*, Vol. 4. Oxford.

Makari, G. (2008) *Revolution in Mind: The Creation of Psychoanalysis*. London.

Malatesta, M. (ed.) (1995) *Society and the Professions in Italy 1860-1914*. Cambridge.

Maleuvre, D. (1999) *Museum Memories: History, Technology, Art.* Stanford, CA.

Malinowski, B. (1922) *Argonauts of the Western Pacific.* London.

Mallon, F. E. (1994) 'The Promise and Dilemma of Subaltern Studies: Perspectives from Latin American History', *American Historical Review* 99, 1491~1515.

Mannheim, K. (1952) *Essays in the Sociology of Knowledge.* London.

Marchand, S. L. (2009) *German Orientalism in the Age of Empire.* Cambridge.

Marmor, A. (ed.) (1995) *Law and Interpretation: Essays in Legal Philosophy.* Oxford.

Marshall, P. J. (1970) *The British Discovery of Hinduism in the Eighteenth Century.* Cambridge.

Marshall, P. J. (ed.) (1998) *Oxford History of the British Empire*, Vol. 2: *The Eighteenth Century.* Oxford.

Masseau, D. (1994) *L'Invention de l'intellectuel dans l'Europe du 18e siècle.* Paris.

Masterson, J. R., and H. Brower (1948) *Bering's Successors, 1745-1780: Contributions of Peter Simon Pallas to the History of Russian Exploration toward Alaska.* Seattle.

Matthews, M. (1993) *The Passport Society: Controlling Movement in Russia and the USSR.* Boulder, CO.

Mayhew, H. (1851) *London Labour and the London Poor.* London.

Mazon, B. (1988) *Aux origines de l'EHESS: le rôle du mécénat américain (1920-60).* Paris.

Mazour-Matusevich, Y., and A. S. Korros (eds) (2010) *Saluting Aron Gurevich.* Leiden.

Meinecke, F. ([1907] 1970) *Cosmopolitanism and the National State.* Eng. trans., Princeton, NJ.

Meinecke, F. ([1936] 1972) *Historism: the Rise of a New Historical Outlook.* Eng. trans., London.

Menand, L. (2010) *The Marketplace of Ideas: Reform and Resistance in the American University.* New York.

Mendelsohn, E., and Y. Elkanah (eds) (1981) *Sciences and Cultures.* Dordrecht.

Merton, R. K. ([1949] 1957) *Social Theory and Social Structure.* 2nd edn, Glencoe, IL.

Merton, R. K. (1968) 'The Matthew Effect

in Science', *Science* 159, 56~63.

Merton, R. K. (1972) 'Insiders and
Outsiders: A Chapter in the Sociology
of Knowledge', *American Journal of
Sociology* 78, 9~47.

Merton, R. K. (1973) *The Sociology of
Science*. Chicago.

Messer-Davidow, E., D. R. Shumway and
D. Sylvan (eds) (1993) *Knowledges:
Historical and Critical Studies in
Disciplinarity*. Charlottesville, VA.

Meyer, J. (2006) *Great Exhibitions,
London-New York-Paris-Philadelphia,
1851-1900*. London.

Meyerstein, E. H. W. (1930) *A Life of
Thomas Chatterton*. London.

Middleton, A. E. (1885) *All about
Mnemonics*. London.

Mignolo, W. (2000) *Local Histories/
Global Designs: Coloniality, Subaltern
Knowledges and Border Thinking*.
Princeton, NJ.

Mignolo, W. (2009) 'Epistemic
Disobedience, Independent Thought
and Decolonial Freedom', *Theory,
Culture and Society* 26: 7/8, 159~181.

Mill, J. S. (1843) *A System of Logic*.
London.

Miller, E. (1969) *Prince of Librarians: The
Life and Times of Antonio Panizzi of the
British Museum*. London.

Mills, C. W. (1959) *The Sociological
Imagination*. New York.

Milne, D. (2008) *America's Rasputin: Walt
Rostow and the Vietnam War*. New York.

Mitchell, T. (1991) *Colonizing Egypt*.
Cambridge.

Mittelstrass, J. (1992) *Leonardo Welt*.
Berlin.

Mitterand, H. (1987) *Le Regard et le signe:
poétique du roman réaliste et naturaliste*.
Paris.

Mokyr, J. (1998) 'The Second Industrial
Revolution, 1870-1914', www.faculty.
econ.northwestern.edu/faculty/mokyr/
castronovo.pdf.

Mokyr, J. (2002) *The Gifts of Athena:
Historical Origins of the Knowledge
Economy*. Princeton, NJ.

Monas, S. (1961) *The Third Section:
Police and Society under Nicholas I*.
Cambridge, MA.

Montgomery, R. J. (1965) *Examinations:
An Account of their Evolution as
Administrative Devices in England*.
London.

Montgomery, S. L. (1996) *The Scientific
Voice*. New York.

Montijn, I. (1983) *Kermis van Koophandel.* Bussum.

Moore, F. C. T. (1969) 'Introduction' to J. M. Dégerando, *Observation of Savage Peoples*. London.

Moore, L. J. (2008) *Restoring Order: The École des Chartes and the Organization of Libraries and Archives in France, 1820-1870*. Duluth, MN.

Moore, W. E., and M. E. Tumin (1949) 'Some Social Functions of Ignorance', *American Sociological Review* 14, 787~795.

Moravia, S. (1970) *La scienza dell'uomo nel settecento*. Bari.

Morozov, E. (2010) *The Net Delusion: How Not to Liberate the World*. London.

Morrell, J. B. (1972) 'The Chemist Breeders: The Research Schools of Liebig and Thomson', *Ambix* 19, 1~46.

Morrell, J., and A. Thackray (1981) *Gentlemen of Science: Early Years of the British Association for the Advancement of Science*. Oxford.

Morton, R. B., and K. C. Williams (2010) *Experimental Political Science and the Study of Causality*. Cambridge.

Mouffe, C. (ed.) (1999) *The Challenge of Carl Schmitt*. London.

Moulton, G. E. (ed.) (1986-2001) *The Journals of the Lewis and Clark Expedition*. Lincoln, NE.

Moureau, F. (ed.) (1993) *De bonne main: la communication manuscrite au 18e siècle*. Paris and Oxford.

Mucchielli, L. (1998) *La Découverte du social: naissance de la sociologie en France, 1870-1914*. Paris.

Mugglestone, L. (2005) *Lost for Words: The Hidden History of the OED*. New Haven, CT.

Mullan, B., and G. Marvin (1987) *Zoo Culture*. London.

Müller, J. J. (ed.) (1974) *Germanistik und deutsche Nation, 1806-48*. Stuttgart.

Müntz, E. (1894~1896) 'Les Annexations de collections d'art', *Revue d'histoire diplomatique* 8, 481~497; 9, 375~393; 10, 481~508.

Murphy, T. D. (1981) 'Medical Knowledge and Statistical Methods in Early 19th-Century France', *Medical History* 25, 301~319.

Murray, J. (ed.) (1897) *Challenger Expedition Reports*, vol. 1. London.

Naisbitt, J., and P. Aburdene (1990) *Megatrends 2000: The Next Ten Years - Major Changes in your Life and World.*

London.

Neef, D. (ed.) (1998) *The Knowledge Economy*. Boston.

Nelson, D. (1980) *Frederick W. Taylor and the Rise of Scientific Management*. Madison.

Neumann, J. von, and O. Morgenstern (1944) *Theory of Games and Economic Behaviour*. Princeton, NJ.

Nicolson, M. (1987) 'Alexander von Humboldt', *History of Science* 25, 167~194.

Nonaka, I. (ed.) (2005) *Knowledge Management: Critical Perspectives on Business and Management*, 3 vols. London.

Nonaka, I., and H. Takeuchi (1995) *The Knowledge Creating Company*. New York.

Nora, P. (ed.) (1986), *La Nation*. Paris.

Nord, D. E. (1985) *The Apprenticeship of Beatrice Webb*. Basingstoke.

Noveck, B. S. (2009) *Wiki Government*. Washington, DC.

Novick, P. (1988) *That Noble Dream: The 'Objectivity Question' and the American Historical Profession*. Cambridge.

Nye, N. J. (1975) 'Science and Socialism: The Case of Jean Perrin in the Third

Republic', *French Historical Studies* 9, 141~169.

Nye, N. J. (ed.) (2003) *Cambridge History of Science*, Vol. 5. Cambridge.

Oberschall, A. (1965) *Empirical Social Research in Germany, 1848-1914*. The Hague.

O'Cadhla, S. (2007) *Civilizing Ireland: Ordnance Survey 1824-42*. Dublin.

O'Connor, R. (2007) *The Earth on Show: Fossils and the Poetics of Popular Science, 1802-56*. Chicago.

Oexle, O. G. (ed.) (2007) *Krise des Historismus - Krise der Wirklichkeit: Wissenschaft, Kunst und Literatur, 1880-1932*. Göttingen.

Ó Giolláin, D. (2000) *Locating Irish Folklore: Tradition, Modernity, Identity*. Cork.

Olby, R. C. (1966) *Origins of Mendelism*. London.

Olby, R. C. (1974) *The Path to the Double Helix*. London.

Olcese, G. (ed.) (2004) *Cultura scientifica e cultura umanistica: contrasto o integrazione?* Genoa.

Olesko, K. M. (1993) 'Tacit Knowledge and School Formation', *Osiris* 8, 16~29.

Oleson, A., and J. Voss (eds) (1979) *The Organization of Knowledge in Modern America, 1860-1922*. Baltimore.

Oppenheim, J. (1985) *The Other World: Spiritualism and Psychical Research in England, 1850-1914*. Cambridge.

Oreskes, N. (1996) 'Objectivity or Heroism? On the Invisibility of Women in Science', *Osiris* 11, 87~116.

Ortolano, G. (2009) *The Two Cultures Controversy: Science, Literature and Cultural Politics in Postwar Britain*. Cambridge.

Otterspeer, W. (ed.) (1989) *Oriental Connections 1850-1950*. Leiden.

Outram, D. (1984) *Georges Cuvier: Vocation, Science and Authority in Post-Revolutionary France*. Manchester.

Ozouf, M. (1981) 'L'Invention de l'ethnographie française: le questionnaire de l'Académie celtique', *Annales: économies, sociétés, civilisations* 36, 210~230.

Palmer, D. J. (1965) *The Rise of English Studies*. London.

Panofsky, E. ([1939] 1962) *Studies in Iconology*. Repr. New York.

Parkinson, R. (1999) *Cracking Codes: The Rosetta Stone and Decipherment*. London.

Pascal, R. (1962) '*Bildung* and the Division of Labour', in *German Studies Presented to W. H. Bruford*. London, 14~28.

Pasquali, G. ([1934] 1952) *Storia della tradizione e critica del testo*. 2nd edn, Florence.

Patriarca, S. (1996) *Numbers and Nationhood: Writing Statistics in 19th-Century Italy*. Cambridge.

Paul, H. W. (1985) *From Knowledge to Power: The Rise of the Scientific Empire in France 1860-1939*. Cambridge.

Payne, S. L. (1951) *The Art of Asking Questions*. Princeton, NJ.

Pearton, M. (1982) *The Knowledgeable State: Diplomacy, War and Technology since 1830*. London.

Peckhaus, V., and C. Thiel (eds) (1999) *Disziplinen im Kontext: Perspektiven der Disziplingeschichtsschreibung*. Munich.

Penny, H. G. (2002) *Objects of Culture: Ethnology and Ethnographic Museums in Imperial Germany*. Chapel Hill, NC.

Penny, H. G., and M. Bunzl (eds) (2003) *Worldly Provincialism: German Anthropology in the Age of Empire*. Ann Arbor, MI.

Perkin, H. (1989) *The Rise of Professional Society: England since 1880*. London.

Perrot, J.-C., and S. Woolf (1984) *State and Statistics in France, 1789-1815*. New York.

Pesce, A. (1906) *Notizie sugli archivi di stato*. Rome.

Phillipson, N. (2010) *Adam Smith: An Enlightened Life*. London.

Physick, J. F. (1982) *The Victoria and Albert Museum: The History of its Building*. Oxford.

Piazza, P. (2004) *Histoire de la carte nationale d'identité*. Paris.

Pickstone, J. V. (2000) *Ways of Knowing: A New History of Science, Technology and Medicine*. Manchester.

Pickstone, J. V. (2007) 'Working Knowledges before and after c.1800', *Isis* 98, 489~516.

Pieters, F. (forthcoming) *Natural History Spoils in the Low Countries in 1794/95*.

Pinkney, D. H., and T. Ropp (eds) (1964) *Festschrift for Theodore Artz*. Durham, NC.

Pino, F. del (ed.) (1988) *Ciencia y contexto histórico nacional en las expediciones ilustradas a América*. Madrid.

Platt, J. (1996) *A History of Sociological Research Methods in America, 1920-1960*. Cambridge.

Polanyi, M. (1958) *Personal Knowledge*. Chicago.

Pope, M. ([1975] 1999) *The Story of Decipherment from Egyptian Hieroglyphs to Maya Script*. 2nd edn, London.

Popper, K. (1945) *The Open Society and its Enemies*. London.

Porat, M. (1977) *The Information Economy: Defi nition and Measurement*. Washington, DC.

Porter, R. (1977) *The Making of Geology: Earth Science in Britain, 1660-1815*. Cambridge.

Porter, R. (1997) *The Greatest Benefi t to Mankind*. London.

Porter, R. (ed.) (2003) *Eighteenth-Century Science*. Cambridge.

Poulot, D. (1997) *Musée, nation, patrimoine 1789-1815*. Paris.

Pratt, M. L. (1992) *Imperial Eyes: Travel Writing and Transculturation*. London.

Pratt, V. (1977) 'Foucault and the History of Classification Theory', *Studies in the History and Philosophy of Science* 8, 163~171.

Price, B. (1999) 'Frank Gilbreth', *American National Biography*, vol. 9,

12~13.

Price, D. H. (2008) *Anthropological Intelligence: The Deployment and Neglect of American Anthropology in the Second World War*. Durham, NC.

Price, D. J. de Solla (1963) *Little Science, Big Science*. New York.

Proctor, R. N. (1988) *Racial Hygiene: Medicine under the Nazis*. Cambridge, MA.

Proctor, R. N., and L. Schiebinger (eds) (2008) *Agnotology: The Making and Unmaking of Ignorance*. Stanford, CA.

Puerto, J. (1988) *La ilusion quebrada: botanica, sanidad y politica cientifica en la España ilustrada*. Barcelona.

Pyenson, L. (1989) *Empire of Reason: Exact Sciences in Indonesia, 1840-1940*. Leiden.

Pyenson, L. (1993) *Civilizing Mission: Exact Sciences and French Overseas Expansion, 1830-1940*. Baltimore.

Pyenson, L. (2002) 'Uses of Cultural History: Karl Lamprecht in Argentina', *Proceedings of the American Philosophical Society* 143, 235~255.

Pyne, S. J. (2010) *Voyager: Seeking Newer Worlds in the Third Great Age of Discovery*. New York.

Quatremère de Quincy, A.-C. (1989) *Lettres à Miranda sur le dé placement des monuments de l'art de l'Italie*. Paris.

Raj, K. (2007) *Relocating Modern Science: Circulation and the Construction of Knowledge in South Asia and Europe, 1650-1900*. London.

Rasmussen, S. (ed.) (1990) *Den arabiske rejse 1761-7*. Copenhagen. Raven, J. (ed.) (2004) *Lost Libraries: The Destruction of Great Book Collections since Antiquity*. Basingstoke.

Redlich, F. (1957) 'Academic Education for Business: Its Development and the Contribution of Ignaz Jastrow', *Business History Review* 31, 35~91.

Reich, L. S. (1985) *The Making of American Industrial Research: Science and Business at GE and Bell, 1876-1926*. Cambridge.

Reingold, N., and M. Rothenberg (eds) (1987) *Scientific Colonialism: A Cross-Cultural Comparison*. Washington, DC.

Reinhartz, D. (1994) 'In the Service of Catherine the Great: The Siberian Explorations and Map of Sir Samuel Bentham', *Terrae Incognitae* 26, 49~60.

Reisch, G. A. (1994) 'Planning Science: Otto Neurath and the International

Encyclopaedia of Unified Science',
British Journal for the Advancement of
Science 27, 153~175.

Renfrew, C. (1973) Before Civilisation: The
Radiocarbon Revolution and Prehistoric
Europe. London.

Renfrew, C. (1987) Archaeology and
Language: The Puzzle of Indo-European
Origins. London.

Renfrew, C., and P. Bahn ([1991] 2008)
Archaeology: Theories, Methods and
Practice. 5th edn, London.

Revel, J. (ed.) (1996) Jeux d'échelles: la
micro-analyse à l'expérience. Paris.

Richelson, J. T. (1999) America's Space
Sentinels: DSP Satellites and National
Security. Lawrence, KS.

Richet, P. (1999) L'Age du monde: à la
découverte de l'immensité du temps. Paris.

Ricoeur, P. (1965) Freud and Philosophy.
Eng. trans., London.

Ricoeur, P. (1983) Temps et récit, 3 vols.
Paris.

Rigaudias-Weiss, H. (1936) Les Enquêtes
ouvrières en France entre 1830 et 1848.
Paris.

Ringer, F. K. (1992) Fields of Knowledge:
French Academic Culture in Comparative
Perspective, 1890-1920. Cambridge.

Ringer, F. K. (2000) Toward a Social
History of Knowledge: Collected Essays.
New York.

Ritter, G. A. (1992) Grossforschung und
Staat in Deutschland. Munich.

Ritvo, H. (1997) The Platypus and the
Mermaid and Other Figments of the
Classifying Imagination. Cambridge,
MA.

Ritzer, G. (1993) The McDonaldization of
Society. Thousand Oaks, CA.

Rivers, W. H. R. (1913) Reports upon the
Science of Anthropology. Washington,
DC.

Roach, J. (1971) Public Examinations in
England, 1850-1900. Cambridge.

Robinson, A. (2002) The Man who
Deciphered Linear B: The Story of
Michael Ventris. London.

Robinson, A. (2005) The Last Man who
Knew Everything: Thomas Young. New
York.

Robinson, A. H. (1982) Early Thematic
Mapping in the History of Cartography.
Chicago.

Rocke, A. (2001) Nationalizing Science:
Adolphe Wurtz and the Battle for French
Chemistry. Cambridge, MA.

Roos, D. A. (1977) 'Thomas Henry

Huxley and Matthew Arnold', *Modern Philology* 74, 316~324.

Rosen, G. (1944) *The Specialization of Medicine with Particular Reference to Opthalmology*. New York.

Rosenthal, B. (ed.) (1997) *The Occult in Russian and Soviet Culture*. Ithaca, NY.

Rosenzweig, R. (1998) 'Wizards, Bureaucrats, Warriors and Hackers: Writing the History of the Internet', *American Historical Review* 103, 1530~1552.

Rosenzweig, R. (2006) 'Can History be Open Source? Wikipedia and the Future of the Past', *Journal of American History* 93, 117~146.

Rossi, P. ([1960] 2000) *Logic and the Art of Memory*. Eng. trans., Chicago.

Rossi, P. ([1979] 1984) *The Dark Abyss of Time: The History of the Earth and the History of Nations from Hooke to Vico*. Eng. trans., Chicago.

Rossiter, M. W. (1982) *Women Scientists in America*. Baltimore.

Rossiter, M. W. (1993) 'The Matthew/Matilda Effect in Science', *Social Studies of Science* 23, 325~341.

Rubin, M. R., and M. T. Huber (1986) *The Knowledge Industry in the United States, 1960-1980*. New Haven, CT.

Rudwick, M. J. (2005) *Bursting the Limits of Time: The Reconstruction of Geohistory in the Age of Revolution*. Chicago.

Rudwick, M. J. (2008) *Worlds before Adam: The Reconstruction of Geohistory in the Age of Reform*. Chicago.

Rueschemeyer, D., and T. Skocpol (eds) (1996) *States, Social Knowledge and the Origins of Modern Social Policy*. Princeton, NJ.

Runciman, D. (2009) 'Like Boiling a Frog', *London Review of Books*, 28 May.

Rupke, N. A. (ed.) (2002) *Göttingen and the Development of the Natural Sciences*. Göttingen.

Rupke, N. A. (2005) *Alexander von Humboldt: A Metabiography*. Frankfurt.

Rupnow, D., V. Lipphardt, J. Thiel and C. Wessely (eds) (2008) *Pseudowissenschaft - Konzeptionen von Nichtwissenschaftlichkeit in der Wissenschaftsgeschichte*. Frankfurt.

Russell, N. (2010) *Communicating Science: Professional, Popular, Literary*. Cambridge.

Rydell, R. W. (1984) *All the World's a Fair: Visions of Empire at the American International Expositions, 1876-1916*.

Chicago.

Ryle, G. (1949) *The Concept of Mind*. London.

Sabato, L. J. (1981) *The Rise of Political Consultants*. New York.

Sagredo, R., and C. Gazmuri (eds) (2005) *Historia de la vida privada en Chile*. Santiago.

Said, E. (1978) *Orientalism*. London.

St Clair, W. ([1967] 1998) *Lord Elgin and the Marbles*. 3rd edn, Oxford.

Salmi-Niklander, K. (2004) 'Manuscripts and Broadsheets: Narrative Genres and the Communication Circuit among Working-Class Youth in Early 20th-Century Finland', *Folklore* 33, 109~126.

Sampson, A. (1962) *Anatomy of Britain*. London.

Sato, M. (1991) 'Historiographical Encounters: The Chinese and Western Traditions in Turn-of-the-Century Japan', *Storia della storiografia* 19, 13~21.

Saunders, F. S. (1999) *Who Paid the Piper? The CIA and the Cultural Cold War*. London.

Scazzieri, R., and R. Simili (eds) (2008) *The Migration of Ideas*. Sagamore Beach, MA.

Schaffer, S. (1983) 'Natural Philosophy and Public Spectacle in the Eighteenth Century', *History of Science* 21, 1~43.

Schaffer, S. (1988) 'Astronomers Mark Time: Discipline and the Personal Equation', *Science in Context* 2, 115~145.

Schaffer, S., L. Roberts, K. Raj and J. Delbourgo (eds) (2009) *The Brokered World: Go-Betweens and Global Intelligence, 1770-1820*. Sagamore Beach, MA.

Schafft, G. E. (2004) *From Racism to Genocide: Anthropology in the Third Reich*. Urbana, IL.

Schiebinger, L. (1989) *The Mind has no Sex? Women in the Origins of Modern Science*. Cambridge, MA.

Schiffrin, A. (ed.) (1997) *The Cold War and the University*. New York.

Schneider, R. (1910) *Quatremère de Quincy et son intervention dans les arts*. Paris.

Schönwälder, K. (1992) *Historiker und Politik: Geschichtswissenschaft im Nationalsozialismus*. Frankfurt.

Schönwälder, K. (1996) 'The Fascination of Power: Historical Scholarship in Nazi

Germany', *History Workshop Journal* 42, 19~40.

Schramm, W. von ([1974] 1983) *Geheimdienst im zweiten Weltkrieg*. 4th edn, Munich.

Schwab, R. ([1950] 1984) *The Oriental Renaissance: Europe's Rediscovery of India and the East, 1680-1880*. Eng. trans., New York.

Schwarcz, L. M. (1988) *A era dos museus no Brasil (1870-1930)*. São Paulo.

Schwartz, B. (1964) *In Search of Wealth and Power: Yen Fu and the West*. Cambridge, MA.

Schwinges, R. C. (ed.) (2001) *Humboldt International: Der Export des deutschen Universitätsmodells im 19. und 20. Jahrhundert*. Basel.

Scott, J. C. (1998) *Seeing Like a State*. New Haven, CT.

Screech, T. (1996) *The Western Scientific Gaze and Popular Imagery in Later Edo Japan*. Cambridge.

Secord, A. (1994) 'Science in the Pub: Artisan Botanists in Early Nineteenth-Century Lancashire', *History of Science* 32, 269~315.

Secord, J. A. (2000) *Victorian Sensation: The Extraordinary Publication,* *Reception, and Secret Authorship of 'Vestiges of the Natural History of Creation'*. Chicago.

Secord, J. A. (2002) 'Quick and Magical Shaper of Science', *Science* 297, 1648~1649.

Secord, J. A. (2007) 'How Scientific Conversation became Shop Talk', *Transactions of the Royal Historical Society* 17, 129~156.

Shafer, R. J. (1958) *The Economic Societies in the Spanish World (1763-1821)*. Syracuse, NY.

Shapin, S. (1975) 'Phrenological Knowledge and the Social Structure of Early Nineteenth-Century Edinburgh', *Annals of Science* 32, 219~243.

Shapin, S. (2008) *The Scientific Life: A Moral History of a Late Modern Vocation*. Chicago.

Sheets-Pyenson, S. (1988) *Cathedrals of Science: The Development of Colonial Natural History Museums*. Montreal.

Shenk, D. W. (1997) *Data Smog: Surviving the Information Glut*. London.

Sher, R. B. (2006) *The Enlightenment and the Book*. Chicago.

Sherif, M., and C. W. Sherif (eds) (1969) *Interdisciplinary Relationships in the*

Social Sciences. Chicago.

Shillingsburg, P. L. (2006) *From Gutenberg to Google: Electronic Representations of Literary Texts.* Cambridge.

Shinn, T., and R. Whitley (eds) (1985) *Expository Science: Forms and Functions of Popularisation.* Dordrecht.

Shiva, V. (1997) *Biopiracy: The Plunder of Nature and Knowledge.* Cambridge, MA.

Short, J. R. (2009) *Cartographic Encounters: Indigenous Peoples and the Exploration of the New World.* London.

Shteir, A. B. (1996) *Cultivating Women, Cultivating Science.* Baltimore.

Shweder, R. A. (2010) 'Intellectuals and "Humanity as a Whole"', *Common Knowledge* 16, 1~6.

Sibeud, E. (2002) *Une science impériale pour l'Afrique? La Construction des savoirs africanistes en France, 1878-1930.* Paris.

Simon, L. E. (1947) *German Research in World War II.* New York.

Sklenář, K. (1983) *Archaeology in Central Europe.* Leicester.

Slaughter, S., and L. L. Leslie (1997) *Academic Capitalism: Politics, Policies and the Entrepreneurial University.*

Baltimore.

Smith, B. ([1960] 1985) *European Vision and the South Pacific.* 2nd edn, New Haven, CT.

Smith, B. G. (1998) *The Gender of History: Men, Women and Historical Practice.* Cambridge, MA.

Smith, C., and J. Agar (eds) (1998) *Making Space for Science: Territorial Themes in the Shaping of Knowledge.* Basingstoke.

Smith, R. W., P. Hanle and R. H. Kargon (1989) *The Space Telescope: A Study of NASA, Science, Technology, and Politics.* Cambridge.

Smithson, M. (1989) *Ignorance and Uncertainty: Emerging Paradigms.* New York.

Snelgrove, P. V. R. (2010) *Discoveries of the Census of Marine Life.* Cambridge.

Snizek, W. E. (ed.) (1979) *Contemporary Issues in Theory and Research.* Westport, CT.

Snow, C. P. ([1959] 1993) *The Two Cultures and the Scientific Revolution*, ed. S. Collini. Cambridge.

Solano, F. de (1988) 'Viajes, comisiones y expediciones científicas españolas a ultramar durante el siglo xviii',

Cuadernos hispanoamericanos 2, 146~156.

Sörlin, S., and H. Vessuri (2007) Knowledge Society v Knowledge Economy. Aldershot.

Soyfer, V. (1994) Lysenko and the Tragedy of Soviet Science. New Brunswick, NJ.

Spary, E. (2000) Utopia's Garden: French Natural History from Old Regime to Revolution. London.

Spaulding, R. M. (1967) Imperial Japan's Higher Civil Service Examinations. Princeton, NJ.

Spiering, M. (ed.) (1999) Nation Building and Writing Literary History. Amsterdam.

Stanton, W. R. (1975) The Great US Exploring Expedition of 1838-42. Berkeley, CA.

Stark, G. D. (2009) Banned in Berlin: Literary Censorship in Imperial Germany, 1871-1918. New York.

Stebelski, A. (1964) The Fate of Polish Archives during World War II. Warsaw.

Stehr, N. (1994) Knowledge Societies. London.

Stehr, N. (ed.) (2008) Knowledge and Democracy: A 21st-Century Perspective. New Brunswick, NJ.

Steiner, G. (2003) Lessons of the Masters. London.

Stepan, N. L. (1982) The Idea of Race in Science: Great Britain, 1800-1960. London.

Stewart, T. A. (1997) Intellectual Capital: The New Wealth of Organizations. London.

Stichweh, R. (1977) Ausdifferenzierung der Wissenschaft: Eine Analyse am deutschen Beispiel. Bielefeld.

Stichweh, R. (1984) Zur Entstehung des modernen Systems wissenschaftlicher Disziplinen: Physik in Deutschland, 1740-1890. Frankfurt.

Stichweh, R. (1992) 'The Sociology of Scientific Disciplines', Science in Context 5, 3~16.

Stieg, M. (1986) The Origin and Development of Scholarly Historical Periodicals. Albany, NY.

Stigler, S. M. (1986) The History of Statistics: The Measurement of Uncertainty. London.

Stocking, G. W. ([1968] 1982) Race, Culture and Evolution: Essays in the History of Anthropology. 2nd edn, Chicago.

Stocking, G. W. (ed.) (1983) Observers

Observed: Essays on Ethnographic Fieldwork. Madison.

Stocking, G. W. (ed.) (1985) *Objects and Others*. Madison.

Stocking, G. W. (ed.) (1991) *Colonial Situations: Essays on the Contextualization of Ethnographic Knowledge*. Madison.

Stocking, G. W. (1996) *After Tylor: British Social Anthropology 1888-1951*. London.

Stokes, D. E. (1997) *Pasteur's Quadrant: Basic Science and Technological Innovation*. Washington, DC.

Stone, D., and A. Denham (eds) (2004) *Think Tank Traditions: Policy Research and the Politics of Ideas*. Manchester.

Stone, D., A. Denham and M. Garnett (eds) (1998) *Think Tanks across Nations*. Manchester.

Stone, L. (1979) 'The Revival of Narrative', *Past and Present* 85, 3~24.

Stray, C. (2005) 'From Oral to Written Examinations: Cambridge, Oxford and Dublin 1700-1914', *History of Universities* 20, 76~129.

Stray, C. (2007) 'The Rise and Fall of Porsoniasm', *Cambridge Classical Journal* 53, 40~71.

Stray, C. (2010) 'The Absent Academy: The Organisation of Classical Scholarship in Nineteenth-Century England', *Hyperboreus* 17.

Summerfield, P. (1985) 'Mass-Observation: Social Research or Social Movement?' *Journal of Contemporary History* 20, 439~452.

Sunstein, C. R. (2006) *Infotopia: How Many Minds Produce Knowledge*. Oxford.

Swaan, A. de (2001) *Words of the World: The Global Language System*. Cambridge.

Szanton, D. L. (2002) *The Politics of Knowledge: Area Studies and the Disciplines*. Berkeley, CA.

Szöllösi-Janze, M. (2004) 'Wissengesellschaft in Deutschland', *Geschichte und Gesellschaft* 30, 277~313.

Szöllösi-Janze, M., and H. Trischler (eds) (1990) *Grossforschung in Deutschland*. Frankfurt.

Tammiksaar, E., and I. R. Stone (2007) 'Alexander von Middendorff and his Expedition to Siberia (1842-1845)', *Polar Record* 43: 193~216.

Tapscott, D. (1998) *Growing up Digital:*

The Rise of the Net Generation. New York.

Tega, W. (1984) *Arbor scientiarum*. Bologna.

Teng, S.-Y. (1942~1943) 'Chinese Infl uence on the Western Examination System', *Harvard Journal of Asiatic Studies* 7, 267~312.

Thackray, A., and R. Merton (1972) 'On Discipline-Building', *Isis* 63, 473~495.

Thelen, K. (2004) *How Institutions Evolve: The Political Economy of Skills in Germany, Britain, the United States and Japan*. Cambridge.

Thomas, K. V. (1971) *Religion and the Decline of Magic*. London.

Thompson, E. P. (ed.) (1970) *Warwick University Limited: Industry, Management and the Universities*. Harmondsworth.

Thompson, E. P., and E. Yeo (eds) (1971) *The Unknown Mayhew*. London.

Thompson, J. (1996) 'Edward William Lane's *Description of Egypt*', *International Journal of Middle East Studies* 28, 565~583.

Thompson, J. B. (2005) *Books in the Digital Age: The Transformation of Academic and Higher Education Publishing in Britain and the United States*. Cambridge.

Tilling, L. (1975) 'Early Experimental Graphs', *British Journal for the History of Science* 8, 193~213.

Timms, E., and J. Hughes (eds) (2003) *Intellectual Migration and Cultural Transformation*. Vienna and New York.

Timpanaro, S. ([1963] 2003) *La genesi del metodo del Lachmann*. Rev. edn, Turin.

Todes, D. P. (2002) *Pavlov's Physiological Factory*. Baltimore.

Tooze, J. A. (2001) *Statistics and the German State, 1900-1945: The Making of Modern Economic Knowledge*. Cambridge.

Torpey, J. (2000) *The Invention of the Passport*. Cambridge.

Toulmin, S., and J. Goodfi eld (1965) *The Discovery of Time*. New York.

Toynbee, A. J. (1934~1961) *A Study of History*, 12 vols. London.

Toynbee, A. J. (1953) *The World and the West*. London.

Treverton, G. F. (2001) *Reshaping National Intelligence for the Age of Information*. Cambridge, MA.

Trigger, B. ([1989] 1996) *A History of Archaeological Thought*. 2nd edn,

Cambridge.

Trumbull, G. R. (2009) *An Empire of Facts: Colonial Power, Cultural Knowledge and Islam in Algeria, 1870-1914*. Cambridge.

Tufte, E. R. (1983) *The Visual Display of Quantitative Information*. Cheshire, CT.

Turda, M., and P. J. Weindling (eds) (2007) *Blood and Homeland: Eugenics and Racial Nationalism in Central and Southeast Europe, 1900-1940*. Budapest.

Turi, G. (2002) *Il mecenate, il filosofo e il gesuita: l'Enciclopedia italiana, specchio della nazione*. Bologna.

Turner, R. S. (1980) 'The *Bildungsbürgertum* and the Learned Professions', *Histoire Sociale/Social History* 8, 105-135.

Turner, S. P., and J. H. Turner (1990) *The Impossible Science: An Institutional Analysis of American Sociology*. New York.

Urry, J. (1972) '*Notes and Queries on Anthropology* and the Development of Field Methods in British Anthropology, 1870-1920', *Proceedings of the Royal Anthropological Institute*, 45~72.

Urry, J. (1990) *The Tourist Gaze: Leisure and Travel in Contemporary Societies*. London.

Valkova, O. (2008) 'The Conquest of Science: Women and Science in Russia, 1860-1940', *Osiris* 23, 136~165.

Van Wyhe, J. (2004) *Phrenology and the Origins of Victorian Scientific Naturalism*. Aldershot.

Veblen, T. (1918) *The Higher Learning in America: A Memorandum on the Conduct of Universities by Business Men*. New York.

Veld, R. J. in 't (ed.) (2010) *Knowledge Democracy*. Heidelberg.

Verger, J. (ed.) (1986) *Histoire des universités en France*. Paris.

Veysey, L. (1965) *The Emergence of the American University*. Chicago.

Vierhaus, R., and B. vom Brocke (eds) (1990) *Forschung im Spannungsfeld von Politik und Gesellschaft*. Stuttgart.

Vincent, D. (1998) *The Culture of Secrecy: Britain, 1832-1998*. Oxford.

Vogel, J. (2004) 'Von der Wissenschafts- zur Wissensgeschichte: Für eine Historisierung der "Wissensgesellschaft"', *Geschichte und Gesellschaft* 30, 639~660.

Vucinich, A. (1956) *The Soviet Academy of Sciences*. Stanford, CA.

Wagner, P. (1990) *Sozialwissenschaften und Staat: Frankreich, Italien, Deutschland 1870-1980*. Frankfurt.

Wagner, P., C. H. Weiss, B. Wittrock and H. Wollmann (eds) (1991) *Social Sciences and Modern States*. Cambridge.

Wallis, R. (ed.) (1979) *On the Margins of Science: The Social Construction of Rejected Knowledge*. Keele.

Waquet, F. (2003) *Parler comme un livre*. Paris.

Waquet, F. (2008) *Les Enfants de Socrate: filiation intellectuelle et transmission du savoir, XVIIe-XXIe siècle*. Paris.

Warren, L. (1998) *Joseph Leidy: The Last Man who Knew Everything*. New Haven, CT.

Watson, J. D. (1968) *The Double Helix*. London.

Wax, D. M. (ed.) (2008) *Anthropology at the Dawn of the Cold War: The Influence of Foundations, McCarthyism, and the CIA*. Ann Arbor, MI.

Weber, E. (1976) *Peasants into Frenchmen: The Modernization of Rural France, 1870-1914*. Stanford, CA.

Weber, M. (1956) *Soziologie*, ed. J. Winckelmann. Stuttgart.

Wehling, P. (2006) *Im Schatten des Wissens? Perspektiven der Soziologie des Nichtwissens*. Constance.

Weinberg, A. M. (1961) 'Impact of Large-Scale Science on the United States', *Science* 134, 161~164.

Weinberg, S. (1993) *Dreams of a Final Theory*. London.

Weinberger, D. (2007) *Everything is Miscellaneous: The Power of the New Digital Disorder*. New York.

Weindling, P. J. (1985) 'Weimar Eugenics', *Annals of Science* 42, 303~318.

Weiner, J. S. (2003) *The Piltdown Forgery: The Classic Account of the Most Famous and Successful Hoax in Science*. Oxford.

Weingart, P. (1989) 'German Eugenics between Science and Politics', *Osiris* 5, 260~282.

Weisz, G. (1983) *The Emergence of Modern Universities in France, 1863-1914*. Princeton, NJ.

Wersky, G. (1978) *The Visible College*. London.

Whitley, R., and J. Gläser (eds) (2007) *The Changing Governance of the Sciences: The Advent of Research Evaluation Systems*.

Dordrecht.

Wiegand, H. E. (ed.) (1999) *Sprache und Sprachen in der Wissenschaft*. Berlin.

Wiegand, W. A. (1996) *Irrepressible Reformer: A Biography of Melvil Dewey*. Chicago.

Wiener, N. (1948) *Cybernetics; or, Control and Communication in the Animal and the Machine*. 2nd edn, Cambridge, MA.

Wiggershaus, R. ([1986] 1995) *The Frankfurt School*. Eng. trans., Cambridge.

Wilson, M., and J. Cayley (eds) (1995) *Europe Studies China*. London.

Winchester, S. (2003) *The Meaning of Everything: The Story of the OED*. Oxford.

Winkelmann, I. (1966) *Die bürgerliche Ethnographie im Dienste der Kolonialpolitik des deutschen Reiches (1870-1918)*. Berlin.

Winks, R. (1987) *Cloak and Gown: Scholars in America's Secret War*. London.

Woolf, S. J. (1989) 'Statistics and the Modern State', *Comparative Studies in Society and History* 31, 588~603.

Worsley, P. (1997) *Knowledges: What Different Peoples Make of the World*.

London.

Wouters, P. (2006) 'Aux origines de la scientométrie: la naissance du Science Citation Index', *Actes de la recherche en science sociale* 164, 11~21.

Wright, A. (2007) *Glut: Mastering Information through the Ages*. Washington, DC.

Wright, D. (1998) 'The Translation of Modern Western Science in Nineteenth-Century China', *Isis* 89, 653~673.

Wright, D. (2000) *Translating Science: The Transmission of Western Chemistry into Late Imperial China, 1840-1900*. Leiden.

Wright, G. H. von (1971) *Explanation and Understanding*. London.

Wurman, R. S. (1989) *Information Anxiety*. New York.

Wurman, R. S. (2001) *Information Anxiety 2*. New York.

Yates, F. A. (1966) *The Art of Memory*. London.

Yates, J. (1989) *Control through Communication: The Rise of System in American Management*. Baltimore.

Yeo, R. (1993) *Defining Science: William Whewell, Natural Knowledge, and*

Public Debate in Early Victorian Britain.
Cambridge.

Yeo, R. (2001) *Encyclopaedic
Visions: Scientific Dictionaries and
Enlightenment Culture.* Cambridge.

Yorke, M. (2007) *To War with Paper &
Brush.* Upper Denby, Huddersfield.

Young, M. W. (2004) *Malinowski: Odyssey
of an Anthropologist, 1884-1920.* New
Haven, CT.

Young, R. J. C. (2001) *Postcolonialism: An
Historical Introduction.* Oxford.

Zande, J. van der (2010) '*Statistik* and
History in the German Enlightenment',
Journal of the History of Ideas 71,
411~432.

Zander, H. (2007) *Anthroposophie in
Deutschland.* Göttingen.

Zelený, J. ([1962] 1980) *The Logic of
Marx.* Eng. trans., Oxford.

Ziman, J. M. ([1974] 1981) 'Ideas
Move Around inside People', repr. in
Ziman, *Puzzles, Problems and Enigmas.*
Cambridge, 259~272.

Ziman, J. M. (1987) *Knowing Everything
about Nothing: Specialization and
Change in Scientific Careers.* Cambridge.

Ziman, J. M. (1995) *Of One Mind: The
Collectivization of Science.* Woodbury,
NY.

Znaniecki, F. (1940) *The Social Role of the
Man of Knowledge.* New York.

Zola, E. (1986) *Carnets d'enquêtes: une
ethnographie inédite de la France*, ed. H.
Mitterand. Paris.

옮긴이 후기

독자분들께 간단한 설명을 드리는 것으로 옮긴이 후기를 대신하려 한다. 피터 버크 교수가 이 두 권짜리 저작의 첫 책인 *A Social History of Knowledge: From Gutenberg to Diderot*를 출판한 것이 2000년이었다. 이 책을 한국에서는 내가 번역해 2006년에 현실문화연구에서 '지식: 그 탄생과 유통에 대한 모든 지식'이라는 제목으로 출판했다. 당시에는 제2권이 나오리라 예상하기가 힘들었다. 버크 교수는 제2권을 쓰겠다는 바람 또는 계획을 갖고 있었을 것이지만, 제1권에서는 저술 계획에 대한 저자 자신의 구체적인 언급이나 독자가 읽어 낼 만한 단서가 없었기 때문이다.

그러다가 제2권 *A Social History of Knowledge II: From the Encyclopédie to Wikipedia*가 2012년에 출판됐다. 그 사이 현실문화연구가 원 출판사와 맺었던 판권 계약이 끝났고, 민음사에서 제1권과 제2권에 대한 판권 계약을 새로 맺었다. 이렇게 해서『지식의 사회사 1: 구텐베르크에서 디드로까지』와『지식의 사회사 2: 백과전서에서 위키백과까지』가 이번에 같이 출판되기에 이른 것이다. 그러니까 2006년에 나온『지식』은 이번에 출판된『지식의 사회사 1』이 되는 셈이다.

여기서 제2권은 완전히 새로 번역했다. 제1권은 기존의 번역본이 있었던 만큼 사정이 조금 달랐다. 원래는 출판사의 제안대로 오역한 곳들을 바로잡는 선에서 작업을 할 생각이었다. 하지만 실제로 작업에 들어가자 계획은 금방 바뀌었다. 먼저 오역을 찾으려고 원본과 번역본을 일일이 대조하기 시작했다. 제1권 번역이 벌써 11년 전이니까, 대조를 하다가 '지금이라면 이렇게 번역하지 않았을 텐데' 하는 대목이 꽤 많이 눈에 들어왔다. 물론 이따금씩은 오역도 있었다.

결국 오역 정도를 잡으려고 손을 댔다가 제1권 역시 거의 새로 번역했다고 할 정도로 일이 커지고 말았다. 번역자로서는 일이 커진 데 따른 부담도 물론 있었다. 하지만 한번 책을 출판하면 판이 바뀔 정도로 책이 팔리고, 그리하여 잘못된 곳을 바로잡을 수 있는 경우가 좀처럼 없는 요즘 인문서 출판 상황에서, 명백한 오역뿐만 아니라 나중에나 눈에 띄는 이전의 미숙함들까지 손볼 기회는 정말로 흔치 않다. 이런 드문 기회가 주어진 것에 대체로 감사하며 가끔씩은 일만 많아졌다고 투덜거리며 제1권 작업을 진행했다.

이렇게 나온 제1권은 2006년의 『지식』과는 사뭇 느낌이 다른 책이 됐다. 담고 있는 내용이야 달라질 것이 크게 없었지만, 2006년 책이 조금 자유롭게 평어체로 번역이 됐다면, 이번 2017년 책은 원문에 조금 더 충실해지고, 그러면서 조금 더 딱딱해졌다고 말할 수 있겠다.

거의 모든 문장이 바뀌었지만, 2006년 책에서 그대로 가져다 써도 되겠다 싶은, 옮긴이 후기 말미의 한 문장으로 인사를 드리겠다. "이 책을 여는 순간 독자 여러분은 구경꾼으로든 시민의 한 사람으로든, 가르고 쪼개거나 차이를 두려고 하지 않는 한 인문학자가 40년 넘는 세월이 걸려 재구성한 지식의 공화국 국경 안으로 들어서게 될 것이고, 거기서 누구나 한 번쯤은 들어보았을 유명한 지식인들과 이 책이 아니라면 다시는 만날 수 없을지도 모르는 이름 없는 지식인들이 위아래 없이, 선후 없이 모여 사는 흔치 않은 광경을 보게 되리라는 점만은 분명히 말씀드릴 수 있겠다."

2017년 8월

박광식

찾아보기

267, 350~351

ㅂ

바르보자, 후이 Barbosa, Ruy
(1849~1923), 브라질의 장관, 240

바르부르크, 아비 Warburg, Aby
(1866~1929), 독일의 도상학자, 21,
293, 345

바르텔레미, 장자크 Barthélemy, Jean‒
Jacques (1716~1795), 프랑스의
동양학자, 97

바르트, 하인리히 Barth, Heinrich
(1821~1865), 독일의 탐험가, 32

바리엔틴, 페르 Wargentin, Pehr
(1718~1783), 스웨덴의 천문학자,
112

바비네, 자크 Babinet, Jacques
(1794~1872), 프랑스의 물리학자,
167

바스티드, 로제 Bastide, Roger
(1898~1974), 프랑스의 인류학자,
328

바스티안, 아돌프 Bastian, Adolf
(1826~1905), 독일의 인류학자, 41,
52

바우만, 지그문트 Bauman, Zygmunt
(1925~2017), 폴란드, 영국의
사회학자, 343

바우어, 한스 Bauer, Hans (1878~1937),

독일의 동양학자, 99

바이런 경, 조지 Byron, George, Lord
(1788~1824), 잉글랜드의 시인, 51

바이트, 앨프리드 Beit, Alfred
(1853~1906), 영국의 사업가,
361~362

바흐친, 미하일 Bakhtin, Mikhail
(1895~1975), 러시아의 문학 이론가,
151, 370

발라, 로렌초 Valla, Lorenzo
(1407~1457), 이탈리아의
인문주의자, 103~104

발렌베리, 예란 Wahlenberg, Göran
(1780~1851), 스웨덴의 박물학자,
120, 122

배로, 존 Barrow, John (1764~1848),
영국의 해군부의 관료, 29, 368, 373

배비지, 찰스 Babbage, Charles
(1791~1871), 영국의 발명가, 368

백센덜, 마이클 Baxandall, Michael
(1933~2008), 영국의 미술사학자,
345

뱅크스, 조지프 Banks, Joseph
(1743~1820), 영국의 박물학자, 35,
46, 62, 91, 187, 272~273, 323, 368,
373, 383

버거, 존 Berger, John (1926~2017),
영국의 미술 비평가, 345

버너스리, 팀 Berners-Lee, Tim (1955~),

Alexander von (1769~1859), 독일의

박식가, 29~31, 33, 36, 62, 65,

111, 122, 154, 161~162, 171, 174,

267~268, 290, 331, 409

휘턴, 조지프 Wharton, Joseph

(1826~1909), 미국의 사업가, 360

휘웰, 윌리엄 Whewell, William

(1794~1866), 영국의 박식가, 94,

268, 278, 287

휠러, 모티머 Wheeler, Mortimer

(1890~1976), 영국의 고고학자, 179

휴스, 에버렛 Hughes, Everett

(1897~1983), 미국의 사회학자, 401

휴스, 헨리 스튜어트 Hughes, H. Stuart

(1916~99), 미국의 역사학자, 217

흄, 데이비드 Hume, David

(1711~1776), 영국의 철학자, 245,

419

힌체, 오토 Hintze, Otto (1861~1940),

독일의 역사학자, 126

힝크스, 에드워드 Hincks, Edward

(1792~1866), 아일랜드의 성직자,

동양학자, 98, 381

옮긴이 박광식

10년은 훌쩍 넘기고 20년은 조금 못 되게 번역을 하고 있지만, 느린 데다 게으르기까지 한 치명적 조합을 타고나 여느 번역가라면 2~3년에 해낼 권수의 번역서만 냈다. 그러니까 2003년에 나온 『설탕, 커피 그리고 폭력』을 시작으로, 『이미지의 문화사』, 『지도, 권력의 얼굴』, 『에릭 포너의 역사란 무엇인가』, 『유럽 중심주의를 비판한다』를 거쳐, 2015년의 『유럽과 역사 없는 사람들』까지, 대표적인 역서가 아니라 전부 다 꼽아 봐도 채 몇 줄을 넘지 않는다. 몇 년 전부터는 번역의, 정확하게는 자기 번역의 한계 같은 것을 느끼며, 일을 접어야 하나 고민하고 있지만, 아직도 좋은 책을 들이밀면 마음은 설렌다.

지식의 사회사 2
백과전서에서 위키백과까지

1판 1쇄 펴냄 2017년 9월 22일
1판 2쇄 펴냄 2019년 8월 28일

지은이   피터 버크
옮긴이   박광식
펴낸이   박근섭, 박상준
펴낸곳   (주)민음사

출판등록 1966. 5. 19. (제16-490호)
주소   서울특별시 강남구 도산대로1길 62 강남출판문화센터 5층 (06027)
대표전화   02-515-2000 팩시밀리 02-515-2007

www.minumsa.com

한국어 판 ⓒ (주)민음사, 2017. Printed in Seoul, Korea

ISBN 978-89-374-3457-0 (04900)
      978-89-374-3455-6 (세트)